D1723282

Allan Janik
Stephen Toulmin

Wittgensteins Wien

Aus dem Amerikanischen
von Reinhard Merkel

Carl Hanser Verlag

Überarbeitete deutsche Fassung
von Reinhard Merkel unter
Mitwirkung von Allan Janik und
Marcel Faust

Titel der Originalausgabe
Wittgenstein's Vienna
Simon and Schuster, New York 1973

ISBN 3-446-13790-4
Alle Rechte vorbehalten
© 1984 Carl Hanser Verlag München Wien
Schutzumschlag: Klaus Detjen
Satz: LibroSatz/Kriftel
Druck und Bindung: Wiener Verlag
Printed in Austria

Inhalt

Vorwort zur deutschen Ausgabe

Da die deutsche Übersetzung eine Reihe von Änderungen und Verbesserungen gegenüber der amerikanischen Fassung enthält, ist es notwendig, dem Leser die Abweichungen zwischen beiden Texten zu erklären. Das amerikanische Original mußte auf literarische Quellen und historische Daten eingehen, die hier weggelassen werden, weil sie dem deutschen Leser allgemein bekannt sind. Das 3. Kapitel über Karl Kraus erfuhr eine gründliche Überarbeitung: Es mußten Texte zitiert werden, die unseren Standpunkt vor einem deutschen Lesepublikum besser illustrieren. Das 9. Kapitel der amerikanischen Fassung, der Epilog, entfiel, weil es in erster Linie die Bedeutung unserer Untersuchung für den politischen Kontext Amerikas Ende der sechziger Jahre, Anfang der siebziger Jahre hervorhob. Wir entschlossen uns dazu, um den deutschen Leser nicht vom Kern unserer Argumentation abzulenken, von der ethischen Dimension in Wittgensteins Werk. An gewissen Stellen wurde der Text zudem stilistisch überarbeitet. Schließlich wurden viele faktische Fehler, die sich heimlich in das Original eingeschlichen hatten, korrigiert. Kurz, während Einzelheiten geändert wurden, blieb die Substanz unserer Argumentation erhalten.

Wir danken den vielen Freunden, aber auch Kritikern, die uns auf gewisse Unstimmigkeiten im Text hingewiesen haben. Unser besonderer Dank gilt Reinhart Merkel und Marcel Faust, ohne die diese deutsche Ausgabe nicht erschienen wäre.

Allan Janik   Frühjahr 1983
Stephen Toulmin

Vorwort

Ludwig Wittgenstein ist vor allem durch seine beiden philosophischen Hauptwerke berühmt geworden, den *Tractatus logico-philosophicus*, der kurz nach dem Ersten Weltkrieg erschien, und die *Philosophischen Untersuchungen*, an denen er noch bis zu seinem Tod im Jahr 1951 gearbeitet hat.

Jedoch war Wittgenstein, abgesehen von seinen veröffentlichten Schriften, auch ein bemerkenswerter Mann, der in einem bemerkenswerten Milieu aufwuchs. Er verlebte Kindheit und Jugend in einer Familie, deren Haus zu den kulturellen Mittelpunkten Wiens in den Jahren zwischen 1895 und 1914 gehörte, also während einer der fruchtbarsten, originellsten und schöpferischsten Perioden auf den Gebieten von Kunst und Architektur, Musik und Literatur, Psychologie und Philosophie. Und jeder, der die Möglichkeit hatte, Wittgenstein persönlich kennenzulernen, bemerkte bald, daß er an all diesen und noch mehr Bereichen unmittelbar interessiert war und sich darin gut auskannte. Daher haben wir in diesem Buch versucht, ein Bild des späten habsburgischen Wien und seines kulturellen Lebens zu zeichnen. Wir glauben, durch dieses Bild den Zugang zu Wittgensteins eigener intellektueller Welt und seinen Leistungen zu erleichtern.

Zugleich möchten wir klarstellen, daß dieses Buch in keinem Sinn eine Biographie Wittgensteins ist, weder eine persönliche noch eine intellektuelle. Unser Gegenstand ist vielmehr ein spezifisches Problem, das am Ende des 1. Kapitels definiert wird, und seine Lösung in Form einer Hypothese, die, falls sie haltbar ist, dazu beitragen soll, die bedeutsamen Verbindungen zwischen Wittgenstein und der deutschsprachigen Gedankenwelt und Kunst im Wien seiner Zeit wieder aufzuzeigen – jene Verbindungen, die im Schatten seiner späteren Beziehungen zu englischsprachigen Philosophen in Cambridge oder Cornell fast vollständig aus dem Blick der Philosophiegeschichte geraten sind.

Um dieses Problem erfolgreich angehen zu können, waren wir gehalten – entsprechend der Natur der Sache –, eine beträchtliche Menge ausführlichen Beweismaterials zusammenzustellen, besonders was einige in der englischsprachigen Welt eher unbekannte Personen wie Karl Kraus oder Fritz Mauthner anlangt. Wir haben uns entschieden, diese Schilderung in ihrer ganzen Fülle und Komplexität zu bringen, statt allzuviele der ermittelten Einzelheiten einer allein auf Wittgenstein konzentrierten Untersuchung zu opfern. So bleibt Wittgenstein zwar die wichtigste, aber nicht die einzige Figur auf der Bühne unserer Darstellung. Von allem anderen abgesehen, haben wir den Eindruck, daß sich damit die Grundlagen für eine lebendige Darstellung ergeben.

Einige erläuternde Bemerkungen seien angefügt über die Struktur des Buches und die Art der Behauptungen, die wir im Verlauf seiner Argumentation aufstellen. Vor allem darf Kapitel 2 nicht im konventionellen Sinn als Historie des späten Habsburgerreichs aufgefaßt werden. Als Hintergrund für die nachfolgende Analyse stellt es vielmehr eine Sammlung exemplarischer Episoden und Einzelheiten vor. Seine Grundlagen sind teils autobiographische Erinnerungen von Augenzeugen wie etwa Bruno Walter oder Stefan Zweig und Schriften zeitgenössischer Autoren wie Robert Musil, teils sind es Gespräche mit einer großen Zahl von Freunden und Bekannten in Wien und anderswo, teils auch die üblichen historischen Quellen. Für jeden, der Musil oder die Schriften Carl E. Schorskes gelesen hat, wird es hier keine Überraschungen geben. Im Gegenteil: eine unserer verblüffendsten Erfahrungen bei der Arbeit an diesem Kapitel war die Übereinstimmung – oft bis in die Wortwahl – zwischen den Berichten und Beschreibungen der verschiedenen Autoren und Gesprächspartner, auf die wir uns bezogen.

Anders verhält es sich mit dem Kapitel über Karl Kraus. Bisher hatten wissenschaftliche Studien über Kraus in englischer Sprache vornehmlich literarischen oder historischen Charakter. (Zu den ersteren gehören etwa Harry Zohns oder Wilma A. Iggers' Arbeiten, zu den letzteren die Frank Fields.) Obwohl unsere eigene Erörterung nicht ernstlich im Widerspruch zu diesen Studien steht oder sie gar überflüssig macht, geht sie über sie hinaus mit einer neuartigen philosophischen und ethischen Interpretation der Krausschen Schriften und Auffassungen. Die zentrale Bedeutung, die wir Kraus als der repräsentativen Stimme des moralischen Widerstandes gegen den Geist der Zeit gegeben haben, ist einer der Punkte, die das Neuartige in der Argumentation dieses Buches ausmachen, und muß bei der Beurteilung gesehen werden. Dasselbe gilt bis zu einem gewissen Grad auch für die Art, in der wir Ludwig Wittgenstein und Fritz Mauthner einander gegenübergestellt haben. Obschon Wittgenstein sein eigenes philosophisches Konzept an einer wichtigen Stelle des *Tractatus* dem Mauthners entgegensetzt, haben wir keinen weiteren Hinweis dafür, daß der *Tractatus* tatsächlich als eine Erwiderung auf Mauthners frühere *Kritik der Sprache* gemeint war. In dieser Hinsicht hat unsere Deutung der Zusammenhänge zwischen Mauthner und Wittgenstein den Charakter einer freien Vermutung.

Ein Wort über unsere Arbeitsteilung: die Hauptarbeit für die Kapitel 2, 3, 4 und 5 wurde von A.S.J., die für Kapitel 1, 7 und 8 von S.E.T. geleistet, die für Kapitel 6 teilten wir uns. Wir haben jedoch beide das ganze Buch überarbeitet und waren uns über den endgültigen Text einig. Angesichts der Ungewöhnlichkeit unserer Betrachtungsweise und im Hinblick auf die großen Unterschiede unserer jeweiligen Voraussetzungen und Forschungsperspektiven war es eine Überraschung und ein Vergnügen zu sehen, wie schnell und leicht wir uns in allen wesentlichen Punkten einigen konnten. Genauer heißt das: S.E.T. kannte Wittgenstein persönlich und studierte bei ihm in Cambridge im Jahr 1941, dann wieder 1946-47; er kam mit Wittgensteins Werk in erster Linie aus der Sicht der Physik, der Wissenschaftstheorie und der philosophischen Psychologie in Berührung. A.S.J. lernte Wittgensteins Denken viel später kennen, nach vorangegangenen Studien in Ethik, allgemeiner Philosophie und Geistesgeschichte. Er schrieb an der Villanova-Universität eine Magisterarbeit über die Parallelen zwischen Wittgenstein und Schopenhauer, promovierte dann an der Brandeis-Universität mit einer Arbeit, von der vieles im vorliegenden Buch verwendet wurde. Trotz dieser Unterschiede hatten wir keine Mühe, zu einer gemeinsamen Beurteilung von Wittgensteins Werk und dessen Bedeutung zu gelangen. Unsere Sicht weicht deutlich ab von der »anerkannten Interpretation« – etwa in den Kommentaren von Max Black oder Elizabeth Anscombe –, die fast ausschließlich von den Beziehungen Wittgensteins zu den Logikern Gottlob Frege und Bertrand Russell ausgeht. Darin wurden wir durch Gespräche mit Professor G. H. von Wright und anderen bestärkt, deren Vertrautheit mit der deutschsprachigen Philosophie, Physik und Literatur jener Zeit ihnen deutlich gemacht hat, wie notwendig es ist, Wittgenstein nicht nur als Logiker und Sprachphilosophen zu betrachten, sondern auch als Wiener und als Studenten der theoretischen Physik und des Ingenieurwesens.

Zahlreiche Freunde in den Vereinigten Staaten, in Österreich und anderswo haben uns bei unserer Arbeit unterstützt. Michael Slattery (Villanova) führte A.S.J. in das Thema ein und blieb ein wertvoller Beobachter und Kritiker. Harry Zohn (Brandeis) gab uns großzügig Hilfe und Hinweise aus seiner umfassenden Kenntnis der späten Habsburgerzeit. Ein Teil der Vorbereitungsarbeiten für das Buch wurde in einem Artikel von S.E.T. für *Encounter* und in einem Papier für das »Boston Colloquium for Philosophy of Science« im Januar 1969 verwendet. In Wien führte A.S.J. ausführliche Gespräche mit vielen Personen. Unter denen, die ganz besondere Anstrengungen zu unserer Hilfe unternahmen, waren Marcel Faust, Raoul Kneucker, Rudolf Koder sowie Dr. Paul Schick und seine Frau Sophie Schick. Das gleiche gilt für Walter Methlagl vom Brenner-Archiv in Innsbruck. Außerdem waren die Angestellten der Österreichischen Nationalbibliothek und der Wiener Universitätsbibliothek zu jeder Zeit eine große Hilfe.

Vor allem freuen wir uns, unseren herzlichsten Dank an alle die Mitglieder von Ludwig Wittgensteins Familie auszudrücken, die uns so viel Information und ein so lebendiges Bild des Menschen Ludwig Wittgenstein, seines familiären Hintergrunds und des Milieus, in dem er aufwuchs, vermittelt haben. Besonders erwähnt sei Wittgensteins Neffe Thomas Stonborough, ohne dessen bereitwillige und großzügige Unterstützung unsere ganze Arbeit so viel schwieriger gewesen wäre. Die »alles erfüllende Atmosphäre von Menschlichkeit und Kultur«, die Bruno Walter um die Jahrhundertwende bei den Wittgensteins fand, ist im Lauf der Zeit um nichts geringer geworden.

I
Einleitung
Probleme und Methoden

Unser Thema hat vier Teile: ein Buch und seine Bedeutung; ein Mann und seine Ideen; eine Kultur und ihre Weltbilder; eine Gesellschaft und ihre Probleme. Die Gesellschaft ist die Kakaniens* – also das habsburgische Wien in den letzten 25 oder 30 Jahren Österreich-Ungarns, wie es Robert Musil mit scharfsichtiger Ironie im ersten Band seines Romans *Der Mann ohne Eigenschaften* gezeichnet hat. Die Kultur ist unsere eigene, die des 20. Jahrhunderts, in ihren Anfängen: die »Moderne« nach der Jahrhundertwende, repräsentiert von Männern wie Sigmund Freud, Arnold Schönberg, Adolf Loos, Oskar Kokoschka und Ernst Mach. Der Mann ist Ludwig Wittgenstein, jüngster Sohn des damals führenden Wiener Stahlindustriellen und Kunstmäzens, ein Philosoph, der um eines Lebens in Tolstoischer Einfachheit und Strenge willen auf alle äußeren Symbole einer großbürgerlichen Existenz und auf sein Familienvermögen verzichtete. Das Buch ist Wittgensteins *Tractatus logico-philosophicus* oder *Logisch-philosophische Abhandlung*[1], ein äußerst dichter, aphoristischer Text zur Philosophie der Sprache, der den Anspruch erhebt, »die Probleme (der Philosophie) im Wesentlichen endgültig gelöst zu haben«[2] und der von Anfang an als eines der Schüsselwerke seiner Zeit erkannt wurde[3]. Jedoch ist diese Arbeit noch heute eines der am wenigsten sich selbst verdeutlichenden Bücher, die je geschrieben wurden – ein Rätsel oder ein *roman à clef*, dem sich der Leser mit einem Dutzend verschiedener Interpretationen nähern kann.

* Dieser ironisch-doppelsinnige Name wurde von Robert Musil geprägt. S. unten auch das Zitat aus Musil, in Kap. 2, Anm. 10

Unser Ziel ist, an akademischen Standards gemessen, radikal: jedes unserer vier Themen soll als Spiegel zur Reflexion und zum Studium der jeweils anderen dienen. Wenn wir es richtig sehen, hatten die im Niedergang und Verfall des Habsburgerreiches sich manifestierenden Krisen eine tiefe Wirkung auf Leben und Erwartungen seiner Bürger. Sie formten und bestimmten wesentliche Gemeinsamkeiten in den Weltdeutungen von Künstlern und Schriftstellern auf allen, selbst den abstraktesten Gebieten des Denkens und der Kultur. Umgekehrt haben die kulturellen Leistungen »Kakaniens« bestimmte charakteristische Merkmale gemeinsam, die den sozialen, politischen und ethischen Kontext ihrer Entstehung bezeugen und erhellen. Wir werden zeigen, daß diese Merkmale in Wittgensteins *Tractatus* höchst prägnant zusammengefaßt sind.

Wer eine solche These aufstellt, muß auf den Widerspruch gefaßt sein, den allein schon ihre *Form* provoziert, abgesehen von den ernsten Methoden- und Beweisproblemen, auf die ihre Verteidigung notwendigerweise stößt[4]. Daher wollen wir hier schon darauf hinweisen, warum unseres Erachtens jedes der vier gewählten Themen für die orthodoxe wissenschaftliche Analyse spezielle Probleme und Paradoxa aufwirft und daher spezielle und spezifisch interdisziplinäre Hypothesen erfordert.

Unsere Lösungsversuche für diese »kakanischen« Paradoxa werden weder besonders mystifizierend noch hochtrabend sein. Weit entfernt davon, irgendeinen *Zeitgeist* oder eine ähnlich historische *virtus dormitiva* als den untauglichen Schlüssel für unsere erklärende Analyse zu strapazieren, werden wir einfach die Aufmerksamkeit auf eine große Zahl gut belegter Tatsachen richten, die die soziale und kulturelle Situation in den letzten Jahren des habsburgischen Wien kennzeichnen. Und wir werden als »fehlende Prämissen« unserer Argumentation eine streng begrenzte Anzahl ergänzender Hypothesen hinzufügen, von denen verschiedene sofort einer indirekten Unterstützung und Bestätigung zugänglich sind.

Die übrigen Probleme, auf die wir uns konzentrieren werden, entstehen etwa auf folgende Weise. Angenommen wir behandelten die letzten Tage Österreich-Ungarns – oder, mit Karl Kraus zu sprechen, *Die letzten Tage der Menschheit*[5] – unter genauer Beachtung der üblichen akademischen Arbeitsteilung in unterschiedliche Forschungsbereiche, von denen jeder sein eigenes Arsenal etablierter Methoden und Fragestellungen aufweist, das Ergebnis wäre, noch vor Beginn unserer spezifischen Diskussion der vier Themenbereiche, eine Abstraktion und Trennung sowohl der Probleme, die wir zulässigerweise aufwerfen dürfen, als auch der Lösungsversuche, die vorzuschlagen uns erlaubt wäre.

Die politische Geschichte und die Verfassung des Habsburgerreiches hätte (unter dieser Voraussetzung) Gegenstand einer vollständig eigenen Untersuchung zu sein. Eine Darstellung ihrer Erfolge und Mißerfolge zwischen 1890 und 1919 müßte vermutlich von den Handlungen und Motiven Kaiser Franz Josephs und Erzherzog Franz Ferdinands ausgehen, von den Gesprächen Ährenthals und Izvolskis, den Standpunkten aller verschiedenen Parteien und Nationalitäten, der zersetzenden Wirkung der Zagreber Hochverratsprozesse im Jahre 1909 und der damit verbundenen Affäre Friedjung sowie dem aufgehenden Stern Thomas Masaryks. Völlig anders hingegen stellt sich etwa das Problem der Ursprünge der Schönbergschen Zwölftonmusik dar. Der Musikhistoriker müßte seine Aufmerksamkeit in dieser Hinsicht vermutlich auf die technischen Probleme richten, die von der offenkundigen Erschöpfung des diatonischen Systems bei Wagner, Richard Strauss und in Schönbergs eigenen Frühwerken aufgeworfen wurden. (Es würde ihm wohl nicht unmittelbar in den Sinn kommen, daß Schönbergs Beziehungen zu einem Schriftsteller wie Kraus irgendeine wesentliche Bedeutung für das Verständnis seiner Musiktheorien haben könnten.) Das gleiche gilt für den künstlerischen Ausbruch, mit dem sich die Maler der *Sezession* vom etablierten, orthodoxen Betrieb der Kunstakademien absonderten, für die Anfänge des »Rechtspositivismus« in der juristischen Lehre Hans Kelsens, für die literarischen Bestrebungen und Erfolge Rilkes und Hofmannsthals, für die analytischen Methoden von Boltzmanns statistischer Thermodynamik, für die Rolle Adolf Loos' und Otto Wagners als Vorläufer des Bauhauses und für das philosophische Programm des *Wiener Kreises*. Jedesmal wäre der orthodoxe erste Schritt, die in Frage kommenden Entwicklungen als Episoden einer mehr oder weniger in sich geschlossenen Geschichte der Malerei oder der Rechtstheorie, der Architektur oder der Erkenntnistheorie zu behandeln. Jede Vermutung, daß ihre Wechselwirkungen so wichtig sein könnten wie ihre eigenen inneren Entwicklungsvorgänge, würde nur ungern und erst dann in Betracht gezogen, wenn alle internen Faktoren nachweislich ausgeschöpft wären.

Was Leben und Charakter eines Mannes wie Ludwig Wittgenstein angeht, der berühmt, ja legendär geworden ist für seine persönlichen Idiosynkrasien und Temperamentsausbrüche, so erschiene es auf den ersten Blick ganz unvermeidlich, diese bei einer Beurteilung seines geistigen Beitrags zur Philosophie außer acht zu lassen[6]. Betrachtet man den *Tractatus* aus der Sicht eines Logikhistorikers oder Sprachphilosophen, so hat es den Anschein, als könne man kaum anders als mit Gottlob Frege und Bertrand Russell beginnen, denen Wittgensteins ausdrückliche Bewunderung galt, und fragen, wieweit Wittgensteins eigene formale und begriffliche Neuerungen ihn befähigten, die von Russell und Frege nicht gelösten logischen und philosophischen Schwierigkeiten zu überwinden.

Diesen Weg müßte man auf jeden Fall dann einschlagen, wenn man voraussetzt, die Situation Wiens wäre mit den orthodoxen Methoden akademischer Forschung wirklich vollständig verstehbar. Unsere Untersuchung beruht auf der gegenteiligen Annahme: die kennzeichnenden Merkmale der sozialen und kulturellen Situation im Wien der Jahrhundertwende machen es erforderlich, einmal die anfänglichen Abstraktionen in Frage zu stellen, die mit der orthodoxen Trennung der Sphären von Verfassungsgeschichte, musikalischer Komposition, physikalischer Theorie, politischer Publizistik und philosophischer Logik verbunden sind. Denn solange wir die Gültigkeit dieser Abstraktionen als absolut betrachten, bleiben einige der verblüffendsten Aspekte an dem Menschen Ludwig Wittgenstein und seinem ersten philosophischen Meisterstück, wie auch an der Wiener Moderne und ihrem habsburgischen Hintergrund nicht nur unerklärt, sondern geradezu unerklärbar. Dagegen können eben diese Merkmale unter der Voraussetzung verständlich werden und ihre Paradoxien verlieren, wenn wir die Wechselwirkungen betrachten zwischen (1) sozialer und politischer Entwicklung, (2) den allgemeinen Zielen und Weltdeutungen auf verschiedenen Gebieten der zeitgenössischen Kunst und Wissenschaft, (3) Wittgensteins persönlicher Einstellung zu Moral- und Wertfragen und (4) den Problemen der Philosophie, wie sie in Wien um 1900 aufgefaßt wurden und wie sie Wittgenstein selbst vermutlich aufnahm, als er mit jenen Untersuchungen begann, deren Ergebnis der *Tractatus* war.

Nach den Maßstäben des späten 19. Jahrhunderts war z. B. Österreich-Ungarn, oder die Doppelmonarchie, oder das Haus Habsburg – um nur drei seiner vielen verschiedenen Bezeichnungen anzuführen –, eine der anerkannten »Supermächte« mit ausgedehntem Staatsgebiet, einer fest verankerten Machtstruktur und einer langen Geschichte offensichtlicher Stabilität der Verfassung. 1918 jedoch brach das politische Werk von Jahrhunderten wie ein Kartenhaus zusammen. Während 1945 z. B. das japanische Kaiserhaus noch genügend Macht behielt, um sich ohne katastrophale Wirkungen für die Dynastie den Folgen der militärischen Niederlage zu beugen, und während das Wilhelminische Deutschland nach 1918 die von Bismarck geschaffene politische Einheit bewahrte, obwohl es sein kaiserliches Oberhaupt verlor, war die militärische Niederlage für die habsburgische Weltmacht verbunden mit dem Zerfall nicht nur der monarchischen Autorität, sondern aller vorher bestehenden politischen und regionalen Bindungen, die das Kaiserreich zusammengehalten hatten. Jahrhundertelang war die Existenz des Hauses Habsburg ein dominanter politischer Faktor – wenn nicht sogar *der* dominante – in allen Erblanden. Doch läßt man den architektonischen Stil von Schlössern und Rathäusern und die deutschen Sprachinseln wie Transsilvanien und das Banat außer Betracht, so zeigt der Balkan heute kaum noch Spuren des Habsburgerreiches. Sogar dessen großer Rivale, das Ottomanische Reich, hat Leben und Sitten des Balkan dauerhafter geprägt, wie man an den Moscheen in Gegenden wie Mazedonien und Südserbien sofort feststellt. Die türkische Sprache fungiert noch heute als Kommunikationsmittel zwischen griechisch-, vlach-, slawisch- und albanischsprechenden Dörfern[7].

Nach der Lektüre der maßgebenden politischen Geschichtswerke über die Doppelmonarchie fragt man sich allerdings erstaunt, wie der Erste Weltkrieg eine so katastrophale Wirkung auf Macht und Einfluß der Habsburger haben konnte. Warum zerbrachen sie so vollständig und endgültig, nachdem sie die revolutionären Stürme von 1848, die militärische Niederlage durch Preußen und eine ganze Reihe nationalistischer Bewegungen der Ungarn und Tschechen, Rumänen und Südslawen überstanden hatten? Sogar ein so umfassendes und maßgebendes Werk wie C. A. Macartneys *The Habsburg Empire 1790-1918* informiert uns ausgezeichnet über die Bäume, vor denen man aber nach wie vor den dunkel bleibenden Wald nicht sieht. Jedoch liegt darin kein Grund zur Überraschung. Unter der Voraussetzung wissenschaftlicher Spielregeln ist es die primäre Aufgabe solcher Werke, unsere detaillierte Kenntnis derjenigen politischen Debatten, Manöver, Abmachungen, Konferenzen und Dekrete zu erweitern, durch welche die konstitutionelle Geschichte der jeweiligen Zeit und Herrschaft ihre eigene Prägung erhalten hat. Aber gerade das führt leicht zur Ablenkung von dem größeren Rahmen wissenschaftlicher, künstlerischer und philosophischer Ideen, ethischer und sozialer Einstellungen sowie persönlicher und allgemeiner Bestrebungen, in dem alle diese politischen Bewegungen stattfanden und von dessen Eigenart ihr Einfluß und ihre Langzeitwirkung zwangsläufig abhingen. Nur selten haben solche Ideen und Einstellungen allerdings eine so direkte Bedeutung für den unmittelbaren Ablauf des sozialen und politischen Wandels wie im Österreich der Jahrhundertwende. Ähnlich erginge es uns, wenn wir Architektur und Kunst, Journalismus und Jurisprudenz, Philosophie und Dichtung, Musik und Theater zu Beginn des 20. Jahrhunderts in Wien als parallele, aber voneinander unabhängige Aktivitäten auffaßten, die sich bloß zufällig zur selben Zeit am selben Ort entfalteten. Wir kämen wieder über eine Ansammlung großer Mengen technischer Detailinformationen auf jedem einzelnen Gebiet nicht hinaus, während wir unsere Augen gerade vor der wichtigsten Tatsache verschlössen – nämlich, daß dieses Vorgänge eben *tatsächlich* gerade am selben Ort und zur selben Zeit stattfanden. In dieser Hinsicht können wir leicht irregeführt werden durch die grundlegenden Unterschiede zwischen dem späten habsburgischen Wien – wo künstlerisches und kulturelles Leben die Angelegenheit vergleichsweise eng kommunizierender Gruppen von Künstlern, Musikern und Schriftstellern war – und dem heutigen Westeuropa oder Amerika, wo etwa die akademische oder künstlerische Spezialisierung selbstverständlich ist und die verschiedenen Sphären schöpferischer Aktivität in grundsätzlicher Unabhängigkeit voneinander existieren. Wenn die Wiener Kultur um 1900 unserer eigenen gegenwärtigen Spezialisierung entsprochen hätte, wäre die getrennte Behandlung z. B. der Kunstgeschichte und der Literatur in der Tat legitim und angemessen. Angesichts der wirklichen historischen Lage aber würden wir die Wechselwirkungen der verschiedenen Wiener Künste und Wissenschaften nur zu unserem Nachteil übersehen.

War es einfach Zufall, daß die Anfänge der Zwölftonmusik, der »modernen« Architektur, des Rechtspositivismus, der abstrakten Malerei und der Psychoanalyse – oder auch das Wiederaufleben des Interesses an Schopenhauer und Kierkegaard – alle in der gleichen Zeit entstanden und daß sie so weitgehend auf Wien konzentriert waren? War es nur eine biographische Merkwürdigkeit, daß der junge Dirigent Bruno Walter regelmäßig Gustav Mahler zu Einladungen im Haus der Familie Wittgenstein in Wien begleitete und dabei beide ihr gemeinsames Interesse an der Philosophie Kants entdeckten, was Mahler veranlaßte, Walter zu Weihnachten 1894 die gesammelten Werke Schopenhauers zu schenken[8]? Und hatte es keinen anderen Grund als einfach die vielseitige Persönlichkeit Arnold Schönbergs, daß er eine Reihe eindrucksvoller Bilder malte und einige ausgezeichnete Essays schrieb, und zwar auf dem Höhepunkt seines umwälzenden Schaffens als Komponist und Musiktheoretiker? Das mag so scheinen, bis wir erfahren, daß Schönberg ein Exemplar seiner bedeutenden *Harmonielehre* dem Schriftsteller Karl Kraus mit der Widmung schenkte: »Ich habe von Ihnen vielleicht mehr gelernt, als man lernen darf, wenn man noch selbständig bleiben will.«[9]

Wenn wir demgegenüber bereit sind, Schönbergs eigenes Schaffen und Zeugnis für glaubwürdig zu halten, dann müssen wir unsere Untersuchungsmethoden ändern. Warum erscheint es uns heute ungewöhnlich, daß der Musiker Schönberg eine so tiefe Verpflichtung gegenüber einem Schriftsteller wie Kraus ausgesprochen haben sollte? Und warum – allgemeiner gesprochen – gerieten künstlerische und intellektuelle Methoden, die bis in die späten achtziger Jahre ihre Stellung in so vielen Bereichen fast unangefochten behauptet hatten, unter kritischen Beschuß und fanden sich durch die *Moderne* verdrängt, die unsere Großväter mit Bewunderung oder Schrecken erfüllte, und dies alles zur selben Zeit? Wir werden auf diese Fragen keine Antwort finden, wenn wir unsere Aufmerksamkeit engstirnig etwa auf die neuen Prinzipien der Zwölftonmusik beschränken, auf die stilistischen Neuerungen Klimts oder auf das Ausmaß der Verpflichtungen Freuds gegenüber Meynert und Breuer. Noch weniger werden wir in der Lage sein, unsere gesellschaftliche Perspektive zu erweitern und zu begreifen, wie dasselbe Wien, das auf seinen Ruf als die Stadt der Träume stolz war, zur gleichen Zeit von seinem eindringlichsten Sozialkritiker als »österreichische Versuchsstation des Weltuntergangs«[10] gekennzeichnet werden konnte.

Ähnliche Paradoxien und Ungereimtheiten verzerren unsere Vorstellung über Ludwig Wittgenstein als Menschen und als Philosophen. Wie oft bemerkt wurde, ist es eines der schwersten Mißgeschicke, die einem Schriftsteller von großem geistigen Ernst und einer starken ethischen Leidenschaft widerfahren können, wenn seine Ideen von den Engländern »naturalisiert« werden. Die moralische Entrüstung, der politische Biß und die Sozialkritik George Bernard Shaws verloren ihre Kraft in dem Augenblick, als das englische Publikum ihn im Schubfach »Irischer Witzbold und komischer Stückeschreiber« sicher untergebracht hatte. Und ein ähnliches Schicksal bestimmt den gegenwärtigen Ruf

Ludwig Wittgensteins – jedenfalls wie er von den meisten Berufsphilosophen in England und Amerika gesehen wird.

Als Wittgenstein, auf Freges Anregung, zum erstenmal mit Russell in Berührung kam und in den Zauberkreis der Intellektuellen von Cambridge gezogen wurde, der sein Leben vor 1914 und wieder nach 1929 so stark beeinflußte, geriet er in eine für ihn neuartige kulturelle Situation und eine Gruppe aktiver, eigenwilliger und selbstbewußter junger Männer mit deutlich ausgeprägten Vorstellungen und einer in sich geschlossenen Entwicklung[11]. Besonders Russell war zunächst von Wittgenstein bezaubert, gefesselt und beeindruckt; es war für ihn angenehm und schmeichelhaft, zu sehen, welch große Aufmerksamkeit seinen logischen Untersuchungen dieser junge Ausländer zuwandte, der offenbar in der Lage war, die logischen Probleme Russells gerade dort aufzunehmen, wo dieser stehengeblieben war[12]. So ist es begreiflich, daß Russell Wittgenstein als einen hochbegabten Freund und Schüler ansah, dessen Kommentare und schriftliche Äußerungen er immer auch im Hinblick auf seine eigenen Probleme in der symbolischen Logik und Erkenntnistheorie beurteilte. Es ist aber auch verständlich, daß Wittgensteins spätere Preisgabe der formalen, quasi-mathematischen Methoden und Probleme zugunsten einer mehr diskursiven, »naturgeschichtlichen« Betrachtungsweise der menschlichen Sprache Russell als Häresie, ja als Verrat erscheinen mußte[13].

Dennoch hat die bloße Tatsache, daß Wittgenstein durch Bertrand Russell mit den anderen Cambridge-Philosophen – und somit dem ganzen Netz der englischsprachigen akademischen Philosophie – in Berührung kam, der ganzen späteren Interpretation von Wittgensteins Ideen einen »Cambridge-Stempel« aufgedrückt. Als Nebenprodukt dieser Tatsache tat sich eine Kluft auf zwischen unserer Beurteilung des Philosophen und des Menschen Wittgenstein. Sicherlich war er auch nach Auffassung seiner Cambridge-Kollegen eine seltsame, sensible und exzentrische Persönlichkeit, mit unenglischer Kleidung und unenglischen gesellschaftlichen Ansichten und mit einer ganz ungewöhnlichen moralischen Ernsthaftigkeit und Eindringlichkeit. Jedoch war man in Cambridge bereit, diese fremdartigen Eigenheiten zu ignorieren im Hinblick auf Wittgensteins offensichtlich einzigartigen Beitrag zur Entwicklung der englischen Philosophie.

Nachdem Wittgenstein den *Tractatus* als seine Doktorarbeit vorgelegt hatte, soll G. E. Moore einen Prüfungsbericht übersandt haben, der die Worte enthielt: »Es ist meine persönliche Überzeugung, daß Mr. Wittgensteins Arbeit das Werk eines Genies ist; aber wie immer es sich damit verhält, sie erreicht jedenfalls mühelos das Niveau, das für eine philosophische Promotion in Cambridge verlangt wird.«[14] Und ein »Genie« blieb er in den Augen seiner englischsprachigen Kollegen und Nachfolger. Indem die Engländer in Wittgenstein einen Ausländer mit zwar merkwürdigen persönlichen Gewohnheiten, aber einer außerordentlichen, möglicherweise einzigartigen Begabung für Philosophie sahen, verwischten sie die Bedeutung seiner Persönlichkeit und seiner moralischen Leidenschaft so vollständig, wie sie vorher Shaws soziale und politische Intentionen neutralisiert hatten. Es scheint ihnen kaum jemals klargeworden zu sein, daß es eine mehr als zufällige Verbindung geben könnte zwischen einerseits dem Mann, der alle traditionellen Privilegien eines *fellow* des Trinity College in Cambridge zurückwies, den man nie anders als mit offenem Kragen und ein oder zwei Windjacken mit Reißverschluß antraf und der leidenschaftlich – eher aus ethischen als aus ästhetischen Gründen – darauf bestand, daß die einzigen sehenswerten Filme Western seien, und andererseits dem Philosophen, dessen brillante Weiterentwicklungen der Theorien Freges, Russells und G. E. Moores so viel zum Fortgang der philosophischen Diskussion in England beigetragen haben. Zweifellos könnte etwas in seiner Familiensituation und Erziehung seine persönlichen Eigenheiten erklären – »Sie wissen schon: Wiener! Freud und so . . .« –, aber man müsse eben das professionelle Interesse auf die Aussagen des formalen Logikers und Sprachphilosophen Wittgenstein konzentrieren.

Dies war der Gesichtspunkt, unter dem Wittgensteins Studenten ihn noch während seiner letzten Jahre auf dem philosophischen Lehrstuhl in Cambridge sahen, der ihm nach Moores Emeritierung übertragen worden war[15]. Diejenigen von uns, die seine Vorlesungen während des Zweiten Weltkriegs oder während der letzten beiden Jahre seiner Lehrtätigkeit 1946 und 47 hörten, betrachteten seine Ideen, seine Art zu argumentieren und seine Diskussionsthemen noch immer als etwas vollkommen Originelles und ihm Eigenes. Vor dem englischen Hintergrund erschienen seine späteren Lehren in der Tat einzigartig und außergewöhnlich, so wie früher Moore der *Tractatus* erschienen war. Wir selbst dagegen kamen Wittgenstein unerträglich dumm vor. Er pflegte uns unsere Unbelehrbarkeit ins Gesicht zu sagen und manchmal verzweifelte er am Versuch, uns den Gedanken nahezubringen, auf den es ihm gerade ankam. Denn wir waren in seine sparsam möblierte Wohnung, die wie ein Adlerhorst ganz oben im Turm von Whewell's Court lag, mit unseren eigenen philosophischen Problemen gekommen. Und wir waren schon glücklich, die Beispiele und Gleichnisse aufzuschnappen, die einen so großen Teil seiner Vorlesungen ausmachten, und sie auf unsere vorgefaßten anglo-amerikanischen Fragestellungen anzuwenden. Seine Vorwürfe ignorierten wir. Bestenfalls faßten wir sie als Scherz auf, schlimmstenfalls erschienen sie uns als eine weitere Manifestation jener intellektuellen Arroganz, die ihn im *Tractatus* von der »*Wahrheit* der hier mitgeteilten Gedanken« sprechen ließ, die »unantastbar und definitiv« sei und die »endgültige Lösung« der philosophischen Probleme bedeute[16].

Aber rückschauend muß jetzt die Frage aufgeworfen werden, ob nicht das gegenseitige Mißverständnis wirklich *echt* war, ob es nicht tatsächlich so vollständig und durchgängig war, wie er es offensichtlich glaubte. Wenn die Geschichte, die wir hier erzählen werden, irgendeine Art von Gültigkeit hat, dann wird eine ihrer Implikationen sein, daß die Vorurteile, mit denen seine englischen Hörer ihm gegenübertraten, sie fast gänzlich vom Wesentlichen seiner Aussagen ausschlossen. Wir sahen ihn als gespaltene Persönlichkeit: als einen englischsprachigen Philosophen mit einer einzigartigen technischen Begabung, der persönlich zufällig auch einem extremen moralischen Individualismus und Gleichheitsideal anhing. Wir hätten besser daran getan, ihn als authentisches Wiener Genie zu begreifen, das seine Fähigkeiten und seine Persönlichkeit unter anderem auch an der Philosophie entfaltete und das nur zufällig in England lebte. Damals schien Wittgenstein wie eine gedanklich schöpferische Spinne alle Grundlagen seiner späteren Philosophie aus seinem eigenen Kopf hervorzubringen. Tatsächlich hatten jedoch viele seiner Stoffe Voraussetzungen, die seiner englischen Zuhörerschaft so gut wie unbekannt waren. Eine große Zahl der Probleme, auf die er sich konzentrierte, waren schon seit der Zeit vor dem Ersten Weltkrieg Gegenstand der Diskussionen deutschsprachiger Philosophen und Psychologen. Wenn es zwischen uns und ihm eine geistige Kluft gab, dann nicht deshalb, weil seine philosophischen Methoden, seine Art der Darstellung und sein Thema einzigartig und unvergleichlich gewesen wären (wie wir damals annahmen). Es war vielmehr das Resultat eines kulturellen Zusammenstoßes: nämlich zwischen einem Wiener Denker, dessen geistige Probleme wie auch seine persönlichen Attitüden geformt worden waren in der neukantianischen Atmosphäre der Vorkriegszeit, in welcher Logik, Ethik und *Sprachkritik* in einem essentiellen Zusammenhang standen, und einer studentischen Hörerschaft, deren philosophische Fragen geprägt waren von dem neohumeschen (also in diesem Sinn vorkantischen) Empirismus Moores, Russells und ihrer Kollegen.

In der vorliegenden Untersuchung werden wir nichts sagen, was irgendeinen Zweifel an der Bedeutung oder der Originalität von Wittgensteins tatsächlichen Beiträgen zur Philosophie aufkommen lassen könnte. Im Gegenteil: sieht man seine Argumente im richtigen Kontext und identifiziert die Quellen seiner Probleme, wird die wirkliche Neuartigkeit und Besonderheit seiner Ideen nur um so offenkundiger. Aber zu gegebener Zeit werden wir insistieren müssen, daß Wittgenstein der ethische Individualist und Wittgenstein der technische Philosoph der »Wahrheitstafeln« und der »Sprachspiele« ebenso nur verschiedene Aspekte einer einzigen geschlossenen Persönlichkeit waren, wie etwa Leonardo der Anatom und Zeichner, Arnold Schönberg der Maler, Essayist, Musiktheoretiker und Bewunderer von Karl Kraus.

Die Notwendigkeit, die Beziehung zwischen dem Menschen und dem Philosophen Wittgenstein erneut zu bedenken, wird bestätigt, wenn wir uns der vierten, noch ausstehenden Gruppe ungelöster Paradoxa und Probleme zuwenden. Das sind jene, die sich unmittelbar aus der Interpretation des *Tractatus logico-philosophicus* ergeben. Wie wir bereits bemerkt haben, sind Wittgensteins Schriften gemeinhin als Beiträge zur Entwicklung entweder der mathematischen Logik im 20. Jahrhundert oder der britischen analytischen Philosophie betrachtet worden. Seine persönlichen Beziehungen zu Russell und Frege, G. E. Moore und John Wisdom haben seine kulturellen Hintergründe und geistigen Anliegen überschattet. Er ist gelobt oder angegriffen worden als Autor der »Methode der Wahrheitstafeln«, wegen seines maßgeblichen Einflusses auf den Positivismus der Zwischenkriegszeit, als Kritiker der »Privatsprachen«-Vorstellung, der »ostensiven Definitionen« und der »Sinnesdaten-Theorie«, als Analysator von »geistigen Krämpfen«, »Sprachspielen« und »Lebensformen« – kurz: als jemand, der die Ideen und Methoden Bertrand Russells und G. E. Moores aufgriff und weit über deren ursprüngliche Vorstellungen hinaus verfeinerte. Wenn wir jedoch die Veröffentlichung des *Tractatus* ausschließlich als eine Episode in der Geschichte der philosophischen Logik betrachten, dann bleibt ein signifikantes Merkmal des Buches vollständig unerklärlich. Nach etwa 80 Seiten, die offenbar ausschließlich der Logik, Sprache und Philosophie der Mathematik oder der Naturwissenschaften gewidmet sind, werden wir plötzlich mit vier abschließenden Seiten (ab Satz 6.4) konfrontiert, in denen uns anscheinend die Köpfe verdreht werden und wir uns einer Kette dogmatischer Thesen gegenübersehen über »Mystisches«, Tod und den »Sinn der Welt«, der »außerhalb ihrer liegen« müsse. Angesichts der Disproportionalität zwischen dem Raum, den die einleitenden logisch-philosophischen Teile, und dem, den diese letzten moralisch-theologischen Aphorismen einnehmen, ist man geneigt gewesen, über die Schlußabschnitte als bloße *obiter dicta* hinwegzugehen – wie über beiläufige Nachbemerkungen, die um des Effekts willen an das Ende einer Gerichtsentscheidung gestellt werden und die keine Bindungswirkung entfalten, weil sie keine juristisch tragenden Gründe des Urteilsspruches darstellen[17].

Aber ist diese Lesart des *Tractatus* wirklich gerechtfertigt? Waren diese abschließenden Reflexionen über Ethik, Werte und »Lebensprobleme« bloße Effekthascherei, Zugaben oder persönliche Anhängsel? Oder stehen sie mit dem Haupttext doch in einem integralen Zusammenhang, den die geläufige Interpretation übersieht? Solange man in der technisch-professionellen Welt der englischsprachigen Philosophie bleibt, mag dieser Zweifel als bloß akademischer erscheinen. Aber er wird akut, wenn man den geographischen Sprung von Cambridge nach Österreich macht und dann feststellt, daß der *Tractatus* dort häufig als eine ethische Abhandlung angesehen wird. Diejenigen Österreicher, die Wittgenstein am nächsten standen, behaupten, daß er sich allem, womit er sich eingehend beschäftigte, von einem ethischen Standpunkt aus näherte. In dieser Hinsicht habe er unmittelbar an Kierkegaard erinnert[18]. In den Augen seiner Familie und seiner Freunde war der *Tractatus* noch mehr als ein Buch über Ethik: er war selbst eine ethische *Tat*, die das Wesen der Ethik *zeigte*. Dieser Eindruck wird durch Paul Engelmanns Buch *Ludwig Wittgenstein, Briefe und Begegnungen* so sehr bestärkt wie durch Wittgensteins Korrespondenz mit Ludwig von Ficker[19]. Für Engelmann – mit dem Wittgenstein den *Tractatus* eingehender diskutierte als mit allen anderen Personen, die seither darüber geschrieben haben – war die zentrale Aussage des Buchs eine zutiefst ethische. Engelmann charakterisierte Wittgensteins Grundidee als die einer Trennung der Ethik von jeder Art intellektueller Fundierung. Ethik war ihm eine Sache des »wortlosen Glaubens«. Und seine anderen Anliegen erscheinen in dieser Perspektive als abgeleitet aus dieser Grundidee.

Wir finden folglich einen Konflikt zwischen der etablierten englischsprachigen Literatur, die den *Tractatus* als eine Abhandlung über Logik und Sprachphilosophie behandelt, und einer Tradition, die in Wiener intellektuellen Kreisen noch lebendig ist und eine ganz andere Auffassung von Wittgensteins Schaffen hat. Seit Bertrand Russell seinen einleitenden Essay zum *Tractatus* schrieb, haben englischsprachige Philosophen fast einhellig das Grundanliegen des *Tractatus* in technischen Problemen der philosophischen Logik und in der Frage nach der Beziehung zwischen Sprache und Welt gesehen. Die Tatsache, daß Wittgenstein anfangs Russells Einleitungsaufsatz als irreführend ablehnte – bis hin zur Überlegung, das Buch von der Veröffentlichung zurückzuziehen[20] –, hat man nur als Hinweis darauf angesehen, daß Russell bestimmte begrenzte Aspekte des Werks falsch dargestellt hatte. Grundsätzlich hat man es weiterhin als eine Untersuchung über die Logik der Sprache mit einigen merkwürdigen Andeutungen über Werte angesehen. Diese Interpretation gewann dadurch an Bedeutung, daß logische Positivisten wie Carnap und Ayer die Arbeit ins Herz geschlossen hatten und sie als eine empiristische Bibel behandelten. Und obwohl eine Wittgenstein so nahestehende Person wie Elizabeth Anscombe die Perspektive der Positivisten als irrelevant für ein angemessenes Verständnis des *Tractatus* ablehnte, lief ihre eigene alternative Deutung vor allem auf die Behauptung hinaus, man habe Frege als Wittgensteins wichtigsten Vorläufer zu wenig beachtet – womit sie die Aufmerksamkeit weiterhin in der entschiedenen Konzentration auf die Logik beließ[21].

Jeder, der versucht, den *Tractatus* zu verstehen, ist daher konfrontiert mit zwei unterschiedlichen Sichtweisen auf das eigentliche Thema des Buches. Man kann sie der Einfachheit halber als die »ethische« und die »logische« Interpretation bezeichnen. Beide haben beachtliche Argumente für sich. Beide erklären bestimmte Aspekte des *Tractatus*, aber keine genügt als vollständige Erklärung. Noch einmal: unsere eigene Analyse in diesem Buch soll den Effekt haben, die vermeintliche Ausgewogenheit der gegenwärtigen englischen und amerikanischen Perspektive zu irritieren. Wir werden zeigen, daß für ein Verständnis des Buches im Sinn von Wittgensteins eigenen Intentionen der Vorrang der »ethischen« Interpretation akzeptiert werden muß. Abgesehen von allen Indizien, die wir in den folgenden Kapiteln heranziehen werden, gibt es dafür zwei unmittelbare Gründe. Erstens hat Wittgenstein selbst zeit seines Lebens jeder Interpretation seines Werkes widersprochen; und die meisten nachfolgenden Interpretationen wichen von denen, die zu seinen Lebzeiten veröffentlicht wurden, nur in Einzelheiten ab. Zweitens muß man Paul Engelmanns unmittelbares Zeugnis für gewichtiger halten als die später gezogenen Schlüsse derer, die sich dem *Tractatus* mit »logischem« Vorverständnis und dementsprechender Orientierung näherten. Denn schließlich stand Engelmann mit Wittgenstein gerade während der Entstehungszeit des Buches in engem Kontakt, und beide hatten häufig Gelegenheit zur Diskussion der Arbeit.

Die für die *Tractatus*-Interpretation wichtigste Anregung Engelmanns ist der Hinweis auf das besondere kulturelle Milieu, aus dem das Buch hervorgegangen ist. Engelmann identifiziert dieses Milieu mit dem Wien, in dem Wittgenstein aufwuchs, und im besonderen mit jener geistigen Richtung, die vor allem in den Werken von Karl Kraus und Adolf Loos ihren Ausdruck fand[22]. Leider deutet Engelmann selbst nur wenig über das Wien von Kraus und Loos an – allenfalls blasse Umrißlinien der Wiener Fin-de-siècle-Kultur. Eines der wesentlichen Anliegen dieses Buches ist es, das Feld der von Engelmann begonnenen Untersuchungen weiter zu erforschen: nämlich die historische Dimension von Wittgensteins frühem Werk.

Nur wenige Schriftsteller haben weitere erhellende Einblicke in Wittgensteins geschichtlichen Hintergrund ermöglicht. Sein Freund und Schüler Maurice Drury hat berichtet, daß Wittgenstein Kierkegaard für den bedeutendsten Denker des 19. Jahrhunderts hielt[23]. Miss Anscombe glaubt, daß Wittgensteins Werk nur in seiner Beziehung zu dem Freges richtig begriffen werden kann[24], einige Autoren haben Ähnlichkeiten und Parallelen zwischen Wittgensteins Ansichten und denen Schopenhauers festgestellt[25]. Erich Heller und Werner Kraft haben die Beziehung des *Tractatus* zu Schriften anderer mitteleuropäischer Denker der gleichen Zeit – wie etwa Kraus, Mauthner, Landauer – über die Natur der Sprache betont[26]. Erik Stenius und Morris Engel haben auf kantische Elemente sowohl im *Tractatus* als auch in Wittgensteins Spätphilosophie hingewiesen[27]. Dennoch muß noch viel mehr zur Aufhellung der essentiellen Charakterzüge des

Wiener Kulturlebens getan werden, will man das zentrale Problem des *Tractatus* lösen – nämlich: wie der »ethische« mit dem »logischen« Wittgenstein in Einklang zu bringen und so der Schnitt zu heilen ist, den die spätere akademische Chirurgie in unserer Vorstellung zwischen dem Menschen und seinem Werk gelegt hat.

Unser Argument in dieser einleitenden Methodendiskussion war, daß eine orthodoxe akademische Analyse unserem Bild von Wittgensteins Wien und von Wittgenstein selbst Abstraktionen aufnötigen muß, die tatsächlich bedeutungslos und ungeeignet sind. Es gibt zwei Gründe für diese Bedeutungslosigkeit, einen allgemeinen und einen speziell die Philosophie betreffenden. Erstens setzen alle diese fraglichen Abstraktionen eine intellektuelle und künstlerische Spezialisierung voraus – deren Produkt sie selbst sind –, die im Kulturleben des späten habsburgischen Wien in diesem Maß nicht bekannt war und sich erst in den folgenden fünfzig Jahren durchgesetzt hat. Zweitens reflektieren sie im besonderen eine Konzeption von Philosophie als einer autonomen, professionalisierten akademischen Disziplin – eine Konzeption, die erst nach dem Zweiten Weltkrieg in englischen und amerikanischen Universitäten vorherrschend wurde, aber gerade im Österreich vor 1914 keine Bedeutung hatte. In Wittgensteins Wien diskutierte man unter den Gebildeten ganz allgemein über Philosophie und war der Auffassung, daß die wichtigsten Fragen der nachkantischen Philosophie einen direkten Bezug zu den jeweils eigenen Interessen hatten, seien sie nun künstlerischer oder wissenschaftlicher, juristischer oder politischer Art. Weit davon entfernt, die spezialisierte Angelegenheit einer autonomen und geschlossenen Disziplin zu sein, war Philosophie für die gebildeten Wiener vielgestaltig und stand mit allen anderen Aspekten der zeitgenössischen Kultur in Wechselbeziehung.

Vor dem Hintergrund dieses Kontrasts stellt sich eine weitere Frage. Nach 1920 wurde der *Tractatus* selbst zu einem Grundstein der neuen »professionalisierten« Philosophie. Innerhalb der nun entstandenen Disziplin unternahm man den Versuch, die »technischen« Aufgaben der Philosophie von der sie umfassenden kulturellen Matrix abzulösen und sie als theoretische Analysen auf eine unabhängige Grundlage zu stellen, von äußeren Bedingungen so unbeeinflußt wie etwa die Probleme und Theoreme der reinen Mathematik[28]. Aber (so müssen wir jetzt fragen), gehörte das in irgendeinem Sinn zu Wittgensteins eigenen Absichten? Und können wir hoffen, den *Tractatus* angemessen zu verstehen, wenn wir ihn in erster Linie als ein Element der akademischen Traditionen betrachten, die andere später auf ihm aufbauten? Auch das ist eine Frage, die wir auf unsere eigene Weise, im Licht unserer jetzigen Untersuchungen beantworten werden. Im Augenblick genügt es, nur auf eines hinzuweisen: Wittgenstein selbst tat nichts, um sich von jenen allgemeinen literarischen und kulturellen Traditionen zu lösen, mit denen er seit seiner Jugend vertraut war. Seine relative Unkenntnis der älteren philosophischen Klassiker wurde aufgewogen von einer umfassenden und differenzierten Vertrautheit mit den wichtigsten Gestalten der deutschen und österreichischen Kultursphäre. Die Mottos, die er für seine beiden Hauptwerke wählte, stammten von sehr typischen Wiener Autoren – Kürnberger für den *Tractatus*, Nestroy für die *Philosophischen Untersuchungen*.

George Santayana pflegte darauf zu bestehen, daß diejenigen, welche die Geschichte des Denkens nicht kennen, sie wiederholen müssen. Wozu wir den Folgesatz fügen, daß in ähnlicher Weise diejenigen, die den Kontext von Ideen nicht kennen, sie mißverstehen müssen. In sehr wenigen, in sich geschlossenen theoretischen Disziplinen – zum Beispiel in Teilen der reinen Mathematik – kann man vielleicht Begriffe und Argumente vom geschichtlich-kulturellen Milieu ablösen, in dem sie entwickelt und verwendet wurden, und kann ihre Vorzüge und Mängel unabhängig von diesem Milieu beurteilen. (So war es einem Autodidakten wie Ramanujan, der isoliert in Indien lebte, möglich, die Zahlentheorie in so hohem Maße zu beherrschen, daß er bedeutende Beiträge zur europäischen Mathematik liefern konnte.) In anderen Disziplinen trifft das nicht zu, und dieser Unterschied ist vermutlich gerade für die Philosophie zwingend. Trotz der mutigen Versuche der Positivisten, die Philosophie von historischem Beiwerk zu befreien und ihre Fragen in einem abstrakten, allgemeingültigen Bezugsrahmen, wie er in der Mathematik üblich ist, zu rekonstruieren, stehen uns die philosophischen Probleme und Ideen wirklicher Menschen – des jungen Wittgenstein so gut wie jedes anderen – wie geologische Besonderheiten *in situ* gegenüber. Und das Verfahren, sie aus ihren ursprünglichen Standorten herauszulösen, läßt uns nur zu leicht die historische und kulturelle Matrix vergessen, innerhalb deren sie Gestalt gewannen, und kann uns dazu führen, ihnen eine plastische Form aufzudrängen, die weniger die Perspektive ihres Autors als unsere eigene widerspiegelt.

Wie kann man das vermeiden? Im Falle Wittgensteins können wir es, indem wir uns eine Schlüsselfrage im Bewußtsein halten, nämlich: welche philosophischen Probleme hatte Wittgenstein selbst schon im Sinn, bevor er zum ersten Mal mit Frege und Russell in Berührung kam? Auch heute noch suggerieren uns maßgebliche wissenschaftliche Bücher über Wittgenstein und den *Tractatus* die Annahme, daß seine philosophischen Interessen und Hintergründe aus der Zeit *nach* diesen Begegnungen stammen, daß sein Eindringen in die Philosophie initiiert wurde durch den Kontakt mit der mathematischen Logik Freges und Russells und nachfolgend durch die Erkenntnistheorie und linguistische Analyse Russells und Moores. (David Pears Essay über Wittgenstein etwa ist eine genaue Verdeutlichung dieser Tendenz[29].) Jedoch gibt es starke Einwände *gegen* diese Sichtweise. Wenn auch Wittgenstein seine Verpflichtung gegenüber »den großartigen Werken Freges und den Arbeiten meines Freundes Herrn Bertrand Russell«[30] später dankbar anerkannte, dürfen wir doch nicht vergessen, daß er selbst es war, der den Kontakt mit den beiden Männern hergestellt hat. Statt der Annahme, sein philosophisches Interesse sei erst durch diese Begegnungen geweckt worden, erscheint es im Gegenteil plausibel, daß er bereits genau konturierte philosophische Probleme im Sinn hatte und hoffte, in den logischen Methoden Russells und Freges Lösungen zu finden. Was den Ursprung der Probleme selbst betrifft, so war Wittgenstein auf sie vermutlich schon in seiner Jugend und während seiner Erziehung gestoßen.

Mit Sicherheit hat die Vorstellung von Wittgenstein als

einem philosophischen »Schüler« oder »Anhänger« Freges, Russells oder Moores etwas grundsätzlich Unplausibles. Wir wissen, daß Frege Wittgensteins Fragen eher ratlos gegenüberstand und ihn an Russell weiterempfahl, in der Hoffnung, daß dieser damit besser zurechtkommen werde. Aber nach Wittgensteins Reaktion auf Russells Vorwort zum *Tractatus* zu urteilen, waren die Mißverständnisse in diesem Fall nicht geringer. Es dürfte daher besser sein, Wittgenstein als unabhängigen Philosophen anzusehen und zu versuchen, die Probleme, die ihn innerlich beschäftigten, eher mit Blick auf die Ideen und Schriftsteller auszumachen, die ihm bereits vertraut waren, bevor er sich an Frege um Rat und Hilfe wandte. Dazu ermutigt uns Engelmanns Buch genauso wie eine Bemerkung, die Wittgensteins persönlicher Freund und literarischer Nachlaßverwalter, Professor G. H. von Wright, uns gegenüber einmal machte: man müsse als die beiden wichtigsten Tatsachen bedenken, daß Wittgenstein erstens ein Wiener und zweitens ein Ingenieur mit gründlichen Kenntnissen der Physik war[31].

Und wir können – in Ermangelung direkter Zeugnisse – nur dann hoffen, eine Antwort auf die Frage zu finden, welche philosophischen Probleme Wittgenstein ursprünglich bewegten, wenn wir zunächst die Situation betrachten, in der er aufwuchs. Angesichts der Erscheinung eines äußerst begabten jungen Mannes von großer Sensibilität, hineingeboren in die sehr ungewöhnliche Atmosphäre der Familie Wittgenstein – im Zentrum nicht nur wirtschaftlichen Wohlstands, sondern auch der Kultur, vor allem der musikalischen, im späten habsburgischen Wien –, mit einer intensiven Ausbildung in Mathematik und theoretischer Physik durch Männer wie Heinrich Hertz und Ludwig Boltzmann, angesichts eines solchen Menschen also wäre zu fragen, welche Probleme sich ihm wohl als *die* wesentlichen der Philosophie aufgedrängt haben mögen, und zwar als solche, für die die Verfahrensweisen von Russells Logik eine unangreifbare, definitive und somit endgültige Lösung an die Hand geben sollten. Wenn wir diese Frage beantworten wollen, müssen wir die Ideen und Methoden, die Wittgenstein später von Frege und den analytischen Philosophen in Cambridge übernahm und für seine eigenen philosophischen Vorhaben nutzbar machte, außer Betracht lassen. Statt dessen müssen wir uns unmittelbar mit dem Wien zur Zeit von Wittgensteins Kindheit befassen, mit seinen sozialen und politischen Problemen, kulturellen Dispositionen, und vor allem mit jenem allgemeinen philosophischen Bezugsrahmen, der die gängigen Vorstellungen bei Musikern, Schriftstellern, Juristen und Denkern jeder Richtung genauso sehr beeinflußte, wie die der akademischen Philosophen. Und in dem Maße, in dem der *Tractatus* wirklich ein Schlüsselwerk für das Verständnis der Zeit ist, aus der er stammt, können wir hoffen, daß eine solche Untersuchung Licht nach beiden Seiten wirft: daß wir nämlich durch ein Überdenken unserer Vorstellung von Ludwig Wittgenstein und seinen Ideen über die Sprache auch zu einer deutlicheren Einsicht in den Charakter jenes Wien gelangen werden, das die Wiege so vieler künstlerischer und gedanklicher Erscheinungen in der Mitte des 20. Jahrhunderts gewesen ist.

Nachdem wir die Schlüsselfrage über Wittgenstein gestellt haben, deren Beantwortung unser zentrales Anliegen ist, müssen wir sie vorläufig zurückstellen. Denn der erste Schritt zu einer Antwort muß nun (falls wir recht haben) eine umfassende interdisziplinäre Studie sein, bestehend in einer kontrastierenden Darstellung der politischen, sozialen, kulturellen und philosophischen Vorstellungen im damaligen Österreich, die als wechselseitig aufeinander bezogen und ineinander gespiegelt zu begreifen sind. Wer lediglich an den historischen Grundlagen von Wittgensteins *logischen Methoden* interessiert ist, hat natürlich keine Veranlassung, die vorrangige Bedeutung Gottlob Freges und Bertrand Russells in Frage zu stellen. Aber die historischen Grundlagen seiner *philosophischen Ideen* werden sich als etwas ganz anderes erweisen; sie können wir nur mittels einer Rekonstruktion von Wittgensteins Umwelt und Erziehung erkennen.

Im ersten Teil dieses Buches werden wir folglich den politischen und sozialen Charakter des »heiteren Wien« in den letzten Dekaden der habsburgischen Monarchie untersuchen. Dabei werden wir das Bild einer Großmacht erkennen, die von Problemen raschen wirtschaftlichen Wandels und unruhiger nationaler Minderheiten bedrängt wird, einer Macht, deren überkommene konstitutionelle Struktur in wesentlichen Punkten unfähig war zur Anpassung an die neuen Erfordernisse einer sich verändernden historischen Situation. Danach werden wir uns auf die gängigen Themen und Probleme konzentrieren, die in diesem späthabsburgischen Milieu die Aufmerksamkeit von Schriftstellern, Denkern und Künstlern aller Richtungen auf sich zogen und als deren bestartikulierter Ausdruck das Werk von Karl Kraus erscheint. Es war eine Gesellschaft, in der alle etablierten Medien oder Ausdrucksmittel – von der Sprache der Politik bis zu den Prinzipien architektonischer Gestaltung – anscheinend die Verbindung mit ihren ursprünglichen gedanklichen Inhalten genauso verloren hatten wie die Fähigkeit, ihre angemessenen Funktionen zu erfüllen.

Als Kraus eine Kritik der öffentlichen Sprache und den sprachlichen Zweifel als das entscheidende Medium des Denkens forderte, tat er dies mit einem ethischen Abscheu vor jener Schlampigkeit des Denkens und des Ausdrucks, die der Widersacher jeder persönlichen Integrität ist und die die Menschen wehrlos macht gegen politischen Betrug, geistige Korruption und Heuchelei. Aber Kraus' Ein-Mann-Feldzug gegen die Unwahrhaftigkeit des öffentlichen Diskurses hatte noch weitere Implikationen. Er erweckte bald Widerhall auf anderen geistigen und künstlerischen Gebieten, der sich zur Forderung nach einer Kritik der Ausdrucksmittel in allen Sphären ausweitete – etwa nach dem Abstreifen der konventionellen und sinnlosen Dekoration, mit der die Sentimentalität die schöpferischen Künste überladen hatte –, um sie so wieder zu einer Ausdrucksfähigkeit zu bringen, deren sie zur Erfüllung ihrer ursprünglichen Aufgaben bedurften. Wie konnte ein »Medium« einem gedanklichen Inhalt entsprechen? Wie konnte irgend etwas als angemessenes Mittel zum Ausdruck oder zur Symbolisierung von etwas anderem taugen? In allen künstlerischen und intellektuellen Bereichen finden wir Männer, die denselben kritischen Gedanken aufnahmen. In welchem denkbaren Sinn konnten etwa Musik, Architektur oder die Umgangssprache als »Darstellung« aufgefaßt werden? Und welche alternative »symbolische Funktion« könnten sie haben? Die Diskussion dieser Themen, die Marshall McLuhan in jüngerer Zeit popularisiert hat, war mit viel größerer Ernsthaftigkeit und Schärfe schon im Wien von Kraus und Boltzmann, Loos und Schönberg geführt worden.

Weit davon entfernt, in Wittgensteins *Tractatus* ihren Ursprung zu haben, war, wie wir sehen werden, die Idee einer Auffassung von Sprache, Symbolismen und Ausdrucksmitteln als »Darstellungen« oder »Abbilder« um 1910 in Wien bereits ein Gemeinplatz auf allen Gebieten geistiger Auseinandersetzung geworden. Unter den Naturwissenschaftlern war diese Vorstellung spätestens seit der Zeit von Hertz geläufig, der physikalische Theorien als etwas gekennzeichnet hatte, das gerade solch ein *Bild* oder eine *Darstellung* natürlicher Phänomene entwirft[32]. Auf der anderen Seite war sie Künstlern und Musikern ebenfalls vertraut. Arnold Schönberg z. B. schrieb einen Aufsatz mit dem Titel *Der Musikalische Gedanke und die Logik, Technik und Kunst seiner Darstellung*[33]. Zu der Zeit, als Wittgenstein die Szene betrat, war diese Debatte schon an die fünfzehn bis zwanzig Jahre in den Wiener Salons, Ateliers und intellektuellen Zirkeln geführt worden, häufig in der Terminologie der kantschen Tradition, bemerkenswerterweise auch in der des »Anti-Philosophen« Arthur Schopenhauer. Wir werden zeigen, daß Wittgensteins Leistung nicht darin bestand, diese Diskussion begonnen, sondern darin, schließlich alle ihre Fäden in einer umfassenden und entscheidenden Analyse der aufgeworfenen Fragen zusammengezogen zu haben. Und die Art, in der er das tat, hatte für ihn persönlich einen zusätzlichen Vorteil: sie ermöglichte ihm, einige dringende intellektuelle Probleme im Zusammenhang mit seinem ethischen Standpunkt zu erledigen -- nicht durch eine theoretische Fundierung dieses Standpunkts, sondern durch die scheinbar unwiderlegliche Befestigung seiner kierkegaardschen Auffassung, daß in moralischen Fragen ein Problem der rationalen Begründung gar nicht entstehen kann.

Bis hierher haben wir nur unser Vorhaben für die folgenden Kapitel deutlich gemacht und einiges über Art und Methode unserer Untersuchungen angedeutet. Gleichwohl können wir nicht erwarten, daß akademische oder professionelle Philosophen mit unserer Explikation zufrieden sind. Doch erscheint jedes Bild von Wittgenstein als einem Mitglied der ersten Generation akademischer Philosophen in diesem Jahrhundert nur so lange akzeptabel, wie wir ihn vor dem Hintergrund der englischsprachigen Philosophie sehen. (Wie sehr erscheint er dann als Revolutionär!) Sehen wir ihn aber im Unterschied dazu in seiner heimatlichen Umgebung, wird das Unangemessene dieses Bildes deutlich. Denn abgesehen von den Ungereimtheiten, die aus einer Trennung des logisch-linguistischen vom ethischen Wittgenstein entstehen, würden wir mit einer weiteren verwirrenden Tatsache konfrontiert, nämlich daß Wittgenstein bei der Fortentwicklung der linguistischen Analyse im Sinne Russells und Moores nebenbei ausgerechnet ein allgemeines Problem der »Darstellung« löste, das seine Wiener Zeitgenossen irritiert hatte. Und er tat dies, indem er dieselbe Terminologie wie sie verwendete.

Um zusammenzufassen: die historischen Argumente, die in diesem Buch vorgebracht werden, sollen weniger Wittgensteins *Glaubensinhalte* als vielmehr seine *Probleme* erhellen. Ein Denker von Wittgensteins Tiefe, Unabhängigkeit und Originalität bezieht seine charakteristischen intellektuellen und ethischen Überzeugungen nicht einfach aus dem historischen Einfluß eines bedeutenden Vorgängers oder Zeitgenossen. In diesem Sinn müssen wir seine Argumente auf ihren eigenen Füßen stehen lassen und sehen, wie *»unantastbar und definitiv«* die Begründungen für seine Auffassung wirklich sind. Aber wenn es um das Verständnis für die Probleme geht, die seinen Argumenten und Auffassungen diese Bedeutung für ihn gaben, können wir eine so klare Trennung zwischen seinen Ideen und dem historisch-kulturellen Zusammenhang, in dem sie sich entwickelten, nicht durchführen. Als Dokumente der Logik und Sprachphilosophie stehen der *Tractatus* und die *Philosophischen Untersuchungen* jetzt und weiterhin auf eigenen Füßen. Als Lösungsversuche für umfassende geistige Probleme dagegen sind und bleiben die Ausführungen Ludwig Wittgensteins – wie die jedes anderen Philosophen – nur in ihrer Verbindung mit jenen Elementen ihres historischen und kulturellen Hintergrundes vollständig begreiflich, aus denen sich die ursprüngliche Problemstellung einmal als allgemeine gebildet hat.

II

Das Wien Kaiser Franz Josephs
Stadt der Widersprüche

> Oh, das goldene Wien!
> Eine schöne Stadt!
> Irrer in Robert Musils *Der Mann*
> *ohne Eigenschaften*, 2. Buch, S. 992

Eine geläufige Vorstellung assoziiert mit dem Namen »Wien« Straußsche Walzer, Kaffeehäuser, Mehlspeisen und einen gewissen sorglosen, allumfassenden Hedonismus. Für jeden, der diese Oberfläche auch nur ankratzt, kommt ein ganz anderes Bild zum Vorschein. Denn alle Erscheinungen, die den Mythos Wiens ausmachten, waren gleichzeitig Facetten einer anderen, dunkleren Seite des Wiener Lebens.

Der bekannte Strauß-Walzer *An der schönen blauen Donau* wurde nur einige Wochen nach der militärischen Niederlage Österreich-Ungarns bei Königgrätz geschrieben, mit der Habsburgs Hegemonieansprüche in der deutschsprachigen Welt zu Ende gingen[1]. Die Schnelligkeit, mit der die Armee Franz Josephs von der Bismarcks geschlagen wurde, machte deutlich, daß die Doppelmonarchie eine höchstens noch zweitrangige Macht war. Die erfolgreichste von Strauß' Operetten, *Die Fledermaus*, hingegen lenkte die Aufmerksamkeit der Wiener Bürger ein wenig vom katastrophalen Börsenkrach jenes 9. Mai 1873 ab, den die Österreicher später als schwarzen Freitag bezeichneten[2].

Der Walzer war das Symbol der Wiener *joie de vivre*; aber auch er hatte sein anderes Gesicht. Ein Besucher aus Deutschland beschrieb Strauß und seine Walzer als eine Flucht in die Dämonie:

Afrikanisch – heißblütig, Leben- und Sonnenscheintoll, modern verwegen, zappelnd unruhig, unschön leidenschaftlich ... er treibt ... die bösen Teufel aus unseren Leibern und zwar mit Walzern, was moderner Exorzismus ist, und er befängt auch unsere Sinne mit süßem Taumel. Echt afrikanisch leitet er auch seine

Tänze: die eigenen Gliedmaßen gehören ihm nicht mehr, wenn sein Walzer-Donnerwetter losgegangen ist; der Fiedelbogen tanzt mit dem Arme . . . der Takt springt mit dem Fuße herum, die Melodie schwenkt die Champagnergläser in seinem Gesicht . . . der Teufel ist los . . . Es ist eine bedenkliche Macht in dieses schwarzen Mannes Hand gegeben; sein besonderes Glück mag er es nennen, daß man sich unter Musik alles mögliche denken, daß die Zensur mit den Walzern nichts zu schaffen haben kann, daß die Musik auf unmittelbarem Wege, nicht durch den Kanal des Gedankens, die Empfindung anregt . . . Bachantisch wälzen sich die Paare durch die Hindernisse, die wilde Lust ist losgelassen, kein Gott hemmt sie. [3]

Das ist nur einer unter vielen Berichten, in denen zeitgenössische Beobachter die Wiener Tanzleidenschaft als pathologisch und als Ausdruck einer Flucht vor der harten Wirklichkeit des täglichen Lebens in der »Stadt der Träume« kennzeichneten.

Die freundlichen Cafés entlang den Straßen Wiens, in denen man den ganzen Tag mit einer Tasse Kaffee oder einem Glas Wein sitzen und Zeitungen oder Zeitschriften aus aller Welt lesen kann, bildeten einen wichtigen Teil der Wiener Lebensart. Sie haben wohl auch immer schon Touristen beeindruckt als die Symbole einer scheinbar entspannten, sorglosen Existenzform. Aber wie bei Musik und Tanz in Wien gab es auch an dieser Einrichtung eine Kehrseite. Während des ganzen 19. Jahrhunderts und bis in die Gegenwart litt Wien an einem gravierenden Wohnungsmangel. Die Wiener Mietshäuser waren meist unzulänglich, düster und schwer zu beheizen. Dem Bedürfnis, diesen schäbigen und kalten Behausungen zu entfliehen, kamen die Wärme und die Freundlichkeit der zahlreichen Kaffeehäuser entgegen. Wiederum war der Charme der Cafés nur das Gesicht einer harten Wirklichkeit im Leben der meisten Wiener. Eine ähnliche Doppelbödigkeit war kennzeichnend für viele Aspekte des Wiener Lebens [4].

Wenige Städte haben Männer, die sie nach deren Tod als Kulturgrößen, ja Genies, proklamierten, vorher so verständnislos behandelt, wie es Wien tat. Allein in der Musik wären Franz Schubert, Hugo Wolf und Arnold Schönberg zu nennen. Besonders anschaulich wird diese Ambivalenz der öffentlichen Haltung durch den Fall Gustav Mahler illustriert. Mahler wurde einerseits als einer der größten Dirigenten bewundert, unter dessen Leitung die Hofoper einen vorher unerreichten Rang einnahm, andererseits wurde er gleichzeitig als entarteter, weil jüdischer Komponist geschmäht[5]. In der Musik und in der Malerei konnten fragwürdige oder einseitige Perspektiven, wie sie etwa in Makart und Hanslick personifiziert waren, der Wiener Gesellschaft kritische Standards und Urteile diktieren. Hanslick war zudem geradezu ein lebendes Beispiel des österreichischen Paradoxons: in einer enthusiastischen Besprechung des *Tannhäuser* im Jahre 1846 war dieser spätere Verehrer Brahms' einer der ersten, die das Loblied Richard Wagners sangen, dessen Erzfeind er später wurde[6]. In einer Stadt, die stolz darauf war, ein Nährboden kultureller Kreativität zu sein, wurde wirklichen Neuerern das Leben denkbar schwer gemacht.

Auch die Wiener Medizin war zur Zeit der Jahrhundertwende führend in der Welt. Amerika verdankt seinen heutigen Vorrang in den medizinischen Wissenschaften zu einem guten Teil den Tausenden von Medizinstudenten, die zu einer Zeit, als das Niveau der amerikanischen Medizin sehr dürftig war, nach Wien gingen, um dort bei Kapazitäten wie Hebra, Skoda, Krafft-Ebing oder Billroth zu studieren[7]. Jedoch wurden die bahnbrechenden Arbeiten von Freud auf dem Gebiet der Psychoanalyse und von Semmelweis auf dem der Antiseptik gerade in Wien nicht anerkannt, weil den Zeitgenossen der Weitblick für die große Bedeutung dieser Leistungen fehlte. Der Fall Freud ist bekannt genug und muß hier nicht erörtert werden. Semmelweis, der die Entdeckung machte, daß schmutzige Fingernägel von Hebammen und Gynäkologen tödliche Infektionen bei Mutter und Kind hervorrufen können, sah sich nicht in der Lage, seine Einsicht in Wien zu verbreiten: Ärzte mit politischem Einfluß, die seine Erkenntnisse ablehnten, sorgten für seinen Ausschluß von Positionen, in denen er seine Untersuchungsergebnisse hätte anwenden können, und diskreditierten ihn in beruflicher Hinsicht. Semmelweis starb in einer Nervenklinik etwa fünfzehn Jahre nach seiner lebenerhaltenden Entdeckung, außerstande, mit dem Hohn fertig zu werden, der über ihn und sein Lebenswerk ausgegossen worden war[8].

Die Implikationen von Freuds Auffassung über die Bedeutung der Sexualität im menschlichen Leben verletzten die Gefühle des Wiener Bürgertums, dessen Heuchelei und Scheinhaftigkeit Karl Kraus in seinen Satiren und Polemiken mit brillantem Witz und in meisterhafter Prosa angriff. Die Wiener hingegen wichen einer Auseinandersetzung mit den von Freud und Kraus aufgeworfenen Themen aus und vermieden nach Möglichkeit die öffentliche Erwähnung der beiden Namen – so allerdings stillschweigend die Berechtigung der mißliebigen Behauptungen einräumend. Im Werk von Karl Kraus erfuhr die an ihm besonders rigide praktizierte Verschwörung des Schweigens als *»Totschweigetaktik«* wiederum ihre satirische Gestaltung.

Soziale und politische Bewegungen von so großer Gegensätzlichkeit wie der Nationalsozialismus oder der deutsche Antisemitismus auf der einen Seite und der Zionismus auf der anderen, hatten ihre Wurzeln im damaligen Wien, ebenso wie wesentliche Elemente der modernen katholischen Soziallehre oder jene originelle Adaption der Marxschen Theorie, die als »Austro-Marxismus« bekannt wurde. Eine weitere Merkwürdigkeit Wiens war die Tatsache, daß es seit Hunderten von Jahren der habsburgische Regierungssitz eines Reiches war, das nicht einmal einen einheitlich verwendeten offiziellen Namen hatte. Wie so oft, ist auch hier Robert Musil der beste Kommentator:

Es war zum Beispiel kaiserlich-königlich und war kaiserlich und königlich; eines der beiden Zeichen k.k. oder k.u.k. trug dort jede Sache und Person, aber es bedurfte trotzdem einer Geheimwissenschaft, um immer sicher unterscheiden zu können, welche Einrichtungen und Menschen k.k. und welche k.u.k. zu rufen waren. Es nannte sich schriftlich Österreichisch-Ungarische Monarchie und ließ sich mündlich Österreich rufen, mit einem Namen also, den es mit feierlichem Staatsschwur abgelegt hatte, aber in allen Gefühlsangelegenheiten beibehielt, zum Zeichen, daß Gefühle ebenso wichtig sind wie Staatsrecht, und Vorschriften nicht den wirklichen Lebensernst bedeuten. Es war nach seiner Verfassung liberal, aber es wurde klerikal regiert. Es wurde klerikal regiert, aber man lebte freisinnig. Vor dem Gesetz waren alle Bürger gleich, aber nicht alle waren eben Bürger. Man hatte ein Parlament, welches so gewaltigen Gebrauch von seiner Freiheit machte, daß man es gewöhnlich geschlossen hielt; aber man hatte auch einen Notstandsparagraphen, mit dessen Hilfe man ohne das Parlament auskam, und jedesmal, wenn alles sich schon über den Absolutismus freute, ordnete die Krone an, daß nun doch wieder parlamentarisch regiert werden müsse.[9]

Die konstitutionellen und sozialen Widersprüche der habsburgischen Monarchie und ihrer Hauptstadt könnten kaum knapper dargelegt werden. Die gleichen Dinge, die an der Oberfläche sinnenfroher Weltlichkeit Glanz und Gloria aufwiesen, waren untergründig der Ausdruck des Elends. Die Stabilität der Gesellschaft mit ihrer Freude an Pomp und Aufwand war nur der Ausdruck eines versteinerten Zeremoniells, das kaum das kulturelle Chaos verhüllen konnte. Bei näherer Betrachtung verkehrte sich all die oberflächliche Herrlichkeit in ihr Gegenteil. Das ist eine Art grundlegender Wahrheit über die Doppelmonarchie, nimmt man alle ihre Aspekte zusammen. Die gleiche Widersprüchlichkeit spiegelte sich auch in der Politik und in den Sitten, in der Musik, der Presse und den verschiedenen gesellschaftlichen Klassen.

Verantwortlich für diesen Zustand war nicht zuletzt die unerschütterliche Fixierung der herrschenden Dynastie auf das habsburgische Konzept der *Hausmacht*, auf jene Idee, daß die Habsburger das Werkzeug Gottes auf Erden seien. Das Schicksal Österreich-Ungarns in Europa und selbst die äußerliche Struktur seiner Hauptstadt wurden zu einem guten Teil von Kaiser Franz Joseph bestimmt, der vorletzten Verkörperung jener Idee. Unter seiner Herrschaft, unter der seines Großvaters Franz I. und unter der Metternichs während der dreizehnjährigen Regierungszeit des schwachsinnigen Kaisers Ferdinand (im sogenannten »Vormärz«, 1835 bis 1848), formte diese habsburgische Idee die Politik des Kaiserreiches durch insgesamt 124 Jahre. Die berüchtigste Manifestation dieser Politik war das sogenannte »Metternichsche System« des Kaisers Franz, ein Mittel zur Verhinderung von Revolution und revolutionären Ideen in der habsburgischen Domäne. (Metternich hatte übrigens dieses System

weder erfunden noch stimmte er mit allen sich daraus ergebenden politischen Entscheidungen überein[10].) Aber selbst
damit war Franz I. nicht zufrieden, der jede Veränderung
bekämpfte und so sehr fürchtete, daß er sich sogar weigerte,
Beamte zu entlassen, die von seinem Vorgänger, dem »revolutionären« Kaiser Joseph II., ernannt worden waren, obwohl diese seine Politik ablehnten: er bestand auf der buchstäblichen Aufrechterhaltung des *status quo*[11].

Das Ziel Franz I. waren Ruhe und Ordnung, das *law-and-
order*-Konzept eines Polizeistaats. Die Zensur war streng und
umfassend. Der Bau eines Eisenbahnnetzes wurde untersagt,
weil es zum Verkehrsmittel einer Revolution hätte werden
können[12]. Protestantische Seminare wurden gegründet, so
daß die Kandidaten nicht mehr das Land zu verlassen und
mit neuen, womöglich subversiven Ideen in Berührung zu
kommen brauchten[13]. Jede Veränderung war eine Bedrohung für die habsburgische Idee. Franz I. konnte sein Reich
mit einem morschen Haus vergleichen: sollte ein Teil abgebrochen werden, so war nicht abzusehen, wieviel einstürzen
würde[14]. Wie es Metternich bei einer anderen Gelegenheit
zusammenfaßte: »J'ai gouverné l'Europe quelquefois, l'Au-
triche jamais.«[15] Auch nach dem Tod Franz I. blieb Metternich dessen politischer Testamentsvollstrecker. Das Ergebnis von 56 Jahren dieses Systems war die Revolution von
1848.

Der Aufstand von 1848 brachte den achtzehnjährigen
Franz Joseph auf den Kaiserthron. Und das Fehlschlagen
dieses Aufstands zog eine Reihe politischer Maßnahmen von
seiten des neuen Herrschers nach sich, die sich im Lauf seiner
68 Jahre dauernden Regierungszeit immer deutlicher als bloß
scheinbar revolutionäre Mittel für durchaus reaktionäre
Ziele erwiesen[16]. Schon die bloße Dauer von Franz Josephs
Herrschaft gab der Monarchie eine Schein-Stabilität. Die
nach außen hin radikalste seiner Neuerungen war die Einführung des allgemeinen Wahlrechts für Männer im Jahr 1907.
Aber dieser scheinbar liberale Akt hatte in Wirklichkeit die
Funktion, die Kontrolle des Kaisers über die Armee zu
sichern gegen Bestrebungen in Ungarn, eine eigene ungarische Armee zu schaffen[17]. Trotz des bloßen Beschwichti-

gungscharakters solcher Maßnahmen überlebte das alte System. Die Kontinuität von Metternich zu Franz Joseph wird beim Blick auf jene Hintergründe zunehmend deutlicher, von der Ernennung Taaffes zum »überparteilichen Kaiserminister« bis zum Rücktritt Koerbers Ende 1904. Damals war es offenkundig geworden, daß Österreich nur noch mit nichtparlamentarischen Methoden regiert werden konnte, die natürlich nur mittels einer hinreichend großen Zahl disziplinierter Staatsdiener, willens und fähig, sie durchzusetzen, realisierbar waren[18]. Aber dies schien dem Kaiser nicht von Belang zu sein, solange seine Kontrolle über die Armee unangefochten blieb.

Als diese schwerfällige Maschinerie das 20. Jahrhundert erreichte, wuchsen sowohl des Kaisers Starrsinn als auch der Nationalitätenstreit, der das Reich so schwer regierbar machte, bedrohlich an. Auch nur die Höhepunkte in der Entwicklung dieses Nationalismus zu skizzieren, überschritte bei weitem den Rahmen unseres Buches, denn es würde bedeuten, hundert Jahre in der Geschichte aller elf Nationalitäten des Vielvölkerstaates in all ihren labyrinthischen Verflechtungen nachzuzeichnen. Zwei Aspekte des Problems verdienen allerdings Erwähnung. Paradoxerweise waren es die modernisierenden Reformen Josephs II., die das überall im Kaiserreich schlummernde nationale Bewußtsein weckten[19]. Zunächst manifestierte sich dieses Bewußtsein lediglich im Wiederaufleben der jeweiligen landessprachlichen Literatur und Philologie. Die erste hochsprachliche ungarische Dichtung entstand unter den Söhnen des ungarischen Adels auf dem führenden habsburgischen Gymnasium, dem *Theresianum*[20]. Gegen Mitte des 19. Jahrhunderts hatte sich dieses Nationalbewußtsein allerdings zum Kennzeichen einer partikularistischen Politik gewandelt, die schließlich zu einem Krieg führen sollte, der die Habsburgerherrschaft und mit ihr alles, wofür sie in Mitteleuropa stand, zerstörte.

Ein anderes aufschlußreiches Ereignis ist die sogenannte »Cilli-Affäre«[21], die verdeutlicht, welches Ausmaß die Probleme bereits vor dem Ende des 19. Jahrhunderts erreicht hatten. Schon 1895 war die Frage, welche Sprache die des

Unterrichts in den Schulen der steirischen Stadt Cilli sein sollte, bedeutsam genug geworden, eine Regierung zu Fall zu bringen. Dies war in der Tat »eine Frage, die bereits als solche ausreichte, alle inneren Krankheiten Österreichs und alle Verwicklungen der nationalen Kontroverse zu enthüllen«[22]. Die Slowenen, die in der Steiermark hauptsächlich auf dem Lande lebten, forderten ein Gymnasium, in dem ihre Sprache als Unterrichtsfach anerkannt werde. Die Deutschen dagegen, die die Mehrheit der Stadtbevölkerung darstellten und eine entsprechende Majorität im steirischen Landtag hatten, widersetzten sich hartnäckig. Ihrer Meinung nach würden die Deutschen möglicherweise durch eine solche Maßnahme nach und nach aus Cilli verdrängt werden. So brachten die Slowenen die Angelegenheit vor den Reichsrat, wo die Einrichtung einer slowenischen Schule beschlossen wurde. Nach Bekanntgabe dieser Entscheidung wurde die Regierungskoalition von deren deutschen Mitgliedern aufgekündigt und damit handlungsunfähig gemacht. Die Cilli-Affäre verstärkte die Empfindlichkeit von Südslawen und Tschechen gegenüber dem Anwachsen des deutschen Nationalismus. Bald wurden Faustkämpfe und fliegende Tintenfässer zwischen den verschiedenen nationalen Fraktionen Teil der Debatten im Reichsrat.

Wenn man die habsburgische Geschichte des 19. Jahrhunderts studiert, kann man sich nur schwer der Attraktivität einer historischen Deutung im Sinn der hegelschen Dialektik entziehen: immer wieder stößt man auf Situationen, die eine Art Negation ihrer selbst erzeugen. Der Versuch etwa, Deutsch anstelle von Latein zur Modernisierung der kaiserlichen Verwaltung einzuführen, zog als Reaktion den ungarischen und tschechischen Kulturnationalismus nach sich, der sich konsequent zu einem politischen Nationalismus fortentwickelte. Der slawische Nationalismus führte seinerseits zum deutschen wirtschaftlichen und politischen Nationalismus, dieser zum Antisemitismus, auf den mit dem Zionismus die naheliegende jüdische Reaktion erfolgte. Alles in allem Anlaß genug, um schwindlig zu werden. Der Kern der habsburgischen *Hausmacht*-Idee war die vollständige kaiserliche Kontrolle des Heeres und seiner Finanzierung[23]. »Man gab Unsummen für das Heer aus«, schreibt Musil, »aber doch nur gerade soviel, daß man sicher die zweitschwächste der Großmächte blieb.«[24] Habsburgs Unnachgiebigkeit in diesem Punkt verstärkte wiederum den Starrsinn der ungarischen Nationalisten, die auf ihrem Konzept eines »Großungarn« bestanden. War Ungarn nicht schließlich identisch mit den Ländern der Stephanskrone?

Manchmal konnte Franz Joseph diesem Anspruch mehr oder weniger weit entgegenkommen. Vor allem während der Jahre, in denen die Nachfrage nach Weizen in Europa sehr groß war, diente der Überfluß der ungarischen Ernten zur Entlastung der angespannten Kassenlage des Kaisers, die für den Status des Reiches als »zweitschwächster Großmacht« verantwortlich war. So konnte Franz Joseph den Kompromiß von 1867 akzeptieren als einen zwar harten Schlag, der aber durch das Zusammentreffen einer prekären ökonomischen Zwangslage mit einem schwerwiegenden militärischen Rückschlag unvermeidlich geworden war. Wegen der Krone des heiligen Wenzel jedoch, die das Ziel der ungeduldigen tschechischen Nationalisten war, kam es zu einem weiteren bezeichnenden Konflikt. Während Franz Joseph treu und zuverlässig zu seiner Verpflichtung gegenüber Ungarn stand – welche die Ungarn selbst als einen ersten Schritt zur vollständigen Personalunion der Königreiche Österreich und Ungarn betrachteten –, mußte er aber 1871, unter dem Druck der deutschliberalen, zentralistisch gesinnten Bourgeoisie und der auf dem Dualismus bestehenden Ungarn, seine Bereitschaft zur Anerkennung ähnlicher Ansprüche seitens der Tschechen widerwillig aufgeben[25].

Immer mehr maskierten bloße Formalitäten, hinter denen Chaos und Leere herrschten, die Schwierigkeiten der Monarchie. Franz Joseph flüchtete sich in eine Isolation; das Hofzeremoniell bildete nur noch die Fassade für seine ihm bewußte Unzulänglichkeit wie für die Tatsache der Unregierbarkeit dieses Völkergemisches aus Deutschen, Ruthenen, Italienern, Slowaken, Rumänen, Tschechen, Polen, Ungarn, Slowenen, Kroaten, transsilvanischen Sachsen und Serben. Die generelle Einstellung der nationalen Gruppen gegenüber ihrem Kaiser war jener nicht unähnlich, die unter den

Intellektuellen während der letzten Jahre habsburgischer Weltmacht üblich geworden war:

... der Kaiser und König von Kakanien war ein sagenhafter alter Herr. Seither sind ja viele Bücher über ihn geschrieben worden, und man weiß genau, was er getan, verhindert oder unterlassen hat, aber damals, im letzten Jahrzehnt von seinem und Kakaniens Leben, gerieten jüngere Menschen, die mit dem Stand der Wissenschaften und Künste vertraut waren, manchmal in Zweifel, ob es ihn überhaupt gebe. Die Zahl der Bilder, die man von ihm sah, war fast ebensogroß wie die Einwohnerzahl seiner Reiche; an seinem Geburtstag wurde ebensoviel gegessen und getrunken wie an dem des Erlösers; auf den Bergen flammten die Feuer, und die Stimmen von Millionen Menschen versicherten, daß sie ihn wie einen Vater liebten, endlich war ein zu seinen Ehren klingendes Lied das einzige Gebilde der Dichtkunst und Musik, von dem jeder Kakanier eine Zeile kannte. Aber diese Popularität und Publizität war so überzeugend, daß es mit dem Glauben an ihn leicht ebenso hätte bestellt sein können wie mit Sternen, die man sieht, obgleich es sie seit tausenden von Jahren nicht mehr gibt. [26]

Und dennoch war die Existenz des Kaisers auf die gleiche Weise »einfach überraschend wirklich« [27], wie es die Stadt der Träume selbst war.

Unter einem wichtigen Aspekt nahm Wien eine Sonderstellung im gesamten habsburgischen Reich ein. Hier war wenigstens teilweise jenes übernationale, kosmopolitische Bewußtsein vorhanden, das allein die Überlebenshoffnung der Dynastie tragen konnte. Den äußerlichen Glanz verdankte das Fin-de-siècle-Wien letztlich doch Franz Joseph persönlich. Zwischen 1858 und 1888 erneuerte er das Stadtbild, um die Erinnerung an 1848 und alles, was damit zusammenhing, auszulöschen [28]. Wo früher die Stadtwälle gestanden hatten, wurde die Stadt nun von einem prächtigen, zwanzig Meter breiten, baumgesäumten Boulevard umfaßt, der berühmten Ringstraße. Wo zur Zeit der Belagerung Wiens die Türken kampiert hatten, wurde ein neues Rathaus errichtet. Doch das war nur ein Anfang. Franz Joseph baute auch einen neuen Trakt der Hofburg, diesem gegenüber zwei neue Museen, ein neues Parlamentsgebäude, die umstrittene neue kaiserliche Oper und schließlich das neue Burgtheater,

Wahrzeichen der Wiener Theaterleidenschaft. Zweimal wurden während Franz Josephs Regierungszeit die Stadtgrenzen erweitert. Es gab eine große Zahl von Parks und Denkmälern. Die 1890 vorgenommene Ausdehnung der Stadtgrenzen über den *Gürtel* hinaus zu ihrem jetzigen Verlauf war als Vollendung dieser großen städtebaulichen Erneuerung allerdings eines der letzten Zugeständnisse, die der alternde Kaiser der modernen Welt machen konnte. Er selbst hielt nichts von Telefonen, Automobilen, Schreibmaschinen, selbst vom elektrischen Licht. (Bis zum Ende seiner Regentschaft wurde die Hofburg mittels Petroleumlampen beleuchtet.) Arthur May berichtet, daß die »primitiven Toiletteneinrichtungen in der Hofburg Franz Josephs Schwiegertochter Stephanie so irritierten, daß sie auf eigene Kosten zwei Badezimmer installieren ließ«[29]. Dennoch konnte auf dem europäischen Kontinent nur noch Paris mit dem Wien Franz Josephs verglichen werden. So etwa war die äußere Szenerie jenes Wien beschaffen, das als Stadt zum Symbol einer ganzen Lebensart wurde.

Als die »gute alte Zeit« zu Ende ging, war Wien vor allem eine Stadt der Bourgeoisie. Die meisten seiner führenden Persönlichkeiten auf allen Gebieten waren bürgerlicher Herkunft. Obwohl Wien seit undenklichen Zeiten ein Handelszentrum gewesen war und der Mittelpunkt einer ausgedehnten öffentlichen Verwaltung, gewann die Wiener Bourgeoisie ihren individuellen Charakter erst in der zweiten Hälfte des 19. Jahrhunderts. Das war die Zeit der industriellen Expansion, als große Vermögen gewonnen und verloren wurden von Spekulanten, Industrieunternehmern oder Leuten mit neuen Produktionsverfahren – die *Gründerzeit*, welche die materiellen Vermögen schuf, die der nächsten Generation Mittel und Muße für künstlerische und kulturelle Entwicklungen gewährleisteten. Die Maxime des finanziellen Erfolges war die Unterlage patriarchalischer gesellschaftlicher Verkehrsformen. Bürgerliche Eheschließungen wurden arrangiert, als ob sie zuerst und vor allem Geschäftsfusionen und nicht Herzensangelegenheiten wären[30]. Im alten Wien konnte man wahrlich mit Marx sagen: »Die Bourgeoisie hat dem Familienverhältnis seinen rührend sentimentalen

Schleier abgerissen und es auf ein reines Geldverhältnis zurückgeführt.«[31]

Die Werte, welche diese Gesellschaft schätzte, waren Vernunft, Ordnung und Fortschritt, Ausdauer und eine diszipli-
nierte Konformität mit den Normen des guten Geschmacks
und des richtigen Handelns. Das Irrationale, Leidenschaftliche, Chaotische mußte unter allen Umständen vermieden
werden. Bei Beachtung dieser Regeln wurde man mit einem
guten Ruf und dem Maß an Erfolg belohnt, das als Entsprechung für das Talent jedes einzelnen aufgefaßt wurde. Nach
einem Wort Max Stirners: ein Mann stellte sich dar in seinem
Besitz.

In einer solchen Gesellschaft, mit ihrer tiefen Bindung an
geschichtliche Ordnung und Tradition, ist es nicht überraschend, daß Stabilität einen hohen Rang in der Liste der
Tugenden einnahm. Die konkrete Verkörperung dieser Vorstellungen war das eigene Haus des Mannes, das in dieser
Zeit wirklich noch sein Schloß war. In diesem Mikrokosmos
des monarchischen Staates war der Familienvater Garant für
Ordnung und Sicherheit und besaß als solcher absolute Autorität. Und die Bedeutung des Hauses erschöpfte sich nicht
in seiner Funktion, Spiegelbild des Erfolgs eines Mannes zu
sein. Es war auch die Zuflucht vor der Welt draußen, ein Ort,
in den der lästige Kleinkram der Berufswelt nicht eindringen
durfte. Jemand, der nicht in dieser Zeit geboren wurde, kann
nur schwer die Bedeutung ermessen, die einer so abgeschirm-
ten Umwelt, von der alle Sorgen peinlich ferngehalten wurden, für die Entwicklung der Kinder zukam. Stefan Zweig,
der in einem solchen Haus aufwuchs, bemerkt:

Jedesmal, wenn ich im Gespräch jüngeren Freunden Episoden aus
der Zeit vor dem ersten Kriege erzähle, merke ich an ihren erstaun-
ten Fragen, wieviel für sie schon historisch oder unvorstellbar von
dem geworden ist, was für mich noch selbstverständliche Realität
bedeutet. Und ein geheimer Instinkt in mir gibt ihnen recht: zwischen unserem Heute, unserem Gestern und Vorgestern sind alle
Brücken abgebrochen.[32]

Die Bedeutung dieser Zweigschen *Welt von Gestern* für die
letzte, von ihr geprägte Generation, kann nur in deren Ver-

lusterfahrungen ermessen werden. Denn der Krieg zerstörte jene Isolierung des bürgerlichen Heims von der Wirklichkeit und konfrontierte seine Bewohner mit den ungeahnten Aspekten einer grausamen Realität.

Die Künstlichkeit der bürgerlichen Weltanschauung manifestierte sich in allen Bereichen. Wie das Heim mehr als bloß eine *machine à vivre* war, so hatten auch die Gegenstände, mit denen es ausgestattet wurde, neben ihrer Funktion vor allem einen symbolischen Wert. Damals betrachteten konservative Kritiker den Einfluß des 19. Jahrhunderts als ein Unglück, das alle Lebenssphären durchdrang. Vielleicht offenbarte sich die wahre Natur dieser Zeit nirgendwo so deutlich wie in der Stillosigkeit ihrer Designs. Da die Bourgeoisie der Gründerzeit keinen wirklich authentischen Stil entwickeln konnte, imitierte sie Vergangenes. So füllte man die Häuser mit Nachahmungen früherer Kunstformen und stopfte Zimmer mit protzigen *objects d'art* verschiedenster Stilperioden voll. Das Überladene wurde dem Einfachen, das Dekorative dem Nützlichen vorgezogen, Räume waren bis zur Unwohnlichkeit geschmacklos eingerichtet. Es herrschte das fraglose Diktat einer Mode, wonach ein Haus im Stil früherer Zeiten und anderer Kulturen möbliert zu werden hatte. Musils ironisches Auge sah den Dingen auf den Grund:

Die Klasse der Emporgekommenen dagegen, verliebt in die imposanten und großen Momente ihrer Vorgänger, hatte unwillkürlich eine wählerische und verfeinernde Auslese getroffen. War ein Schloß in bürgerlichem Besitz, so zeigte es sich nicht nur wie ein Familienstück von Kronleuchter, durch das man elektrische Drähte gezogen hat, mit moderner Bequemlichkeit versehen, sondern auch in der Einrichtung war weniger Schönes ausgeschieden und Wertvolles dazu gesammelt worden, entweder nach eigener Wahl oder nach dem unwidersprechlichen Rat von Sachverständigen. Am eindringlichsten zeigte sich diese Verfeinerung übrigens nicht einmal in Schlössern, sondern in den Stadtwohnungen, die zeitgemäß mit dem unpersönlichen Prunk eines Ozeandampfers eingerichtet waren, aber in diesem Lande verfeinerten gesellschaftlichen Ehrgeizes durch einen unwiederbeglichen Hauch, ein kaum merkliches Auseinandergestelltsein der Möbel oder die beherrschende Stellung eines Bildes an einer Wand das zart deutliche Echo einer großen Verklungenheit bewahrten.[33]

In der Ausstattung ihrer Wohnungen, die ihre Schlösser waren, eiferte die aufsteigende Bourgeoisie der alten katholisch-monarchistischen Aristokratie des Habsburgerreiches auf höchst unzulängliche Weise nach.

In seinem »Schloß« konnte der *pater familias* die Früchte seiner Arbeit genießen – sich der Kunst, der Musik, der Literatur hingeben, die ihm zugleich der »natürliche« humane Ausdruck seiner Leidenschaften und eine Quelle metaphysischer Wahrheit waren. Später, als sich das Verlangen ausbreitete, es der Aristokratie gleichzutun, wurde das Mäzenatentum zu einem Symbol von Wohlstand und gesellschaftlichem Status, hatte also auch Hintergedanken als Motive. Sobald »Schloß« und Zufluchtsort anfingen, auch die ökonomische Position des Mannes widerzuspiegeln, wurden Glanz und Anmut der Künste um noch eines anderen als ihres inneren Wertes willen attraktiv. Ein Mann bewies, daß er jemand war, indem er seine freie Zeit so emphatisch den Künsten widmete, wie seine Arbeitszeit dem Beruf. Wiener der Generation um die Jahrhundertwende wuchsen in einer derart mit ästhetischen Werten saturierten und an ihnen orientierten Atmosphäre auf, daß ihr Verständnis für die Existenz noch anderer Werte vergleichsweise dürftig blieb. Ein berühmter Historiker der Wiener Kultur jener Zeit hat den österreichischen Ästhetizismus mit seinen französischen und englischen Pendants kontrastiert:

Kurz gesagt, waren die österreichischen Ästheten weder so sehr von ihrer Gesellschaft entfremdet wie ihre französischen Seelengefährten, noch so stark für sie engagiert wie die englischen. Der bittere antibürgerliche Geist der ersteren ging ihnen ebenso ab, wie der heftige Drang zur Verbesserung von Zuständen bei den letzteren. Weder degagiert noch engagiert, waren die österreichischen Ästheten nicht von ihrer gesellschaftlichen Klasse entfremdet, sondern gemeinsam mit ihr von einer Gesellschaft, die ihre Erwartungen zunichte machte und ihre Wertvorstellungen zurückwies. [34]

Traditionellerweise fungierte die Kunst als ein Instrument zur Unterweisung in metaphysischer und moralischer Wahrheit. Während der *Gründerzeit* wurde diese Vorstellung so überdehnt, daß der ästhetische Geschmack eines Menschen zum Indikator seiner sozialen und wirtschaftlichen Stellung avancierte. Für die nachfolgende Generation wurde Kunst zum *way of life*. Wenn für die *Gründer*-Generation das »Geschäft ist Geschäft« galt und Kunst im wesentlichen der Ornamentierung des (Berufs-)Lebens diente, so erwiderten ihre Söhne, denen Kunst ihrem Wesen nach schöpferisch war, daß Kunst eben Kunst sei und das Geschäft nur eine lästige Ablenkung vom künstlerischen Schaffen. Die Generation der *Gründer* schätzte eine Kunst, die sich an den Werten der Vergangenheit orientierte; sie waren Sammler oder Pfleger jener Museen, die sie bewohnten. Die Kunst der jungen Generation dagegen war und bildete für diese den Mittelpunkt des Lebens.

Dies kennzeichnet die Umwelt jenes Kreises junger Schriftsteller um Arthur Schnitzler und Hermann Bahr, der sich im Café Griensteidl traf und als *Jung-Wien* bekannt wurde und zu dessen auffälligsten Erscheinungen Hugo von Hofmannsthal gehörte. Die Mitglieder waren in einer Gesellschaft aufgewachsen, die ihr Leben wie selbstverständlich mit dem Theater verband, das die Maßstäbe setzte für Sprache, Kleidung und Sitten[35]. Und sie lebten in einer Stadt, in welcher der Journalismus ein ungewöhnlich hohes Niveau erreicht hatte. Tatsächlich galt die *Neue Freie Presse* als Anwärter auf das Prädikat »beste Zeitung Europas«. Aus der Perspektive des Ästheten schreibt Zweig:

In Wien gab es eigentlich nur ein einziges publizistisches Organ hohen Ranges, die *Neue Freie Presse*, die durch ihre vornehme Haltung, ihre kulturelle Bemühtheit und ihr politisches Prestige für die ganze österreich-ungarische Monarchie etwa das gleiche bedeutete wie die *Times* für die englische Welt und der *Temps* für die französische.[36]

Für das *non plus ultra* des Journalismus hielt man den literarischen oder kulturellen Essay, das *Feuilleton*:

Der Feuilletonist, ein Kleinkünstler in Zierformen, arbeitete mit jenen versteckten Einzelheiten und Episoden, die dem Geschmack des 19. Jahrhunderts am Konkreten so sehr entsprachen. Aber er versuchte, seinem Stoff Farbe zu verleihen, die er aus seiner Einbildungskraft bezog. Das persönliche Reagieren auf ein Erlebnis beim

Reporter oder Kritiker, der Eigenton seines Gefühls überwog deutlich den Gegenstand. Einen Zustand der Empfindung wiederzugeben, wurde die Weise, in der man ein Urteil aussprach. Demgemäß verschlangen im Stil des Feuilletonisten die Adjektive die Hauptwörter, und die persönliche Färbung verwischte womöglich die Umrisse des dargestellten Gegenstands.[37]

Zweigs Autobiographie macht deutlich, daß die Annahme eines Essays durch Theodor Herzl, den Feuilleton-Chef der *Neuen Freien Presse*, mit der Aufnahme seines Autors in die österreichische Literatur gleichbedeutend war.

Der vom Berufserfolg gewährte soziale Status ihrer Väter bedeutete den Söhnen wenig. Dem Prinzip des *l'art pour l'art* verpflichtet, betrachteten sie es als ihre Bestimmung, den erwachten Dichter in sich zu fördern. Den Vätern erschien es unmoralisch, daß die Söhne die Werte einer Gesellschaft ablehnten, in der jene sich unter großen Anstrengungen ihre Identität erworben hatten. Als die standhaftesten Verteidiger der alten Ordnung taten sie alles, um die innovativen Phantasien der jungen Generation zu zügeln. So jedenfalls sahen die jungen Ästheten das Erziehungssystem, dessen lebensferner Lehrplan sie mit Überdruß und Langeweile erfüllte. Um jener Welt des »Geschäft ist Geschäft« zu entkommen, flohen sie in Kaffeehäuser, die vor allem von Künstlern besucht wurden und wo sie eine Vitalität und Unmittelbarkeit der Selbstäußerung fanden, die in ihrer mechanischen Erziehung keinen Platz hatten. Es ist, wie Zweig erläutert, kaum verwunderlich, daß dieses Reglementierungssystem, in dem das Wort des Lehrers Gesetz war, den Mann hervorbrachte, welcher die Bedeutung des »Minderwertigkeitskomplexes« für die Erklärung menschlichen Verhaltens entdeckte: Alfred Adler[38]. Nach der Ansicht Zweigs war das System so repressiv, daß für viele jeder Gedanke und jede Handlung, die nicht genau in die Muster der traditionellen Autorität paßten, zur Quelle von Schuldgefühlen wurden. Zweig brachte die Ursprünge der Freudschen Psychoanalyse (mit ihrer Betonung der Frustrationen infolge unterdrückter Sexualbedürfnisse als eines Schlüssels zum Verständnis von Neurosen und menschlichem Verhalten überhaupt) nicht explizit in einen erklärenden Zusammenhang mit der Tatsache, daß auch

Freud Wiener war. Er betonte jedoch, daß diese Gesellschaft insgesamt ein gewissermaßen sexualisiertes Bewußtsein hatte. Schon die Tatsache, daß über Sexualität nicht offen gesprochen werden durfte, verbürgte, daß man sie dauernd im Sinn hatte[39]. Weit davon entfernt, eine »Reinheit« von Denken und Handeln zu fördern, führten die sexuellen Tabus zu einer ausgeprägten sexuellen Sensibilisierung. Ob die Wiener Bourgeoisie jener Zeit mehr oder weniger sexualbewußt war als ihre Pendants in Paris, London oder Berlin, kann dahingestellt bleiben. Sicher ist jedenfalls, daß es keine gesellschaftlich akzeptierte Ausdrucksform für dieses Bewußtsein gab. Die ältere Generation faßte Sexualität als anarchische Kraft auf, die vollständig von der Gesellschaft reguliert werden müsse. Es dürfe keine öffentliche Anerkennung dieses Triebs geben, egal, ob er ein Grundzug der menschlichen Natur sei, oder seine Unterdrückung katastrophale Folgen haben könne. Diese Sublimierung der Sexualität ins Unaussprechliche hatte zwei Konsequenzen: einerseits eine offenkundige Verklemmtheit und Ignoranz in geschlechtlichen Dingen, andererseits aber deren heimliche Überbewertung.

In dieser ausgeprägt patriarchalischen Gesellschaft hatten vor allem die Frauen zu leiden. Der weibliche Körper mußte durch umständliche, ohne fremde Hilfe oft gar nicht anziehbare Kleidung fremden Blicken fast vollständig entzogen werden[40]. Künstlich war auch das Benehmen, das den Frauen abgefordert wurde; überdies erlaubten die gesellschaftlichen Normen den Frauen kaum eine Ausbildung, die über eine »gute Erziehung« hinausging. Schließlich macht die Tatsache, daß eine bürgerliche Hochzeit häufig eher eine Art Geschäftskontrakt als eine persönliche Verbindung darstellte, einigermaßen verständlich, warum so viele von Freuds Patienten bürgerliche Damen mittleren Alters waren, ja es erklärt sogar gewisse Grenzen der Wirksamkeit Freudscher Analyse. Kurz gesagt, die gesellschaftlichen Normen waren dazu angetan, die Frauen zu frustrieren. Zweig bemerkt dazu:

Aber so wollte die Gesellschaft von damals das junge Mädchen, töricht und unbelehrt, wohlerzogen und ahnungslos, neugierig und schamhaft, unsicher und unpraktisch, und durch diese lebensfremde Erziehung von vornherein bestimmt, in der Ehe dann willenlos vom Manne geformt und geführt zu werden. [41]

Das Problem des Mannes war nicht weniger irritierend. Da eine bürgerliche Heirat voraussetzte, daß der Bräutigam finanziell und gesellschaftlich etabliert war – das heißt, ganz dem *status quo* verpflichtet –, blieben Männer bis zum Alter von 25 oder 26 Jahren meist unverheiratet. Gesellschaftliche Reife wurde erst sechs bis zehn Jahre nach der geschlechtlichen anerkannt. Mit seinen sexuellen Bedürfnissen war der Mann in dieser Zwischenzeit daher auf Prostituierte verwiesen, denn erotische Beziehungen mit einem Mädchen »aus guter Familie« kamen nicht in Frage. Zweig stellt fest:

... sie (die Prostitution) stellte gewissermaßen das dunkle Kellergewölbe dar, über dem sich mit makellos blendender Fassade der Prunkbau der bürgerlichen Gesellschaft erhob [42].

Während unverheiratete junge Frauen sich einem frustrierenden Zwang zur Keuschheit unterwerfen mußten, gab es für die Männer einen Ausweg – jedoch um den hohen Preis des Risikos einer Geschlechtskrankheit. Eine Möglichkeit, dieser bürgerlichen Welt zu entkommen, war das Künstlerleben in den Kaffeehäusern, versehen allerdings mit dem Etikett des dekadenten, sittenlosen Ästhetendaseins.

Wenn man einen einzelnen Faktor für den spezifischen Charakter der Wiener Bourgeoisie verantwortlich machen kann – und wenn man diesen tatsächlich grob vereinfachend als »einzelnen« bezeichnen will –, dann ist es das Versagen des Liberalismus in der Politik. Es dürfte kaum überraschen, daß in der habsburgischen Monarchie der Liberalismus eine Art Totgeburt war; denn die Liberalen kamen nur aufgrund des Debakels von Königgrätz an die Macht. Carl Schorske berichtet darüber in einem kurzen Abschnitt:

Der österreichische Liberalismus hatte wie der der meisten europäischen Völker sein heroisches Zeitalter im Kampf gegen den Adel und den barocken Absolutismus. Das fand in der überwältigenden Niederlage von 1848 sein Ende. Beinahe aus Versehen kamen die geläuterten Liberalen an die Macht und errichteten nun in den 1860er Jahren eine verfassungsmäßige Regierung. Nicht ihre eigene innere Stärke brachte sie an die Spitze des Staates, sondern die Schlappen, welche die alte Ordnung durch äußere Feinde erfuhr. Von Anfang an mußten sie die Macht mit dem Adel und der kaiserlichen Bürokratie teilen. Selbst während der zwei Jahrzehnte ihrer Herrschaft blieb die gesellschaftliche Grundlage der Liberalen schwach und war auf die mittelständischen Deutschen und deutschen Juden der städtischen Zentren begrenzt. Zunehmend mit dem Kapitalismus identifiziert, hielten sie die parlamentarische Gewalt aufrecht durch das undemokratische Mittel eines beschränkten Klassenwahlrechts.[43]

Das Bürgertum war an sich niemals bereit, politische Macht zu übernehmen. Auf einer so dürftigen Basis – zusätzlich geschwächt durch die Skandale, die dem Zusammenbruch 1873 folgten – erschien der Liberalismus in den neunziger Jahren verbraucht und wurde durch den Aufstieg der neuen Massenparteien verdrängt, welche bald die Wiener Politik beherrschen sollten. Im Rahmen einer bürgerlichen Lebensform, der trotz ihrer Versuche eine vollständige Integration in die alte Ordnung nicht gelungen war, erschien der Ästhetizismus beinahe als einzige Alternative zum Versinken im Wust des Geschäftslebens. So wurde die Kunst, die früher zur Dekoration bürgerlicher Berufskarrieren gedient hatte, für die junge Generation zum Fluchtweg. Um die Jahrhundertwende traten dementsprechend der Wiener Ästhetizismus und die politischen Massenbewegungen nebeneinander, aber voneinander unabhängig, als die verwaisten Zwillinge des Liberalismus in Erscheinung.

Die Ziele, welche die Liberalen – einmal an die Macht gekommen – erreichen wollten, waren: erstens, die Umwandlung des Habsburgerreiches in eine echte konstitutionelle Monarchie, in der sie, nämlich die Unternehmer, die Aristokratie als herrschende Klasse ablösen würden; zweitens, die Institutionalisierung einer starken, zentralisierten Verwaltung auf parlamentarischem Weg; und drittens, die Ablösung eines abergläubischen, feudalen Katholizismus durch einen modernen, wissenschaftlichen Rationalismus (das heißt hier: durch eine *laissez-faire*-Doktrin) als offizielle Staatsphilosophie[44]. All dies sollte zuwege gebracht werden durch die nationale Gruppe mit den tiefsten kulturellen Wurzeln: die deutsche Bevölkerung. Nach deren Ansicht hatte der liberale Nationalismus sein Fundament in kulturellen Tatsachen. Welche slowakischen Dichter etwa wären mit Goethe oder Hölderlin vergleichbar gewesen, welche Komponisten mit Mozart, Gluck, Beethoven und – damals vor allem – Wagner? Allenfalls die Italiener konnten sich kulturell mit den Deutschen messen, aber sie waren lediglich an einer vollständigen Separation vom habsburgischen Herrschaftsbereich interessiert. Ruthenische, slowenische und slowakische Kultur begannen gerade erst sich zu entwickeln. Tschechische und ungarische Literatur und Musik waren erst seit knapp hundert Jahren zu einem kulturellen Begriff geworden. Aus der Sicht der Liberalen konnte schwerlich irgend jemand bezweifeln, daß keine der anderen Nationen eine kulturelle Ebenbürtigkeit mit den Deutschen, geschweige denn eine Hegemonie über sie reklamieren konnte. Jedoch hatten diese Argumente damals schon die Anziehungskraft verloren, die sie in den Tagen der Reformbestrebungen Josephs II. gehabt hatten. Bereits 1848 war der Kulturnationalismus, den Josephs II. Germanisierung der kaiserlichen Bürokratie evoziert hatte, in einen politischen Nationalismus umgeschlagen. In den neunziger Jahren hatte sich dieser in einer Massenbasis verankert und rief, getreu der dialektischen Struktur der habsburgischen Geschichte, die entsprechende Gegenreaktion unter den Deutschen in Wien hervor.

1848 waren die drei größten Städte des Reiches – Prag, Wien und Budapest – zu großen Teilen deutschsprachig; tatsächlich hatten viele Städte eine überwiegend deutsche Bevölkerung[45]. (Man vergißt häufig, daß etwa Prag lange vor Wien eine deutsche Bischofsstadt war[46].) Diese Situation wurde in großem Maße durch das »Gründungsfieber« der fünfziger und sechziger Jahre verändert, mit der bemerkenswerten Ausnahme Wiens, das natürlich den Vorteil einer deutschen Landbevölkerung auch in seiner Umgebung hatte. Immerhin befanden sich zu Beginn des Ersten Weltkriegs unter 2 Millionen Einwohnern bereits 200 000 Tschechen[47]. Ausgelöst durch die Agrarkrise gegen Ende des 19. Jahrhunderts, die mit Ausnahme Ungarns und Transsilvaniens das ganze Reich ergriffen hatte, veränderte der Zuzug der Minoritätsgruppen aus den ländlichen Gebieten in die Städte deren Bevölkerungsstruktur und Politik. Die Unfähigkeit des österreichischen Liberalismus, diese neuen Gruppen an sich zu binden, besiegelte nicht zuletzt sein Schicksal. So waren um die Jahrhundertwende die erfolgreichsten politischen Gruppen in Wien die, die zur Arbeiterbewegung gehörten, geführt von Männern, die vom Liberalismus abgefallen waren. Viktor Adler, *spiritus rector* der österreichischen Sozialdemokratie; Karl Lueger, der christlichsoziale Demagoge; Georg Ritter von Schönerer, der fanatische Alldeutsche; und sogar Theodor Herzl, der Prophet des Zionismus – sie alle begannen ihre politische Karriere als Liberale. Die Abkehr dieser Männer vom Liberalismus hatte ihren Grund in der Unfähigkeit der traditionellen Liberalen, die Probleme der Urbanisierung und Industrialisierung in den Griff zu bekommen. Während allerdings Adler und die Sozialdemokraten versuchten, das konstruktive Element des traditionellen Liberalismus zu übernehmen, wandelte sich bei Lueger und Schönerer – und in Reaktion darauf auch bei Herzl – die Politik der Vernunft eher in eine solche der Phantasie, geprägt vom Gifthauch des Antisemitismus.

Adler und Schönerer hatten zum radikalen Flügel der liberalen Partei gehört, der 1882 das Linzer Programm aufstellte[48]. (1884 hatte auch Lueger einem der zentralen Punkte beigepflichtet.) Das Programm verband das Ziel sozialer Reformen, die im Gegensatz zum *laissez-faire*-Kapitalismus standen, mit einem zwar offenen, aber rabiaten Antisemitismus. Im Maße ihrer Unfähigkeit und ihrer fehlenden Bereitschaft, solche Reformen durchzusetzen, bereiteten die Liberalen den Boden für jene Massenbewegungen, die sich sowohl von rechts als auch von links anschickten, den gemäßigten bürgerlichen Liberalismus vollständig zu verdrängen.

Die schon erwähnte Wohnungsnot war eines der drückendsten Probleme für das Wiener Industrieproletariat[49]. In Wien hatte es immer zu wenig Wohnungen gegeben, und das rapide Anwachsen seiner Bevölkerung (von 476 220 im Jahr 1857 auf 2 031 420 um 1910) verschlimmerte lediglich ein schon lang währendes Problem. Nach der Statistik wohnten um 1910 durchschnittlich 4,4 Personen in einer Wohnung, 1,24 in jedem Raum (Küche, Badezimmer und Flur eingeschlossen). Eine beträchtliche Zahl von Menschen war sogar gezwungen, in Kellergewölben, die in Eisenbahndämme gegraben waren, auf Booten, in Schlupfwinkeln unter Brücken und in anderen Notunterkünften zu hausen. Die Lage in Budapest (der im 19. Jahrhundert am schnellsten wachsenden Hauptstadt Europas) war sogar noch schlimmer: 1905 wurden 35 Personen aufgegriffen, die in Bäumen der öffentlichen Parks hausten[50]. Doch auch die Wiener Situation war kritisch genug. Viele Menschen wurden gezwungen, nicht nur alle ihre freien Räume, sondern auch Bettstellen an sogenannte *Bettgeher* zu vermieten, die keinerlei sonstige Rechte in der Wohnung hatten, nicht einmal auf Benutzung eines Schranks. Junge Mädchen wandten sich manchmal, nur um einen Schlafplatz zu haben, der Prostitution zu. 1910 gab es 5734 Einfamilienhäuser, Wohnraum für ganze 1,2% der Wiener Bevölkerung. Nur 7% der Mietshäuser hatten Bad und Toilette, und nur knapp 22% der Toiletten befanden sich innerhalb der Wohnungen. Und doch verschlang die Miete durchschnittlich ¼ vom Lohn eines Arbeiters. Zwar war das Elend in den Slums etwa von Neapel oder Glasgow noch größer als das der Wiener Arbeiter, aber auch deren Los war alles andere als angenehm.

Bis in die späten achtziger Jahre gab es für die Wiener Arbeiter die 7-Tage- und 70-Stunden-Woche, gemildert nur durch den üblichen blauen Montag, um den Katzenjammer vom Rausch am Sonntagabend auszuschlafen[51]. Viele Fabriken beschäftigten neben Männern auch Frauen und Kinder. Die Frauen wurden deutlich schlechter bezahlt, hatten aber keine andere Möglichkeit, Geld zu verdienen, ausgenommen im »ältesten Gewerbe«. Erst nach 1883 wurden die Arbeitgeber gezwungen, den Kindern am Sonntag – oder mindestens an einem vollen Wochentag – freizugeben. Kinder hatten auch eine Pausenstunde nach jeweils elf Arbeitsstunden, aber ihre Löhne waren natürlich nicht die eines Erwachsenen. (Trotzdem waren keineswegs alle Arbeiter deshalb in die Fabrik gegangen, weil sie etwa in einer mechanisierten Landwirtschaft überflüssig geworden wären; obwohl auch die höchsten Löhne in der Industrie gerade das Existenzminimum deckten, wurden manche noch von solcher Bezahlung angelockt.)

Auch die Ernährung des Durchschnittsarbeiters war Ausdruck seiner Lebensverhältnisse. Hauptsächlich gab es Suppe, Gemüse, Brot oder Semmeln, vielleicht auch Kaffee und Bier, gelegentlich Wurst. Rindfleisch, Pferdefleisch oder Fisch kamen nur bei festlichen Gelegenheiten auf den Tisch. In dieser Situation gründeten die Arbeiter Selbsthilfeorganisationen, die sich zu Gewerkschaften entwickelten. Um 1870 hatten diese das Tarifvertragsrecht durchgesetzt. Endlich fanden die Industriearbeiter eine wirkungsvolle Möglichkeit der politischen Artikulation in der Reorganisation der Sozialdemokratischen Partei im Dezember 1888.

Bis dahin war die Geschichte der österreichischen Sozialdemokratie gekennzeichnet von einem zerstörerischen Kampf um Ideologie und Strategie. Dieser theoretische Streit führte dazu, daß die Partei ohne wirkliche Führer blieb. Jene politische Emanzipation, die innerhalb von 22 Jahren die Sozialdemokraten von einer bedeutungslosen Gruppierung zur stärksten Partei im Reichsrat werden ließ, mit einem breiten politischen Spektrum, das Anarchisten und Monarchisten umfaßte, war vor allem das Werk eines Mannes: Viktor Adler. Das Charisma Adlers, das dem Luegers, Schönerers und Herzls gleichkam, festigte die Partei und hielt sie zusammen. Jedenfalls ist die Geschichte dieses Mannes die Geschichte seiner Partei, und den Mann zu verstehen, heißt: die gesellschaftlichen Kräfte begreifen, die er personifizierte.

Adler war, wie viele der bedeutenden Persönlichkeiten seiner Zeit, Jude; gleichwohl war er getauft und hatte liberale, ja deutschnationale Neigungen[52]. Sein früher Nationalismus war kultureller Art und eine Zeitlang war er vehementer Wagnerianer. Die Erfahrungen, die er als Arzt bei der Behandlung der Armen machte, verdeutlichten ihm die Lebensbedingungen des Proletariats in einer Stadt, deren Lebenshaltungskosten die höchsten in Europa waren – mit denen in Amerika vergleichbar. So begrüßte er die marxistische Lösung für die Probleme der modernen Gesellschaft mit einem ähnlichen Enthusiasmus wie früher die Werke Wagners. Diesem Enthusiasmus entsprach Adlers Fähigkeit zur Vermittlung. Obwohl er sich zum revolutionären, antiliberalistischen Marxismus der deutschen Sozialdemokraten bekannte, formulierte er sein politisches Konzept genauso wenig wie seine deutschen Gesinnungsgenossen. Statt dessen betonte er, daß zunächst Einigkeit das wichtigste für Sozialisten sei. Seine kraft- und wirkungsvolle Rhetorik und seine persönliche Herzlichkeit erklären am besten seinen Aufstieg zu jener Führerpersönlichkeit, die die Sozialdemokratie brauchte. Er bestand theoretisch auf dem Primat der Ökonomie und der Notwendigkeit der Revolution, orientierte aber sein Leben und seine Politik an den Kriterien von Vernunft, Gerechtigkeit und gewaltloser Opposition gegen den Kapitalismus.

Adlers evolutionäre Praxis setzte auf die Prämisse einer ständigen unbedingten Bereitschaft der Partei, zur gegebenen Zeit die Macht zu übernehmen. In diesem Sinne initiierte er Programme für Erwachsenenbildung, ließ Bibliotheken anlegen, gründete Diskussionszirkel für Arbeiter aller Altersgruppen und verschiedene sozialdemokratische Organisationen. Zwei hervorragende Publikationsorgane entstanden unter seiner Führung: die täglich erscheinende *Arbeiterzeitung* und der monatlich erscheinende *Kampf*. Adlers Ziel war eine Verbesserung der Lebensverhältnisse des ganzen Gemeinwesens. Während so sein Sozialismus durch die Erweiterung seiner Perspektiven die Beschränkungen hinter sich ließ, die den Liberalismus kennzeichneten, behielt er gleichwohl dessen Ideale von Vernunft und Fortschritt bei. Auch deshalb wäre die Behauptung unrichtig, der Liberalismus, der als Bewegung versagte hatte, habe damals nicht überlebt. Bis in die letzten Tage des Kaiserreichs bekannte sich die Mehrheit des Wiener Mittelstandes und des gehobenen Bürgertums dazu, »liberal« zu sein. Auch war die Wiener Version des Liberalismus keineswegs steril. Ihre Theoretiker nehmen einen hohen Rang in der Geschichte der Nationalökonomie ein. Carl Mengers und Böhm-Bawerks Grenznutzentheorie zum Beispiel – in ihrer Betonung der psychologischen und subjektiven Faktoren, die dem Wertbegriff zugrunde liegen, sozusagen charakteristisch wienerisch – ist noch heute für viele Ökonomen eine grundlegende Lehre[53]. Nicht zuletzt bedeutete das liberalistische Vermächtnis in Adlers Sozialismuskonzept gerade jenen Zug zur Kontinuität, der ihn und seine Partei von den rivalisierenden politischen Bewegungen Luegers und Schönerers, auch von der Herzls, unterschied.

Während Adler seine charismatische Begabung für die Ziele von Vernunft und Humanität einsetzte, mobilisierte Karl Lueger, der Führer der Christlichsozialen, die seine zur Demagogie[54]. Als Bürgermeister von Wien besaß Lueger diese Fähigkeit ausgeprägter als alle seine Zeitgenossen. Die Volkstümlichkeit des »feschen Karl«, sein Sinn für die Popularität von Auftritten bei Taufen, Hochzeiten, Jubiläen und ähnlichem, der ihm bei den kleinbürgerlichen Handwerkern, Angestellten und städtischen Bediensteten große Beliebtheit sicherte, machten ihn zum mächtigsten gewählten Amtsinhaber in der Doppelmonarchie. So wie Adler die politischen Energien des Proletariats organisatorisch auffing und wirksam machte, zog Lueger jene »kleinen Leute« an, die fühlten, wie ihre Existenz zwischen Großverdienern und organisierter Arbeiterschaft langsam zerrieben wurde.

Lueger kam 1888 zur christlichsozialen Bewegung, im selben Jahr also, in dem Adler in Hainfeld mit der Reorganisation der Sozialdemokraten begann. Bislang hatte das katholisch-politische Denken in der Monarchie seine Basis in einer antiliberalen, feudalen Aristokratie. Es setzte der menschenunwürdigen Lage, welche die kapitalistische Industrialisierung dem Proletariat aufgezwungen hatte, einen idealisierten »persönlichen« Charakter der vorkapitalistischen Produktionsverhältnisse entgegen. Seine Hauptförderer waren die Prinzen Alois und Alfred von und zu Liechtenstein, während der Ideologe der Bewegung ein emigrierter preußischer Konvertit war, Karl von Vogelsang. (Vogelsang können auch die grundlegenden sozialen Ideen der Enzyklika *Rerum Novarum* des Papstes Leo XIII. zugeschrieben werden, die ihn zum Vater – oder Großvater – der modernen katholischen Soziallehre machen[55].) Solcherlei Voraussetzungen nutzte Lueger für seine eigenen Zwecke. Geboren als Sohn eines Hausmeisters der Technischen Hochschule in

Wien, war er gleichwohl durch eigene Anstrengungen zum Juristen und Mitglied des Stadtrats aufgestiegen. Er war ein Mann, der sich mühelos Sympathie und Respekt der kleinen Leute erwarb. Im Stadtrat, wo er vor allem für seine unnachsichtige Entlarvung der Korruption »jüdischer Kapitalisten« bekannt war, gewann er beträchtliches Ansehen. Durch sein Eintreten für die Wahlrechtsreform und später, als Bürgermeister, durch sein umfangreiches öffentliches Beschäftigungsprogramm, vermehrte er seine Popularität.

Im Habsburgerreich spielte das jüdische Element eine so bedeutende Rolle wie nirgendwo sonst in den Ländern des liberalen Kapitalismus. Denjenigen, die in den zwei Jahrzehnten der Depression nach dem Börsenkrach von 1873 Sündenböcke suchten, boten sich die Juden als Kandidaten geradezu an, zumal an den Korruptionsskandalen zahlreicher liberaler Abgeordneter viele jüdische Bankiers und Geschäftsleute beteiligt waren. Nach dem Wort eines Historikers »stieg der Antisemitismus, als die Aktienkurse fielen« [56]. Als junger, dem linken Flügel zugehöriger Liberaler hatte Lueger in den siebziger Jahren Korruption, Mißwirtschaft und Wucher in öffentlichen Angelegenheiten aufgedeckt und beharrlich den korrumpierenden Einfluß von Großverdienern angegriffen. Aber sein Antisemitismus erschien eher für Propagandazwecke kalkuliert, als fanatisch und doktrinär, eher sozial und ökonomisch motiviert, als rassistisch und religiös. Kleinere Geschäftsleute waren – häufig einfach aus Konkurrenzerwägungen – dafür empfänglich.

Lueger wurde fünfmal zum Bürgermeister gewählt, ehe der Kaiser, der seine hemdsärmelig-demagogischen Methoden schändlich und eines Beamten unwürdig fand, seiner Ernennung zustimmte. Einmal fest an der Macht, milderte Lueger seine Angriffe gegen die »Ungarn-Juden«. Während seiner Amtszeit schlug er selten Einladungen derselben jüdischen Kapitalisten aus, gegen die er in seinen Reden hetzte. Seine Einstellung ist bündig in jener berüchtigten, Jahrzehnte später auch von Hermann Göring gebrauchten Bemerkung dokumentiert: »Wer ein Jud ist, bestimme ich.« Bei passender Gelegenheit gelangen ihm auch freundliche Bemerkungen über die Juden, zumindest über die Wiener:

Ich mag die ungarischen Juden noch weniger als die Ungarn, aber ich bin kein Feind unserer Wiener Juden; sie sind gar nicht so schlimm und wir können sie gar nicht entbehren. Meine Wiener haben fortwährend Lust, sich auszuruhen, die Juden sind die einzigen, die immer Lust haben, tätig zu sein. [57]

Was Lueger gegenüber ein wenig versöhnlicher stimmt, ist die Tatsache, daß er, obwohl er ein Demagoge war, doch seine ganze Energie in den Dienst des »kleinen Mannes« stellte und dessen Lebensumstände, wie auch insgesamt die Wiener Verhältnisse deutlich verbesserte. Im politischen Bereich unterstützte er die Wahlrechtsreform zur Ablösung der groben Ungerechtigkeiten im System der »Wahlgeometrie« von Schmerling. Zu der Vielzahl öffentlicher Projekte, die er initiierte, gehörten: der Aufbau einer einheimischen Gasgesellschaft, welche die britische ersetzte, die bislang Wien versorgt hatte; die Verbesserung der öffentlichen Verkehrsmittel; ein neues Wasserversorgungsnetz; der Ausbau von Brücken; die Einrichtung von Waisen- und Krankenhäusern; der Bau von Kanälen; die Vergrößerung von Parks und Kinderspielplätzen; der Schulbau; Freitische für die Kinder der Armen und eine Reihe ähnlicher sozialer Einrichtungen. So erscheint eine geläufige Kritik ungerecht, die Lueger ohne Einschränkung verdammt, weil Hitler Luegers politisches Konzept als Modell für sein eigenes öffentliches Beschäftigungsprogramm verstand. Statt dessen erscheint es angemessener, sich beispielsweise zu verdeutlichen, daß das Denkmal am Luegerplatz nach dem Ersten Weltkrieg von einer sozialdemokratischen Stadtverwaltung errichtet wurde. Auf seine eigene Weise war Lueger ein ähnlich schwer abzuschätzender Charakter wie der Kaiser, der ihn verachtete. Beide Männer hatten bestimmte Züge, die unmittelbar anerkennenswert sind, und unser Urteil über sie wird vielleicht allzusehr beeinflußt von der Komplexität sowohl der geschichtlichen Ereignisse, in die sie eingebunden waren, als auch jener späteren Geschehnisse, auf die sie unheilvolle Wirkungen hatten.

Keinerlei Komplexität solcher Art dagegen kennzeichnet den Gegenspieler Luegers in der deutschnationalen Bewegung im Habsburgerreich, Georg Ritter von Schönerer [58].

Sein schändliches Vermächtnis war die ausdrückliche Ablehnung eines Ideals der Vernunft und des Fortschritts zugunsten einer Politik des Willens zur Macht. Von den vier Persönlichkeiten, die am deutlichsten die Atmosphäre auf der Wiener politischen Bühne vor dem Ersten Weltkrieg widerspiegeln, war Schönerer die am wenigsten charismatische und die einzige, der keine Massenbewegung folgte. Seine Wirkung bestand vielmehr in der Einführung einer Politik der Gewalt. Charakteristisch für seine Art des politischen Nihilismus waren eine rabiate Rhetorik und der Straßenkampf. Er war der Sohn eines wohlhabenden geadelten Parvenüs und bekannt als der »Ritter von Rosenau« (so hieß der Besitz seines Vaters). Er entwickelte sich zu einem deutschnationalen Hitzkopf und, mit zunehmendem Alter, zu einem fanatischen Antisemiten. Schönerer begann seine politische Karriere mit der Interessenvertretung benachbarter Bauern, die ihn als einen »fortschrittlichen Gutsbesitzer« anerkannten. Wie Lueger und Adler schloß er sich zunächst den linken Demokraten unter den Liberalen im Reichsrat an. Mit vielen anderen aus diesem Kreis fürchtete er, daß Taaffes »Eiserner Ring« zu einem Würgegriff für die kulturell überlegenen und aufgeklärten Deutschen durch die minderwertigen und barbarischen Slawen werden könnte. Das wäre – in dieser Logik – besonders verheerend für die Deutschen in Böhmen gewesen und hätte der Außenpolitik eine Orientierung hin zum Zaren gegeben, statt zu Schönerers Ideal, dem germanischen Herrenmenschen: Bismarck.

Schönerers Furcht vor einer slawischen Einkreisung und eine gewisse Sensibilität für soziale Probleme veranlaßten ihn, zusammen mit Adler, Friedjung und anderen am Entwurf des Linzer Programms von 1882 mitzuarbeiten. (Kurioserweise erhielt die Gruppe um Schönerer in Linz vom dortigen Statthalter keine Versammlungsgenehmigung, so daß das Programm dort nicht angenommen werden konnte[59].) 1885 wurde ein zwölfter Programmpunkt hinzugefügt, wonach die nationalistische Fraktion der liberalen Partei auf die »Entfernung des jüdischen Einflusses in allen Bereichen des öffentlichen Lebens« hinzuwirken habe, da diese »unabdingbar für dessen ins Auge gefaßte Reform«

sei[60]. Von diesem Zeitpunkt an begannen Schönerers fanatischer Nationalismus und doktrinärer Antisemitismus sein Interesse an sozialer Gerechtigkeit zu verdrängen. 1884 bekämpfte er zusammen mit Lueger den Plan, die Rothschild-Konzession für die Nordbahn zu erneuern, die Wien mit dem Industriegebiet Nordböhmens verband: die Konzession bedeute nur eine Ausdehnung der jüdischen Korruptionsmacht im öffentlichen Leben. Schon 1878 erschreckte und erstaunte Schönerer sogar seine deutschnationalen Parteifreunde, als er im Parlament ausrief:»Wenn wir doch schon zum Deutschen Reich gehörten!«[61] Etwa zehn Jahre später, am 8. März 1888 verdeutlichte der Ritter von Rosenau sein Nationalismuskonzept in einer brutalen praktischen Demonstration: er und seine Gesinnungsgenossen verwüsteten die Redaktionsräume des *Neuen Wiener Tagblatt*, zerstörten die Druckerpressen und verprügelten die Angestellten.

Für diese Heldentat zahlte Schönerer einen hohen Preis: Gefängnisstrafe, Aufhebung der politischen Rechte für die Dauer von fünf Jahren und Verlust seines Adelstitels. Bis zu diesem Zeitpunkt bestand seine Anhängerschaft hauptsächlich aus Universitätsstudenten, Professoren und Angehörigen freier Berufe, die sich von jüdischer Konkurrenz bedroht fühlten; dazu kamen Handwerker, kleine Geschäftsleute und subalterne Beamte mit ähnlichen Ängsten. Aber er gewann diese Anhänger mit einer in sich widerspruchsvollen Ideologie, von Carl Schorske treffend charakterisiert als ein Konglomerat aus »Vorstellungen von aristokratischer Elite und aufgeklärtem Despotismus, Antisemitismus und Demokratie, großdeutscher Demokratie von 1848 und Bismarckschem Nationalismus, mittelalterlichem Rittertum und Antikatholizismus, Zunftbeschränkungen und staatlichem Besitz öffentlicher Einrichtungen«[62]. Mit solchen Idealen konnte er wohl Menschen an sich ziehen, aber sein Fanatismus und sein Starrsinn verhinderten einen Erfolg seiner Pläne. Folgerichtig verlor er die Handwerker und Angestellten der Stadt als Anhänger, die zu Lueger überliefen. Seine Unfähigkeit, etwas praktisch durchzusetzen, und seine antikatholischen und antihabsburgischen Tiraden machten ihn schließlich diesen Gruppen unsympathisch, während sein persönliches autoritäres Gehabe unvermeidlich zur Spaltung der verbliebenen Anhängerschaft führte.

Nach dem Fiasko im Zusammenhang mit dem *Neuen Wiener Tagblatt* und nach der politischen Isolierung durch Lueger verließ Schönerer die Hauptstadt, um in den Industriegebieten im nördlichen Böhmen neue Anhänger zu suchen. Andrew Whiteside hat sehr anschaulich dargestellt, wie unter den deutschen Arbeitern der Nationalismus anwuchs, sobald sie sich mit der Konkurrenz der Tschechen konfrontiert sahen, die unter schlechteren Bedingungen und für weniger Lohn zu arbeiten bereit waren[63]. Sowohl Tschechen als auch Deutsche empfanden die Politik der Sozialdemokratischen Partei mit ihrem evolutionären, vermittelnden Konzept als Ausverkauf ihrer Interessen. Als Folge davon bildete jede der beiden Gruppen ihre eigene Arbeiterpartei in Opposition zu der internationalistisch orientierten Politik Adlers. Es dauerte auch nicht lange, bis die Deutschen die Schuldigen für das »Versagen« (wie sie es beurteilten) der Sozialdemokraten von Böhmen gefunden hatten. Waren nicht deren Führungspositionen von Juden beherrscht? (August Bebel soll gesagt haben, der Antisemitismus sei der »Sozialismus des dummen Kerls«[64].) In Böhmen war dies allerdings nur ein Aspekt der alles durchdringenden Nationalitätenfrage. Die Badenische Sprachenverordnung bestimmte, daß sowohl Tschechisch als auch Deutsch als Amtssprachen in Böhmen zu gelten hatten, und provozierte damit eine heftige Reaktion dort und in Wien. Für die Deutschen kam dies einer Wiedererrichtung des Eisernen Ringes gleich, da sich nur wenige von ihnen die Mühe machen wollten, Tschechisch zu lernen. Den Tschechen erschien es als eine längst fällige Notwendigkeit. Für Badeni sicherte es die tschechische Unterstützung bei den alle zehn Jahre stattfindenden Verhandlungen mit Ungarn über den Wirtschaftsvertrag. Schönerer dagegen bot es eine bislang einmalige Gelegenheit, seine Politik des »Willen zur Macht« zu praktizieren.

In der Hauptstadt, in Graz und Salzburg, auch in Böhmen brachen Tumulte aus, deren Ausmaß dem der Ereignisse von 1848 vergleichbar war. Allerdings gab es einen wichtigen Unterschied: 1848 wurde der Schrei der notleidenden Massen nach parlamentarischer Vertretung laut, 1897 dagegen radikalisierte sich die sonst so gesittete Bourgeoisie. Ein Massen-Nationalismus, die Weihe jenes mysteriösen Begriffes »Volk« durch Straßenschlachten und Bluttaufen, hatte in die Habsburgermonarchie Eingang gefunden, um sie nicht wieder zu verlassen. Badeni selbst wurde im Duell mit Schönerers nationalistischem Parteigenossen Karl Wolff leicht verwundet. In Wiener Restaurants weigerten sich deutschsprachige Kellner, tschechische Gäste zu bedienen. Schönerer erzielte seinen größten politischen Erfolg erst 1901, als 21 Mitglieder seiner Alldeutschen Partei in den Reichsrat gewählt wurden, aber schon 12 Monate nach der Wahl von 1901 war die Alldeutsche Partei gespalten, und Schönerers wahres Vermächtnis für die Politik des Kaiserreichs blieb jene Rolle, die er in den Unruhen von 1897 gespielt hatte. Sein Konzept der Gewalt als eines politischen Mittels sollte einen tiefen Eindruck bei denen hinterlassen, für die der deutsche Nationalismus eine Heilsbotschaft darstellte. Zu ihnen gehörte auch ein Möchtegern-Künstler aus Linz, Adolf Hitler, dessen Bewunderung für Lueger noch übertroffen wurde von seiner Sympathie für die Hingabe und den (vermeintlichen) Idealismus, die »der Ritter von Rosenau« an seine großen Ziele wandte. 1928 noch konnte Oscar Jászi sein Buch *Dissolution of the Habsburg Monarchy* schreiben, ohne Schönerer Aufmerksamkeit zu schenken. Dessen chauvinistischer Stil, die Ablehnung der fundamentalen Werte europäischer Zivilisation, war noch nicht zum Vorbild in der politischen Praxis avanciert. Aber die Zeit war nicht mehr fern, in der ein gescheiterter Mann aus Braunau die Implikationen von Schönerers Nihilismus bis ins furchtbare Detail wahrmachen sollte.

Vielleicht stellt es den seltsamsten Kontrast der Wiener Kulturgeschichte dar, daß sowohl die Politik der nationalsozialistischen »Endlösung« als auch die der zionistischen Perspektive eines jüdischen Staates nicht nur hier ihren Ursprung hatten, sondern zudem erstaunliche Parallelen in ihrer jeweiligen Entstehung aufweisen[65]. Natürlich hatte der Zionismus schon eine lange Geschichte, als in Herzl der Gedanke reifte, Führer eines neuen jüdischen Exodus zu werden. Aber erst als dieser außergewöhnliche Mann sich der zionistischen Bewegung zuwandte, wurde aus ihr eine beachtenswerte politische Kraft. Herzls Weg zum Zionismus ist eigenartig genug, um hier nachgezeichnet zu werden. Auch liest sich seine persönliche Geschichte wie ein beispielhaftes Schicksal für den Zusammenbruch der »Stadt der Träume«.

Herzl war kein geborener Wiener. Er stammte aus Budapest, aber nicht lange nach seiner Übersiedlung im Jahre 1878 war er, wie viele andere, die nach Wien kamen, sozusagen wienerischer geworden als selbst die Donau. Seine Familie war jüdisch, politisch liberal und kulturell deutsch gesinnt. Viele der assimilierten Wiener Juden wandten sich der deutschen Kultur zu, um einer ästhetischen anstelle der schwer erreichbaren gesellschaftlichen Elite anzugehören, und (wie es Herzl interpretierte) auf diese Weise der Alternative einer typischen bürgerlich-jüdischen Existenz als Geschäftsmann zu entgehen. Es gab eine Reihe enthusiastischer jüdischer Wagnerianer, etwa Viktor Adler, und Herzl selbst gehörte zu den Juden, die zunächst eine Neigung zum deutschen Nationalismus hatten.

Zahlreiche Wiener Juden hatten keine Beziehung mehr zur jüdischen Religion und ließen sich – meist protestantisch – taufen. Vielen von ihnen fehlte das Bewußtsein ihrer jüdischen Herkunft, etwa Viktor Adler oder Heinrich Friedjung, dem liberalen Historiker. Herzl selbst war als junger Mann bereit, sich taufen zu lassen, unterließ es jedoch, um seine Eltern nicht zu kränken. Die reichen assimilierten oder fast assimilierten Juden waren zwar die auffälligsten, doch gab es in allen gesellschaftlichen Schichten Juden. Um 1910 machten sie etwa 5% der Stadtbevölkerung aus, hatten aber einen überproportional großen Anteil an juristischen, medizinischen und journalistischen Berufen. In der Leopoldstadt hingegen, im 2. Bezirk, jenseits des Donaukanals, wohnte eine große Zahl eingewanderter orthodoxer »Ostjuden« aus Galizien und der Bukowina, die einen deutlichen Kontrast zu ihren kapitalistischen Glaubensgenossen aus dem eleganten gehobenen Mittelstand abgaben. Berücksichtigt man auch die Einwohner mit jüdischen Vorfahren, so ergeben sich noch höhere Zahlen. Selbst unter den Antisemiten gab es abtrünnige Juden, die sich bemüßigt fühlten, die Verleugnung ihrer Abstammung öffentlich zu demonstrieren.

Hiermit wird auch ein eher erstaunlicher Aspekt in Herzls eigener Entwicklung verständlich. Sein Zionismus entstand auf der biographischen Grundlage einer anfänglichen deutschnationalen Orientierung. Seine Wertschätzung eines modebewußten, dandyhaften Äußeren und seine Neigungen zur Aristokratie hingen mit der ausgeprägten Furcht vor gesellschaftlicher Ablehnung zusammen. Er konnte es nur schwer verwinden, wegen seines klaren Bekenntnisses zum Judentum 1883 aus der Burschenschaft *Albia* ausgeschlossen worden zu sein, obwohl er zuvor wegen deren antisemitischer Wandlung bereits seinerseits um einen förmlichen Austritt ersucht hatte. Es ist vor diesem Hintergrund seiner Persönlichkeit nicht verwunderlich, daß ihn die literarische Gattung des Feuilletons anzog, die bei ihren Autoren einen bestimmten Grad an Narzißmus voraussetzte, mittels dessen die Objektivität von Sachverhalten zur »Meinung« subjektiviert wurde. 1891 verschaffte Herzls journalistische Gewandtheit ihm die begehrte Position des Pariser Korrespondenten der *Neuen Freien Presse*. Seine dortigen Erfahrungen waren der Beginn seiner Wandlung zum Zionisten. Bereits als junger Mann hatte Herzl die antisemitischen Argumente Eugen Dührings für die Aufhebung der jüdischen Emanzipation kennengelernt. 1882 hatte er Dührings *Die Judenfrage als Rassen-, Sitten- und Kulturfrage* gelesen, den ersten Versuch einer »philosophisch-wissenschaftlichen« Fundierung des Antisemitismus. Die Judenfrage war für Dühring ausschließlich eine Rassenfrage, und er sprach den Juden jeden »rassischen Wert« ab. Sein Buch ist ein Plädoyer für ihren Ausschluß aus der Volksgemeinschaft. Herzl war empört über Dührings Schrift. Gleichwohl gestand er manchen ihrer Passagen zu, »lehrreich« zu sein – »jeder Jude sollte sie lesen«: »Die Schiefe der Judenmoral und der Mangel an sittlichem Ernst in vielen (Dühring sagt: in allen) Handlungen sind schonungslos aufgedeckt und gekennzeichnet«[66], schreibt Herzl in sein Tagebuch. Zu dieser Zeit dürfte ihm zum erstenmal eine Ahnung von der Notwendigkeit einer territorialen Lösung des Judenproblems gedämmert haben.

In Paris kam Herzl nun mit den Schriften des Antisemiten Drumont in Berührung, die ihn erstaunlich tief berührten, aber zugleich in ihm die Idee verstärkten, daß der Jude in Europa heimat- und wurzellos war. In dieser Zeit berichtete Herzl über zwei Prozesse, die beide großen Einfluß auf seine zionistische Entwicklung gewannen. Der eine war der gegen den Anarchisten Ravachol, welcher ihn durch seinen fanatischen Willen tief beeindruckte. Der andere war die Affäre Dreyfus, die für Herzl eine Bestätigung dessen erbrachte, was er aus Dührings und Drumonts Schriften prognostizieren konnte. Mit der Verurteilung Dreyfus' hatte Frankreich, die historische Wiege der Freiheit, auch ihn, Herzl, zurückgewiesen. Nur der Sozialismus konnte die Juden schützen, aber was am Sozialismus wäre aristokratisch oder ästhetisch genug für Herzls Neigungen gewesen? Da er keine Lösung in einer rationalen politischen Konzeption zu finden in der Lage war, wandte sich Herzl romantischen Vorstellungen zu. Zunächst sollte die jüdische Ehre durch ein spektakuläres Duell wiederhergestellt werden. Er selbst würde einen prominenten Wiener Antisemiten wie Lueger, Schönerer oder Prinz Liechtenstein fordern und, falls er dabei fiele, als Märtyrer die Weltmeinung zu seiner Sache bekehren. Tötete er dagegen seinen Gegner, würde er in einer aufrüttelnden Verteidigung die Niederträchtigkeit des Antisemitismus offenkundig machen, was zu seinem Freispruch führen müßte[67]. Sein anderer Plan war womöglich noch abstruser: er wollte die Unterstützung des Papstes gegen die Feinde der Kinder Israels gewinnen und als Gegenleistung dafür sorgen, daß die Juden in der Monarchie ihre Kinder zur Massenkonversion in den Stephansdom brächten.

Auch Herzls Erlebnis einer Aufführung von Wagners *Tannhäuser* trug zum Durchbruch seiner Vorstellung vom jüdischen Staat bei. Während einer Aufführung der Oper wurde ihm in einer plötzlichen Intuition die Wahrheit hinter der Irrationalität völkischer Politik klar. Die einzig sinnvolle Perspektive war ein Staat, in dem die Juden nicht Gäste oder Eindringlinge, sondern wirklich gesellschaftlich verwurzelt wären. Herzl transponierte gewissermaßen Wagners Konzeption des Gesamtkunstwerks als Metapher in die Politik.

Wie konnte ein solcher jüdischer Staat verwirklicht werden? Herzls Antwort hat etwas typisch Wienerisches: »Wenn ihr wollt, ist es kein Märchen. Wenn ihr aber nicht wollt, so ist und bleibt es ein Märchen.«[68] So erscheinen auch die Ursprünge des modernen Zionismus als eine der in Wien entstandenen Reaktionen auf die Entfremdungserscheinungen in der modernen Massengesellschaft. Darin sogar seinem Antipoden Schönerer nicht unähnlich, hatte Herzl für das jüdische Volk die Vision einer neuen Gesellschaft, in der ein emphatischer Begriff von Wahrheit, ohne Zugeständnisse an eine degenerierte Aristokratie, ein gewinnsüchtiges Bürgertum oder ein rohes Proletariat, politisch würde: eingelassen in das geistige Leben einer Elite, brächte ihn allein deren gemeinsamer Wille zur realen Existenz.

Solche Träume wurden von denen geträumt, die Wien am klarsten durchschauten. Das war der unterminierte Boden, auf dem die Fassade eines hedonistischen Ästhetizismus stand. Doch das Wiener Bürgertum, gerade auch dessen Jugend, begriff kaum den Ernst der Situation, die sich vor seinen Augen entwickelte. Zweig erzählt, daß er und seine Freunde bei der Zeitungslektüre Berichte über den Burenkrieg, den Russisch-Japanischen Krieg und selbst die Balkankrisen ebenso uninteressiert überschlugen wie die Sportseiten[69]. Kurz vor dem Beginn des endgültigen Zusammenbruchs von 1914-1918 vermittelte die Redl-Affäre eine Ahnung davon, welch einen tiefen Zwiespalt zwischen Schein und Wirklichkeit die habsburgische »Stabilität« maskierte.

Im Mai 1913 wurde der stellvertretende Chef des Geheimdienstes in der k.u.k.-Armee, Alfred Redl, als Spion enttarnt. Er war zum Verräter geworden, um ein Leben homosexueller Ausschweifungen finanzieren zu können[70]. Es darf durchaus offenbleiben, welches in den Augen der Bourgeoisie das schockierendere Verbrechen war: der Verrat oder die Homosexualität. Jedenfalls brachte die Redl-Affäre bisher gut verborgene Gespenster aus dem gesellschaftlichen Geheimleben ans Licht. Redl, Sohn eines armen Eisenbahnbeamten in Lemberg, hatte in der kaiserlichen Militärmaschinerie Karriere durch seine außergewöhnliche Fähigkeit gemacht, seine wirklichen Ansichten und Lebensumstände zu verbergen, gegenüber seinen Vorgesetzten die jeweils opportune Meinung zu vertreten und in allen wichtigen Situationen einfach zu tun, was von ihm erwartet wurde. Wie viele junge Männer seiner Generation erlebte er das Erwachen seiner wahren Sexualität während der Kadettenzeit. (Robert Musils zum Teil autobiographische Erstlingserzählung *Die Verwirrungen des Zöglings Törleß* hat eine solche Situation zum Gegenstand und löste nach ihrem Erscheinen im Jahr 1906 beinahe einen Skandal aus.) Redl verbarg seine Homosexualität so geschickt wie alle anderen Wahrheiten über seine Person. Nur ein Ziel war ihm maßgebend: der Status, den eine militärische Karriere gewährte. Er betrachtete alles und jeden in seiner Nähe nur als Mittel zu seinem Zweck und bewies, daß es im Kaiserreich für einen Mann, der skrupellos genug war, hinter der gewahrten Fassade gesellschaftlichen Scheins keine Schranken gab.

In Wien erschien er als der ideale Offizier – zurückhaltend, klug, charmant, auch männlich. Er hatte mit großer Sorgfalt ein solches Bild von sich lanciert: die Maske eines loyalen, gehorsamen Offiziers, der in wechselnden Situationen schnell und pragmatisch zu reagieren wußte. Seine Großzügigkeit machte ihn bei Kameraden und Untergebenen beliebt, seine Eleganz und sein erlesener Geschmack entsprachen einem populären Wiener Stereotyp. Die Nachricht, daß der Generalstabsoberst ein vom Zaren bezahlter Doppelagent war, löste beträchtlichen Schrecken aus. Der Fall Redl illustrierte symbolhaft die trügerische Doppelbödigkeit des gesellschaftlichen Lebens in der Monarchie[71]. Dieser Offizier, den der Kaiser selbst ausgezeichnet hatte, war ein Verräter. Krieg, dem bürgerlichen Denken kaum faßbar, schien mit einemmal möglich. Der Nachweis der Homosexualität in hohen Militärrängen – obwohl sie dort tatsächlich selten war – traf ins Innere der bourgeoisen Moral. Dabei war der wichtigste Aspekt der Redl-Affäre gar nicht einer, der unmittelbar offensichtlich gewesen wäre. Hier lag der Fall eines Mannes vor, der Erfolg hatte, gerade weil er seine wahre Persönlichkeit hinter den Kulissen bürgerlicher Klischees vollständig verbergen konnte. Unechtheit und Scheinhaftigkeit waren in der habsburgischen Gesellschaft schließlich eher Regel als Ausnahme geworden. Die richtige soziale Maskerade war es, was zählte.

Kaum jemand sah dies deutlicher und brachte es besser zum Ausdruck als Arthur Schnitzler in seinem Werk. Als Arzt und Sohn eines Arztes wandte sich Schnitzler schon früh der Dichtung zu und entwickelte sein bedeutendes Talent vor allem in einer meisterhaften dramatischen Diagnose der Endzeit des alten Wien[72]. Wie seine berühmten Zeitgenossen Sigmund Freud und Viktor Adler hatte Schnitzler als jüdisch-bürgerlicher Arzt begonnen. Er arbeitete als Assistent an der Meynertschen Klinik, wo er sich besonders mit Techniken der Hypnose befaßte[73]. Als er sich von einer typischen Mittelstandskarriere ab- und der Schriftstellerei zuwandte, war Schnitzler mit der Problematik des bürgerlichen Lebens wohlvertraut. Vor dem Hintergrund seiner Berufserfahrungen lenkte er sein fortbestehendes Interesse an der menschlichen Psyche in neue Bahnen. Schon lange vorher hatte seine erste Liebe der Literatur gegolten, auf Verlangen des Vaters hatte er sie beiseitegeschoben, um einen konventionellen und respektablen bürgerlichen Beruf zu ergreifen. Schnitzlers außerordentliche Fähigkeit zur Diagnose des gesellschaftlichen Zustands entwickelte sich im Kontrasterlebnis zweier sehr unterschiedlicher gesellschaftlicher und moralischer Sphären, an denen er als Arzt einerseits und als Schriftsteller andererseits teilhatte. Auf diesem zweifachen Erfahrungshintergrund erwuchs Schnitzler ein Thema, das sein gesamtes Werk durchzieht: das Problem der menschlichen Beziehungen.

Schnitzler sah richtig, daß die Frage der menschlichen Kommunikation zwei Aspekte hat: einen persönlichen und einen sozialen. Die flüchtige Oberflächlichkeit bloß sexueller Beziehungen spiegelte die Identitätsprobleme des Individuums wider, während als wesentlicher Charakterzug des sozialen Hintergrunds der Antisemitismus identifizierbar war. Die Bedeutung der Sexualität in Schnitzlers literarischer Welt ist geläufig. Nicht weniger wichtig ist jedoch seine Aufmerksamkeit gegenüber dem Antisemitismus. Er betrachtete ihn eher als ein Symptom des universellen geistigen Verfalls,

weniger als eine spezifische Variante sozialen Verfolgungswahns. In seinem Roman *Der Weg ins Freie* versucht er die
essentielle Unlösbarkeit des jüdischen Problems zu zeigen, in
kritischer Distanz zur allzu einfachen Lösung Herzls, mit
dem er seit langem persönlich gut bekannt war. Das Drama
Professor Bernhardi ist der Versuch einer Klassifizierung und
Analyse der verschiedenen Erscheinungsformen des Antisemitismus. Am Ende erweist sich das Stück jedoch als eine
Morphologie nicht nur des Antisemitismus, sondern aller
destruktiven und menschenfeindlichen Kräfte in der Gesellschaft. Im Porträt seines Helden bleibt Schnitzler seiner
Klasse, seinem Beruf und seinem Judentum treu. (In Schnitzlers eher pathologischem Dichteruniversum der Dekadenz
und des Egoismus markiert der ärztliche Beruf einen der
wenigen Lichtpunkte.) Der Egoismus gehört zum Fundament aller wirklichen menschlichen Probleme. Die hoffnungslose Verstrickung in soziale Rollen, funktionalisierbar
für das Ziel einer schnellen Befriedigung unmittelbarer Bedürfnisse, sabotiert die Kommunikation der Menschen, die
sich so selbst der Hoffnung auf dauerhafte Erfüllung berauben.

Schnitzlers wechselvolles dramatisches Szenario im *Reigen*
ist eine scharfsichtige Charakterisierung des ganzen Spektrums sozialer Typen, in der die Dynamik menschlicher Beziehungen kondensiert wird zu einem gemeinsamen Nenner:
dem Verlangen nach unmittelbarer Sexualbefriedigung. Der
Reigen zeichnet zehn Charaktere – reich und arm, mächtig
und gering, roh und empfindsam – im Kontext jeweils wechselnder Sexualbeziehungen innerhalb dieser Zehnergruppe.
Gleichsam in Parenthese zu den dargestellten Geschehnissen
entfaltet sich ein Totentanz: eine Folge meisterhafter Charakterstudien eines literarischen Analytikers der Seele, den
Freud mit gutem Grund in einem Brief als »Collegen« begrü
ßen konnte.

Erotik erscheint in Schnitzlers Panoptikum als das bewegende Prinzip von Sozialität. Sexualität ist die einzige Form
persönlichen Kontakts, deren Schnitzlers Figuren wirklich
fähig sind. Das ist gewissermaßen die Innenseite des »Tanz«-
Motivs: Sexualität ohne Liebe als das bedeutungslose mecha

nische Ritual einer Gesellschaft, deren äußerer Glanz eine geisterhafte innere Starre verbirgt. In Musils Worten:

Die Vorstellung, daß sich Menschen, die in dieser Weise lebten, je zu einer überlegten Navigation ihres geistigen Schicksals zusammentun könnten, war einfach nicht zu bilden. [74]

In Emile Durkheims klassischer Untersuchung über den Selbstmord, die 1897 erschien, steht eine Bemerkung über die jeweilige Zeitgebundenheit des Phänomens, das den Gegenstand von Durkheims Studie bildet:

Zu jeder gegebenen Zeit bestimmt sich die Zahl der Selbstmorde aus der moralischen Verfassung der Gesellschaft. Es besteht demnach für jedes Volk gesondert eine Kollektivkraft von ganz bestimmtem Ausmaß, die die Menschen zum Selbstmord treibt. Die Handlungen des jeweils Betroffenen, die auf den ersten Blick nur Ausdruck seines persönlichen Temperaments zu sein scheinen, sind in Wirklichkeit Folge und verlängerte Wirkung eines sozialen Zustands, der sich durch sie manifestiert. [75]

Spätere Forschungen haben Durkheims Theorie in vielerlei Hinsicht bestätigt. Unter der Voraussetzung, daß unsere Vermutung über den Ernst und die Gewichtigkeit der nationalen, rassischen, diplomatischen und sozialpsychologischen Probleme im habsburgischen Reich richtig ist, sollte ihre Bestätigung in gewisser Weise auch an der Selbstmordrate in der Monarchie ablesbar sein. Tatsächlich ist die Liste von bekannten Österreichern, die sich damals das Leben nahmen, ungewöhnlich lang und bemerkenswert. Sie enthält etwa Ludwig Boltzmann, den Vater der statistischen Thermodynamik; Otto Mahler, den Bruder des Komponisten, der selbst musikalisch hochbegabt war; Otto Weininger, dessen Buch *Geschlecht und Charakter* seinem Verfasser nur wenige Monate vor dessen Selbstmord im Sterbehaus Beethovens spektakulären Ruhm verschafft hatte; Eduard van der Nüll, der die Kritik an der von ihm entworfenen Hofoper nicht ertragen konnte; den Maler Richard Gerstl, einen Freund Arnold Schönbergs, der sich nach einer Liebesaffäre mit dessen Frau das Leben nahm; mit größter Wahrscheinlichkeit gehört auch der bedeutende Lyriker Georg Trakl in diese Reihe und jedenfalls zwei, vermutlich drei der älteren Brüder Ludwig

Wittgensteins. Ein eher bizarrer Fall ist der des Generals Baron Franz von Uchatius, des Erfinders der 8- und 9-cm-Kanone. Bei der Erprobung seiner gewaltigen 28-cm-Feldhaubitze zerbarst deren Geschützrohr; wenige Tage später fand man Uchatius tot – er hatte sich selbst die Kehle durchgeschnitten. Auch das Kaiserhaus blieb nicht verschont. 1899 nahm sich Kronprinz Rudolf zusammen mit seiner Geliebten, der Baronin Maria Vetsera, unter eher düsteren als romantischen Umständen das Leben. Das sind nur einige aus einer langen Reihe jener, für die die Stadt der Träume zu einer Stadt unerträglicher Alpträume geworden war.

Die Probleme gestörter Identität und Kommunikation plagten die Wiener Gesellschaft auf allen Ebenen – der politischen und sozialen wie der des individuellen Lebens und sogar der ihrer internationalen Beziehungen. Die außenpolitischen Schwierigkeiten begannen bereits mit der Abgrenzung des jungen und starken Deutschen Reiches, das Bismarck geformt hatte, vom habsburgischen Imperium. Die innenpolitischen Probleme sind zu vielfältig, um hier eingehend diskutiert werden zu können. Man kann sie allerdings paradigmatisch verdeutlichen anhand des tschechisch-deutschen Sprachenstreits. Als 1907 im westlichen Teil der Monarchie das allgemeine Wahlrecht für Männer eingeführt wurde, gab es schon kaum mehr Verständigungsmöglichkeiten zwischen Tschechen und Deutschen, da die letzteren sich weigerten, die tschechische Sprache als gleichberechtigt anzuerkennen. Wie für alle Minoritäten im Kaiserreich war auch für die Tschechen vor allem ihre Sprache Konstitutionsvoraussetzung ihrer Identität, der sozialen wie der politischen, im erbitterten Ringen um die bürgerliche Gleichberechtigung in den letzten Jahren der Habsburgerherrschaft.

Ein gewissermaßen strukturanaloges – wenn auch sachlich völlig verschiedenartiges – Ringen kennzeichnete die Suche jener Ästhetengeneration des *Jungen Wien* nach einer »authentischen Sprache« in der Dichtung, nach einer Ausdrucksform, welche die Befreiung aus den Zwängen einer stereotypen bürgerlichen Innenwelt ermöglichen könnte. Die folgende Darstellung handelt davon, wie einige geniale Männer, wie Kraus, Schönberg, Loos und Wittgenstein

selbst, den Eskapismus der Ästheten als narzißtische Schein-
lösung des Problems durchschauten. Während Musil im Anschluß an Theorien Ernst Machs glaubte, daß ». . . in der
gewöhnlichen Sprache, wo die Worte nicht definiert sind,
sich kein Mensch eindeutig ausdrücken« könne und ein un-
zweideutiger Ausdruck nur in einer Art privater, funktions-
unfähiger und noch unbekannter (vielleicht auch unmögli-
cher) »Urlaubssprache«[76] denkbar wäre, suchten Kraus,
Schönberg, Loos und Wittgenstein die Lösung dieser Probleme in einer fundamentalen, aber auf ein positives Neues
orientierten Kritik der tradierten und akzeptierten Ausdrucksformen. *Spiritus rector* dieser Kritik war Karl Kraus.
Seinem Leben und Werk müssen wir uns daher jetzt zuwenden.

III
Sprache und Gesellschaft
Karl Kraus und die letzten Tage Wiens

Nur in der Wonne sprachlicher Zeugung
wird aus dem Chaos eine Welt.
Karl Kraus, *Pro domo et mundo*

Für Karl Kraus war Österreich eine »Versuchsstation des Weltuntergangs«[1]. (Der ganz anders berühmte Autor von *Mein Kampf* nannte Wien später »die schwerste, wenn auch gründlichste Schule«[2] seines Lebens.)

Klarer noch als Schnitzler und Musil durchschaute Kraus das Wirken der unmenschlichen Kräfte in Wien. Aber er gab sich mit der bloßen Diagnose nicht zufrieden und glaubte zunächst an die Möglichkeit einer grundlegenden Therapie für die Gesellschaft. (Nach dem Ersten Weltkrieg verlor er diesen Glauben. Seinem 1928 erschienenen Drama *Die Unüberwindlichen* stellte er als Motto den Satz Kierkegaards voran: »Ein Einzelner kann seiner Zeit nicht helfen oder sie retten; er kann nur ausdrücken, daß sie untergeht.«[3] Die Waffen dieses in gewissem Sinn »wienerischsten aller Wiener Schriftsteller«[4] waren Satire und Polemik. Für die Wiener spielte die Kunst eine erhebliche Rolle und in ihr vor allem die Literatur, das Theater und die Musik. Die geläufigen Geschmacksattitüden in diesen Sphären spiegelten nach Kraus' Ansicht die Doppelbödigkeit der Werte und damit der gesellschaftlichen Moral wider. Am Beispiel der öffentlichen Sprache, der Literatur, auch einer zum Kitsch degenerierten Operettenkultur demonstrierte er jenen Aspekt fundamentaler Verlogenheit in den gesellschaftlichen Verkehrsformen der »Stadt der Träume«.

Wie viele seiner bedeutenden Zeitgenossen stammte Kraus aus einer wohlhabenden jüdischen Familie[5]. Sein Vater war ein kaufmännischer Unternehmer, der aus Jičin in Böhmen nach Wien übersiedelte, als der Sohn Karl noch ein kleines Kind war. Nach verschiedenen, zum Teil schon aufsehenerregenden Versuchen als Kritiker und Feuilletonjournalist gründete Kraus im Alter von noch nicht 25 Jahren seine satirische Kampfschrift *Die Fackel*. Kraus' Begabung war zu diesem Zeitpunkt bereits so deutlich geworden, daß Moriz Benedikt, der Herausgeber der *Neuen Freien Presse*, ihm kurz zuvor die satirische Feuilletonkolumne der *Wiener Spaziergänge* angeboten hatte, eine Position, die fünf Jahre lang unbesetzt geblieben war, weil für ihren vorherigen Inhaber, den berühmten Daniel Spitzer, kein adäquater Ersatz gefunden werden konnte. Kraus, der bereits damals die unheilvolle Funktion der Presse begriffen hatte, lehnte ab: »Es gibt zwei schöne Dinge auf der Welt: der ›Neuen Freien Presse‹ angehören oder sie verachten. Ich habe nicht einen Augenblick geschwankt, wie ich zu wählen hätte.«[6]

Seine große sprachliche Meisterschaft war der Motor seiner polemischen Wirksamkeit. Was immer er schrieb war Resultat eines überaus sorgfältigen und der Verantwortung vor der Sprache bewußten Schaffens; es ist verbürgt, daß er manchmal stundenlang die Stellung eines Kommas erwog. Seine Wortspiele zeigen den unausschöpfbaren Beziehungsreichtum der deutschen Sprache unter der Oberfläche ihrer gesellschaftlichen Gebrauchsform, die als bewußtloses Sprechen damit gleichzeitig diskreditiert wird. Die Defekte im Denken wie im Charakter eines Menschen spiegeln sich, nach Kraus' Überzeugung, in seinem Sprachgebrauch und in der Struktur seiner Sätze wider. Im guten wie im schlechten Sinn galt für Kraus: *le style, c'est l'homme même*.

Kraus' Anti-Zeitung *Die Fackel*, in ihrer Konzeption anfangs an Maximilian Hardens in Deutschland erscheinender *Zukunft* orientiert, war für Kraus zunächst vor allem Tribüne seines Kampfes gegen die Korruption in jeder ihrer Formen. Von 1902 bis etwa 1908 dominierte die Kritik an der bürgerlichen Sexualmoral, wie sie besonders in einer rabiaten Sittlichkeitsjustiz ihren Ausdruck fand. Nach 1908 fand Kraus, bei unvermindert hellsichtig-kritischem Blick auf die Gesellschaft, in Satire und Polemik, später auch in Dramatik und Lyrik den Weg zur großen künstlerischen Form. Von 1899 bis 1936 begeisterten oder erzürnten die Wiener Öffentlichkeit 922 Nummern des kleinen roten Heftes, mit seinen Angriffen und Satiren auf Hofmannsthal, die Operetten Franz Lehárs, auf Franz Werfel, Albert Ehrenstein, Alfred Kerr, auch auf das frühere Vorbild Maximilian Harden und zahllose andere Schriftsteller; mit seinen Angriffen gegen Polizei und Justiz; mit einem vieltausendseitigen Fluch auf die Unmenschlichkeit und Sinnlosigkeit des Ersten Weltkriegs, in grausig-grandioser Unmittelbarkeit vor allem in dem Riesendrama *Die letzten Tage der Menschheit* zum Ausdruck gebracht; und schließlich mit jenem fundamentalen Thema aller 37 Jahrgänge der *Fackel*: der Kritik an der Presse als der Triebkraft und dem Symbol von Sprach- und Kulturverfall, immer wieder exemplarisch gezeigt an der *Neuen Freien Presse*, die Kraus einst eine so renommierte Position angeboten hatte. In ihren ersten 12 Jahrgängen enthielt *Die Fackel* auch Beiträge von anderen Autoren wie Peter Altenberg, Wilhelm Liebknecht, Houston Stewart Chamberlain, Richard Dehmel, August Strindberg, Frank Wedekind, Detlev von Liliencron, Heinrich Mann, Adolf Loos, Arnold Schönberg, Franz Werfel, Else Lasker-Schüler, Egon Friedell und zahlreichen anderen. Von November 1911 an schrieb Kraus *Die Fackel* allein, mit der Ausnahme eines Beitrags von August Strindberg, der einen Tag vor dessen Tod am 13. 5. 1912 erschien.

Es dürfte kaum jemals eine so vollständige Deckung von Schriftsteller und Werk gegeben haben. Kraus lebte für sein Werk, kein persönliches Opfer war ihm zu groß. Darauf bezog er sich selbst mit der ironischen Wendung vom »Lob der verkehrten Lebensweise«[7], jener nämlich, bei Tag zu schlafen und nachts zu arbeiten, wie er es tat. Daß satirisches Wirken auch physisch gefährlich sein konnte, zeigte bereits der erste Rechenschaftsbericht nach nur vierteljährigem Erscheinen der *Fackel*, der die folgende ironische Aufstellung enthält:

Anonyme Schmähbriefe	236
Anonyme Drohbriefe	83
Überfälle	1.[8]

Nur ein Mann mit ganz außergewöhnlicher Kraft konnte nahezu 40 Jahre lang in einer solchen Anspannung leben.

Nicht von ungefähr verglich Theodor Haecker in seinem 1913 erschienenen Buch *Søren Kierkegaard und die Philosophie der Innerlichkeit* Kraus mit Kierkegaard[9]. Eine bloß oberflächliche Kenntnis von Kraus und seinem Werk mag den Eindruck vermitteln, er sei einfach ein boshafter Sonderling gewesen, der vor allem eigennützige Zwecke verfolgte. Zunächst erstaunt sein vermeintlich obsessiver Haß – gegen die politische Frauenbewegung, die Presse, erfolgreiche Schriftsteller, die Psychoanalyse und vieles andere. Der flüchtigen Betrachtung erscheint sein Zorn als Ausdruck absoluter Willkür. Er goß etwa scharfen Spott aus über Hermann Bahrs häufigen Gesinnungswechsel in Politik und Kunst[10] – je nachdem war Bahr antisemitischer Alldeutscher, gemäßigter Sozialist, Atheist, Naturalist, Impressionist, Liberaler und schließlich monarchistischer Katholik. Aber Kraus selbst unterstützte zunächst eher liberale, dann eine konservative, später die sozialistische und schließlich sogar die katholisch-ständestaatliche politische Richtung. Freilich verweist das bei näherem Hinsehen nicht auf die Beliebigkeit seiner jeweiligen inneren Gesinnung, sondern im Gegenteil auf deren festgehaltene moralische Identität im Wechsel der politischen Konjunkturen. 1911 konvertierte Kraus zum Katholizismus, tat dies aber erst kund, als er 1923 aus der Kirche wegen deren militaristischer Haltung im Krieg und aus Anlaß ihrer Kooperation mit dem »großen Welttheaterschwindel« Max Reinhardts und Hugo von Hofmannsthals in Salzburg wieder austrat[11]. 23 Jahre vorher hatte er die jüdische Religionsgemeinschaft verlassen, 1934 bekannte er sich ausdrücklich zu seinem Judentum, aus dem er jedoch auch vorher keinen Hehl gemacht hatte.

Auf den ersten Blick erscheinen Kraus' Angriffe gegen so viele und vieles in seiner sozialen Umwelt, auch gegen frühere Freunde, wie etwa Werfel oder Harden, kaum anders erklärbar, denn als Handlungen eines eifersüchtigen, wenn auch geistreichen Zynikers. Aber was wie Attacken gegen bloß einzelne *bêtes noires* aussieht, bedeutet in Wahrheit etwas viel Umfassenderes: es ist Ausdruck einer tief verwurzelten Überzeugung, daß Aufrichtigkeit und Wahrhaftigkeit die wichtigsten Faktoren im Leben des Künstlers wie in dem jedes einzelnen Menschen sind. Um Kraus zu verstehen, muß man diesen grundlegenden Charakterzug erfassen, der sein Leben und sein Werk zu einer schlüssigen und kohärenten Einheit macht, und der ihn hoch über das Niveau eines durchschnittlichen polemischen Schriftstellers hebt. Polemik und Satire wurden ihm zu Waffen gegen die korrumpierende Wirkung einer zur Phrase erstarrten Sprache auf menschliches Denken, Fühlen und Handeln. Die Metapher des »Ursprungs« als eines Bereichs unverzerrter Natürlichkeit bezeichnete für Kraus das Desiderat einer authentischen Wahrnehmung der Welt und ihrer Werte, und damit den Maßstab seiner Kulturkritik. Seine Aphorismen waren Bisse gegen die Heuchelei, die im Wien seiner Zeit als Moral, und gegen das Geschwätz, das als Kunst galt. Ein Witz von oft erbarmungsloser Schärfe machte seine Satiren, Polemiken und Aphorismen zu Lehrstücken einer durchdringenden Wahrnehmung und damit zu Beispielen innerkultureller Aufklärung. Obwohl sein Hohn oft auch Politikern galt, war seine Gesellschaftskritik nicht in einem einfachen Sinn politisch. Die Sphäre der Politik als der öffentlichen Organisation gesellschaftlicher Lebensbedingungen war für Kraus nur mit der Oberfläche der Zeitprobleme befaßt, deren krisenhafte Wurzeln er in einem tiefen geistigen Verfall sah.

Betrachten wir als ein Beispiel Kraus' Einstellung zur Prostitution. Stefan Zweig hat die soziale Funktion der Prostituierten im Wien seiner Jugend hervorgehoben. Vor der oft späten Heirat und manchmal auch danach – da die Ehe häufig mehr eine Geschäfts- als eine Liebesverbindung war – bedeuteten die Prostituierten den einzigen sexuellen Ausweg für den jungen Wiener Bourgeois. Aber die Prostitution war einerseits so notwendig wie sie andererseits als verwerflich galt, illegal und doch protegiert von der Polizei, wenn auch zu einem hohen Preis. Die Prostituierten mußten jederzeit mit Ansteckung rechnen und sahen sich der Ausbeutung durch Bordellmütter und Zuhälter ausgesetzt. Kraus fand diesen Zustand schon an sich unerträglich, da ihm die Möglichkeit einer freien Sexualität der Frau als deren natürlicher Vorzug (und damit als nichts weniger denn unmoralisch) erschien. Vor allem jedoch sah er in der geläufigen Attitüde gegenüber der Prostitution ein Symptom jener Doppelzüngigkeit in der bürgerlichen, »jüdisch-christlichen« Moral. Er verteidigte ». . . das Hurentum (als) das letzte Heroentum einer ausgelaugten Kultur«[12]. Die Prostituierten leisteten der Gesellschaft einen unverzichtbaren Dienst, für den sie nicht nur – wie Soldaten im Krieg – Verletzung, Krankheit und Tod in Kauf nahmen, sondern der ihnen überdies mit sozialer Ächtung und justizieller Verfolgung vergolten wurde. Kraus kennzeichnete den Strafprozeß in Sexualangelegenheiten mit einer sarkastischen Wendung als »die zielbewußte Entwicklung einer individuellen zur allgemeinen Unsittlichkeit«[13], als den Übergang der privaten Heuchelei zu ihrer legalen Institutionalisierung.

Kraus griff beide an, die Sexualjustiz und die Verkommenheit einer Gesellschaft, in der solche Heuchelei zur legalen Institution werden konnte. In Aufsätzen wie *Sittlichkeit und Kriminalität* verteidigte er mit beißendem Hohn gegen die »sittliche« Rechtsordnung die verfolgte Minderheit der Prostituierten wie die der womöglich noch härter unterdrückten Homosexuellen. Sein Argument war, das Strafrecht habe Rechtsgüter zu schützen und sich daher nicht einzumischen in die ausschließliche private Sphäre der Sexualität von Menschen, die niemandem etwas zuleide tun. Die wirklich Perversen und Handlanger einer perversen Gesellschaft waren die Polizei, die Justiz und eine sensationsgierige Presse, die aus Gründen der Sexualität Menschenjagden veranstalteten: »Der Skandal fängt an, wenn die Polizei ihm ein Ende macht.«[14]

Die gedanklichen Wurzeln seines Kampfes für die Prostituierten lagen in Kraus' prinzipieller Auffassung von der weiblichen Sexualität. Er sah die Frau als ein von Natur aus erotisches Wesen: alles Handeln der Frau ist inspiriert von ihrer Sexualität als der Essenz ihres Daseins – *operatio sequitur esse*. Darin unterscheidet sie sich vom Mann: »Mann: funktionelle, Frau: habituelle Geschlechtlichkeit.«[15] Die Frau ist ganz Gefühl, Irrationalität und Sexualität. Nur scheinbar teilt sie den geistigen Status des Mannes, der – zumindest potentiell rational – die Fähigkeit hat, welche ihr fehlt: seine sexuelle Natur zu beherrschen. (Das darf nicht als Lob für den Mann mißverstanden werden, im Gegenteil: »Ich bin nicht für die Frauen, sondern gegen die Männer.«[16]) Kraus begriff es als Kennzeichen einer veritablen Scheinheiligkeit, daß die Wiener Gesellschaft bei den Mätressen genau das guthieß und von ihnen verlangte, was den Ehefrauen rigide untersagt war, und so heimlich förderte, was sie gesetzlich und gesellschaftlich verwarf.

Diese Kraussche Auffassung des Weiblichen – die aus einer Sexualitätsdiskussion erwuchs, mit der auch Freud und andere Wiener Zeitgenossen vertraut waren – muß in ihrer Parallelität wie auch in ihrem Kontrast zu dem Werk des rätselhaften Philosophen Otto Weininger begriffen werden, das Kraus hoch schätzte, dessen radikale Konsequenzen er gleichwohl ablehnte. Weininger schockierte 1903 die Wiener zweimal: zuerst durch die Veröffentlichung seines Hauptwerks *Geschlecht und Charakter*, das deutliche Zeichen des Genies trug; zum zweitenmal durch seinen Selbstmord im Sterbehaus Beethovens, wodurch er zum eigenartigen Mythos eines düsteren Heldentums wurde[17]. Antisemitische Autoren erklärten Weininger später zum klügsten aller Juden: da er glaubte, der jüdische Charakter stehe von Natur aus auf tiefster Stufe, sei die niedrigste Form des Weibischen, und da er den Charakter des Menschen für ewig und unabänderlich hielt, habe er die einzig angemessene Konsequenz aus diesem Dilemma gezogen.

Weininger selbst sah die geistigen Wurzeln seiner Charakterologie in Platon, Kant und Schopenhauer[18]; in der Rede des Aristophanes im *Symposion*; im Konzept des »intelligiblen Gattungscharakters« des Menschen außerhalb der Zeit, wie es in Kants *Idee zu einer allgemeinen Geschichte in weltbürgerlicher Absicht* entworfen wird (des allgemeinen Charakters, der, falls er theoretisch zugänglich, damit auch determinierbar wäre, und so den genauen Entwurf eines Systems aller künftigen Handlungen ermöglichen könnte); schließlich in Schopenhauers *Metaphysik der Geschlechtsliebe*. Das skandalträchtige Werk enthielt jedoch auch viel von Weiningers eigener Gedanken- und Seelenwelt. Und ähnlich wie im Falle Freuds bestand ein wesentlicher Aspekt des Skandals gerade in der Funktion des Werks, den Wienern wie ein Spiegel deutliche Konturen ihrer sexuellen Identität vor Augen zu führen.

Weiningers Theorie lag die Vorstellung zugrunde, daß die Begriffe »männlich« und »weiblich« zunächst als psychologische Idealtypen oder als Varianten platonischer Ideen zu begreifen seien, die nur abgeleitet und annäherungsweise eine Verkörperung in realen und menschlichen Wesen finden könnten[19]. Idealtypen können nach Weininger nicht in reiner Form existieren. Aber sie fungieren als konzeptuelle Basis für die Erklärung menschlichen Verhaltens, wenngleich als schwache Basis, da sie nur *ex-post*-Erklärungen ermöglichen. Der männliche Idealtyp ist der einer vollkommenen Rationalität und Kreativität. Der »weibliche« ist die Antithese dazu – das heißt, die Verkörperung eines reinen Sexualtriebes, der daher aus theoretisch-prinzipiellen Gründen nicht in irgendeiner Form der Befriedigung zu seinem Ende gelangen kann. Das Wesen des Weiblichen ist in den alten Mythen der *magna mater* ausgedrückt: ewiger Ursprung der Fruchtbarkeit, Quelle alles Irrationalen und Chaotischen in der Welt. Wie das Geschlechtsorgan die Mitte des weiblichen Körpers, so bildet der Sexualtrieb das autonome Zentrum der weiblichen Seele.

Alle wirklich existierenden Männer und Frauen sind androgyn, ein Gedanke, den Aristophanes in Platons *Symposion* entwickelt. In der Realität finden sich also stets Mischformen der beiden Idealtypen in jeweils unterschiedlichem Verhältnis. Jedes menschliche Individuum besitzt daher psychologische Entsprechungen zu den physiologischen Merkmalen des anderen Geschlechts. Die ideale Beziehung zwischen Mann und Frau tritt dann auf, wenn das Weibliche im Mann genau dem Männlichen in der Frau entspricht, so daß etwa in der Strukturformel dieser Beziehung:

Mann   ($\frac{3}{4}$ männlich + $\frac{1}{4}$ weiblich)
Frau   ($\frac{3}{4}$ weiblich + $\frac{1}{4}$ männlich)

die Summe der Addition zwei vollständige Idealtypen des Männlichen und des Weiblichen ergibt. In dem Maße, wie zwei wirkliche Menschen von der Struktur dieser Gleichung abweichen, werden sie miteinander unglücklich sein, da sie sich gegenseitig (mathematisch-buchstäblich) nicht erfüllen. Nach dem Schema dieser Theorie ist der Homosexuelle physiologisch ein Mann, der psychologisch zu mehr als 50% weiblich ist; diese Tatsache kennzeichnet seinen Status als »entartet«[20].

Nach Weininger sind alle positiven Leistungen der menschlichen Geschichte solche des männlichen Prinzips; Kunst, Literatur, gesellschaftliche Institutionen und Normen sind dessen Emanationen. Das »ewig Weibliche«, weit davon entfernt, uns im Goetheschen Sinn »hinan«zuziehen, ist vielmehr verantwortlich für alle destruktiven Ereignisse und nihilistischen Tendenzen in der Geschichte. Die arische Rasse ist die Verkörperung des männlich-schöpferischen Lebensprinzips, während das weiblich-chaotische Prinzip des Scheinlebens seinen Ausdruck in der jüdischen Rasse und ihrer Kultur findet[21]. In einer solchen Perspektive war Weiningers letzte Verzweiflungstat tatsächlich der unvermeidliche Versuch einer Verifikation seiner Theorie. Er machte sich damit zum herausragenden Beispiel für jenes merkwürdige, aber zu seiner Zeit gar nicht seltene Phänomen, das Theodor Lessing später »jüdischer Selbsthaß« genannt hat[22].

Carl Dallago, ein österreichischer Zeitgenosse und Mitglied des Brenner-Kreises (der sich in Innsbruck um Ludwig von Ficker bildete und dem u. a. Georg Trakl und Theodor Haecker angehörten), würdigt in seiner Studie *Otto Weininger und sein Werk* (erschienen 1912) die unbedingte »geistige Rechtschaffenheit«[23] Weiningers, ein Urteil, das auch Kraus und viele andere teilten. Dallago sah Weininger als einen nietzscheanischen Charakter, dessen Philosophie nicht aus angelesener Gelehrtheit, sondern aus den inneren Tiefen eigener Lebenserfahrung entstand. Das war der richtige Weg für die Fortentwicklung der Philosophie, wenn auch Weininger selbst die Richtung verloren und seinen eigenen Fall zum Maßbegriff genommen hatte, indem er seine *persönlichen* Erfahrungen mit Frauen zur Grundlage einer angeblich berechtigten Furcht vor »dem Weiblichen« schlechthin stilisierte[24]. Weininger war auf eine zu rigide Weise Intellektueller und Rationalist; dadurch verstellte er sich den Blick für die wirkliche Bedeutung der Liebe im menschlichen Leben. Nach

Dallago begriff er trotz vieler richtiger Gedanken nicht, daß das »Nichts«, als das er das Wesen der Frau ansah, allenfalls jene aufnehmende »Leere« ist, deren die gebende »Fülle« des Mannes so sehr bedarf wie jene dieser, damit beide zur Verwirklichung ihrer natürlichen Möglichkeiten gelangen können [25]; daß daher dieses weibliche »Nichts« gleichwohl zu jenem Bereich des »Ursprungs« gehören konnte, in dem Karl Kraus die Quelle der menschlichen Werte sah. Weininger, der die Liebe von ihrer physischen Verwirklichung im Geschlechtlichen trennen wollte, habe negiert, daß das Weib eine Seele habe, um seine eigene vor dem Weib zu schützen [26]. Damit aber entfernte er sich vom »Ursprung«, denn Liebe bedeutet nach Dallago »das *Auffinden der Seele* im Leib, somit auch in der Frau« [27]. Erst in der Liebe wird der »Verfall« des Weibes aufgehoben und das Werden des Mannes erfüllt. In diesem Sinn zitiert Dallago den Satz Kants: »Erst Mann und Weib zusammen machen den Menschen aus.« [28]

Einige der grundlegenden Ideen von Karl Kraus werden erst vor dem Hintergrund von Weiningers Denken vollständig deutlich. Kraus akzeptierte die Prämisse, daß ein großer Unterschied zwischen männlicher und weiblicher Sexualität bestehe und daß »männlich« und »weiblich« unterschiedliche charakterologische Kategorien darstellen. Er behauptete auch mit Weininger, daß »Vernunft« als ausschließliche Eigenschaft des Männlichen das unterscheidende Kriterium sei, während »Gefühl« das Charakteristische des Weiblichen ausmache. Hier hört jedoch die Vergleichbarkeit auf. Kraus war keineswegs »Rationalist« in der Art Weiningers. Er überschätzte Rationalität nicht, sondern wies ihr eine eher instrumentelle Funktion in der sachlichen Organisation menschlichen Lebens und Handelns zu. Kraus dürfte auch kaum die biologisch-instrumentellen Theorien gekannt haben, die mit der Popularisierung von Darwins Forschungen und deren Verflachung durch Ernst Haeckel und andere zum Gemeinplatz geworden waren. Kraus selbst hatte keine Beziehung zur Philosophie, noch weniger zur Wissenschaft. Wenn es für sein Denken einen philosophischen Hintergrund gibt, dann ist es das Werk Schopenhauers. Denn unter den großen Philosophen war allein Schopenhauer ein verwandter Geist:

ein Mann von großer denkerischer Tiefe mit einer starken Begabung für Polemik und Aphoristik, von literarischem so gut wie von philosophischem Genie.

Schopenhauers Gedanken über die wahre Natur des Männlichen und des Weiblichen hatten Weininger beeinflußt. Sie stehen allerdings, genau betrachtet, im Gegensatz zur Krausschen Auffassung, soweit sie nämlich eine prinzipiell negative Haltung zum Wesen des Weiblichen erkennen lassen. Für Kraus war dagegen das emotionale Wesen der Frau nicht nihilistisch, sondern Ausdruck von Sinnlichkeit und Phantasie, der unbewußte Ursprung allen Wertes im menschlichen Erleben. Darin sah Kraus die Quelle aller Inspiration und alles Schöpferischen[29]. Der bloße Verstand hat vor allem technisch-pragmatischen Wert, er ist primär Mittel zur Erreichung angestrebter Zwecke, an sich weder gut noch böse, nur effektiv oder uneffektiv. Der Vernunft in diesem engeren Sinn müssen die richtigen Zwecke zugeordnet werden, sie bedarf der moralischen wie der künstlerischen Orientierung. Die Quelle moralischer und ästhetischer Wahrheit ist somit die *Einheit* von Sinnlichkeit und Gedanken. Die der Sinnlichkeit entstammende Phantasie erhält hierbei eine vorrangige Funktion in der Bestimmung menschlicher Werte, ohne welche der Verstand zum Instrument der Bestialität degeneriert. Damit wird für Kraus das authentisch Weibliche zur notwendigen Ergänzung und zum Korrektiv des männlich-rationalen Prinzips. Aus diesem Grund verwarf er die Frauenbewegung seiner Zeit als den prinzipiell falschen Versuch, das Weibliche dem Männlichen anzugleichen und es damit in seiner eigenen ursprünglichen Bedeutung verschwinden zu lassen – eine Perspektive, die gewissermaßen von der entgegengesetzten Seite das Weibliche so mißverstand wie es Otto Weininger auf seine Weise tat.

»Ursprung«, für Kraus das Desiderat des menschlichen Lebens, vereint somit die authentischen Formen des Weiblichen und des Männlichen, in anderer Metaphorik: Natur und Geist, Sinnlichkeit und Sprache. Ziel des Menschen ist die Rückkehr aus dem falschen, entfremdeten Leben zu diesem Ursprung:

Zwei Läufer laufen zeitentlang,
der eine dreist, der andere bang:
Der von Nirgendher sein Ziel erwirbt;
der vom Ursprung kommt und am Wege stirbt.
Der von Nirgendher das Ziel erwarb,
macht Platz dem, der am Wege starb.
Und dieser, den es ewig bangt,
ist stets am Ursprung angelangt. [30]

Die Möglichkeit zurückzufinden zu diesem Ursprung wird in der modernen Welt von allen Seiten bedroht, etwa durch so verschiedene, untereinander scheinbar beziehungslose Kräfte wie eine korrupte und geistig korrumpierende Presse, den scheinhaften Ästhetizismus, die bürgerliche Moral, die Psychoanalyse und das Mißverstehen des Geschlechtlichen selbst. Für Kraus war die natürliche, durch keine dieser Kräfte verzerrte Begegnung zwischen Mann und Frau Quelle von Phantasie und schöpferischem Geist, Sphäre authentischen Wahrnehmens und Erlebens, Grundlage fraglosen moralischen und künstlerischen Wertes. Dies ist der fundamentale Begriff des »Ursprungs«, aus dem das Leben und das vielgestaltige Werk von Kraus ihre orientierende Einheit erhalten haben. Eine genaue Analyse seines satirischen und polemischen Wirkens bestätigt das in erstaunlicher Deutlichkeit.

Zu den relativ wenigen »geflügelten« Aphorismen von Kraus gehört die vielzitierte Definition: »Psychoanalyse ist jene Geisteskrankheit, für deren Therapie sie sich hält.«[31] Auf den ersten Blick scheinen seine Angriffe gegen die Psychoanalyse persönliche Gründe zu haben[32]; tatsächlich richteten sie sich aber gegen die Verzerrungen im Bild der menschlichen Natur, das Freud und sein Kreis entwarfen. Für Kraus ersetzten Freud und seine Anhänger lediglich den traditionellen jüdisch-christlichen Mythos der Sexualität durch einen anderen: den der Psychoanalyse. Der schon länger schwelende Konflikt wurde offenkundig durch eine Darstellung der *»Fackel-Neurose«*, die Fritz Wittels − früherer Bewunderer von Kraus, bis 1908 sogar Mitarbeiter der *Fackel*, gleichzeitig Anhänger Freuds − in einem Vortrag vor der Wiener Psychoanalytischen Gesellschaft unternahm. Er versuchte in dieser, von kaum maskierten persönlichen Infamien durchsetzten »Analyse« die Quellen von Kraus' Polemiken in dessen »ödipalen Frustrationen« zu lokalisieren[33]. In den Angriffen auf die *Neue Freie Presse* und deren Herausgeber Moriz Benedikt attackiere Kraus seinen eigenen Vater (ungeachtet der Tatsache, daß Kraus zu seinem Vater bis zu dessen Tod ganz problemlose und freundliche Beziehungen unterhalten hatte). Wittels legte großes Gewicht auf die Feststellung, daß Kraus' Vater »Jakob« hieß – das hebräische Wort für »gesegnet« –, und dies war natürlich gleichbedeutend mit dem lateinischen »benedictus«, der Wurzel des Namens »Benedikt«. Kraus' Angriffe in der *Fackel* wurden als der Versuch rekonstruiert, seinem Vater (»Moriz Benedikt Jakob Kraus«) zu beweisen, daß sein eigenes kleines Publikationsorgan *Die Fackel* genauso stark und wirkungsvoll war wie das große Organ des Vaters, die *Neue Freie Presse*.

Das hieß allerdings, das Konzept der Psychoanalyse zu weit zu treiben, auch für ihren Begründer. In der anschließenden Diskussion würdigte Freud zwar einzelne Aspekte des Vortrags und fand anerkennende Worte für das »Opfer«, das Wittels als ehemaliger Mitarbeiter der *Fackel* damit gebracht habe. Aber eine solche Vivisektion könne der begründete Vorwurf der Inhumanität treffen; sie sei auch zu wenig fundiert und – als wissenschaftliche – jedenfalls nicht zur Publikation für ein breiteres Publikum geeignet. Abschließend meinte Freud, er habe zunächst in Kraus einen Helfer für die gemeinsame Sache gesehen, sich hierin jedoch getäuscht. Viktor Tausk war der einzige Teilnehmer an der Diskussion, der Wittels' Vortrag vollständig ablehnte.

»Das Unbewußte« in Freuds Lehre war die genaue Antithese zu Kraus' (freilich untheoretischer) Konzeption. Freuds »Es« war eine gärende Masse irrationaler, triebhafter, antisozialer Impulse, die allenfalls durch die Vernunft im Zaum gehalten werden konnten. Ästhetische und moralische Werte waren das Resultat einer Frustration, die ihrerseits als wesentliche Begleiterscheinung der Sozialisation jener Impulse auftrat. Für Kraus war das gleichbedeutend mit dem Zerreißen aller positiven Bezüge zur schöpferischen Phantasie, der Quelle alles Gesunden im Individuum und in der

Gesellschaft. So erschien dieser neue Mythos nicht besser als der alte, den er verdrängen wollte, und selbst nur als Symptom der Krankheit, die er zu heilen suchte. Die Psychoanalyse war tatsächlich eher eine weitere Komplikation der psychologischen Probleme als deren Lösung.

Nicht das unbedeutendste dieser Probleme war die Hysterie, ein physisches Leiden, das anscheinend keine psychologische Ursache hatte. Einer der wirklichen Gründe dieses Problems dürfte der Geschäftscharakter vieler bürgerlicher Ehen gewesen sein. Bestimmt dazu, vor allem Finanzgemeinschaften zu begründen, garantierten sie häufig geradezu die Frustration, vor allem für die Frauen in einer äußerlich so prüden Gesellschaft. Für die Ehemänner gab es in Situationen wechselseitiger körperlicher Abneigung immerhin den Ausweg zu Prostituierten oder zu jener Sorte gelegentlich sogar tödlicher Affären, die Schnitzler in seinen Dramen und Erzählungen gestaltet hat. Für die Ehefrauen war das Problem komplizierter, denn ihnen war früh genug beigebracht worden, daß nur laszive, verkommene Frauen sexuelle Befriedigung zum Gegenstand bewußten Wollens und Genießens machen konnten. Kein Wunder, daß sie häufig ihre Meinung über sich selbst in solchen Begriffen artikulierten, wenn sie in sexuellen Beziehungen auch das Vergnügen zu entdecken begannen; außereheliche Sexualbeziehungen, die für die Ehemänner eher ein spannungsreiches Spiel waren, erzeugten bei den Frauen meist tiefsitzende Schuldgefühle.

Kraus sah den Zusammenhang zwischen der bürgerlichen Geschlechtsmoral und dem Phänomen der Hysterie. Verschwinden könne es nur zusammen mit den Sexualnormen der Gesellschaft. »Hysterie ist die geronnene Milch der Mutterschaft«[34], heißt es in einem Aphorismus aus *Sprüche und Widersprüche*, mit einer ironischen Anspielung auf die Primärfunktion, die den Frauen in der bürgerlichen Ehe zugewiesen wurde.

Kraus' Widerstand gegen die Psychoanalyse war weit mehr als das Resultat einer persönlichen Abneigung. Nach seiner Ansicht zielte die Psychoanalyse auf etwas, das zu einer weiteren Störung der Lebens- und Erlebensmöglichkeiten, auch jener zwischen Mann und Frau, führen mußte: auf die

Rationalisierung der Träume und der Phantasie. »Den Weg zurück ins Kinderland möchte ich, nach reiflicher Überlegung, doch lieber mit Jean Paul als mit S. Freud machen«, heißt es in *Nachts*[35]. Kraus fürchtete, daß die psychoanalytische Betrachtung des Lebens den Künstler bedrohe:

Nervenärzten, die uns das Genie verpathologisieren, soll man mit dessen Gesammten Werken die Schädeldecke einschlagen . . . allen rationalistischen Helfern des Normalmenschentums, die es darüber beruhigen, daß es zu Werken des Witzes und der Phantasie nicht inkliniere, trete man mit dem Schuhabsatz ins Gesicht . . .[36]

Hierin wird der Grund für Kraus' rückhaltlose Opposition gegen die Psychoanalyse deutlich.

Aber einen viel größeren Feind der menschlichen Phantasie als den rationalisierenden Zugriff der Psychoanalyse sah Kraus im »weiten Phrasensumpf«[37] der Presse. Seine Hauptanklage war, daß die Presse in der Pseudo-Kunst der feuilletonistischen Sprache eine Rolle übernommen hatte, die weit über ihre legitime Funktion einer objektiven und sachlichen Berichterstattung hinausging. Diese Funktionsanmaßung bedeutet eine Bedrohung von Humanität und Verantwortungsbewußtsein, denn sie zerstört das menschliche Vorstellungsvermögen, die Phantasie.

Eine Gesellschaft ist dann auf dem Krepierstandpunkt, wenn sie zum Schmuck des Tatsachenlebens Einbrüche in kulturelles Gebiet begeht und duldet. Nirgendwo auf der Welt erlebt sich das Ende so anschaulich wie in Österreich . . . Die grauenvolle Abbindung der Phantasie durch die Ornamentierung geistiger Nachttöpfe hat hier schon zu jener vollständigen Verjauchung geführt, die der europäischen Kultur im Allgemeinen noch vorbehalten bleibt. Die Zeitung ruiniert alle Vorstellungskraft: unmittelbar, da sie, die Tatsache mit der Phantasie servierend, dem Empfänger die eigene Leistung erspart, mittelbar, indem sie ihn unempfindlich für die Kunst macht und diese reizlos für ihn, weil sie deren Oberflächenwerte abgenommen hat![38]

So gründete Kraus *Die Fackel* als Anti-Zeitung, um ». . . von selbständiger Bühne zu einem Forum zu sprechen, auf welchem dank dem Marktgeschrei der täglich zweimal verfälschten öffentlichen Meinung der ehrliche Mann sein eigenes

Wort nicht hört«[39]. Es war charakteristisch für Kraus, daß er seinen Hauptangriff gegen die *Neue Freie Presse* richtete, die bedeutendste Zeitung in der Monarchie und vielleicht die mit dem höchsten journalistischen Niveau in der ganzen Welt. (Wickham Steed, der Wiener Korrespondent der Londoner *Times*, berichtete – ironisch, aber wahr –, daß Franz Joseph der mächtigste Mann in der Doppelmonarchie war, mit Ausnahme des Herausgebers Benedikt[40].) Gerade die herausragende Position dieser Zeitung veranlaßte Kraus, vor allem gegen sie seinen Angriff zu richten. Wiederum erschien Kraus' polemischer Spott gegen die Presse vielen als das Geschimpfe eines Enttäuschten[41], denn gerade das große internationale Ansehen der *Neuen Freien Presse* war allgemein bekannt. Aber seine Polemik war weder das Resultat eines Scheiterns eigener journalistischer Ambitionen, noch war sie etwa durch irgendeinen früheren Angriff gegen ihn veranlaßt. Was seinen Protest hervorrief, war vielmehr die in verschiedener Hinsicht zentrale Machtstellung der Presse in der bürgerlichen Gesellschaft. Die *Neue Freie Presse* war das geeignetste Objekt seines Zorns, weil ihr hohes journalistisches Niveau zur Möglichkeit einer Darstellung und einer Sprache geführt hatte, mit der sich die Subjektivität des einzelnen Journalisten maskieren konnte, um als scheinbar objektiver Standpunkt täglich Auffassungen und Vorstellungswelt von Hunderttausenden zu dirigieren. Eine gewisse Furcht vor der offiziellen Zensur ließ dabei die Zeitung zu einer Art heimlichen Sprachrohrs des Regimes werden, während ihre Kulturberichterstattung mit den Interessen des Großbürgertums und der Industrie konvergierte. Kapitalistische Interessen drangen in die gesamte Presse ein[42]; so drückten sich Falschheit und Heuchelei, welche die Gesellschaft als ganze kennzeichneten, vor allem in den Zeitungen aus. Nach Kraus' Ansicht erforderte journalistisches Können daher insbesondere die Versiertheit in verschiedenen Formen des Betrugs. Im September 1900 druckte Kraus in der *Fackel* Worte Wilhelm Liebknechts, des kurz vorher verstorbenen Führers der deutschen Sozialdemokratie, über die Presse ab, unter anderem das folgende:

Keine Niedertracht, welche die Presse nicht für Hochsinnigkeit auszugeben, kein Verbrechen, das sie nicht zu einer großherzigen Tat umzufälschen bereit wäre; kein Schurke, dem sie nicht den Lorbeer des Ruhms oder den Eichenkranz der Bürgertugend aufs Haupt setzte, wenn es ihr zweckdienlich erscheint. [43]

Keine Institution empörte sich stärker über den »sozialen Mißstand« der Prostitution oder über »Verderbnis und Perversion« der Homosexuellen: doch dieselbe Presse druckte in ihrem Annoncenteil zahllose »Masseusen«-Inserate [44]. Die Herausgeber scheuten sich nicht, für den Anzeigenteil von denselben Leuten Geld zu nehmen, die sie im Textteil schmähten. Gab es hier nicht eine geheime Parallele zu jenen Polizisten, die von den Prostituierten Geld erpreßten, um sie dafür in bestimmten Bezirken vor sich, den Polizisten selbst, zu schützen? Für Kraus war dies offensichtlich. In seinen Polemiken gegen den Journalismus gibt es Stellen, wo er selbst die strenge Zensur einer solchen geistig und materiell korrupten Presse vorzieht. Noch in jenem berühmten gegen die Nazis und gegen die österreichische Sozialdemokratie gerichteten *Fackel*-Heft vom Juli 1934, *Warum die Fackel nicht erscheint*, hat er für die Empörung der österreichischen Sozialisten gegen die Pressezensur der Dollfuß-Regierung nichts als einen weit über den Anlaß hinaus exemplarischen Hohn übrig:

Was die Preßfreiheit betrifft: lügen wird man immer dürfen. [45]

Was den Groll von Kraus gegen die Tagespresse vor allem reizte, war die prinzipielle Vermischung von Tatsache und Meinung im Medium einer subtil raffinierten Zeitungssprache, die als solche schon den Betrug der Öffentlichkeit bedeutete. Daher sah Kraus gerade den sprachlich-ästhetisierenden Aspekt der Presse als den gefährlichsten und unangenehmsten an. Der Kulturessay, das Feuilleton, war für viele Leser das wichtigste an der Zeitung. Führte schon der jeweilige politische Standpunkt einer Zeitung häufig zur Verzerrung von Nachrichten, so wurde diese durch die sprachliche Vermischung von Tatsache und Meinung geradezu zum Apriori der feuilletonistischen Darstellung. Nach Carl Schorskes oben zitierter Charakterisierung erforderte das

Feuilleton die Fähigkeit zur subjektiv-farbigen Ausschmückung von Sachverhalten, eine bunte adjektivische Sprache, von der die Objektivität des Dargestellten gleichsam absorbiert wurde. Tatsachen wurden gewissermaßen durch das Prisma subjektiver Emotionen des Journalisten gebrochen. Erfolg in der literarischen Gattung des Feuilletons hatten vor allem diejenigen, deren Narzißmus hinreichte, die eigene Gefühlswelt als öffentlichen geistigen Maßbegriff für geeignet zu halten.

Für das Wiener Bürgertum mit seiner Leidenschaft für die Künste war das Feuilleton die Krönung des Journalismus, und der Traum des angehenden Literaten war eine Veröffentlichung in der *Neuen Freien Presse*. Kraus dagegen sah die zerstörerische Wirkung des Feuilletonismus sowohl für die Objektivität der Tatsachendarstellung als auch für die Phantasie des Lesers, dem die eigene produktive Einbildungskraft durch die den Tatsachen beigemischte Emotionalität der »Stimmung« abgenommen und nach und nach zerstört wurde. Das Feuilleton reduzierte einerseits die Gestaltungskraft des Essayisten auf eine publikumswirksame Sprachornamentik und hinderte andererseits den Leser an einer authentischen eigenen Wahrnehmung der Welt außerhalb von deren Reproduktion in der Zeitungsphrase. Es ist daher kein Wunder, daß Kraus seinen Angriff gegen alle richtete, die eine geistige oder praktische Beziehung zum Feuilletonismus unterhielten – Herausgeber, Schreiber und eine empfängliche Leserschaft. Kraus' Haltung gegenüber dem Feuilleton war zugleich ein Reflex seiner Vorstellung über den Ursprung des Schöpferischen und der geistige Punkt, in dem sich seine Ansichten über Sprache und Kunst direkt mit dem Motiv seiner polemischen Kritik an der gesellschaftlichen Verlogenheit berührten.

In Wien konnte eine literarische Form wie die des Feuilletons ihre kulturelle Bedeutung gerade auf dem Hintergrund jener Fin-de-siècle-Geistigkeit erlangen, in der ein dekadenter Ästhetizismus eher die künstlerische Regel als ihre Ausnahme war und in der – mit Carl Schorske zu sprechen[46] – die Künstler weniger ihrer gesellschaftlichen Klasse entfremdet waren, als mit dieser dem übrigen sozialen Leben. Karl

Kraus sah Hermann Bahr, Felix Dörmann, Felix Salten, Richard Beer-Hoffmann und das ganze *Jung-Wien*, in gewissem Sinn auch Schnitzler und Hofmannsthal, als literarische Exponenten jener verkehrten Seichtigkeit, welche die gesamte kulturelle Weltsicht der habsburgischen Hauptstadt kennzeichnete. Ihre Konzeption des Künstlers als eines versierten Handwerkers in Stil und Form hatte mit Kraus' eigener Auffassung nichts gemein. *Die Fackel* ließ selten eine Gelegenheit aus, die Vertreter solchen Kunstbegriffs satirisch zu verspotten. Daß Kraus dabei Schnitzler und Hofmannsthal in vielem nicht gerecht wurde, soll hier nicht erörtert werden. Er dürfte aber noch im Unrecht das Recht eines stärkeren künstlerischen Prinzips auf seiner Seite gehabt haben.

Es ist ein markantes Kennzeichen von Karl Kraus und seinem Werk, daß beide in den geläufigen literarischen oder kunsthistorischen Kategorien nicht klassifizierbar sind. Für Kraus und für diejenigen, welche die Gedanken seines Schaffens in ihrem eigenen Werk aufnahmen, war die geistige Unabhängigkeit und Wahrhaftigkeit das entscheidende Merkmal des wirklichen Künstlers, Qualitäten, die zur Krausschen Konzeption des »Ursprungs« gehörten. Geistige Unabhängigkeit, Wahrhaftigkeit, Echtheit – sie formen jenen Begriff der *Integrität*, den Kraus als selten gewordenes Kennzeichen des ethisch und künstlerisch Wertvollen ansah.

Dieses Kriterium der Echtheit und Integrität erklärt, warum Kraus auch einige wenige Feuilletonjournalisten (übrigens einer früheren Zeit) wie Spitzer, Kürnberger und Speidel schätzte, obgleich er die Form des Feuilletons selbst radikal verwarf. Auch Peter Altenberg, den und dessen Kunst der meisterhaften kleinen Prosaskizze Kraus liebte, gehört in gewissem Sinn zu den positiv bewerteten Feuilletonisten. Kraus spielte niemals eine literarische »Richtung« gegen die andere aus. Ihm ging es um die künstlerische Authentizität des einzelnen Schriftstellers. Es war keine Frage der Ideologie oder der literarischen »Schule«, sondern eine der Deckung von Form und Persönlichkeit:

Meinungen, Richtungen, Weltanschauungen – es kommt doch zuerst und zuletzt auf nichts anderes an als auf den Satz ... Stil ist nicht der Ausdruck dessen, was einer meint, sondern die Gestaltung dessen, was einer denkt und was er infolgedessen sieht und hört; ...[47]

Daher konnte Kraus seine Polemiken und Satiren ohne Bedenken als *persönliche* schreiben. (Trotz der namentlichen Identifizierung seiner Angriffsziele darf man jedoch nicht verkennen, daß in der großen Mehrzahl der Fälle das individuelle satirische Objekt nur stellvertretend für den sozialen Typus, den es verkörperte, in die Krausiche Schußlinie geriet.) Kraus sah die Kunst eines Menschen in engem Zusammenhang mit dessen Charakter: »Ein Gedicht ist solange gut, bis man weiß, von wem es ist.«[48] Seine Polemik zielte daher oft auf die Kennzeichnung der Charakterdefekte eines Schriftstellers, denen die künstlerischen Mängel in dessen Werk entsprangen. Die kritischen Angriffe auf Hermann Bahr sind hierfür ein deutliches Beispiel.

Kraus' Opposition gegen Bahr und die Gruppe der *Jung-Wiener* richtete sich weniger gegen deren literaturtheoretische Auffassungen als gegen ihre geistige Beziehung zu ihren Werken. Bereits 1894 schrieb Kraus als 19jähriger in einem Brief an Arthur Schnitzler über die von Bahr aus Frankreich importierte Décadence-Literatur österreichischer Provenienz: »Ich hasse und haßte diese falsche, erlogene ›Décadence‹, die ewig mit sich selbst coquettiert.«[49] Bahr hatte eine philosophische Basis für den Impressionismus der Décadence gesucht und in der Psychologie Ernst Machs zu finden gemeint, vor allem in der Vorstellung, daß jede Erkenntnis eine Konfiguration von Sinneseindrücken sei. Was Bahr dabei wesentlich fand, war die Auffassung, daß Sinnesdaten, »Sensationen«, also subjektive Zustände, die Grundlage allen Wissens wie auch des gesamten »Ichs« bilden. Daraus schloß er, daß die Bestrebungen der Impressionisten, ihre individuellen Erfahrungen auf möglichst farbige, der Willkür der jeweiligen Stimmung entspringende Weise darzustellen, nicht nur gerechtfertigt waren, sondern in gewissem Sinne notwendig, da – in der Perspektive Machs – diesen Erfahrungen alleine erkenntnistheoretische »Wirklichkeit« zukam[50].

Kraus befehdete weniger diese abstrakte Auffassung von Literatur[51], als vielmehr die Mehrzahl derer, die sie vertraten. Das wird etwa an der Tatsache seines Respekts und seiner Bewunderung für viele von Peter Altenbergs Skizzen deutlich, welche in ihrer unverwechselbaren impressionistischen Subjektivität auch in Bahrs Kunsttheorie gut paßten.

Der künstlerische Unterschied zwischen Bahr und Altenberg war vor allem der zwischen zwei Persönlichkeiten: Bahr war ein opportunistischer Charakter, der beim Schreiben weder den Publikumsgeschmack noch die Ausdrucksformen seiner jeweiligen Vorbilder vergaß. Altenberg dagegen war das, was Karl Kraus »echt« nannte[52]. Sein Werk war von einer künstlerischen Persönlichkeit beglaubigt, sein Leben spiegelte sich in seiner Literatur. In oft weniger als einer Druckseite konnte er den Charme einer typischen Szene oder einer persönlichen Begegnung auf der Straße, in einem Park, einem Hotel oder einem Café festhalten, gerade weil er selbst so sehr Teil dieses Ambiente war. Mit seinen Sandalen, seinem Schlapphut und Spazierstock hatte »P. A.« etwas vom äußeren Habitus des Bohèmien oder der Hippies unserer Tage. Was einzigartig und reizvoll am Wiener Leben war, konnte er einfangen, weil es sein Leben war und er ein Teil von ihm. »Sei der du bist, aber der sei!«, so hat er die Maxime seines Lebens formuliert. Bei Karl Kraus steht in »Nachts«: »Die Hemmungslosigkeit eines Peter Altenberg schließt mehr Menschlichkeit auf, als zehn gebundene Jahrgänge der Wiener Literatur zurückhalten.«[53] In der *Rundfrage über Karl Kraus*, die der *Brenner* 1913 veranstaltete, schrieb Altenberg:

Das in tausend Vorurteilen der heutzutage *angeblich* befreiten Menschen dahinsiechende, torkelnde, keuchende Leben des Tages, der Stunde und der Jahre benötigt tausend Karl Kraus, freie, ritterliche, *Sprache-beherrschende* un-abhängige Kämpfer mit tausend »Fackeln«![54]

Auch der Fall Max Reinhardt wirft einiges Licht auf die Krausche Auffassung vom Wesen der Kunst. Genaugenommen gehört Kraus' Polemik gegen Reinhardt, gegen dessen Zusammenarbeit mit Hofmannsthal und gegen die Salzburger Festspiele in eine spätere Zeit als die, mit der wir uns hier beschäftigen. Aber die zugrundeliegende Differenz der theaterkünstlerischen Prinzipien hatte ihren Ursprung bereits lange vor 1914. Kraus hielt Reinhardts Regietechnik für eine Art raffinierter Taschenspielerei, eine technizistische Extravaganz mit der Funktion, das Publikum um das eigentlich Wichtige, die dramatisch-sprachliche Gestaltung, zu betrügen:

Sein (Reinhardts) Expansionsdrang umfaßt nun vom Zirkus bis zur Kirche alle Örtlichkeiten, in denen im Zusammenfließen von Publikum und Komparserie sich immer ein voller Saal imaginieren läßt und wo vor dem Rollenwechsel von Zuschauer und Akteur, Hanswurst und Priester allem Weltbetrug ein hohes Entrée abzugewinnen ist. [55]

Reinhardts Inszenierungen hatten häufig etwas Spektakelhaftes und damit Unechtes: eine aufwendige, die Realität imitierende Ausstattung lenkte die Aufmerksamkeit des Publikums ab vom Erlebnis der dramatischen Sprache in ihrer schauspielerischen Verkörperung. Kraus schrieb:

Früher waren die Dekorationen von Pappe und die Schauspieler echt. Jetzt sind die Dekorationen über jeden Zweifel erhaben und die Schauspieler von Pappe. [56]

In Reinhardts Ausstattungstheater verschwand die Wirkung des dichterischen Wortes hinter der des äußerlichen Effekts. Kraus setzte dieser Verflachung des zeitgenössischen Theaters seine Konzeption eines »Theaters der Dichtung« entgegen, die er in seinen dramatischen Lesungen zu verwirklichen trachtete. Hier gab es nichts weiter als den Text und seinen Interpreten – keine Kostüme, kein Bühnenbild, keine gespielte Handlung. Nach Kraus' Auffassung vom Theater bedurfte es für ein Drama von wirklichem dichterischen Wert all dessen nicht, während andererseits gerade schlechte Stücke auf der Bühne zum Anlaß großer schauspielerischer Gestaltung werden konnten:

Der Dichter schreibt Sätze, die kein schöpferischer Schauspieler sprechen kann, und ein schöpferischer Schauspieler spricht Sätze, die kein Dichter schreiben konnte ... Zwei Wirkungsströme, die einander ausschalten. Der jahrhundertealte Wahnsinn, daß der

Dichter auf die Bühne gehöre, bleibt dennoch auf dem Repertoire und wird jeden Abend vor ausverkauftem Haus ad absurdum geführt.[57]

Kaum nachsichtiger als mit Reinhardt war Kraus, nach anfänglichem Schwanken seines Urteils, mit Hugo von Hofmannsthal. Dieser war über seine frühe Begeisterung für den italienischen Decadence-Dichter Gabriele D'Annunzio, der Wagner verehrte, auch mit der Suggestivkraft des Wagnerschen Konzepts vom »Gesamtkunstwerk« in Berührung gekommen: jener komplexen Kombination mehrerer Künste – Dichtung, Musik, Theater – zu einer Einheit, die in ihrer Wirkung an das Drama der griechischen Antike anzuknüpfen trachtete. Hofmannsthal war – insofern Wagner nicht unähnlich – fasziniert von spektakulären theatralischen Effekten. Diese Faszination inspirierte seine Zusammenarbeit mit Max Reinhardt und mit Richard Strauss. Strauss' merkwürdige Auffassung von theatralischer Glaubwürdigkeit ist in Barbara Tuchmans *Der stolze Turm* als »realistische Grille« plastisch beschrieben – etwa seine Forderung, in der *Elektra* bei Klytämnestras Opfer lebende Schafe und Stiere auf die Bühne zu stellen[58]. Karl Kraus dagegen war überzeugt, daß nichts das Theater nachhaltiger zerstören konnte als solche Effekte.

Hofmannsthal hatte eine Neigung zu Formen des Barock, die er in Reinhardts modernem Ausstattungstheater erneuern zu können meinte. Man denke etwa an *Das Salzburger große Welttheater*, das schon im Titel die Affinität zu Calderóns *Das große Welttheater* demonstriert und dessen Uraufführung unter Reinhardts Regie am 12. August 1922 Karl Kraus zu dem bissigen Spottgedicht *Bunte Begebenheiten* veranlaßte[59].

Um unsere Darstellung von Kraus, dem Polemiker, und dem, was die gedankliche Grundlage seines Lebens und seines Werks ausmacht, zu vervollständigen, wollen wir schließlich die Gründe betrachten, die ihn dazu führten, die neue Wiener Operette, etwa der Lehárschen Spielart, als eine der am meisten degenerierten Kunstformen seiner Zeit anzugreifen. Der Erfolg dieser Operetten war für Kraus ein weiteres Symptom für den geistig-moralischen Verfall des Wiener Lebens:

Aber diese (sc.: die Menschheit) wahrlich scheint den Lärm der Geistesarmut zu ihrem Glück zu brauchen, und die tanzende Humorlosigkeit ist es, was sie heute auf der Bühne zu sehen verlangt. Hat einer schon einmal untersucht, welche Elemente es sind, die die unaussprechliche Gemeinheit dieses neuen Operettenwesens zusammensetzen . . .

Denn ihrem Publikum dient die heutige Operette bloß als ein Vorwort zu den gröhlenden Freuden des Nachtlebens. [60]

Diese Sätze stammen aus dem 1909 geschriebenen programmatischen Aufsatz *Grimassen über Kultur und Bühne*, in dem Kraus seine grundsätzliche Auffassung über den künstlerischen Wert der alten und den Bankrott der neuen Operette darlegte. Für Kraus bestand das echte Wesen der Operette gerade in der Irrationalität, ja Unsinnigkeit der vorgeführten Handlung als solcher, die – fern jeder Logik und Kausalität des Alltags – erst in der Verbindung mit der Musik zur wahren Kunst, »zu einem grotesken Märchen wird, darin er (sc. der Unsinn) in Blüte prangt«[61]. Aus der Notwendigkeit einer heiteren Verschmelzung von Handlung und Musik, die beide jeweils für sich genommen keinen künstlerischen Bestand zu haben brauchen, leitet Kraus das Postulat ab, Operettentexte nicht als dichterische Werke zu konzipieren oder zu beurteilen: »Es beweist aber völlige Kunstfremdheit, den Operettentext als solchen mit literarischem Maß messen zu wollen.«[62] Was Kraus den Wiener Operetten Lehárs oder Kálmáns vorwarf, war deren Versuch der Rationalisierung einer heiteren, unlogischen Märchenwelt, war jene Art des neuen »Realismus« in der Operette, der sich zudem des Instruments einer populären Psychologisierung z. B. erotischer Sachverhalte auf der Bühne bediente:

Die alten Operettenformen, die an die Bedingung des Unsinns geknüpft bleiben, werden mit neuer Logik ausgestopft . . . Die Forderung, daß die Operette vor der reinen Vernunft bestehe, ist die Urheberin des reinen Operettenblödsinns . . . Was gegeißelt werden soll, ist das blödsinnige Streben der heutigen Operette, sich einen Sinn beizulegen, der die Albernheit ins Unmittelbare rückt, ihr Eifer, den Mangel an Komik durch Logik wettzumachen und die Stelle, auf der ein Sänger stehen sollte, mit einem Psychologen zu besetzen. [63]

106

In dieser Hinsicht war Lehár das negative Gegenteil von Jacques Offenbach, den Kraus verehrte und von dessen Operetten er in der letzten Schaffensperiode seines Lebens, von 1926 an, einige textlich bearbeitete, erneuerte und – lediglich in Begleitung eines Pianisten – an zahllosen Abenden vortrug. Die Liebe zu Offenbach ging allerdings auf eine weit früher liegende Begegnung mit dessen Werk zurück: auf die »Sommertheater«-Erlebnisse des ganz jungen Karl Kraus in »jenen figürlichen Achtziger Jahren« des 19. Jahrhunderts, deren Erinnerung er Jahrzehnte später in dem großen Gedicht *Jugend* festhielt[64]. 1909, siebzehn Jahre vor seiner künstlerisch-schöpferischen Hinwendung zu Offenbach, die 1930-1932 in einem zwölf Abende umfassenden Offenbach-Zyklus des Berliner Rundfunks unter der Wortregie von Karl Kraus gipfelte, schrieb er in dem Aufsatz *Grimassen über Kultur und Bühne*:

Ich kann mir denken, daß ein junger Mensch von den Werken Offenbachs, die er in einem Sommertheater zu sehen bekam, entscheidendere Eindrücke empfängt als von jenen Klassikern, zu deren verständnisloser Empfängnis ihn die Pädagogik antreibt.[65]

Kraus' Arbeit für Offenbach löste in den späten zwanziger Jahren eine regelrechte Offenbach-Renaissance aus, trug deren geistigem Urheber aber auch heftige Kritik wegen seiner angeblichen Verständnislosigkeit gegenüber der Musik ein. Als man ihn 1929 in der *Arbeiterzeitung* wegen seiner »musikalischen Mängel« angriff, nahmen ihn drei berühmte, zum Schönberg-Kreis gehörende Musiker, Alban Berg, Rudolf Kolisch und Eduard Steuermann, in einem Brief an die *Fackel* in Schutz:

Was wir vor allem festzustellen haben, ist die rein musikalische Wirkung Ihrer Offenbach-Vorlesungen, die musikalischen Werte, die für uns so konkret sind, daß sie uns Musikern, die wir gewohnt sind, uns wortlos auszudrücken, Worte dafür zu finden ermöglichen . . . Ich nenne es mit deutlich bewußter Absicht »Musizieren«, obwohl es zufällig bekannt ist, daß Sie keine Noten lesen können . . . Daß es auch Musik ohne Noten geben kann, daran glauben doch alle Musiker gerne – durch Sie haben wir es wieder einmal erfahren, und dafür danken wir Ihnen.[66]

Karl Kraus' Verehrung für Offenbach verdeutlicht ein zentrales Element seines Kunstbegriffs. Kraus sah die Operette als »die Erfüllung des wahren Theatersinns«[67]. Sie entrückte den Zuschauer aus der rationalen Welt des Alltags in eine Sphäre, in der die Regeln von Logik und Kausalität aufgehoben waren. Sie führte ihn so in das Reich einer schöpferischen Phantasie, an der sich seine eigene – rezeptiv und produktiv zugleich – entzünden konnte. Und darin besteht ihr moralischer Wert! Kraus betonte – gegen den Ästhetizismus – so sehr die moralische Dimension echter Kunst, wie er eine flache, utilitaristische Interpretation dieses Zusammenhangs verachtete und verwarf: Kunst war ihm ein vollständig autonomer Bereich des menschlichen Geistes, der sich in keinem Sinn den Regeln des realen bürgerlichen Verkehrslebens anzubequemen hatte. Im Gegenteil: niemand hat so scharf wie Kraus die Vermischung von Kunst und praktischem Leben, von Tatsachenwelt und Phantasie, wie sie der Feuilletonismus verkörperte, angegriffen und eine Dienstmagdfunktion der Kunst für das Alltagsleben abgelehnt: »Die Kunst, zum Troste gerufen, verläßt mit einem Fluch das Sterbezimmer der Menschheit.«[68] Der sittliche Wert der Kunst bestand für Kraus gerade nicht in der flach-pädagogischen Gebärde des erhobenen Zeigefingers, der auf eine laut explizierte moralische Norm hinwies. Sie wirkte vielmehr, indem sie die *Grundlage* jeder wahren Menschlichkeit: die Vorstellungskraft, die Phantasie, die Fähigkeit des inneren Miterlebens und -erleidens in einer unverzerrten Wahrnehmung der Natur und des Mitmenschen, zum Leben erweckte. Kunst war damit für Kraus der direkte Gegenspieler der Presse, die mit der phrasenhaften Zerstörung der Sprache die menschliche Vorstellungs- und damit auch die Mitleidensfähigkeit ruinierte (ein Zusammenhang, den Kraus bis in die »blutigen Delirien« des Ersten Weltkriegs und schließlich der Hitlerbarbarei mit großer Eindringlichkeit verfolgte). Die wirkliche Theaterkunst, und damit auch die der Operette, wirkte gerade durch die Befreiung der schöpferischen Phantasie aus den Zwängen des sozialen Lebens auf dessen moralische Grundlagen, nämlich auf die Empfindungs- und Vorstellungsfähigkeit der Menschen, zurück. Im Januar 1914 schrieb Kraus in dem Aufsatz *Das Denkmal eines Schauspielers* mit Blick auf die Vergangenheit »jener figürlichen Achtziger Jahre« des alten Burgtheaters:

Die Höherwertigkeit eines Zeitalters beweist sich aber nicht an dem höheren Niveau literarischer und sonst gewerblicher Fähigkeit . . . Sondern sie hat sich an der höheren Aufnahmsfähigkeit bewiesen und an der größeren Bewegtheit der Masse, und die Kultur des Theaters zeigt den Wärmegrad des Lebens an. Ist die Massenkunst schlechter, so ist die Masse schlechter geworden. [69]

In diesem Sinn verstand und vermittelte Kraus die Operettenkunst Offenbachs. Der Komponist Ernst Krenek, der geistig und künstlerisch dem Schönberg-Kreis nahestand, schrieb nach dem Besuch eines Offenbach-Abends von Kraus:

Hier macht sich ein ungewöhnlicher Bühnensinn geltend, und die schöpferische Phantasie des Vorlesers zaubert, nur mit der Stimme und ein paar Handbewegungen, ein vollkommen lebendiges theatralisches Bild hervor, so die rezeptive Phantasie des Zuhörers weckend, ohne sie durch die Zufälligkeit der Kulisse zu beirren. [70]

Diese Liebe zu einem Theater, das gerade durch die autonome Macht der Poesie moralisch wirkte, verband Kraus nicht nur mit Offenbach, sondern auch mit einer Hauptströmung im traditionellen österreichischen Theater. Mozarts und Schikaneders *Zauberflöte* ist das vielleicht berühmteste Beispiel des österreichischen »Zauberstücks«, einer Art Märchendrama, das zugleich pädagogische Funktionen hatte [71]. In dieser volkstümlichen Tradition war das österreichische Theater des 19. Jahrhunderts tief verwurzelt. Es war ein rein romantisches Theater, in dem die Phantasie unumschränkt herrschte, Gut und Böse stets klar definiert waren und im Kampf miteinander lagen. Es war so auch ein Instrument sozialer Kritik, das moralische Werte hochhielt. Im ersten Drittel des 19. Jahrhunderts beherrschte es die Wiener Theaterszene vor allem mit den Stücken Ferdinand Raimunds. Seine höchste künstlerische Form fand dieses Theater allerdings erst, als die Unmittelbarkeit seiner barocken Zauberform und seiner pädagogischen Lehrhaftigkeit parodistisch gebrochen wurde, um als echte satirische Sprachkunst in theatralischer Form neu zu erstehen: in den Werken Johann Nepomuk Nestroys.

Nestroy wäre vielleicht in Vergessenheit geraten, hätte Kraus sich nicht um eine Neubewertung seiner künstlerischen Bedeutung bemüht, deren Beginn mit einigem Recht auf den 2. Mai 1912 datiert werden darf, als Kraus die berühmte Rede *Nestroy und die Nachwelt* hielt[72]. Nestroy, dessen Stücke in der Zeit davor nur noch selten aufgeführt worden waren, war dem Wiener Publikum, das damals die wirkliche Tiefe seiner satirischen Kunst nicht mehr recht begriff, bestenfalls als Autor einer Art unterhaltsam-komischer Volksstücke bekannt, etwa im gleichen Sinn, in dem viele Leute selbst die vernichtendsten Satiren von Kraus in erster Linie »lustig« fanden.

Nestroy war sein eigener Dichter, Regisseur und Hauptdarsteller, von 1854 an auch Pächter und Direktor des Wiener Carl-Theaters. Die Stoffe nahezu aller seiner 83 Komödien, Possen und Volksstücke nahm er unbekümmert von anderen, häufig französischen, Autoren und transponierte sie in sein Milieu und vor allem in seine satirische Sprachwelt. Karl Kraus schreibt dazu:

Er nimmt fremde Stoffe. Wo aber ist der deutsche Lustspieldichter, der ihm die Kraft abgenommen hätte, aus drei Worten eine Figur zu machen und aus drei Sätzen ein Milieu? Er ist umso schöpferischer, wo er den fremden Stoff zum eigenen Werk erhebt . . . Nestroy bezieht den Stoff von dort, wo er kaum mehr als Stoff war, erfindet das Gefundene, und seine Leistung wäre auch dann noch erheblich, wenn sie nur im Neubau der Handlung und im Wirbel der nachgeschaffenen Situationen bestünde, also nur in der willkommenen Gelegenheit, die Welt zu unterhalten, und nicht auch im freiwilligen Zwang, die Welt zu betrachten.[73]

Hier ist die große schöpferische Leistung Nestroys angedeutet, die jenseits des stofflichen Werts seiner Stücke liegt: in einem erstaunlichen Gefühl für den Beziehungsreichtum und die Nuancen der gesprochenen Sprache, in der die menschliche Welt bis in ihre hintersten Winkel erkannt und ironisch ausgeleuchtet wird.

Nestroy ist der erste deutsche Satiriker, in dem sich die Sprache Gedanken macht über die Dinge. Er erlöst die Sprache vom Starrkrampf, und sie wirft ihm für jede Redensart einen Gedanken ab.[74]

Nestroy schrieb nicht das erhabene Drama des Burgtheaters, sondern Volksstücke: Zauberspiele, literarische Parodien, politische Satiren, Possen. Seine Sprache war nicht das Bühnendeutsch der Klassiker, sondern ein scharfsinnig-kunstvolles Gemisch aus Dialekt und entlarvenden Versatzstücken einer gespreizten Hochsprache. Die Sensibilität und Virtuosität, die er hierin entwickelte, machen sein Werk unübersetzbar, selbst heutige Deutsche können ihm nicht immer ohne Hilfe folgen. Der Literarhistoriker Franz H. Mautner, einer der besten Nestroy-Kenner der Gegenwart, schreibt hierzu:

Die eigenartigste Qualität des Komödienstils Nestroys ist seine kaum je aussetzende Sprachbewußtheit. Sie schließt die totale charakterologische Äußerungsform des Kommunikationsinhalts wie den aus dem spezifischen Redezusammenhang verfremdend herausgenommenen Bedeutungs- und Assoziationsreichtum jedes einzelnen Wortes, jeder einzelnen Wendung ein, mit den Stilsphären, denen diese Wörter und Wendungen angehören und – gelegentlich auch wichtig – ihre Klangform.[75]

Während des kurzen Erfolges der Revolution von 1848 schrieb Nestroy die bitterböse politische Satire *Die Freiheit in Krähwinkel* (uraufgeführt am 1. Juli 1848), in der er mit dem Metternichschen System abrechnet. Aber Nestroy war als echter Satiriker kein politischer Revolutionär. Als mit der Gegenrevolution die rabiate Zensur der k.k. Behörden wieder einsetzte, verschwand nicht nur *Die Freiheit in Krähwinkel* vom Spielplan. Nestroy selbst ging mit der politischen Posse *Lady und Schneider* auf deutliche Distanz zu allen revolutionären Bestrebungen, die damals im Sinne des *Kommunistischen Manifests* als »Gespenst« in Europa umgingen.

Dennoch blieb er, vor allem als Schauspieler auf der Bühne, aggressiv-polemisch. Er war und blieb, wie Mautner schreibt, »geistig ein Rebell«[76]. Zwar versteckte er als Dichter seinen Hohn auf die Gesellschaft oft in scheinbar harmlos-witzigen Dialogen, die er aber als Schauspieler mit einem Mienenspiel, einer Gebärde, zu ihrem eigentlichen Leben, ihrer bissig-satirischen Bedeutung zu erwecken wußte. Das brachte ihm ständige Konflikte mit der Zensur ein; bereits 1835 war er »wegen ehrenrührigen Extemporierens« zu einer Arreststrafe verurteilt worden. Für das Durchschnittspublikum war er ein volksverbundener Komödiant, für die habsburgische Zensur dagegen (wie übrigens auch für Richard Wagner und Friedrich Hebbel, den er freilich mit *Judith und Holofernes* vernichtend persifliert hat) ein gefährlicher Nihilist. Aber für einige Zeitgenossen und viele spätere Bewunderer, welche die ganze Tiefe seines Werks begriffen, war Nestroy (mit den Worten Egon Friedells) »der größte, ja einzige Philosoph«, den Wien hervorgebracht habe[77]. Kraus nannte ihn 1912 den »größten satirischen Philosophen, den die Deutschen je gehabt haben«[78], und Friedell charakterisierte ihn später als

... einen sokratischen Dialektiker und kantischen Analytiker, eine shakespearisch ringende Seele, die mit einer wahrhaft kosmischen Phantasie das Maßsystem aller menschlichen Dinge verzerrte, um dieses eben dadurch erst in ihren wahren Dimensionen aufleuchten zu lassen.[79]

Hier in Nestroys Stücken wird der Gehalt des Krausschen Satzes plastisch, daß die Sprache des Satirikers den sittlichen Charakter der Person, die er sie sprechen läßt, bloßlegt. Mautner nennt Nestroy einen »scharfsichtigen Psychologen, der die in seiner Umgebung geschaute Gemeinheit unverkleidet ans Licht zerrt und *selbst* ins Groteske steigert«[80]. Genau diese Aufgabe nahm Karl Kraus als seine eigene an.

Der Unterschied in ihren Methoden – nämlich die Tatsache, daß für Kraus die Schlacht vor allem auf dem Papier und im Vortragssaal, für Nestroy auf der Theaterbühne stattfand – bezeichnet eine Differenz der persönlichen Temperamente. Beide waren jedoch vollendete Künstler, die ihre Fähigkeiten in schärfste Waffen gegen den gesellschaftlichen Verfall der Werte verwandelten. Wenn persönliche Wahrhaftigkeit das Maß des Charakters ist, dann sind Schwindel und Unechtheit seine Hauptlaster, und Kraus fühlte sich als Erbe Nestroys, wenn er schrieb:

So einer mußte alle Würde und allen Wind der Zeit gegen sich haben. Er stieß oben an die Bildung an und unten an die Banali-

tät . . . und er hat im sozialen Punkt nie Farbe bekannt, immer nur
Persönlichkeit . . . Er war Denker, und konnte darum weder liberal
noch antiliberal denken . . . Denn er hat die Hinfälligkeit der Men-
schennatur so sicher vorgemerkt, daß sich auch die Nachwelt von
ihm beobachtet fühlen könnte . . . Je verzweifelter der Kampf,
desto stärker die Kunst. Der satirische Künstler steht am Ende einer
Entwicklung, die sich der Kunst versagt . . . Er organisiert die
Flucht des Geistes vor der Menschheit . . . In den fünfzig Jahren
nach seinem Tod hat der Geist Nestroys Dinge erlebt, die ihn zum
Weiterleben ermutigen. Er steht eingekeilt zwischen den Dickwän-
sten aller Berufe, hält Monologe und lacht metaphysisch.[81]

Der zentrale Gedanke, der Leben und Werk von Karl Kraus
zur Einheit macht, ist, nach einem Wort Paul Engelmanns,
die »schöpferische Separation«[82] der beiden Bereiche des
Tatsachenberichts und des künstlerischen Ausdrucks. Aus
dieser Trennung folgte, daß Kraus in seinen Polemiken nie
doktrinär war. Nur wer einen übertriebenen Glauben an die
Wirksamkeit sozialer und politischer Ideen hat, neigt zum
Doktrinären. Kraus hingegen griff durch jede Doktrin hindurch auf das Problem künstlerischer und menschlicher
Wahrhaftigkeit; das war die Basis seiner persönlichen Polemiken. Hinter den »Ideen« sind es die Menschen, welche sich
als moralisch oder unmoralisch erweisen. Daher richtete sich
etwa seine Kritik am literarischen Expressionismus gegen
jene Schriftsteller, die vor allem nach wirkungsvollen neuen
Effekten um des Erfolges willen suchten; sie zielte dagegen
nicht auf die wirklichen Dichter unter den Expressionisten,
wie Georg Trakl, Else Lasker-Schüler oder Frank Wedekind,
die Kraus so schätzte wie er von ihnen geschätzt wurde.
Menschen mit persönlicher Integrität, Künstler, die mit und
aus der Phantasie lebten, mochten jeder Richtung angehören,
denn sie hatten hierin keine Wahl vor ihrem Gewissen. Was
Kraus von sich selbst sagte, konnte von jedem echten
Schriftsteller gelten: »Ich beherrsche nur die Sprache der
andern. Die meinige macht mit mir, was sie will.«[83]
Das Paradigma des dichterischen Gegenteils zu diesem
programmatischen Bekenntnis, des Schriftstellers, der die
Sprache beherrscht, weil er sie zu manipulieren weiß, war für
Karl Kraus Heinrich Heine. Am Ende des berühmten, unter

seine meistumstrittenen Schriften zählenden Aufsatzes *Heine und die Folgen*, der 1910 als Broschüre erschien und 1911 mit einem Vorwort in der *Fackel* neu gedruckt wurde, schreibt Kraus über Heine:

Das Geheimnis der Geburt des alten Wortes war ihm fremd. Die Sprache war ihm zu Willen. Doch nie brachte sie ihn zu schweigender Ekstase. Nie zwang ihn ihre Gnade auf die Knie.[84]

Heine war der Geburtshelfer des französischen Feuilletonismus in der deutschen Sprache. Kraus hatte die zerstörerische Macht des Feuilletonismus mit allen Nerven erfahren. Er reagierte darauf, indem er für Heines »Folgen« diesen eher als Symbol denn als konkrete Ursache identifizierte und als Dichter verwarf. In dem 1911 geschriebenen Vorwort geht Kraus auf diesen komplizierten Zusammenhang ein:

Diese Schrift indes, so weit von dem Verdacht entfernt, gegen Heine ungerecht zu sein, wie von dem Anspruch, ihm gerecht zu werden, ist kein literarischer Essay. Sie erschöpft das Problem Heine nicht, aber mehr als dieses. Der törichteste Vorwurf: daß sie Heine als individuellen Täter für seine Folgen verantwortlich mache, kann sie nicht treffen. Die ihn zu schützen vorgeben, schützen sich selbst und zeigen die wahre Richtung des Angriffs . . . Nicht die Erfindung der Pest, nicht einmal ihre Einschleppung wurde getadelt, aber ein geistiger Zustand beschrieben, an dem die Ornamente eitern.[85]

Die »wahre Richtung des Angriffs« ist also der geistige Zustand einer vom Feuilletonismus dominierten Kulturöffentlichkeit, einer zum System erhobenen Vermischung von Tatsachenwelt und Kunst, von Literatur und Bericht. Heine war der Meister einer flinken, gewandten Sprache, die Generationen unfähiger Journalisten nach ihm eine Maskerade für die eigene Geistesarmut abgab. »Keinen Gedanken haben und ihn ausdrücken können – das macht den Journalismus«[86], schrieb Kraus in *Pro domo et mundo*, und diese leere Ausdrucksfähigkeit einer gedankenlosen Nachwelt hinterlassen zu haben, machte er Heine zum Vorwurf:

Heinrich Heine hat der deutschen Sprache so sehr das Mieder gelockert, daß heute alle Kommis an ihren Brüsten fingern können.[87]

Kraus verteidigte in seinem Angriff gegen Heine jene Sphäre des reinen, authentischen Kunstwerkes gegen den Einbruch des Journalismus, und er zielte auf den Schriftsteller, den er als Symbolfigur der Einbrecher zu erkennen glaubte. Werner Kraft hat Berechtigung und Problematik der Krausschen Position überzeugend festgehalten:

Niemand hat auf diese Lage so mit dem ganzen Nervensystem reagiert wie Karl Kraus. Daß er dabei Unrecht gegen Heine tat, ist weniger entscheidend, als daß er einem neuen Recht zustrebte, kraft dessen er einen Täter für die Folgen suchte, die rückgängig zu machen er mit der Leidenschaft seines Herzens und seines Kopfes als einen wichtigen Teil seiner Aufgabe erkannte. [88]

Heine und die Folgen ist bei aller Problematik, die es aufwerfen mag, der konsequente Ausdruck jener Krausschen »schöpferischen Separation«, die er zusammen mit Adolf Loos gegen die Vermischungstendenzen der Zeit verteidigte und die für Ludwig Wittgensteins Werk – auf dessen eigene Weise – so große Bedeutung erlangen sollte. In dem Aphorismenband *Nachts* steht:

Adolf Loos und ich, er wörtlich und ich sprachlich, haben nichts weiter getan als gezeigt, daß zwischen einer Urne und einem Nachttopf ein Unterschied ist und daß in diesem Unterschied erst die Kultur Spielraum hat. Die anderen aber, die Positiven, teilen sich in solche, die die Urne als Nachttopf, und die den Nachttopf als Urne gebrauchen. [89]

Diese Distinktion muß bei beiden, Kraus und Loos, ganz wörtlich genommen werden. Von Anfang an bestand für Kraus der ästhetische Gehalt eines literarischen Kunstwerks in dessen autonomer, keinem irgendwie gearteten Gebrauchswert unterworfener sprachlicher Echtheit und war gerade deshalb mit seinem moralischen Gehalt deckungsgleich. Erich Heller und Werner Kraft haben mit Recht darauf hingewiesen, daß der berühmte, oft als »dunkel« empfundene Satz 6.421 des *Tractatus*: »Ethik und Ästhetik sind eins« wie eine »vollkommene Formel für das künstlerische Credo von Karl Kraus« über dessen ganzem Lebenswerk stehen könnte [90]. Kraus diagnostizierte den Zustand einer zerfallenden Epoche und einer kranken Gesellschaft am Zustand ihrer zerfallenen, kranken Sprache. Er war der Schöpfer des entlarvenden literarischen Zitats: ohne Veränderung des zitierten Textes wußte er ihn mit einem untrüglichen Scharfblick so vorzuführen, daß der Leser ihn richtig las und zu sehen begann, »welche Wirklichkeit hinter Redensarten haust«[91]. Georg Christoph Lichtenberg, den Kraus hoch verehrte, hatte zwei Menschenalter früher den Satz geschrieben:

Er kann die Dinte nicht halten, und wenn es ihm ankommt, jemand zu besudeln, so besudelt er sich gemeiniglich am meisten.[92]

Kraus' Verdienst ist es, die Allgemeingültigkeit dieser Beobachtung in und an seiner eigenen Epoche bewiesen zu haben. Im Juli 1914 schrieb er in einer gegen den Herausgeber der *Neuen Freien Presse* gerichteten Satire (in der er übrigens als erster die Kunst der satirischen Fotomontage anwandte):

Ich habe Geräusche übernommen und sagte sie jenen, die nicht mehr hörten. Ich habe Gesichte empfangen, und zeigte sie jenen, die nicht mehr sahen. Mein Amt war, die Zeit in Anführungszeichen zu setzen, in Druck und Klammern sich verzerren zu lassen, wissend, daß ihr Unsäglichstes nur von ihr selbst gesagt werden konnte. Nicht auszusprechen, nachzusprechen, was ist. Nachzumachen, was scheint. Zu zitieren und zu photographieren. Und Phrase und Klischee als die Grundlagen eines Jahrhunderts zu erkennen.[93]

In seiner monumentalen satirischen Tragödie *Die letzten Tage der Menschheit* brachte Kraus diese Technik zu einer in der Unmittelbarkeit ihrer Demonstrationswirkung schaurigen Perfektion. Im Vorwort dazu heißt es:

Die unwahrscheinlichsten Gespräche, die hier geführt werden, sind wörtlich gesprochen worden; die grellsten Erfindungen sind Zitate. Sätze, deren Wahnwitz unverlierbar dem Ohr eingeschrieben ist, wachsen zur Lebensmusik. Das Dokument ist Figur. Berichte erstehen als Gestalten, Gestalten verenden als Leitartikel.[94]

Wie kein anderer Schriftsteller glaubte Kraus, daß sich an jeder Aussage eine unausgesprochene sittliche Dimension zeige, etwas, das auf eine Art »prästabilierter Harmonie« zwischen Sprache und Moral hinweise. Seine Kritik der Gesellschaft wurzelt so teils in seinem unbedingten, fast mystischen Sprachglauben, teils in der persönlichen Charakterstärke, mit der er sein Prinzip der schöpferischen Integrität aufrechterhielt: »Wenn ich von zwei Übeln das geringere wählen soll, wähle ich keines.«[95]

Dieser Satz wurde zum Leitmotiv für eine Anzahl bedeutender Wiener, denen Kraus zum geistigen Paradigma für ihr eigenes Schaffen innerhalb der verschiedensten gedanklichen und künstlerischen Sphären geworden war. Einigen von ihnen wollen wir uns daher im folgenden zuwenden.

IV
Kultur und Kritik:
Gesellschaftskritik und die Grenzen künstlerischen Ausdrucks

> Moderne Moral besteht darin, die Normen seines Zeitalters zu akzeptieren.
>
> Oscar Wilde

Es ist heute nicht ganz einfach, sich vorzustellen, wie eng miteinander verflochten die kulturellen Kreise in der habsburgischen Monarchie waren. Wir sind das Leben in einer Gesellschaft gewöhnt, die eine große Pluralität geistiger Entwicklungen und Richtungen und eine entsprechende Vielfalt kultureller Kristallisationspunkte aufweist. (Der Status, den Paris auch heute noch für das geistige Leben in Frankreich hat, ist vielleicht das letzte, der Rolle des habsburgischen Wien annähernd vergleichbare Phänomen.) So mag es überraschen zu erfahren, daß Anton Bruckner dem Physiker Ludwig Boltzmann Klavierstunden gab[1], daß Gustav Mahler wegen psychischer Probleme Sigmund Freud konsultierte[2], daß Josef Breuer der Arzt des Philosophen Franz Brentano war[3], daß Viktor Adler dieselbe Schule besuchte wie der letzte Habsburger Karl I. (wenn auch nicht zur gleichen Zeit[4]), und daß Adler, wie Schnitzler und Freud, Assistent in der Meynert-Klinik war[5]. Brahms, Billroth und Hanslick waren enge Freunde. Karl Kraus und Hugo von Hofmannsthal trafen sich im Frühjahr 1892 zur gemeinsamen Abiturfeier. Der erstere fiel im Januar 1893 als Schauspieler in einer Vorstadtschmiere durch, wo er mit Max Reinhardt gemeinsam auftrat; im Zuschauerraum saß Arthur Schnitzler[6]; Georg Trakl war im Frühjahr 1914 fast täglich mit Oskar Kokoschka in dessen Wiener Wohnung zusammen und verfolgte die Entstehung des Bildes *Die Windsbraut* (der Name stammt sogar von Trakl), während er selbst sein Gedicht *Die Nacht* schrieb[7]. Die Reihe ließe sich fortsetzen; kurz, sehr viele der kulturell profilierten Persönlichkeiten im späten habsburgischen Wien waren miteinander persönlich bekannt oder befreundet, auch wenn sie auf ganz unterschiedlichen Gebieten der Kunst, der Wissenschaft oder der Politik tätig waren.

Vor diesem Hintergrund muß die Tatsache gesehen werden, daß einige der bedeutenden geistigen und künstlerischen Entwicklungen dieser Zeit – von der Musik Arnold Schönbergs bis zur Architektur von Adolf Loos und sogar, auf seine eigene, besondere Weise, zum *Tractatus logico-philosophicus* Ludwig Wittgensteins – in deutlicher und bewußter Beziehung zur Sprach- und Gesellschaftskritik von Karl Kraus standen und sich in mancher Hinsicht als deren Erweiterung und Ergänzung begriffen. Jeder dieser Männer bekannte sich dazu, von Kraus beeinflußt zu sein, und bildete eine, dem Krausschen Echtheitsprinzip entsprechende geistige Integrität auf dem Gebiet seiner eigenen Schaffenskraft aus: Loos als Architekt, Schönberg als Komponist, Wittgenstein als Philosoph.

Im vorhergehenden Kapitel haben wir gesehen, daß Kraus seine und Loos' Aufgabe als analoge begriff, nämlich zu zeigen, daß die Frage des Unterschieds zwischen einem Nachttopf und einer Urne eine *geistige*, und deshalb auch *moralische* Angelegenheit ist. Damit ist in der Tat das zentrale Motiv des Loosschen Schaffens bezeichnet: die Unterscheidung von Gebrauchsgegenständen und Kunstwerken. So wie Kraus den feuilletonistischen »Einbruch zum Schmuck des Tatsachenlebens« in das Gebiet der schöpferischen Phantasie bekämpfte, focht Loos einen ähnlichen Kampf gegen jene »Kunst«, deren Selbstverständnis als »angewandte Kunst« eine aufwendige Ornamentierung aller möglichen Gebrauchsgegenstände des Alltags inspirierte. Loos stritt für das Verschwinden jeder bloß dekorativen Verzierung funktionaler Gegenstände: »Evolution der Kultur ist gleichbedeutend mit dem Entfernen des Ornaments aus dem Gebrauchsgegenstande.«[8] Er setzte diese Auffassung auf verschiedene Weise in die Tat um: bei Wohnungseinrichtungen, im Entwurf von Möbeln und anderen Gebrauchsgegenständen, vor allem aber als Architekt von Häusern mit klaren, sachlichen Fassaden ohne den damals geläufigen Verzierungsschmuck.

Das Schaffensbeispiel für den Architekten, so Loos, sollten der Handwerker und der Maurer sein, nicht der Bildhauer. Loos betonte oft, daß ». . . ein rechtes Bauwerk . . . im Bilde, auf die Fläche gebracht, keinen Eindruck«[9] zu machen brauche; Architektur habe – entsprechend ihrem Gebrauchszweck – »Raumkunst« zu sein. Arnold Schönberg, der in seinen eigenen künstlerischen Auffassungen tief von Loos beeinflußt war, beschrieb diesen raumplanerischen Zug der Loosschen Architektur: »Hier ist im Raum gedacht, erfunden, komponiert, gestaltet ohne jeden Behelf, ohne Hilfsebenen, Risse und Schnitte; unmittelbar, so als ob alle Körper durchsichtig wären; so wie das geistige Auge den Raum in allen seinen Teilen und gleichzeitig als Ganzes vor sich hat.«[10]

Loos stellte seine ästhetischen Theorien nicht in ein formgeschichtliches Vakuum. Wie zum Verständnis des Lebenswerks von Karl Kraus eine Vorstellung vom literarischen und journalistischen Hintergrund des damaligen Wien erforderlich ist, so bedarf es auch eines genaueren Blickes auf die Entwicklung der bildenden Künste und den Kanon des bürgerlichen Geschmacks am Ende des 19. Jahrhunderts, um die Bedeutung von Loos' Programm für Kunst und Architektur zu begreifen. Während der siebziger und achtziger Jahre war die dominierende Figur in der Malerei Hans Makart, dessen Bilder als »ungeheuere, akademische Schinken« und als »dekorative Gemälde von gewaltigen Dimensionen und leuchtenden Farben« beschrieben worden sind[11]. Makarts Kunst war meist überladen mit Zierat und bezog sich – oft aufdringlich allegorisch – auf mythologische und historische Sujets. Einer der bedeutenden Historiker der Doppelmonarchie kennzeichnet sie so: »Seine Zeichnungen waren mangelhaft, seine Ausführungen nachlässig, seine Materialien von minderer Qualität und er selbst erlaubte sich schreiende Anachronismen.«[12] Das ist freilich ein hartes, wohl zu hartes Urteil über Makarts Fähigkeiten. Festzuhalten ist aber, daß seine Bilder in ihrer geradezu hemmungslos ästhetisierenden Vermischung von Kunst und Leben ein genauer Ausdruck der damaligen Tendenz zur falschen Maskierung der Wirklichkeit waren und damit das gängige

Kunstbedürfnis mit einer suggestiven Perfektion befriedigen konnten. Ludwig Hevesi, einer der bedeutendsten Kritiker der Jahrhundertwende, hat (in einem Makart durchaus wohlgesonnenen Aufsatz vom 14. Juni 1900) diesen Sachverhalt festgehalten: »Er kostümierte das Kostüm. Er war stärker als die herrschende Lüge und belog sie. Er betrog den Trug.«[13] Makarts Einfluß überlebte seinen Tod im Jahre 1884 freilich kaum, gleichwohl ist sein enormer Erfolg ein deutliches Indiz für die Tendenzen des allgemeinen Geschmacks in der zweiten Hälfte des 19. Jahrhunderts. Die offizielle Kunstförderung seitens der Kaiserlichen Akademie war – als akademische Institution in einem konservativen Staat – der Entwicklung neuer künstlerischer Ausdrucksformen wenig dienlich.

So erscheint es ganz plausibel, daß ein kompromißloser formaler Naturalismus die Produkte der Akademie charakterisiert, ein Stil, der sich als einstmals innovativer längst überholt hatte. Der allgemeine Druck in Richtung auf einen freieren, weniger traditionsgeknechteten Stil wuchs, wenn auch vielleicht an der Oberfläche kaum wahrnehmbar. Unmittelbarer Anlaß für eine Entladung dieser sublimen Spannung war die Kunstpolitik, die das Ausstellungskomitee des *Künstlerhauses* betrieb und die 1897 zu einem organisierten Protest von 19 Künstlern unter der Leitung Gustav Klimts führte. Die Neunzehn verließen die Akademie und suchten sich ihren eigenen Ausstellungsort. Das war die Geburtsstunde der *Wiener Secession*.

Klimt und seine Anhänger schrieben die Insignien jener künstlerischen Revolution, die mehr als zwanzig Jahre vorher von den französischen Impressionisten begonnen worden war und die nun auch Österreich erreicht haben sollte, auf ihre Fahnen. Die Zeit der Nachahmung vergangener Formen der Malerei sei vorüber; das 20. Jahrhundert müsse seinen eigenen Stil finden. Das Motto der Secession war: »Der Zeit ihre Kunst, der Kunst ihre Freiheit«. Klimt war eher der *spiritus rector* der Bewegung, als daß er ihr normsetzender Dogmatiker hätte sein wollen oder können. Gerade der nichtdoktrinäre Kunstbegriff kennzeichnete die Freiheitssehnsucht der »neuen Kunst«, die den Geist des neuen

Jahrhunderts widerspiegeln sollte. Der Secessionsstil weist daher auch kaum durchgängige Formcharakteristika auf.

Als Bewegung war das Werk der Neunzehn um Klimt nicht ohne Beziehung zu der zeitlich parallelen Berliner Secession, die 1892 begonnen hatte, aber erst 1898 ihre erste eigene Ausstellung eröffnete und die als *Jugendstil* in die Kulturgeschichte eingegangen ist. Die Inspiration für die Bewegung in Deutschland, deutlich auch im Werk Klimts spürbar, war die *Art Nouveaux* Odilon Redons und Puvis de Chavannes, die ihrerseits unter starkem Einfluß der symbolistischen Dichter standen. Diese Maler und Poeten strebten nach der Entdeckung aller latenten Möglichkeiten in den Mitteln ihrer schöpferischen Gestaltung, verachteten und ignorierten die Borniertheiten des Publikumsgeschmacks und versuchten, die subtilen Nuancen ihrer künstlerischen Medien zu entwickeln. Dabei wurde grelle Deutlichkeit des Ausdrucks – wie sie Makarts Kunst aufwies – vermieden, man deutete an, suggerierte nur. Für einige, die eher dem Impressionismus zuneigten, hatte die Farbe Vorrang vor der Linie, bei anderen herrschte diese über jene, wie etwa bei Egon Schiele. Die Geschichte der neuen Bewegung ist die Geschichte der österreichischen Moderne, die von Klimt zum Expressionismus Kokoschkas nach dem Ersten Weltkrieg führt – ein Thema, dessen eingehende Behandlung den Rahmen unserer Untersuchung bei weitem sprengen würde. Ein genauerer Blick auf Klimts Werk ist allerdings der Mühe wert, denn an ihm läßt sich zugleich der Bruch mit der Tradition und der beginnende Übergang vom Nach-Impressionismus zum Expressionismus ablesen. Klimts Gemälde waren höchst subjektive, individuelle Schöpfungen, die bei Kollegen und Publikum sowohl Bewunderung als auch stürmischen Protest hervorriefen, aber nicht eigentlich schulenbildend wirkten. Die oft verschwenderische Verwendung von Gold und Silber gibt manchen seiner Werke etwas Ikonenhaftes, ein Eindruck, den die Einschränkung der gegenständlichen zugunsten einer abstrakten Ornamentierung noch verstärkt. Die künstlerische Einbildungskraft sollte alles Alltägliche verwandeln. Der ausgiebige Gebrauch des Ornaments zielte auf etwas, das Henry van de Velde »eine logische Struktur der Werke, kompromißlose Logik in der Anwendung des Materials« nannte[14]. Wenige unter den von der *Art Nouveaux* beeinflußten Künstlern wußten das Ornament mit der gleichen Meisterschaft zu verwenden wie Klimt. Bei manchen von ihnen mutet die phantastische Ornamentierung wie der Ausdruck einer fixen Idee an, wie der bloße Austausch der populären Dekoration gegen eine esoterische. Klimts Leistung lag vor allem in seinem herausragenden technischen Können und in der sublimen, aber starken Ausdruckskraft einer erotischen Sinnlichkeit. Er bewies auch dem breiteren Publikum, daß künstlerische Erneuerung nicht *ipso facto* eine Veränderung zum Schlechteren war und leistete zumindest damit einen wichtigen Beitrag zur ästhetischen Erziehung.

Klimt und die Secession waren, trotz fortdauernder Anfeindungen (etwa wegen der sogenannten »Fakultätsbilder«, die Klimt für die Universität Wien malte) in der Öffentlichkeit so erfolgreich, daß sie im Jahre 1900 – nur drei Jahre nach der Rebellion in der Akademie – als offizielle Vertreter österreichischer Kunst auf der Pariser Weltausstellung auftraten. Das ist ein Indiz für eine bemerkenswerte Fähigkeit, die die alte Monarchie offenbar besaß: ihre Kritiker gesellschaftlich zu integrieren und ihnen so die kritischen Zähne zu ziehen, solange diese nicht an den Lebensnerv der tradierten Grundwerte gelegt wurden. Vielleicht gab es aber auch eine Art Wahlverwandtschaft zwischen dem Glanz und Schimmer von Klimts Ornamentik und einem gesellschaftlichen Lebensgefühl, das sich an der Oberflächenpracht der habsburgischen Institutionen orientierte.

Die Architekten und Kunstgewerbler der Secession griffen Klimts ornamentalen Stil mit einem Enthusiasmus auf, der dem der späteren Dogmatiker eines funktionalen Purismus (zu denen Adolf Loos *nicht* gezählt werden darf[15]) in nichts nachsteht. Der profilierteste unter den Architekten der Secession war Otto Wagner, der ihr seit 1899 angehörte, nachdem er zuvor Professor für Architektur an der Akademie gewesen war[16]. In seinen Anfängen hatte Wagner Gebäude im Renaissancestil entworfen und hatte eine historistische Richtung in der Architektur vertreten. Er erkannte jedoch später, daß die sich wandelnde moderne Gesellschaft und die Kultur seiner Zeit die Grundlagen für den zeitgenössischen Baustil sein müßten. Seine 1896 erschienene Schrift *Moderne Architektur*, im wesentlichen ausgearbeitete Mitschriften seiner Vorträge an der Akademie, hatte prägenden Einfluß auf die Generation der damals jungen Wiener Architekten. (Eine 1897 erschienene anonyme Streitschrift gegen Wagner löste eine lang andauernde Kontroverse, den »Wiener Architekturtheorie-Streit« aus, der auch im Ausland aufmerksam verfolgt wurde[17].) Seine Bauten, mit ihren pastellfarbenen glatten Fassaden, betonten eher das rechtwinklige Formelement als die Rundung, und auch dort, wo diese verwendet wird – wie in seiner umstrittenen Untergrundbahn, Station am Karlsplatz –, dominiert noch immer das Rechteck. Jedenfalls reichten Wagners Ornamentierungen bei weitem nicht an die ausschweifende Esoterik Josef Maria Olbrichs heran, der das Secessionsgebäude mit dem riesigen »vergoldeten Krauthäuptel« auf dem Dach entwarf. Hier verdrängte in der Architektur wie in der Malerei eine bizarre Dekoration das konventionelle Ornament. Dasselbe galt *mutatis mutandis* für die kunstgewerblichen Erzeugnisse, die Kolo Moser, Josef Hoffmann und ihr Kreis in der 1903 gegründeten *Wiener Werkstätte* produzierten. Wie Klimts Werke in der Malerei, so sind auch die Arbeiten dieser Leute kulturgeschichtlich als der Übergang zu einem wirklich »modernen« Stil bedeutsam.

Egon Friedell beschreibt in seiner *Kulturgeschichte der Neuzeit* die typische Wohnkultur der Wiener Bourgeoisie um die Jahrhundertwende; auf dem Hintergrund dieses Bildes wird die stilistische Gegenbewegung der Secession mehr als plausibel. Der Bericht liest sich heute wie eine formgeschichtliche Gruselgroteske:

Das sind keine Wohnräume, sondern Leihhäuser und Antiquitätenläden. Zugleich zeigt sich eine intensive Vorliebe für alles Satinierte: Seide, Atlas und Glanzleder, Goldrahmen, Goldstuck und Goldschnitt, Schildpatt, Elfenbein und Perlmutter, und für laute beziehungslose Dekorationsstücke: vielteilige Rokokospiegel, vielfarbige venezianische Gläser, dickleibiges altdeutsches Schmuckgeschirr; auf dem Fußboden erschreckt ein Raubtierfell mit Rachen, im Vorzimmer ein lebensgroßer hölzerner Mohr. Ferner geht alles durcheinander: im Boudoir befindet sich eine Garnitur Boulemöbel, im Salon eine Empireeinrichtung, daneben ein Speisesaal im Cinquecentostil, in dessen Nachbarschaft ein gotisches Schlafzimmer. Dabei macht sich eine Bevorzugung aller Ornamentik und Polychromie geltend: je gewundener, verschnörkelter, arabesker die Formen, je gescheckter, greller, indianerhafter die Farben sind, desto beliebter sind sie. Hiermit im Zusammenhang steht ein auffallender Mangel an Sinn für Sachlichkeit, für Zweck; alles ist nur zur Parade da. Wir sehen mit Erstaunen, daß der bestgelegene, wohnlichste und luftigste Raum des Hauses, welcher »gute Stube« genannt wird, überhaupt keinen Wohnzweck hat, sondern nur zum Herzeigen für Fremde vorhanden ist.[18]

Die Leidenschaft für das Ornamentale wurde zur Erbauung am Unechten, und jedem kunstgewerblichen Erzeugnis wurde eine ganz individuelle »Erscheinung« und »Wirklichkeit« zugeschrieben:

Jeder verwendete Stoff will mehr vorstellen, als er ist. Es ist die Ära des allgemeinen und prinzipiellen Materialschwindels. Getünchtes Blech maskiert sich als Marmor, Papiermaché als Rosenholz, Gips als schimmernder Alabaster, Glas als köstlicher Onyx. ... das Buttermesser ist ein türkischer Dolch, der Aschenbecher ein preußischer Helm, der Schirmständer eine Ritterrüstung, das Thermometer eine Pistole.[19]

Keinesfalls sollte ein Gegenstand seinen Zweck durch seine Form verraten (falls er überhaupt eine Funktion hatte). Das Ornament entstellte so die praktischen Gegenstände, es wurde zum Selbstzweck. Nichts war vor dem dekorativen Zugriff sicher. Selbst Begräbnisse wurden gelegentlich zu extravaganten Paraden stilisiert. die »künstlerische« Infizierung des Handwerks und die daraus entstandene kunstgewerbliche Ästhetik versinnbildlichten plastisch die aufgeputzte Hohlheit des sozialen Lebens und der Politik in den letzten Tagen der Habsburgerherrschaft.

In einer Gesellschaft, für die »guter Geschmack« einen der höchsten Werte darstellte, war die radikale Herausforderung des populären und des akademischen Geschmacks geradezu ein Angriff auf die sozialen Fundamente. Dies war gleichwohl die Perspektive der 19 Secessionsmitglieder gewesen.

Allerdings mußten sie mit der Devise, die Kunst dem Leben näherzubringen, ihr Ziel einer Geschmacksrevolution verfehlen. Ihr Ästhetizismus assimilierte sich schließlich durchaus den stilistischen Rezeptionsmöglichkeiten dieses bürgerlichen Lebens, und sie bewirkten im wesentlichen nur eine Metamorphose der zeitgenössischen Ornamentlust. Deren neue Variante wechselte auf der Basis der fortbestehenden alten Krankheit sozusagen lediglich die Symptome aus. Wie die *Jung-Wiener* waren auch die Secessionsmitglieder dem Leben der bürgerlichen Gesellschaft noch genügend verhaftet, um selbst die Rebellion gegen sie nach deren Spielregeln zu veranstalten, also in diesem Sinne prinzipiell ungenügend und unwirksam zu bleiben. Es war Adolf Loos, der der Secession diesen Spiegel vorhielt und ihre grundsätzliche Unfähigkeit, selbst die eigenen Ideale zu verwirklichen, deutlich machte.

Die Reform von Kunst und Literatur schien eines Künstlers in der Rolle des alttestamentarischen Propheten zu bedürfen, und Loos wuchs tatsächlich in eine solche Position hinein. Georg Trakl (der Loos übrigens sein berühmtes Gedicht *Sebastian im Traum* gewidmet hat) schrieb 1912 in das Besucherbuch des hysterisch umstrittenen Loos-Gebäudes am Michaelerplatz im Pathos eines Bekenntnisses: »Antlitz des Geistes: Ernst und Schweigen des Steins, groß und gewaltig gestaltet.«[20] Loos erklärte allen Formen des Ornaments in der Architektur und im Handwerk den Krieg. 1908 entstand sein berühmter programmatischer Essay *Ornament und Verbrechen*, in dem er seine stilistischen Lehren sehr konzentriert zusammenfaßte. Das Verschwinden des Ornaments aus dem Gebrauchsgegenstand wird als evolutionär notwendiger Schritt der menschlichen Kulturentwicklung gedeutet. Da sich das einst »natürlich« und damit legitimerweise entstandene Ornament für die Gegenwart überlebt hat, ist seine kunstgewerbliche Beibehaltung eine sozial und ökonomisch unerträgliche Vergeudung von Arbeitskraft und -zeit. Vor allem aber erregte die Vermischung des Künstlerischen mit dem Nützlichen Loos' Zorn. Ornamentverlust bedeutet ihm Befreiung der Kunst:

Das Fehlen des Ornaments hat die übrigen Künste zu ungeahnter Höhe gebracht ... Ornamentlosigkeit ist ein Zeichen geistiger Kraft.[21]

Loos erklärt seine evolutionstheoretische Perspektive mit einem plastischen Bild:

Der Papua schlachtet seine Feinde ab und verzehrt sie. Er ist kein Verbrecher. Wenn aber der moderne Mensch jemanden abschlachtet, so ist er ein Verbrecher oder ein Degenerierter. Der Papua tätowiert seine Haut, sein Boot, sein Ruder, kurz alles, was ihm erreichbar ist. Er ist kein Verbrecher. Der moderne Mensch, der sich tätowiert, ist ein Verbrecher oder ein Degenerierter ... Man kann die Kultur eines Landes an dem Grade messen, in dem die Abortwände beschmiert sind.[22]

Loos behauptete, es bestehe eine innere Verbindung zwischen den antisozialen Tendenzen von Verbrechern und der Tatsache, daß viele von ihnen aufdringlich tätowiert seien; er faßte diesen Gedanken in polemisch-sarkastischer Übertreibung:

Die Tätowierten, die nicht in Haft sind, sind latente Verbrecher oder degenerierte Aristokraten. Wenn ein Tätowierter in Freiheit stirbt, so ist er eben einige Jahre bevor er einen Mord verübt hat, gestorben.[23]

Loos ging so weit, den politischen Verfall der Doppelmonarchie von der Errichtung einer staatlich geförderten Kunstgewerbeschule an zu datieren. Nur eine Gesellschaft, die der Maskerade der Gegenstände bedurfte, weil sie deren wirklichen Anblick nicht ertrug, konnte dermaßen in das Ornament verliebt sein. »Glücklich das Land, das solche (historischen) Nachzügler und Marodeure nicht hat. Glückliches Amerika! ... Wehe, wenn ein Volk in der kulturellen Entwicklung zurückbleibt. Die Engländer werden reicher und wir ärmer.«[24]

Der Architekt Le Corbusier erinnerte sich 1930 in der *Frankfurter Zeitung* der eminenten Wirkung von *Ornament und Verbrechen*: »Loos fegte unter unseren Füßen, es war eine homerische Säuberung – genau, philosophisch und logisch. Dadurch hat Loos unser architektonisches Schicksal maßgebend beeinflußt.«[25] Wie Karl Kraus war aber auch Loos keineswegs doktrinär. Er griff nicht die Form des Ornamentalen als solche an; sie war nicht nur akzeptabel, sondern sogar notwendig in der Kulturentwicklung anderer Zeiten und Völker, mit der sie »organisch zusammenhängt« und deren angemessener Ausdruck sie ist. Aber: »Das Ornament, das heute geschaffen wird, hat keinen Zusammenhang mit uns, hat überhaupt keine menschlichen Zusammenhänge.«[26] Loos' Ornamentkritik (und zwar sowohl am historistischen als auch am secessionistischen Stil) hatte einen primär sozialen und damit ethischen Hintergrund.

In seinem Bereich kämpfte Loos gegen die Vorstellung einer »angewandten Kunst« genauso, wie Kraus gegen das Feuilleton. Kraus hat diese gedankliche Parallele ausgesprochen: »Der Verschweinung des praktischen Lebens durch das Ornament, wie sie Adolf Loos nachgewiesen hat, entspricht jene Durchsetzung des Journalismus mit Geisteselementen, die zu einer katastrophalen Verwirrung führt. Die Phrase ist das Ornament des Geistes.«[27] Im Kunstgewerbe sah Loos eine Vermischung von Funktionalität und Phantasie, die für beide gleichermaßen destruktiv ist. Das Design von Gebrauchsgegenständen sollte nach Loos so funktional-vernünftig sein, daß zwei Handwerker, mit der gleichen Aufgabe betraut, sie auf formal identische Weise lösen müßten. Der Entwurf eines Gebrauchsgegenstandes sollte vom Kontext der Zeit und der geplanten Funktion, also von der Lebensweise, die einem bestimmten kulturellen Niveau angemessen ist, vollständig geprägt werden:

Ich behaupte, daß der Gebrauch die Form der Kultur ist, die Form, welche die Gegenstände macht ... Wir sitzen nicht auf diese oder jene Weise, weil ein Tischler einen Stuhl auf diese oder jene Weise gemacht hat, eher macht ein Tischler einen Stuhl, wie er ihn macht, weil jemand auf diese Weise sitzen möchte.[28]

Die Form der Gebrauchsgegenstände spiegelt so in einem präzisen Sinn Züge des gesellschaftlichen Lebens wider. Ihre Veränderung ist nur durch Änderungen in der gesellschaftlichen Lebensweise gerechtfertigt. Das ist der Sinn von Loos' Behauptung, er sei »gegen Revolutionen«, nämlich gegen solche Umwälzungen, die nicht organisch aus den Erfordernissen des sozialen Lebens hervorgingen.

Für Loos gab es kaum einen größeren Unterschied als den zwischen Kunstwerken und handwerklichen Produkten:

Das Kunstwerk ist ewig, das Werk des Handwerkers ist vergänglich. Die Wirkung des Kundstwerks ist geistig, die Wirkung des Gebrauchsgegenstandes materiell. Das Kunstwerk wird geistig konsumiert, unterliegt daher nicht der Zerstörung durch den Gebrauch, der Gebrauchsgegenstand wird materiell konsumiert und dadurch verbraucht . . . Der Gebrauchsgegenstand ist nur für die Zeitgenossen gearbeitet und hat nur diesen zu genügen – das Kunstwerk wirkt bis in die letzten Tage der Menschheit . . . Ich wollte damit auf den Zusammenhang zwischen innerer und äußerer Kultur hinweisen. Der Weg ist: Gott schuf den Künstler, der Künstler schafft die Zeit, die Zeit schafft den Handwerker, der Handwerker schafft den Knopf.[29]

Loos' Gesellschaftskritik erstreckte sich auf alle Angelegenheiten von Stil und Geschmack: von der Frisur über Kleidung und Tischmanieren bis zum Gebrauchsgegenstand und zur Architektur. In den beiden letzten Bereichen setzte er selbst seine Ideen in die Praxis um. Seine Vorstellung vom Bauen ist prägnant in der folgenden Stelle aus dem 1909 geschriebenen Aufsatz *Architektur* zusammengefaßt:

Das Haus hat allen zu gefallen. Zum Unterschiede vom Kunstwerk, das niemandem zu gefallen hat. Das Kunstwerk ist eine Privatangelegenheit des Künstlers. Das Haus ist es nicht. Das Kunstwerk wird in die Welt gesetzt, ohne daß ein Bedürfnis dafür vorhanden wäre. Das Haus deckt ein Bedürfnis. Das Kunstwerk ist niemandem verantwortlich, das Haus einem jeden: Das Kunstwerk will die Menschen aus ihrer Bequemlichkeit reißen. Das Haus hat der Bequemlichkeit zu dienen. Das Kunstwerk ist revolutionär, das Haus konservativ . . . *So hätte also das Haus nichts mit Kunst zu tun und wäre die Architektur nicht unter die Künste einzureihen? Es ist so.*[30]

Alle Gebäude, die Loos entwarf, sind Zeugen seines Glaubensbekenntnisses. Seine Identifizierung von Kultur und funktionaler Klarheit des Baustils hat nirgendwo deutlicheren praktischen Ausdruck gefunden als in dem Gebäude, das er auf dem Michaelerplatz gegenüber der Hofburg errichtete. Es ist ein völlig ornamentloses Gebäude, dem etwa auch schmückende Fensterumrahmungen fehlen, eine stilistische Vereinfachung, deren Vorkämpfer Loos war. Das Haus vermittel gleichwohl dem Betrachter die Ausstrahlung einer starken schöpferischen Kraft, eine Wirkung, die es wesentlich den wertvollen Materialien verdankt, aus denen die Fassade besteht. (Loos, dem »edle Materialien« ebenso sehr am Herzen lagen wie funktionale Klarheit, hatte vor dem Hausbau ausgedehnte Reisen nach Algerien, Marokko und Griechenland unternommen, um den passenden Marmor für Außen- und Innenausstattung zu finden[31].) Nach der Fertigstellung wurde das Haus zum Gegenstand lang dauernder heftiger Kontroversen, die auch im Gemeinderat ausgetragen wurden und in die auf Loos' Seite Karl Kraus in der *Fackel* eingriff. Kraus druckte auch ein Gedicht des jungen Paul Engelmann, das unter dem Titel *Das Haus auf dem Michaelerplatz* am 26. Februar 1911 in der *Fackel* erschien[32], und das Ludwig Wittgenstein Paul Engelmann gegenüber später erwähnte (übrigens mit einem negativen Urteil über den künstlerischen Wert des Gedichts)[33]. Jedenfalls schien Loos' Haus am Michaelerplatz für die Wiener bürgerliche Gesellschaft die Demonstration eines schmerzhaften Gegensatzes zu ihrem eigenen verdorbenen Dekorationsgeschmack darzustellen.

Die Gegenstände, die dem Menschen dienen sollten, hatten seinen stilistischen Sinn okkupiert und ihn damit geistig versklavt. Das Verhältnis der Erzeuger von Gebrauchsgegenständen zum Bedarf des sozialen Lebens war auf den Kopf gestellt worden: sie bestimmten, wie die Menschen zu leben hatten, durch ihre Bauweise und ihr Design, anstatt diese an den Bedürfnissen der modernen Lebensform zu orientieren. Mit seiner Polemik versuchte Loos, sowohl den Handwerkern als auch der Allgemeinheit diesen Sachverhalt bewußt zu machen, während seine Bauten die richtige Beziehung zwischen Stil und Leben praktisch demonstrieren sollten. In der Hoffnung, die Terrorherrschaft eines »Stils« zu brechen, der die Maximen von Kunst und praktischem Leben unentwirrbar ineinandermischte, zog er eine radikale Trennlinie zwischen beiden. Und in seinem Bemühen, die Kunst in ihrem eigenen Existenzraum zu schützen und sie damit in der richtigen Perspektive sichtbar zu machen, unterstützte er auch den damals heftig umstrittenen Maler Oskar

Kokoschka, der sich ihm seit 1908 als Freund und Schüler angeschlossen hatte:

Damals im richtigen Augenblick ist Loos . . . in mein Leben getreten wie ein Geisterkönig in einem Raimundschen Zauberstück . . . Er bestärkte mich, in meiner Absicht zu beharren, daß ich nicht Routine oder Theorien zu verfolgen hatte, sondern, daß ich mit meiner Malerei eine Basis finden sollte zum Verständnis meiner Rolle in der Umwelt, »Selbsterkenntnis«.[34]

Als Loos den jungen Kokoschka, der damals noch Schüler der Kunstgewerbeschule war, kennenlernte, hatte dieser bereits ein unabhängiges Genie in verschiedenen Formen künstlerischen Ausdrucks bewiesen. 1908 war von der *Wiener Werkstätte* das erste graphisch-dichterische »Gesamtkunstwerk« des damals 22jährigen herausgebracht worden, *Die träumenden Knaben.* Am 4. Juli 1909 wurde auf der Wiener Kunstschau Kokoschkas Dichtung *Mörder, Hoffnung der Frauen* uraufgeführt und provozierte einen der heftigsten Kunstskandale in der an solchen Begebenheiten nicht gerade armen Hauptstadt: »Ein Sturm, wie er damals auf der Freilichtbühne ausbrach, wiederholte sich nicht oft. Alles übertraf meine Erwartungen und Befürchtungen.«[35] Das Drama wurde später als Vorläufer des antigrammatikalischen Schauspiels des Expressionismus interpretiert. Kokoschkas schriftliches Werk umfaßt auch eine große Zahl von Gedichten, Erzählungen und Essays über Kunst und Politik.

Loos machte Kokoschka mit vielen seiner Freunde bekannt, unter ihnen Karl Kraus (den Kokoschka 1908 zum erstenmal porträtierte und zu dessen Essayband *Die chinesische Mauer* er 1913 acht Lithographien schuf, während Kraus seinerseits Kokoschka mit verschiedenen Veröffentlichungen in der *Fackel* gegen die Anfeindungen seitens der Wiener unterstützte), Peter Altenberg, Georg Trakl, das Historikerehepaar Hans und Erika Tietze, die Kokoschka verschiedene Male porträtierte, und wahrscheinlich auch Arnold Schönberg. Die meisten Bilder, die Kokoschka damals schuf, sind in dunklen Tönen gemalt, er selbst nannte sie seine »schwarzen Bilder«:

Meine frühen schwarzen Portraits entstanden in Wien vor dem Weltkrieg; die Menschen lebten in Sicherheit und hatten doch alle Angst, alle. Ich fühlte dies durch die gepflegt Lebensform, die noch aus dem Barock stammte, und malte die Menschen in ihrer Angst und Qual.[36]

Kokoschka sah in den Gesichtern vieler seiner Objekte das spirituelle Vakuum im Leben der Wiener Gesellschaft widergespiegelt, und er malte, was er sah. Anders als Klimt versuchte er dieses geistige Element nicht in einem ornamentalen Rahmen für seine Sujets zu erfassen, sondern im direkten, intensiven Ausdruck des einzelnen Gesichts, der Augen und der Hände. Loos hat diese Fähigkeit Kokoschkas, das geistige und charakterliche Wesen hinter dem Physischen zu sehen und darzustellen, mit dem Wort vom »Auge Gottes« gekennzeichnet[37]. Karl Kraus wies ebenfalls auf dieses Genie Kokoschkas hin, als er im Januar 1911 schrieb: »O. K. malt unähnlich. Man hat keines seiner Portraits erkannt aber sämtliche Originale.«[38] Fast ein Jahr zuvor hatte er bereits in ähnlichem Sinn geschrieben: »Kokoschka hat ein Portrait von mir gemacht. Schon möglich, daß mich die nicht erkennen werden, die mich kennen. Aber sicher werden mich die erkennen, die mich nicht kennen.«[39] Kokoschka bekannte sich zu dem Grundsatz, daß der Künstler nicht geräuschvoll erläutern soll, was er auszudrücken versucht, sondern daß das Kunstwerk sich selbst vermitteln, nämlich »zeigen« muß, was sich nicht sagen läßt. Loos und Kraus schätzten Kokoschka als großen Künstler, weil er unter der sichtbaren Oberfläche den tieferen und wahren Charakter des Dargestellten zu erfassen wußte. Auch dies bezeichnete einen moralischen Wert der Kunst wie des Künstlers selbst, und Loos schrieb 1931 im Katalog für eine Ausstellung Kokoschkas in Mannheim: »Zu meinem 60. Geburtstag schickt mir K. ein Schreiben, das wieder beweist, daß größte Künstlerschaft das größte Menschentum einschließt.«[40] Kokoschka schrieb über die beiden frühen Vorbilder seiner künstlerischen Entwicklung: »Für Kraus war die Sprache der geistige Raum eines Volkes; Loos sah den geistigen Raum darin, wie es ein Mensch unternimmt, sein Haus zu bauen.«[41]

Ein anderer großer Künstler, dessen schöpferische Anfänge Loos geistig und materiell ganz erheblich unterstützte, war Arnold Schönberg. Sein Lebenswerk bezeugte auf seine eigene Weise die von Kraus inspirierte Kunstauffassung und Kulturkritik, indem es sie auf ein weiteres schöpferisches Feld ausdehnte, das der Musik. Schönberg hat seine künstlerischen Ziele in Parallele zu denen von Kraus gesetzt, sogar in einer dramatischeren Form, als sie Kraus für die Analogie zwischen seiner eigenen und Loos' Kulturkritik gebrauchte: jene persönliche Widmung in dem Exemplar der Harmonielehre, das Schönberg an Kraus schickte, mit dem Bekenntnis, von diesem »vielleicht mehr gelernt (zu haben), als man lernen darf, wenn man noch selbständig bleiben will«, haben wir schon erwähnt[42]. Auch der Einfluß von Adolf Loos' Denken auf Schönbergs Musiktheorie ist bedeutend, seine genauere Untersuchung wird in der Schönberg-Forschung häufig als »Desiderat« bezeichnet[43]. Am Ende des ersten Kapitels der *Harmonielehre*, das den beziehungsreichen Titel trägt *Theorie oder Darstellungssystem*, schreibt Schönberg einen Satz über seine Absichten, der wie ein Motto über allem, was Loos geschaffen hat, stehen könnte und von diesem auch zweifellos inspiriert ist:

Wenn es mir gelingen sollte, einem Schüler das Handwerkliche unserer Kunst so restlos beizubringen, wie das ein Tischler immer kann, dann bin ich zufrieden. Und ich wäre stolz, wenn ich, ein bekanntes Wort variierend, sagen könnte: »Ich habe den Kompositionsschülern eine schlechte Ästhetik genommen, ihnen dafür aber eine gute Handwerkslehre gegeben.«[44]

Schönberg war wie Kokoschka ein vielseitiges Genie, dabei in praktisch allen wichtigen Bereichen seiner schöpferischen Kraft Autodidakt. Neben seiner Musik und den musiktheoretischen Schriften schuf er von etwa 1907 bis 1912 eine große Zahl von Gemälden, Aquarellen und Zeichnungen. Er stand als Maler der Münchener Expressionistengruppe des *Blauen Reiter*, vor allem deren Mitbegründer Wassili Kandinsky nahe. Sein Aufsatz *Das Verhältnis zum Text* wurde zuerst im Ausstellungskatalog des *Blauen Reiter*, zusammen mit zwei seiner Zeichnungen, veröffentlicht[45]. Seine Begabung als Maler, die innerhalb des *Blauen Reiter* freilich nicht unumstritten war, wurde vor allem von Kandinsky hoch geschätzt[46]. Der Einfluß, den Schönbergs harmonische Prinzipien auf die Maltheorien im *Blauen Reiter* ausübte, kann nach den Worten eines Schönberg-Biographen »kaum hoch genug veranschlagt werden«[47]. Der Sprachstil seines schriftlichen Werks, geschult an Schopenhauer, Nietzsche und vor allem an Karl Kraus, weist ihn ebenfalls als Künstler von bedeutender und eigenwilliger gestalterischer Kraft aus. Eine hohe Sensibilität für Vielfalt und Nuancenreichtum der Sprache verbindet sich mit einer sicheren ironischen und polemischen Kraft. Schönbergs Musik und seine Malerei gehören, wie Loos' Architektur und Kraus' Polemik, in den Horizont jener allgemeinen geistigen Haltung, die als kritische Antithese zur zeitgenössischen Kultur und Gesellschaft im Wien der Jahrhundertwende entstand und eines der geistigen Fundamente des 20. Jahrhunderts werden sollte. Da sich Schönbergs Weltruhm auf seine kompositorischen Leistungen gründet, wollen wir hier die grundsätzlichen Perspektiven, die er mit Kraus und Loos teilte, unter dem Aspekt seines musikalischen Werks untersuchen.

Schönberg fühlte deutlich die erstickende Wirkung, die das konventionell erstarrte Kulturleben des Wiener Bürgertums auf künstlerische Entwicklungen und Neuerungen in allen Gebieten ausübte. Konformität mit dem konservativen Geschmack, überfeinerte Instrumentierung, Betonung publikumswirksamer musikalischer Effekte waren die Kriterien, die kein erfolgsuchender Komponist ignorieren durfte. So müssen wir uns als Hintergrund zu Schönbergs Kompositionen und Musiktheorien den Wiener Musikgeschmack in der zweiten Hälfte des 19. Jahrhunderts und bis zum Ersten Weltkrieg genauer betrachten. Der wohl beste Führer zu diesem Thema sind die Aufsätze und Kritiken Eduard Hanslicks, des eigentlichen Begründers der modernen Musikkritik und Verfechters einer musikalischen Ästhetik als akademischer Disziplin.

Die musikalische Entwicklung und die Auseinandersetzung um sie waren in der zweiten Hälfte des vorigen Jahrhunderts gekennzeichnet von einem scharfen antithetischen Kontrast zwischen den Anhängern der Wagnerschen »Zu-

kunftsmusik« (und etwa auch der »Programmusik« Franz
Liszts) und den Enthusiasten der »reinen«, »absoluten« Mu-
sik, für die der Name Brahms Symbol und Kennzeichen war.
Einer der berühmtesten Wagnerianer war George Bernard
Shaw, der bedeutendste Propagator von Brahms war Eduard
Hanslick, ab 1861 Professor für Musik an der Universität
Wien. Der Gegenstand dieser polemischen Debatte war nicht
neu; bereits 1776 gab es in Paris eine durchaus analoge
Auseinandersetzung zwischen Piccinni und Gluck. Die strit-
tige Frage war, ob Musik nur sich selbst zu genügen habe –
das heißt (in einer berühmt gewordenen Formulierung Hanslicks), ihr Inhalt nichts anderes sei als »tönend bewegte
Formen« – oder ob es ihr wesentlich sei, Ideen oder Gefühle
auszudrücken – das heißt, etwas außerhalb ihrer selbst Lie-
gendes zu symbolisieren. Zu den Befürwortern der ersteren,
»absoluten« Ansicht gehörte der österreichische Dichter
Franz Grillparzer, zu denen der letzteren, »programmatischen«, Komponisten vom Rang eines Rameau[48]. Ob Hanslick ein aufklärerischer und tiefer Geist war, der einen bedeutenden Beitrag zu dieser Auseinandersetzung lieferte, oder
schlicht das Sprachrohr des musikalischen Establishments,
blind gegen jede Weiterentwicklung, ist in der Musikgeschichte eine noch offene Frage. Die Wahrheit liegt wohl
irgendwo in der Mitte. Hanslicks Ausgangspunkt war die
unbedingte, aber fragwürdige Frontstellung gegen die »Programmusik«; aber seiner eigenen Auffassung vom »absoluten« Charakter der Musik wußte er durch außergewöhnlich
tiefgründiges und gewissenhaftes Denken in seinen theoretischen und kritischen Schriften zu bedeutendem Einfluß zu
verhelfen[49]. Er besprach nie die Aufführung eines Werkes,
das er nicht vorher genau studiert und durchgespielt hatte.
Ein gewisser rigider, engstirniger Zug an ihm wird freilich
durch Sätze wie den folgenden dokumentiert, den Henry
Pleasant in seiner biographischen Einleitung zu einer Sammlung Hanslickscher Schriften zitiert:

Er gestand einmal, daß er lieber alle Werke von Heinrich Schütz
vernichtet sähe, als *Ein Deutsches Requiem* von Brahms, lieber die
gesamten Werke Palestrinas, als die Mendelssohns, lieber alle Kon-
zerte und Sonaten von Bach, als die Quartette Schumanns und

Brahms', und lieber alles von Gluck, als *Don Giovanni, Fidelio* oder *Der Freischütz.* »Ein schockierendes Bekenntnis«, fügte er hinzu, »aber ein ehrliches.«[50]

Hanslicks seltsame Mischung aus Scharfblick und Engstirnigkeit zog die Aufmerksamkeit von Freunden und Gegnern gleichermaßen auf sich. Die Wagnerianer winkten ihm gegenüber als einfach »einem weiteren Juden in der Musik« ab (obwohl Hanslick gar nicht jüdisch war; das war ein Märchen, welches wohl Wagner, der rassische Kategorien benutzte, um verschiedene Musiktypen zu charakterisieren, erfunden hatte). Vergessen wurde dabei allerdings, daß Hanslick selbst einer der ersten Bewunderer des *Tannhäuser* war, den er immer lobte. Derselbe Hanslick, den die Wagnerianer – ihrem Meister folgend (die Gestalt des Beckmesser in den *Meistersingern* ist Hanslick karikierend nachgezeichnet) – verspotteten, war jedenfalls in der Lage, das öffentlich anzuerkennen, was er als Wagners Leistung schätzte, während er ihre sklavische Lobhudelei verachtete:

Ich weiß sehr gut, daß Wagner der bedeutendste lebende Opernkomponist ist und der einzige in Deutschland, über den in einem geschichtlichen Sinne zu reden sich lohnt. Er ist seit Weber und Meyerbeer der einzige deutsche Komponist, den man in der Geschichte der dramatischen Musik nicht vernachlässigen kann. Selbst Mendelssohn und Schumann – von Rubenstein und den Neueren zu schweigen – könnten ignoriert werden, ohne daß dadurch ein Riß in der Geschichte der Oper entstünde. Aber zwischen dieser Anerkennung und der widerwärtigen Idolatrie, die im Zusammenhang mit Wagner entstanden ist und die er gefördert hat, gibt es eine unüberbrückbare Kluft.[51]

Wagner erregte Hanslicks Abneigung, weil er in dessen Augen sowohl persönlich als auch in musikalischen Angelegenheiten immer etwas von einem Zauberkünstler, um nicht zu sagen Taschenspieler, hatte, immer eher auf Wirkung als auf moralischen Ernst bedacht war. Der ihn umgebende Kult bezeugte dies. Verzierungen und Tonmalerei waren seine Stärke, aber seine Musik war in Hanslicks Ohren dennoch durchaus unnatürlich:

Das natürliche Verhältnis ist auf den Kopf gestellt. Das Orchester unten ist der Sänger, der Träger des leitenden Gedankens, die Sänger sind nur Ergänzung. [52]

(Die »leitenden Gedanken«, auf die hier Bezug genommen wird, sind natürlich Wagners »Leitmotive«, durch die er spezielle Ereignisse, Gegenstände und Personen in der Oper versinnbildlichen und kennzeichnen wollte.) So lief für Hanslick die schöpferische geistige Einheit, die Wagner im »Gesamtkunstwerk«-Konzept seiner »Musikdramen« suchte, auf einen Irrweg hinaus, und zwar sowohl für die Musik als auch für das Drama. Hanslick sah hier eher Musik der Vergangenheit – nämlich einen übertriebenen Romantizismus – verwirklicht als die »Musik der Zukunft«, und er konnte auch Bruckners, Richard Strauss' und Mahlers Begeisterung und Aufnahmebereitschaft für Wagners Musik nicht gutheißen. Hanslick hatte bereits 1854, in der ersten Ausgabe seiner Schrift *Vom Musikalisch-Schönen*, auf diese von ihm für eine Verirrung gehaltene Auffassung der Musik kritisch hingewiesen; das Buch erlebte zahlreiche Auflagen in deutscher, sowie Übersetzungen in englischer, italienischer, französischer und russischer Sprache. In dieser Abhandlung bezeichnet er die Musik als etwas, das genaugenommen keine Sprache des Gefühls zu sein habe, wie die Romantiker behaupteten, sondern eine Logik sich wandelnder Klänge, »tönend bewegter Formen«. Dieselbe Melodie könne ebensogut Freude ausdrücken wie Traurigkeit, Sublimes wie Lächerliches. Natürlich löse Musik im Hörer auch Emotionen aus, aber dies sei lediglich ein sekundäres Kennzeichen, das Musik mit jeder anderen Kunst gemeinsam habe:

Jedes wahre Kunstwerk wird sich in irgendeine Beziehung zu unserem Fühlen setzen, *keines* in eine ausschließliche. Man sagt also gar nichts für das ästhetische Prinzip der Musik Entscheidendes, wenn man sie nur ganz allgemein durch ihre Wirkung auf das Gefühl charakterisiert. [53]

Diejenigen, welche ihm in diesem Punkt mit dem Argument des »Programmatischen« widersprachen, verwiesen meist auf Gesangs- oder Opernstücke. Hanslick wußte klar zu replizieren:

In einer Vokalkomposition kann die Wirksamkeit der Töne nie so genau von jener der Worte, der Handlung, der Dekoration getrennt werden, daß die Rechnung der verschiedenen Künste sich streng sondern ließe.[54]

Nur Instrumentalmusik ist »reine« Musik. Daher:

Wenn irgendeine allgemeine Bestimmtheit der Musik untersucht wird, etwas so ihr Wesen und ihre Natur kennzeichnen, ihre Grenzen und Richtung feststellen soll, so kann nur von der Instrumentalmusik die Rede sein.[55]

Literarische Werke sind keine echten Gegenstände musikalischer Komposition; sie liefern dem Komponisten nur »Anregungen«. Was wäre aber dann der »Inhalt« einer Komposition? Hanslick antwortet, daß sie keinen anderen »Stoff« habe als »die musikalische Idee« selbst: »Das Thema oder die Themen . . . der wahre Stoff und Inhalt (Gegenstand) des ganzen Tongebildes.«[56] »Das befriedigend Vernünftige, das an und für sich in musikalischen Formbildungen liegen kann, beruht in gewissen primitiven Grundgesetzen, welche die Natur in die Organisation des Menschen und in die äußeren Lauterscheinungen gelegt hat.«[57] Die wichtigste Regel ist das »Urgesetz der harmonischen Progression«[58], durch welches die Themen entwickelt und transformiert werden. Es bildet die strukturelle Basis der Komposition. Der Komponist ist also auch eine Art Logiker: er operiert mit einer nur sich selbst verpflichteten Symbolik, die in keiner Metasprache adäquat ausdrückbar ist. Die Natur der Musik selbst muß jeden Wunsch eines *sprachlichen* Ausdrucks der Komposition fehlschlagen lassen:

All die phantasiereichen Schilderungen, Charakteristiken, Umschreibungen eines Tonwerks sind bildlich oder irrig. Was bei jeder anderen Kunst noch Beschreibung, ist bei der Tonkunst schon Metapher. Die Musik will nun einmal als Musik aufgefaßt sein, und kann nur aus sich selbst verstanden, in sich selbst genossen werden.[59]

Wenn einer wissen will, welches »Sujet« ein Musikstück hat, dann muß er einfach genau zuhören; was er sucht, ist nichts anderes als die harmonische Struktur der Melodien. Für die vielleicht »prästabilierte Harmonie«, die dem Hörer eine

Identifizierung der Themen mit bestimmten Gefühlen erlaubt, ist der Komponist nicht verantwortlich.

Es gehört zu den Merkwürdigkeiten in der Wiener Kulturgeschichte der letzten 100 Jahre, daß die revolutionären Umwälzungen Arnold Schönbergs in Theorie und Praxis der Komposition in manchen Punkten eine geradezu schlagende Ähnlichkeit mit den Auffassungen des konservativen Kritikers Hanslick aufweisen. (Freilich wußte Schönberg sehr gut um das bis zur Unbrauchbarkeit Grobe solcher Kategorisierungen wie »fortschrittlich« und »konservativ«; einer seiner Aufsätze in *Stil und Gedanke* heißt bezeichnenderweise *Brahms der Fortschrittliche*.) Ein Vergleich ihrer beiden Haltungen zu Wagner kann uns hier helfen, ihre Auffassungen von Musiktheorie gegeneinander abzuheben und sowohl Hanslicks Platz in der Geschichte der Musikkritik genauer wahrzunehmen, als auch Schönbergs eigene, neue Ansichten zu verdeutlichen. Schönberg war wie Hanslick mit den Werken Wagners vertraut und schätzte dessen Fähigkeiten hoch. Freilich blieb seine anfängliche Verehrung für Wagner nicht ohne zeitweilige Irritation. In seinem Aufsatz *Mahler* schreibt Schönberg: »Es gab in meiner Entwicklung eine Weile, in der ich Wagner, den ich vorher zu den Höchsten gezählt hatte, durchaus ablehnend, ja feindselig gegenüberstand.«[60] Jedenfalls drückt sich seine zunächst ungebrochene Bewunderung für Wagner in Anklängen an dessen Musik aus, die in Schönbergs Frühwerk – vor allem in *Erwartung* (der Vertonung eines Gedichts von Richard Dehmel), in *Verklärte Nacht* (einem Streichsextett, dem ein Gedicht ebenfalls von Richard Dehmel, *Weib und Welt* zugrundeliegt) und in den *Gurreliedern* – unüberhörbar sind. Aber er glich Hanslick auch darin, daß er jede Komposition, die auf Effekte außerhalb der Musik zielte, verachtete. Hanslick und Schönberg hatten gleichermaßen für Wagners rassistisch-mythologisierenden Romantizismus und für den persönlichen Kult, mit dem er sich umgab, keinerlei Sympathie. Hingegen übersah Schönberg nicht, daß Wagner vor allem durch seine Konzeption des »Leitmotivs« einen bedeutenden Beitrag zur Entwicklung der »kompositorischen Logik«, die Hanslick für das Wesentliche in der Musik hielt, geleistet hatte: »Ich glaube, daß

Richard Wagner, als er – zu dem gleichen Zweck wie ich meine Grundreihe – sein *Leitmotiv* einführte, gesagt haben mag: Es werde Einheit.«[61] (Hanslick dagegen hatte das »Leitmotiv« als ein überflüssiges Beiwerk abgelehnt, das nur wegen seines gelegentlichen Reizes als Unterbrechung der Monotonie des Gesangsvortrags bemerkenswert sei.) »In der Musik«, schrieb Schönberg, »gibt es keine Form ohne Logik und keine Logik ohne Einheit.«[62] Er hielt den von Wagner zuerst unternommenen Versuch, die Teile einer Oper innerhalb der Gesamtpartitur zu einer Einheit, unabhängig von der Bühnenhandlung, zusammenzufassen, für ein großes Verdienst in der Musikgeschichte. Mozart und andere bedeutende Opernkomponisten hatten dies unbewußt getan, aber Wagner war der erste, der ein entsprechendes Kompositionsprinzip zu formulieren versuchte. Daß Hanslick nicht in der Lage war, dies zu erkennen, zeigte nur, daß er die ganze Reichweite der von ihm selbst vertretenen Ideen nicht überblickte. Schönberg sah seine eigene Aufgabe als das Durchbrechen »aller Schranken einer vergangenen Ästhetik«, wie er es selbst in einer programmatischen Erklärung vor der Uraufführung seiner George-Lieder im Januar 1910 formulierte[63]. Er ging an diese Aufgabe mit einem konstruktiven Scharfsinn und zugleich einer Phantasie, wie sie etwa in De Morgans und Booles radikaler Kritik der aristotelischen Logik gefunden werden können, in jener »Durchbrechung aller Schranken einer vergangenen Logik«. Tatsächlich läßt sich eine erstaunliche Analogie der geistigen Haltung zwischen Russells und Whiteheads *Principia Mathematica* und bereits Schönbergs Harmonielehre, erst recht seiner späteren Zwölftonkonzeption, erkennen: es sind umfassende Explikationen neuer Logiken. 1932 schrieb Schönberg in einem Brief:

Ich glaube nämlich, daß aus dieser Komponierkunst nur dann sinngemäß Vorteil gezogen werden kann, wenn sie sich stützt auf Kenntnisse und Erkenntnisse, die aus der musikalischen Logik hervorgehen; und das ist auch der Grund, warum ich meine Schüler nicht in »Zwölftonkomposition« unterrichte, sondern in »Komposition«, aber im Sinn der musikalischen Logik: weiteres könnte sich dann eventuell von selbst ergeben.[64]

Wo war diese musikalische Logik zu finden? Bach, Mozart

und Beethoven waren ihre bedeutendsten Meister, Brahms und Wagner besaßen gleichfalls ein unbewußtes Verständnis dafür, genau wie Schubert, Mahler und sogar Max Reger. Sie alle wußten um das Wesen und die Ausdrucksmöglichkeit musikalischer Ideen oder – mit Schönbergs Terminus – »musikalischer Gedanken«.

Schönbergs Lehrmethode der strengen Strukturanalyse musikalischer »Gedanken« enttäuschte manche seiner Schüler, die in erster Linie zu ihm kamen, um die *Technik* der Komposition mit »Zwölfton-Reihen« zu lernen. Aber Schönberg bestand unnachgiebig darauf, daß der einzige Weg zu selbständiger Kompositionskunst über das Studium der älteren Meister führe: in seinem Aufsatz *Probleme des Kunstunterrichts* heißt es:

Der Glaube an die alleinseligmachende Technik müßte unterdrückt, das Bestreben nach Wahrhaftigkeit gefördert werden ... Nicht wie, sondern, daß man sich mit den Problemen auseinanderzusetzen hat, müßte der Schüler entnehmen.[65]

Und an anderer Stelle:

Die Wissenschaft ist bestrebt, ihre Gedanken erschöpfend und so darzustellen, daß keine Frage unbeantwortet bleibt. Die Kunst dagegen begnügt sich mit einer vielseitigen Darstellung, aus welcher der Gedanke sich unzweideutig emporhebt, ohne daß er jedoch direkt ausgesprochen sein muß. Es bleibt hiedurch ein Fenster offen, durch welches – vom Standpunkt des Wissens – das Ahnen Einlaß erlangt.

Im Kontrapunkt handelt es sich keineswegs so sehr um die Kombination an sich (d. h. sie ist nicht Selbstzweck), sondern um eine solche vielseitige Darstellung des Gedankens. Das Thema ist so beschaffen, daß es alle diese vielen Gestalten schon in sich birgt, durch welche die vielseitige Darstellung des Gedankens ermöglicht wird.[66]

Es mag paradox erscheinen, aber für Schönberg eröffnet gerade das Festhalten an bestimmten Grundregeln der Komposition die Möglichkeiten künstlerischer Freiheit. Er wollte seine Schüler lehren, ihre eigene, einem individuellen inneren »Ausdrucksbedürfnis« entspringende, künstlerische Form zu finden, und nicht, welche Form sie zu verwenden hätten. Die musikalische »Sprache« gewährte jedem die Chance seines *eigenen* Ausdrucks. Die Zwölfton-Reihe war so für Schönberg ein Organisationsprinzip, kein ästhetisch-technischer Imperativ: »Der Schüler lernt nicht *sich* ausdrücken, wenn er die Technik der Vorbilder nachahmt«, hieß es schon 1911 in der *Harmonielehre,* und weiter:

Eigentlich ist der wirkliche Künstler überhaupt nicht zu unterrichten. Zeigt man ihm, »wie er's machen muß« und beruft sich darauf, daß andere es auch so gemacht haben, so mag das Kunstunterricht sein, aber nicht Unterrichtung des Künstlers. Die Fähigkeit, sich auszudrücken, hängt gewiß nicht ab von der Art und Anzahl der zur Verfügung gestellten Kunstmittel. [67]

Nach der Periode der sogenannten »Atonalität« (ein Ausdruck, den Schönberg selbst für irreführend und unangemessen hielt) bedeutete die Entwicklung der Zwölfton-Methode für Schönberg seit den frühen zwanziger Jahren eine erneute stärkere Betonung struktureller Bindungen seines Komponierens. Die Reihen-Technik war für ihn auch ein Weg der Klärung und damit der Vereinfachung einer anarchisch komplex gewordenen Musik:

Form in der Kunst, und besonders in der Musik, trachtet in erster Linie nach Faßlichkeit . . . Die Komposition mit zwölf Tönen hat kein anderes Ziel als Faßlichkeit . . . die Überzeugung, daß diese neuen Klänge den Gesetzen der Natur, den Gesetzen unserer Denkweise gehorchen, die Überzeugung, daß Ordnung, Logik, Faßlichkeit und Form ohne Befolgung dieser Gesetze nicht vorhanden sein können –, treibt den Komponisten auf Entdeckungsreise. [68]

Trotz dieser Betonung der »logischen« Disziplin des Komponisten, wehrte sich Schönberg gegen den Vorwurf, er betreibe eine tote, abstrakte und damit kunstferne Musiktechnologie. Sein Begriff des großen Künstlers war und blieb inspiriert von den Genievorstellungen des 19. Jahrhunderts. Große Kunst war für ihn gerade eine Synthese von denkerischer, logischer Disziplin und genialer, subjektiver Inspiration. Diese Ansicht hat er in seinem Essay *Herz und Hirn in der Musik* dargelegt:

Es ist nicht das Herz allein, das alles Schöne, Gefühlvolle, Pathetische, Zärtliche und Bezaubernde schafft; ebensowenig ist es allein das Hirn, das das gut Konstruierte, das klar Organisierte, das Logische und das Komplizierte hervorzubringen vermag. Erstens muß alles, was in der Kunst von höchstem Wert ist, sowohl Gefühl als auch Verstand zeigen. Zweitens ist es für das wirklich schöpferische Genie nicht schwierig, seine Gefühle mit dem Verstand zu kontrollieren; auch darf der Verstand, während er sich auf Richtigkeit und Logik konzentriert, nicht nur Trockenes und Reizloses hervorbringen.[69]

Schönberg wehrte sich also gleichermaßen gegen eine rein subjektiv-emotionale Deutung des künstlerischen Schaffens, die er für sentimental hielt, wie gegen dessen ausschließlich ingenieurhafte Kalkülisierung: Logik *und* schöpferisches Ingenium zusammen sind erst der Ursprung der Kunst. Dadurch unterschied er sich wesentlich von Joseph Matthias Hauer, jenem exzentrischen Wiener Komponisten, der zwischen 1912 und 1919 – also deutlich vor Schönberg – eine Technik der Zwölftonkomposition entwickelte, die nahezu ausschließlich das abstrakte, konstruktivistische Operieren innerhalb eines durchrationalisierten geschlossenen Systems betonte[70]. Schönberg wehrte sich gegen die Verwechslung mit Hauers musikalischer Ingenieurkunst. »Meine Werke sind Zwölfton-*Kompositionen*, nicht *Zwölfton*-Kompositionen: hier verwechselt man mich wieder mit Hauer, dem die Komposition erst in zweiter Linie wichtig ist.«[71] Andererseits durfte die Wichtigkeit der kompositorischen Logik, die komplexe Tonwerke strukturierte und dadurch vereinfachte (mit Schönbergs Worten: »faßlich machte«), keinesfalls übersehen werden. Der Komponist mußte begreifen, ». . . daß die Reihe als melodisches Element im musikalischen Einfall a priori enthalten ist«[72].

So hatte die Revolution, die Schönberg nicht nur in der Musiktheorie, sondern auch in der Komposition einleitete, eine Wurzel in Prinzipien, die mit denen in Hanslicks Abhandlung *Vom Musikalisch-Schönen* deutliche Ähnlichkeit aufweisen. Doch genauso, wie in der Retrospektive die Entwicklungslogik plausibel wird, mit der in der Malerei ein Klimt vor einem Kokoschka, in der Architektur ein Otto Wagner vor einem Loos erscheinen mußte, gibt es auch in der Musikentwicklung im Wien der Jahrhundertwende eine Übergangsstufe von der traditionellen Musik zur »revolutionären« eines Arnold Schönberg: sie ist personalisiert in der überragenden Figur Gustav Mahlers. Schönberg hat seine hohe Verehrung für Werk und Person Mahlers auf dem Widmungsblatt der ersten Auflage seiner *Harmonielehre* bekenntnishaft formuliert:

Dem Andenken Gustav Mahlers ist dieses Buch geweiht. – Die Widmung wollte ihm eine kleine Freude bereiten, als er noch lebte. Und seinem Werk, seinen unsterblichen Kompositionen wollte es die Verehrung ausdrücken und bezeugen, daß, woran die gebildeten Musiker mit überlegenem Achselzucken, ja mit Verachtung vorübergehen, daß dieses Werk von einem, der vielleicht auch etwas versteht, angebetet wird. – Gustav Mahler hat auf größere Freuden verzichten müssen, als die gewesen wäre, die die Widmung ihm bereiten wollte. Dieser Märtyrer, dieser Heilige mußte gehen, ehe er sein Werk auch nur so weit gefördert hatte, daß er es ruhig seinen Freunden überlassen konnte. Ich hätte mich damit begnügt, ihm eine Freude zu bereiten. Aber heute, wo er tot ist, wünsche ich, daß mein Buch mir Achtung einbringe, damit niemand mehr daran vorübergehen könne, wenn ich sage: »Das ist ein Ganz-Großer gewesen!«[73]

Im selben Jahr 1897, als Schönberg seine ersten Lieder zu komponieren begann, wurde Mahler zunächst Kapellmeister, dann, im Oktober, Direktor der Wiener Hofoper. Er wurde rasch mit allem, was es an »Neuem, Fortschrittlichem« in der Musik gab, identifiziert, ein Ruf, der beim größten Teil des Wiener Publikums alles andere als eine Empfehlung bedeutete. »Seine Direktion brach über das Operntheater wie eine Elementarkatastrophe herein . . . Was da alt, überlebt oder nicht ganz lebensfähig war, mußte abfallen oder ging rettungslos unter«[74], schrieb damals ein Cellist des Opernorchesters, und die Publikums- und Pressekampagnen gegen Mahler dauerten trotz seiner rauschenden Erfolge als Dirigent (vor allem in den Jahren 1905 und 1906) bis zu seinem Wegzug von Wien nach New York im Dezember 1907 an. Die nahezu unüberwindlichen Widerstände des Publikums gegen alle zeitgenössische Musik bewogen Mahler, sein ganzes Können zunächst vor allem an die Aufführungen klassischer Werke – in erster Linie Richard Wagners, aber auch Mozarts – zu wenden, und seine überragenden Leistungen als Operndirektor und Dirigent sind, nach einem Wort

Schönbergs, »selbst von den dümmsten Gegnern anerkannt worden«[75]. Als Komponist dagegen wurde er, der sich erst 1899 mit eigenen Werken vor das Wiener Publikum wagte, nahezu ebenso radikal abgelehnt wie Schönberg, obwohl ihm sogar Eduard Hanslick nach der Aufführung seiner *Lieder eines fahrenden Gesellen* außerordentliche Feinheit und meisterliche Technik« attestierte[76]. Auf den ersten Blick erscheinen Mahlers gewaltige symphonische Werke, die oft ein großes Orchester, Chor und Solisten erfordern, wie ein vollkommener Gegensatz zu Schönbergs eigenem reifen Schaffen. Aber Schönberg, der zunächst Mahlers Musik nicht sonderlich geschätzt hatte, war später tief beeindruckt von der künstlerischen Wahrhaftigkeit und authentischen Deutlichkeit des Ausdrucks, die alle Werke Mahlers erfüllten:

Daß es keine Nachahmungen dieser Symphonien gibt, . . . daß diese Musik unnachahmlich scheint, wie alles, das nur einer kann, das ist ein Beweis dafür, daß Mahler das Größte gekonnt hat, was ein Künstler können kann: sich ausdrücken: Daß er nur *sich* ausgedrückt hat . . ., daß er nur das ausgedrückt hat, was unabhängig von Stil und Schnörkel, ihn, ihn allein darstellt . . .[77]

Diese gewaltigen romantischen Symphonien und Lieder-Zyklen, mit ihrem Wechsel von Heiterkeit und Verzweiflung, waren der vollkommen authentische Ausdruck ihres Schöpfers, eines genialen, stärksten seelischen Impulsen ausgesetzten Romantikers, den – nach einem Wort Bruno Walters – »Gunst und Ungunst der Stunde regierten«[78], und der inmitten heftiger gesellschaftlicher Turbulenzen einsam war – »als Böhme unter den Österreichern, als Österreicher unter den Deutschen und als Jude in der ganzen Welt«[79]. Jeder Tag im Leben Mahlers bedeutete einen Kampf zwischen Ekstasen der schöpferischen Heiterkeit und der Verzweiflung, und schon der Neunzehnjährige hatte geschrieben: »Die höchste Glut der freudigsten Lebenskraft und die verzehrendste Todessehnsucht: beide thronen abwechselnd in meinem Herzen; ja oft wechseln sie mit der Stunde.«[80] Mahler, der in Literatur, Wissenschaft und Philosophie gleichermaßen belesen war, suchte überall Antworten auf die letzten Fragen des Lebens. Bruno Walter erinnert sich der folgenden Sätze:

Auf welchem dunklen Untergrunde ruht doch unser Leben. Von wo kommen wir? Wohin führt unser Weg? Habe ich wirklich, wie Schopenhauer meint, dies Leben gewollt, bevor ich noch gezeugt war? Warum glaube ich, frei zu sein und bin doch in meinen Charakter gezwängt wie in ein Gefängnis? Was ist der Zweck der Mühe und des Leids? Wie verstehe ich die Grausamkeit und Bosheit in der Schöpfung eines gütigen Gottes? Wird der Sinn des Lebens durch den Tod endlich enthüllt werden?[81]

Er suchte Antworten auf diese Fragen in allen Sphären des geistigen Lebens – in der Musik Mozarts, Bruckners und vor allem Wagners; in der Dichtung, wo er besonders Hölderlin und Jean Paul liebte, von dessen Einfluß schon die Benennung der ersten Symphonie – nach dem *Titan* – zeugt; in der Wissenschaft und in der Philosophie Kants und Schopenhauers. Seine Musik war Ausdruck einer sinnlichen und emphatischen Welterfahrung, dessen authentische Wahrhaftigkeit sein Schaffen, wie Schönberg hervorgehoben hat, einzig und unnachahmlich machte.

Mahlers musikalisches Vermächtnis an Schönberg lag in der Erkenntnis des Vorrangs solcher »Wahrhaftigkeit« vor den »Konventionen« des Gefälligen; man komponierte nicht, um Wohlklang zu produzieren, sondern um einem Ausdruckszwang der schöpferischen Persönlichkeit zu genügen. »Ich glaube«, sagt Schönberg, »Kunst kommt nicht von können, sondern vom Müssen.«[82] Aber der Weg des Komponisten zum eigenen Schaffen führe nur über eine *selbstgewählte*, strenge geistige Disziplin, die sich mit dem Genius einer schöpferischen Phantasie vereinigen müsse:

Musik ist nicht bloß eine andere Art von Unterhaltung, sondern die Darstellung musikalischer Gedanken eines Musik-Dichters, eines Musik-Denkers; diese musikalischen Gedanken müssen den Gesetzen der menschlichen Logik entsprechen.[83]

Als eine der Wurzeln von Schönbergs Musiktheorien wird hier die Kraussche Konzeption der künstlerischen Phantasie erkennbar. Auch Alban Bergs, Kolischs und Steuermanns Kommentar zu Kraus' Fähigkeit, als Nichtmusiker Offenbachs musikalische Gedanken durch die Kraft seiner geistigen Verwandtschaft mit Offenbach auszudrücken, wird an dieser Stelle deutlicher. Die Phantasie bringt die Themen, die musikalischen Gedanken, hervor; musikalische Logik und Harmonielehre schaffen die Regeln ihrer Entwicklung. Beide Elemente sind für wirkliche Musik unentbehrlich. Phantasie ist Quelle und Ursprung des Schöpferischen, geistige Disziplin ist die Essenz der künstlerischen Darstellungsform. »Stil«, sagt Schönberg, »ist die Eigenschaft eines Werkes und beruht auf natürlichen Bedingungen, die den ausdrücken, der ihn hervorbrachte.«[84]

Seine Grundkonzeption des musikalischen Schaffens erläutert Schönberg in seinem Aufsatz *Neue Musik, veraltete Musik, Stil und Gedanke*. Darin (wie auch in unserer Darstellung Schönbergs) ist nicht die Rede vom »schönen Klang« selbst. Schönberg hielt, anders als Hanslick, die Frage, wie eine Komposition *klingt*, für vollkommen zweitrangig, ja geradezu für unwichtig. Fraglosen Vorrang hatte für ihn die Wahrhaftigkeit des musikalischen Gedankens und dessen Artikulation nach den Regeln der kompositorischen Logik. (Aus diesem Grund konnte er etwa einen ihm so unähnlichen Komponisten wie George Gershwin schätzen.) Schönberg pflegte seine sogenannte »atonale« Musik gegen den Vorwurf ihrer klanglichen Häßlichkeit mit dem Hinweis zu verteidigen, er habe die Dissonanz »emanzipiert« und gezeigt, daß sie sich von der Konsonanz nicht durch eine geringere Schönheit, sondern nur durch einen »geringeren Grad an *Faßlichkeit*« unterscheide[85]. Schönberg erinnerte auch daran, daß die musikalischen Ignoranten fast alle klassischen Wiener Komponisten mit ähnlichen Vorwürfen wegen der »dissonanten Häßlichkeit« ihrer Werke angegriffen hatten. Aber wann hätten Haydn, Mozart oder Beethoven sich je am Bedürfnis ungebildeter Ohren nach »angenehmen Klängen« orientiert?

Denn musikalisch-sein heißt ein Ohr haben im Sinn der Musik, nicht im Sinn der Natur. Ein musikalisches Ohr muß die temperierte Scala assimiliert haben. Und ein Sänger, der natürliche Tonhöhen angibt, ist unmusikalisch, so wie jemand unsittlich sein kann, der sich auf der Straße »natürlich« benimmt.[86]

In dieser Perspektive sind Schönbergs Kompositionen auch als Angriffe auf die Pseudokultiviertheit des bürgerlichen Ästhetizismus zu begreifen. Aus seinem musikalischen Werk

148

läßt sich somit eine gedankliche Linie entwickeln, die in Parallele mit Adolf Loos' Architektur auf eine Kritik der Gesellschaft hinausläuft. Das ist der negative Aspekt seiner musikalischen Revolution, die wir jetzt in ihrem ganzen geistigen Ausmaß übersehen können: als einen weiteren Versuch »schöpferischer Separation«, nämlich des musikalischen Gedankens selbst (und seines »musiklogischen« Ausdrucks) von allen ästhetischen Formen dramatischer und poetischer Ornamentik. »Das Schöne« in der Musik ist für Schönberg ein Nebenprodukt künstlerischer Authentizität, eine Funktion des Suchens nach Wahrhaftigkeit:

Die Schönheit gibt es erst von dem Moment an, in dem die Unproduktiven sie zu vermissen beginnen. Früher existiert sie nicht, denn der Künstler hat sie nicht notwendig. Ihm genügt die Wahrhaftigkeit. . . . Dem Künstler genügt die Sehnsucht, aber die Mediokren wollen die Schönheit besitzen. Dennoch gibt sich dem Künstler die Schönheit, ohne daß er sie gewollt hat, denn er hat ja nur die Wahrhaftigkeit angestrebt. [87]

Schönbergs Lebenswerk illustriert, wie das von Kraus und Loos, die zwingenden Zusammenhänge einer Kritik der zeitgenössischen Wiener Künstlichkeit, des gesellschaftlichen Ästhetizismus, mit einer Kritik der Formen künstlerischen Ausdrucks. Die 1950, also 14 Jahre nach Kraus' und 17 Jahre nach Loos' Tod in Amerika erschienene Essay-Sammlung *Style and Idea* nennt in der Widmung neben fünf Musikern als »geistige Verwandte« nur zwei Nicht-Musiker: Adolf Loos und Karl Kraus. Dann heißt es weiter:

Sie gehören zu jenen, mit denen man die Prinzipien der Musik, der Kunst, der künstlerischen und bürgerlichen Moral nicht zu erörtern brauchte. Es bestand ein stilles und klares gegenseitiges Einverständnis in all diesen Dingen. Außer daß jeder von uns ständig daran arbeitete, jene Prinzipien zu vertiefen und strenger zu fassen und sie bis ins letzte zu verfeinern. [88]

Freilich waren Karl Kraus und die ihm geistig Verbundenen nicht die einzigen, die die drängender werdenden Probleme von Kommunikation, Darstellung, Sprache, Moral und Wahrhaftigkeit empfanden. Diese Tatsache findet ihren deutlichsten Ausdruck in der Person und im Schaffen Hugo von

Hofmannsthals. Im Juni 1890 erschien in einem Wiener Unterhaltungsblatt unter dem Pseudonym »Loris Melikow« das Gedicht *Frage* eines bis dahin Unbekannten; 1891 wurden Hermann Bahr und Arthur Schnitzler auf die Gedichte des jungen Loris aufmerksam, und beide zeigten sich tief beeindruckt. Eine vollkommene Beherrschung der lyrischen Form verband sich mit großer Sensibilität im Erfassen und im Ausdruck eines diffus gegenwärtigen Zeitgefühls. Kaum glaublich erschien die Tatsache, daß diese Gebilde hohen dichterischen Niveaus Schöpfungen eines siebzehnjährigen Gymnasiasten waren. Schnitzler schrieb am 29. März 1891 in seine Tagebuch: »Bedeutendes Talent, ein 17jähriger Junge, Loris, (v. Hofmannsthal). Wissen, Klarheit und wie es scheint, auch echte Künstlerschaft, es ist unerhört in dem Alter.«[89] Der kosmopolitische, großbürgerliche Familienhintergrund des jungen Hofmannsthal war in gewissem Sinn Voraussetzung und prägendes Merkmal seines frühreifen dichterischen Genies. Er stammte aus einem ursprünglich bürgerlichen jüdischen Haus; sein Urgroßvater Isaak Löw Hofmann wurde 1835 als »Edler von Hofmannsthal« in den Adelsstand erhoben. Sein Großvater, der mit einer Italienerin verheiratet war, konvertierte zum katholischen Glauben. Die geistige Welt des jungen Hugo von Hofmannsthal hatte einen außergewöhnlich weiten Horizont. Im Alter von zehn Jahren trat er nach gründlicher Vorbereitung durch Hauslehrer ins Wiener Akademische Gymnasium ein; als Zwölfjähriger hatte er bereits Goethe, Schiller, Kleist und Grillparzer gelesen, als Fünfzehnjähriger Homer, Dante, Voltaire, Shakespeare und Byron in den jeweiligen Originaltexten[90]. Der Vater, ein wohlhabender Bankier, förderte die geistigen Neigungen des Sohnes und ließ ihm eine damals ungewöhnliche Freiheit in der Wahl und Ausbildung seiner künstlerischen und musischen Interessen. Hofmannsthal kannte den typischen Konflikt zwischen dem geschäftlich erfolgreichen Vater und dem künstlerisch veranlagten Sohn nicht, er fühlte nie das Bedürfnis zur Rebellion. Die Atmosphäre des Elternhauses wirkte wie Treibhausluft auf die frühen Keime seiner geistigen Kraft.

Die Ästheten der europäischen Décadence waren um die

Jahrhundertwende einem Prinzip vom Wesen der Kunst als einer Schöpfung des Schönen allein durch die Form verpflichtet. Von Oscar Wilde stammt der pointierte, wortspielerische Satz: »Die erste Pflicht im Leben ist es, so künstlich wie möglich zu sein. Was die zweite Pflicht ist, hat bisher noch niemand entdeckt.« Der Ästhetizismus sah einen schlechthin gültigen Gegensatz zwischen der »schönen« Kunst und dem »häßlichen« Leben. Eine solche schroffe Antithese war bereits für den jungen Hofmannsthal nicht mehr denkbar. 1893 schrieb der Neunzehnjährige das dramatische Gedicht *Der Tor und der Tod*, worin dem Ästheten Claudio (der autobiographische Züge des Dichters trägt) im Angesicht des Todes das an die Schönheit, an Wildes »Künstlichkeit« verlorene Leben schmerzlich bewußt wird: »Ich hab mich so an Künstliches verloren, / daß ich die Sonne sah aus toten Augen / und nichts mehr hörte als durch tote Ohren.«[91]

Hofmannsthals gesamte Dichtung ist gekennzeichnet von der Suche nach einem Einklang des künstlerischen Selbst mit dem Leben, des Individuums mit der Welt. In den *Aufzeichnungen aus dem Nachlaß* kreisen die Gedanken durch die verschiedensten Schaffensperioden des Dichters hindurch immer wieder um dieses Problem. Dessen nahezu unlösbare Schwierigkeit und zugleich seine Bedeutung für Hofmannsthal sind beispielhaft festgehalten in einer traumähnlichen Vision, die in den Aufzeichnungen des Jahres 1895 steht:

Ich sehe zwei Epochen, wie durch offene Säulengänge in einen Garten und jenseits wieder in einen ganz fremden: eine Epoche, wo ich Angst habe, durch das Leben den großen kosmischen Ahnen entrissen zu werden, die zweite, wo mir davor grauen wird, für kosmisches Schweben das dunkle heiße Leben zu verlassen.[92]

Auch auf den jungen Hofmannsthal wirkten die Theorien des Philosophen Ernst Mach. ». . . die Welt besteht nur aus unseren Empfindungen«, hatte Mach behauptet, »wir wissen dann aber *nur* von den Empfindungen . . .«[93] In der Machschen Erkenntnistheorie konnte Hofmannsthal philosophischen Ausdruck und eine gewisse Bestätigung seiner dichterischen Erfahrungen finden. Die Empfindungen waren die Stelle, an der »Außen« und »Innen«, die Welt und das künst-

lerische Ich zusammentrafen und der Einklang beider herzustellen war. Dichtung ist die Aufzeichnung und Gestaltung
dieser »Empfindungen«, die als »Bilder« in den Dichter in
stärkerem Maße einströmen, als in andere Menschen:

Er (der Dichter) . . . ist nichts als Auge und Ohr und nimmt seine
Farbe von den Dingen, auf denen er ruht. Er ist der Zuseher, nein,
der versteckte Genosse, der lautlose Bruder aller Dinge, . . . er
kennt nur Erscheinungen, die vor ihm auftauchen und an denen er
leidet und leidend sich beglückt. [94]

In den *Aufzeichnungen* des Jahres 1894 heißt es bereits: »Ich
bin ein Dichter, weil ich bildlich erlebe.« [95] Hofmannsthal,
der weder Philosophie noch Naturwissenschaft studiert
hatte, hielt Machs Lehren dennoch für so wichtig, daß er
1897 dessen Vorlesungen in der Universität besuchte. Wenn
Mach recht hatte, dann mußte die Dichtung einen Erkennt-
niswert für die Menschen besitzen, der über die Möglichkeiten der Wissenschaft hinausreichte:

Wonach ihre (der Menschen) Sehnsucht geht, das sind die verknüp-
fenden Gefühle; die Weltgefühle, die Gedankengefühle sind es,
gerade jene, welche auf ewig die wahre Wissenschaft sich versagen
muß, gerade jene, die allein der Dichter gibt. [96]

Hofmannsthals frühe Arbeiten, vor allem die Todes-Trilogie
der Stücke *Der Tod des Tizian, Der Tor und der Tod* und
Alkestis, aber auch Gedichte wie das berühmte *Manche freilich
müssen drunten sterben*, spiegeln seine intensive Beschäftigung
mit dem Todesthema wider. In *Der Tor und der Tod* distanziert
er sich zum erstenmal deutlich vom ästhetizistischen Credo
der literarischen Décadence, das in *Der Tod des Tizian* noch
eine wichtige und positiv bewertete Rolle spielte. Erst der
Tod wird für den Ästheten Claudio Instanz der Erkenntnis
eines an die Lebensferne, an die Künstlichkeit verschenkten,
eines in Wahrheit ungelebten Lebens. In einer Tagebuchnotiz
vom 4. 1. 1894 hält Hofmannsthal diese Funktion des Todes:
die Augen für das wirkliche Leben zu öffnen, wenn es zu spät
ist, und dadurch zum Richter über das scheinhafte »ästhetische« Leben zu werden, unter der Überschrift »Der Tor und
der Tod« noch einmal fest:

Worin liegt eigentlich die Heilung? Daß der Tod das erste wahrhaftige Ding ist, das ihm (dem Ästheten) begegnet, das erste Ding, dessen tiefe Wahrhaftigkeit er zu fassen imstande ist. Ein Ende aller Lügen, Relativitäten und Gaukelspiele. [97]

Sein Nachdenken über den Tod führt Hofmannsthal zur Verwerfung des Ästhetizismus, dessen Suggestivwirkung in den allerersten Gedichten noch deutlich spürbar ist, hin zum Begriff eines »Lebens«, das jenseits der Schranken dichterischer Sprache liegt, zum – wie er ebenfalls am 4. 1. 1894 notiert – »unsäglich Wundervollen des Lebens«. Die früheste Lyrik Hofmannsthals kannte dieses Problem noch nicht. Auf dem Niveau einer sprachlichen Schönheit, die sie hoch über die meisten Werke der Zeitgenossen erhebt, schien sie ungehemmt aus einer unerschöpflichen Quelle zu fließen. *Der Tor und der Tod* ist das erste Anzeichen für eine Krise dieser unbewußten dichterischen Schöpferkraft in jener Phase der »Präexistenz«, als welche Hofmannsthal in seinen Aufzeichnungen *Ad me ipsum* immer wieder sein frühestes Ästhetentum vor seinem Eintritt ins wirkliche »Leben«, ins »Soziale«, kennzeichnet. In den Zusammenhang dieser gedanklichen Krise gehört auch seine 1895 erschienene Erzählung *Das Märchen der 672. Nacht*, in der die bewußtlose Hingabe an das »schöne Leben« als Schuld des Ästheten denunziert wird. Hofmannsthal hat diese Krise als persönliche offenbar in ihrer ganzen existentiellen Bedrohlichkeit erlebt. Noch 1927 schreibt er in *Ad me ipsum* über sein Jugendwerk:

Ich staune, wie man es hat ein Zeugnis des *l'art pour l'art* nennen können – Wie man hat den Bekenntnischarakter, das furchtbar Autobiographische daran übersehen können – Gefahr, daß das Ego die Liebe verlerne; ästhetisch gesprochen, daß die Form erstarre (Pigenot) – Ich verließ jede Form, bevor sie erstarrte. [98]

Hofmannsthal gab die literarische Erklärung für dieses »Verlassen« der »reinen« poetischen Form, die im Begriff war zu erstarren, erst 1902: im Oktober dieses Jahres erschien in der Berliner Zeitschrift *Der Tag* sein berühmter Essay *Ein Brief*, ein fiktives Schreiben des Lord Chandos an Francis Bacon, den späteren Lord Verulam, von Hofmannsthal datiert auf den 22. August 1603. Lord Chandos, der unverkennbare

Züge des jungen Hofmannsthal trägt, schreibt: »Mein Fall ist, in Kürze, dieser: Es ist mir völlig die Fähigkeit abhanden gekommen, über irgend etwas zusammenhängend zu denken oder zu sprechen.«[99] Die seltene lyrische Gabe des Sechzehn- und Siebzehnjährigen schien mit dem Wachsen seines Bewußtseins abzunehmen, als ob der schärfer werdende Blick auf sich selbst, auf das eigene Leben, die Quelle seiner unbewußten dichterischen Schaffenskraft zum Vertrocknen brächte. Der Freund und Förderer Hermann Bahr hatte, scherzhaft und doch ernst gemeint, davon gesprochen, daß der junge Hofmannsthal zur »schönsten Gestalt der Weltliteratur« geworden wäre, wäre er nur mit zwanzig Jahren gestorben. Jetzt, 1902, schreibt Hofmannsthal-Chandos:

Ich fühle ein entzückendes, schlechthin unendliches Widerspiel in mir und um mich, und es gibt unter den gegeneinanderspielenden Materien keine, in die ich nicht hinüberzufließen vermöchte. Es ist mir dann, als bestünde mein Körper aus lauter Chiffren, die mir alles aufschließen. Oder als könnten wir in ein neues, ahnungsvolles Verhältnis zum Dasein treten, wenn wir anfingen, mit dem Herzen zu denken. Fällt aber diese sonderbare Bezauberung von mir ab, so weiß ich nichts darüber auszusagen; ich könnte dann ebensowenig in vernünftigen Worten darstellen, worin diese mich und die ganze Welt durchwebende Harmonie bestanden und wie sie sich mir fühlbar gemacht habe, als ich ein Genaueres über die inneren Bewegungen meiner Eingeweide oder die Stauungen meines Blutes anzugeben vermöchte.[100]

Hofmannsthal identifiziert sein Problem hier unzweideutig als Sprachproblem. Sein Erleben, sein Wahrnehmen der Welt in ihren Formen und ihrer Bedeutung ist das gleiche wie immer. Aber es läßt sich nicht mehr ungebrochen in Worte fassen.

Gerhard Masur schreibt, daß »sein (Hofmannsthals) früherer Glaube an die Erlösung der Welt durch das Medium des dichterischen Wortes – also sein eigenes Medium – zerstört worden war; und ohne den Glauben an sein Werkzeug ging es über seine Kraft, schöpferisch zu sein«[101]. Dieser Satz bedarf freilich einer sorgfältigen Interpretation. Hofmannsthal glaubte keineswegs, am Ende seiner künstlerischen Möglichkeiten zu sein, buchstäblich nichts Dichterisches mehr sagen zu können. Briefe an Freunde und andere Zeugnisse der Jahre 1900-1903 belegen im Gegenteil, daß er während dieser Zeit eine Vielzahl künstlerischer Pläne in sich trug und an ihnen arbeitete. An den Dichter Rudolf Alexander Schröder schrieb er im Frühjahr 1903: »Was mein Schweigen betrifft, so habe ich in keinem Jahr meines Lebens so angespannt, so wirklich gearbeitet.«[102] Die Sprachkrise, die der Chandos-Brief quasi abschließend und rückschauend dokumentiert, bezog sich auf den fraglosen mystischen Wortglauben des jungen Lyrikers Hofmannsthal. Der Brief ist ein Schlußstrich unter die frühen Verlockungen des Ästhetizismus: der Glaube, im lyrischen Wort die mystische Vereinigung des Poeten mit der ganzen Welt vollziehen zu können, war einem klareren Blick auf diese Welt, auf das, was bei Hofmannsthal »das Soziale« heißt, gewichen. Die ästhetizistische Beschwörung der Schönheit führte nicht zur Welt, sondern trennte von ihr. Das Medium des lyrischen Wortes als der Beschwörungsformel einer ewigen prästabilierten Harmonie zwischen Individuum und Welt war aus der Bewußtlosigkeit der jugendlichen Schöpferkraft in den schärferen Blick des Erwachsenen geraten und hatte sich als unbrauchbar für den Weg des Dichters ins Leben erwiesen. Es mußte ein neues Medium, ein anderer sprachlicher Ausdruck gefunden werden, der aus der lyrischen »Präexistenz« zur »Existenz« im sozialen Leben führen konnte. In einem Brief an den Dichter Anton Wildgans hat Hofmannsthal im Jahre 1921 diese Deutung des Chandos-Briefes und die Problematik der neuen dichterischen Aufgabe bestätigt:

Es ist das Problem, das mich oft gequält und beängstigt hat (schon im »Tor und Tod«, am stärksten in dem »Brief des Lord Chandos«, den Sie vielleicht kennen,) – wie kommt das einsame Individuum dazu, sich durch die Sprache mit der Gesellschaft zu verknüpfen, ob es will oder nicht, rettungslos mit ihr verknüpft zu sein? – Und weiterhin: wie kann der Sprechende noch handeln – da ja ein Sprechen schon Erkenntnis, also Aufhebung des Handelns ist – mein persönlicher, mich nicht loslassender Aspekt der ewigen Antinomie von Sprechen und Tun, Erkennen und Leben . . .[103]

Das Medium der Sprache als der Verbindung des einzelnen mit seiner Umwelt war problematisch geworden: die Lyrik wurde als ungeeignet für diese Funktion verworfen und damit das Credo des Ästhetizismus zurückgewiesen. (Nicht von ungefähr trägt der Adressat des »Briefes«, Francis Bacon, deutliche Züge des Dichters Stefan George, der vor der Jahrhundertwende mit einer imperialen Suggestivkraft den jungen Hofmannsthal auf das lyrisch-ästhetische Glaubensbekenntnis Georges und seines Kreises verpflichten wollte.) »Wahre Sprachliebe«, heißt es jetzt bei Hofmannsthal im *Buch der Freunde,* »ist nicht möglich ohne Sprachverleugnung.«[104] Die falsche, bloß »ästhetische« Sprachliebe, deren unmittelbarer Ausdruck die Lyrik der Jugendzeit war, muß verleugnet, die wahre, ins Leben führende Sprachliebe gerettet werden. Das neue dichterische Medium, das diese Rettung gewährleisten sollte, sah Hofmannsthal im Schauspiel und vor allem in der Oper. Diese Wendung weg von der Lyrik und hin zum »Sozialen«, zur großen Publikumswirkung, inspirierte seine 1906 beginnende Zusammenarbeit mit dem Komponisten Richard Strauss, aus der zunächst die Vertonung der *Elektra,* später die Opern *Der Rosenkavalier, Die Frau ohne Schatten, Arabella* und andere entstanden. 1903 war Hofmannsthal zum erstenmal Max Reinhardt begegnet, mit dem eine lang dauernde dramatische Zusammenarbeit begann, die zu Hofmannsthals Wiederentdeckung des spanischen Barocktheaters, vor allem Calderóns, führte und in den großen Aufführungen der Salzburger Festspiele kulminierte.

Die Wurzel der Sprachkrise bei Hofmannsthal-Chandos war, so läßt sich nun sagen, die Hinwendung des Dichters zur gesellschaftlichen Aufgabe der Kunst, die damit eine moralische Dimension erhält, welche dem Ästheten fremd, ja verächtlich erscheinen mußte. »Was man in der dichterischen Darstellung das Plastische nennt«, heißt es jetzt im *Buch der Freunde,* »die eigentliche Gestaltung, hat seine Wurzel in der Gerechtigkeit.«[105] Hofmannsthal sucht nach dem Chandos-Brief künstlerisch zu verwirklichen, was er in einer Tagebuchnotiz schon im Jahre 1893, gleichsam als frühe Ahnung von der Grundlage wahrer Ästhetik, festgehalten hat: »Die Grundlage des Ästhetischen ist die Sittlichkeit.«[106] Der Chandos-Brief, den sein Verfasser als Zeichen des »mühsamen Übergangs von der Produktion des Jünglingsalters zur männlichen«[107] empfand, besiegelte das Ende des »ästhetischen« Lyrikers und die Geburt des »sozialen« Dramatikers und Opernlibrettisten Hofmannsthal. Die Bühne konnte im Zusammenwirken mit Musik und Schauspielkunst umfassender und unmittelbarer als »moralische Anstalt« für die Gesellschaft fungieren, ein Gedanke, der Hofmannsthals gesamtes weiteres Schaffen durchzog. 1921 schrieb er, ganz in diesem Sinn, in der »Kleinen Betrachtung« *Die Ironie der Dinge*, Novalis zitierend: »Nach einem unglücklichen Krieg müssen Komödien geschrieben werden.«[108]

Dieser Glaube Hofmannsthals an das Theater als eine Möglichkeit moralischen und sozialen Wirkens des Künstlers ist bestimmten Auffassungen von Karl Kraus näher verwandt, als die heftige persönliche Gegnerschaft der beiden vermuten ließe. Kraus griff, nach anfänglichem Schwanken seines Urteils, Hofmannsthal vor allem deshalb an, weil er ihn zunächst für einen unechten Nachahmer traditioneller, besonders Goethescher Sprachformen hielt, für einen »von allen Culturen erzogenen Bildungslyriker«[109]; dann, weil er dessen Hinwendung zum Sozialen mittels vergangener theatralischer Formen als naiv und noch immer dem Ästhetentum verhaftet empfand; schließlich und vor allem deshalb, weil Hofmannsthals dichterischer Eintritt ins »Leben« auch den in die von Kraus gehaßte und verachtete Presse einschloß, weil also Hofmannsthal »hinter dem Rücken der Unsterblichkeit mit dem Tag gepackelt« habe[110]. Recht und Unrecht, die Kraus in seiner Haltung zu Hofmannsthal hatte, gegeneinander abzuwägen, ist ein schwieriges Unternehmen. Soviel läßt sich wohl sagen: Hofmannsthals Neigung zum Theater, später vor allem zur Komödie, mußte bei Kraus den Vergleich mit Nestroy provozieren; am Ideal von dessen satirischer und dramatischer Leistung gemessen, konnte vor der Instanz des Satirikers Kraus das Werk des Zeitgenossen nicht bestehen[111].

Die Erläuterung des Sprachproblems im Werk Hofmannsthals soll als Stichwort und Illustration unserer zentralen Hypothese über die Wiener Kultur der Jahrhundertwende dienen: ihr als Künstler oder Intellektueller anzugehören, ein Bewußtsein der geistigen und sozialen Spannungen in Kakanien zu entwickeln, mußte zur gedanklichen Berührung mit dem Problem des *Wesens und der Grenzen von Sprache, Ausdruck und Kommunikation* führen. Eine ganze Reihe weiterer Indizien könnte hier genannt werden, etwa die beiden Prager Dichter Rainer Maria Rilke und Franz Kafka, dieser vor allem mit seiner *Beschreibung eines Kampfes*, jener mit seinen teilweise autobiographischen *Aufzeichnungen des Malte Laurids Brigge*. Wir wollen uns aber mit einem abschließenden Hinweis auf das literarische Erstlingswerk Robert Musils begnügen, des späteren großen ironischen Kommentators der Welt Kakaniens. 1906 erschien der Roman *Die Verwirrungen des Zöglings Törleß*, den Musil im wesentlichen schon 1903 geschrieben hatte. Die Erzählung erregte erhebliches Aufsehen: das Lob der literarischen Kritiker und den Ärger der bürgerlichen Leser. Musil verarbeitete autobiographische Erfahrungen seiner Ausbildungszeit in der Militär-Oberrealschule in Mährisch-Weißkirchen und schilderte offen die in solchen Anstalten verbreitete Homosexualität unter den »Zöglingen«. Hauptthema des Buches ist aber ein anderes, und Musil stellt dies mit einem aus Maeterlincks *Moral des Mystikers* entnommenen Motto vor seiner Erzählung klar:

Sobald wir etwas aussprechen, entwerten wir es seltsam. Wir glauben in die Tiefe der Abgründe hinabgetaucht zu sein, und wenn wir wieder an die Oberfläche kommen, gleicht der Wassertropfen an unseren bleichen Fingerspitzen nicht mehr dem Meere, dem er entstammt . . . [112]

Das ästhetische und sinnliche Erleben, das den Zögling Törleß wie eine Naturgewalt überkommt, läßt sich nicht in Sprache, im Medium der Vernunft, fassen. Bereits im ersten Kapitel des Romans macht Törleß diese Erfahrung:

. . . die Worte sagten es nicht . . . es ist etwas ganz Stummes, – ein Würgen in der Kehle, ein kaum merkbarer Gedanke, und nur dann, wenn man es durchaus mit Worten sagen wollte, käme es so heraus; aber dann ist es auch nur mehr entfernt ähnlich, wie in einer riesigen Vergrößerung . . . [113]

Es erscheint aufschlußreich, daß der *Törleß* in einer Zeit intensivster Beschäftigung Musils mit der Erkenntnistheorie

Ernst Machs entstand. Zur selben Zeit, in der er seinen ersten Roman schrieb, arbeitete Musil an seiner Dissertation für die philosophische Fakultät der Universität Berlin: *Beitrag zur Beurteilung der Lehren Machs*. Die kritische Auseinandersetzung mit Machs Theorien hinterließ deutliche Spuren im *Törleß*. Musil war tief beeindruckt von Machs klarem, analytischen Denken, vom Exaktheitsideal in den Naturwissenschaften. Gleichwohl behielt er eine kritische Distanz zu Mach, ein Bewußtsein des Ungenügenden, nicht Ausreichenden am Machschen Positivismus, das sowohl in der Dissertation als auch im *Törleß* Ausdruck findet: der junge »Zögling« erlebt die Sprachlosigkeit in einer anderen, »zweiten« Wirklichkeit, der Wirklichkeit jener innersten seelischen Erlebnisse, die sich rationalen und beschreibenden Zugriffen entziehen:

Sie scheinen ihm zum Greifen verständlich zu sein und sich doch nie restlos in Worte auflösen zu lassen. Zwischen den Ereignissen und seinem Ich, ja zwischen seinen eigenen Gefühlen und irgendeinem innersten Ich, das nach ihrem Verständnis begehrte, blieb immer eine Scheidelinie, die wie ein Horizont vor seinem Verlangen zurückwich, je näher er ihr kam.[114]

Die einzige Möglichkeit der Annäherung an diese innersten seelischen Geheimnisse, die Musil im *Törleß* sieht, deutet sich am Ende der Erzählung an, als Törleß vor den Professoren seiner Schule über seine Erlebnisse berichten soll. Die beschreibende Alltagssprache kann dieser Aufgabe nicht genügen. Doch Törleß findet in seinem langen Monolog zu einer bildhaften Sprache der Gleichnisse, die von einer »beinahe dichterischen Inspiration«[115] hervorgebracht werden. Aber je näher sich Törleß dabei seinem eigenen Innersten fühlt, desto unverständlicher werden seine Ausführungen für die Zuhörenden. Die beiden fundamental gegensätzlichen Perspektiven des Lebens: die »öffentliche«, kommunizierbare und die »seelische«, unausdrückbare, nur in Gleichnissen wahrnehmbare, bleiben für Musil unvermischt bestehen. Dieses Wissen um die unauflösbare Spannung zwischen Sagbarem und Unsagbarem wird später Musils ganzes Werk durchziehen, und sein unabgeschlossner und vielleicht gerade deshalb unabschließbarer *Mann ohne Eigenschaften* kann auch als ein die Epoche kennzeichnender philosophischer Roman gelesen werden, dessen ganze gedankliche Tiefe noch längst nicht vollständig erfaßt sein dürfte.

Wir wollen hier ein vorläufiges Resümee ziehen: um 1900 hatten auf allen wichtigen Gebieten des Denkens und der Kunst bedeutende Männer wie Kraus und Schönberg, Loos und Hofmannsthal, Rilke und Musil die drängend gewordenen Probleme von symbolischem Ausdruck, Kommunikation und Authentizität wahrgenommen und zu Gegenständen ihres schöpferischen Arbeitens gemacht. Die kulturelle Bühne war gewissermaßen aufgeschlagen für eine *philosophische* Kritik der Sprache, die auf dem Abstraktionsniveau vollständiger begrifflicher Allgemeinheit den gesamten Problemhorizont ins Auge fassen konnte. Wir wollen im nächsten Kapitel sehen, wie sich diese Aufgabe Denkern und Schriftstellern darstellte, die in der geistigen Sphäre Wiens der Jahre zwischen 1890 und 1900 lebten und arbeiteten. Die drei wichtigsten philosophischen Richtungen, die dafür gewissermaßen den inspirierenden gedanklichen Hintergrund abgaben, waren: (1.) der Neoempirismus Ernst Machs mit seiner Grundkategorie der »Empfindungen« und seinem den Naturwissenschaften entlehnten Exaktheitsideal; (2.) die Kantische Philosophie mit ihrer über Empirismus und Rationalismus hinausreichenden Analyse der »subjektiven Formen des Urteils« als der Determinanten unserer möglichen Erfahrung und ihre modifizierende Fortführung durch Arthur Schopenhauer; und schließlich (3.) der antirationalistische Zugang zu den Fragen von Ästhetik und Moral, wie er vor allem im Werk Søren Kierkegaards Ausdruck gefunden hat und als literarisches Echo in den Erzählungen und Essays Leo Tolstois nachklingt.

Wir werden diese philosophische Rekonstruktion mit einer Untersuchung der Theorien des ersten modernen europäischen Schriftstellers beginnen, der ausschließlich die Sprache selbst als den zentralen und wichtigsten Problemkern der Philosophie auffaßte. Dieser Mann war Fritz Mauthner, ein Philosoph, auf dessen Sprachkritik sich Wittgenstein später mit einer Bemerkung im *Tractatus* bezog, und von dessen skeptischen Ergebnissen und eher unsystematischen, diskursiven Methoden er seinen eigenen formalen und logisch strengen Versuch einer grundlegenden Philosophie der Sprache ausdrücklich abhob.

V
Sprache, Ethik und Darstellung

Nur was ihr in *Worte* könnt fassen, könnt
ihr *denken.*

Grabbe: *Don Juan und Faust*
(von Mauthner zitiert)

Philosophen haben sich zu allen Zeiten mit Problemen der
Sprache befaßt. Von Platon und Aristoteles bis Petrus Hispa-
nus und Thomas von Erfurt, von John Locke bis Maurice
Merleau-Ponty wurden Fragen über Symbolismus, Bedeutung und Vorhersage als wichtige Aufgaben angesehen und
die Philosophen waren in ihren Bemühungen, die Beziehungen zwischen Geist und Außenwelt, Denken und Sein zu
erklären, immer auch von der Bedeutsamkeit der die Sprache
selbst betreffenden Probleme überzeugt. Jedoch wurden bis
in die zweite Hälfte des 19. Jahrhunderts die Probleme einer
Philosophie der Sprache als abgeleitete und gegenüber den
»eigentlich« philosophischen Gegenständen zweitrangige
behandelt.

In einer philosophiegeschichtlich weiten Perspektive erweist sich vor allem das Werk Immanuel Kants als die trei-
bende Kraft, der eine Änderung dieser Auffassung zu verdanken ist. Während der hundert Jahre nach der *Kritik der
reinen Vernunft* beherrschten die Implikationen seines kritischen Programms allmählich die deutsche Philosophie und
Naturwissenschaft. Als eines der Resultate gerieten die Probleme der Sprache ins Zentrum der philosophischen Aufmerksamkeit. Vorher waren »»Sinneswahrnehmungen« und
»Gedanke« die vorrangigen Themen der philosophischen
Erkenntnistheorie gewesen. Sie wurden als primäre und unabhängige Elemente der Erfahrung angesehen, während die
Sprache als dienendes Instrument oder Mittel galt, einer
einmal gewonnenen Erfahrung öffentlichen Ausdruck zu
geben. Kants Betonung der Funktion der subjektiven »For-

men des Urteils« bei der Strukturierung von Erkenntnis implizierte bereits die (von Kant selbst nicht aufgenommene) Herausforderung, Sprache und Grammatik aus ihrer bisher untergeordneten Rolle herauszulösen. Nach Kant waren die logischen Formen des Urteils zugleich Formen jeder genuinen »Erfahrung«. Erkenntnis enthält nicht bloß die begrifflichen Interpretationen formloser, vorsprachlicher Sinneseindrücke oder Wahrnehmungen. Vielmehr weisen unsere Sinneserfahrungen selbst bereits eine epistemische Struktur auf; diese Struktur ist nur vermittels der Formen des Urteils faßbar, und diese Formen selbst können nur in den Termini der gültigen logischen Grammatik ausgedrückt werden. Daher müssen wir – statt unsere philosophische Analyse der Erkenntnis mit (vermeintlich) rohen Sinneseindrücken beginnen zu lassen, wie es die Empiristen getan haben – bereits die Anfangsdaten unserer Erfahrung als etwas auffassen, das aus strukturierten sinnlichen Darstellungen besteht, in traditioneller Terminologie: aus Vorstellungen. Die allgemeinen Formen von Sprache und Denken sind gewissermaßen a priori eingelassen in unsere Sinneserfahrungen und Vorstellungen. Die Grenzen der Vernunft sind in dieser Perspektive implizit zugleich die Grenzen von Vorstellung und Sprache. Wir werden in diesem Kapitel sehen, wie das Problem, den wesentlichen Bereich und die Grenzen der Vernunft zu definieren, zwischen 1800 und 1920 zwei theoretischen Transformationen unterzogen wurde: zuerst das Problem, Bereich und Schranken der Vorstellung, und dann der Sprache selbst zu bestimmen.

Fritz Mauthner wurde 1849 in Horzitz in Böhmen als Sohn eines mittelständischen jüdischen Unternehmers geboren. 1855 übersiedelte die Familie nach Prag, von da aus ging Mauthner 1876 nach Berlin, wo er bis 1905 blieb. Von Beruf war er eher Schriftsteller und Journalist als Philosoph. In den fast 30 Jahren seiner Berliner Wirksamkeit hatte er als Theaterkritiker eine herausragende Bedeutung, errang aber auch als Schriftsteller – vor allem mit den zwischen 1876 und 1880 geschriebenen literarischen Parodien *Nach berühmten Mustern* – einige große Publikumserfolge. Nach 30 Jahren publizistischer Wirksamkeit zog er sich allerdings angeekelt vom lügenhaften »Worthandel« des Journalismus in die Einsamkeit nach Freiburg und später, 1909, nach Meersburg zurück. In einem Brief an seine Cousine, die Schriftstellerin Auguste Hauschner, schreibt er dazu am 23. September 1905:

28 Jahre hatte ich an diese Flucharbeit (sc.: den Journalismus) ausgegeben und habe das Recht, müde zu sein.[1]

Vor allem seine täglichen Erfahrungen mit dem journalistischen und politischen Lügenspiel der Sprache brachten ihn zur philosophischen Position eines radikalen skeptischen Nominalismus, den er zu einer vollständigen und konsistenten Erkenntnistheorie auszubauen versuchte. Nach dem Erscheinen seines philosophischen Hauptwerks, der dreibändigen *Beiträge zu einer Kritik der Sprache*, an denen er mehr als 25 Jahre neben seinem journalistischen und schriftstellerischen »Brotberuf« gearbeitet hatte, gab er 1904 in einem Artikel für Maximilian Hardens *Zukunft* genaueren Aufschluß über *Die Herkunft des sprachkritischen Gedankens*:

Hier möchte ich nur darüber berichten, wie vor etwa dreißig Jahren die Arbeit in der Gedankenwerkstatt begann, wie bei der Entbindung der sprachkritischen Idee zwei merkwürdige Bücher und eine große Persönlichkeit mithalfen. Otto Ludwig und Friedrich Nietzsche hatten die beiden Bücher geschrieben. Der Fürst Bismarck war die große Persönlichkeit.[2]

Die Rede ist von Otto Ludwigs *Shakespearstudien* und von Nietzsches zweiter »Unzeitgemäßer Betrachtung« *Vom Nutzen und Nachteil der Historie für das Leben*. Seine große Verehrung für Bismarck und die daran geknüpfte deutschnationale Gesinnung (allerdings eher liberaler Spielart) bewahrte sich Mauthner bis zu seinem Tod im Jahr 1923. (An den Schluß seiner 1918 erschienenen »Erinnerungen« schreibt er mit einem geradezu bizarr anmutenden Pathos den Satz: »Sancte Bismarck, magister germaniae, ora pro nobis.«) Auf die vierte große, wissenschaftlich bedeutsamste Quelle seiner Sprachkritik wies Mauthner ebenfalls deutlich hin: die physikalischen Theorien und den philosophischen Empirismus Ernst Machs[3], mit dem Mauthner als junger Student der Rechtswissenschaft schon 1872 in Prag bekannt geworden war und dem seither seine stets ungebrochene Hochschätzung galt. Bereits sechs Jahre vor Erscheinen des ersten Bandes seiner *Kritik der Sprache*, am 17. September 1895, schrieb Mauthner an Mach:

> ... und in meinem dritten Bande werden Sie mich (falls es nicht schon im zweiten geschehen ist, was ich auswendig nicht weiß) vielleicht als einen Schüler erkennen.[4]

In seinem Bemühen, einen vollständig schlüssigen Nominalismus zu konzipieren, kam Mauthner zu dem Ergebnis, daß alle philosophischen Probleme in Wahrheit Probleme der Sprache seien. Für den strengen Nominalisten sind »Begriffe« nichts anderes als Worte, die zur Benennung oder anderweitigen Kennzeichnung von »Individuen« und deren Konfigurationen verwendet werden, und nicht etwa zur Benennung von »Wesenheiten«. Mauthner ging davon aus, daß es keinen echten Unterschied zwischen Begriff und Wort gebe, lediglich einen psychologischen »in der Richtung der Aufmerksamkeit«[5], und daß konsequenterweise Sprechen und Denken identisch seien:

> Es ist einer der Ausgangspunkte dieser Schrift, daß es kein Denken gebe außer dem Sprechen, daß das Denken ein totes Symbol sei für eine angebliche, falsch gesehene Eigenschaft der Sprache ...[6]

Bis an sein Lebensende war er sich bewußt, daß er dafür kein unumstößliches Argument hatte (denn der aus dieser These resultierende radikale Skeptizismus mußte sich schließlich auf sie selbst erstrecken); aber es schien jedenfalls eine viel vernünftigere Auffassung zu sein als die Gegenposition, die Begriff und Wort, Denken und Sprache für unabhängig voneinander hält. Ein Teil von Mauthners argumentativen Schwierigkeiten entstand aus der Tatsache, daß einerseits kein derartiger Zusammenhang zwischen Denken und Sprache in der Gehirnphysiologie nachweisbar war, Mauthner andererseits aber daran festhielt, daß alle Psychologie eigentlich »Metaphysiologie« sei, also das, »was die Physiologie noch nicht weiß«[7]. Gershon Weilers Studie *Mauthner's Critique of Language* enthält eine exzellente Untersuchung der subtilen Zusammenhänge zwischen der naturwissenschaftlichen und der philosophischen Seite von Mauthners Ideen.

Daher kam Mauthner von einem durchaus traditionellen Ausgangspunkt zu radikalen Schlußfolgerungen über das eigentliche Programm der Philosophie:

Die Philosophie ist Erkenntnistheorie, Erkenntnistheorie ist Sprachkritik; Sprachkritik aber ist die Arbeit an dem befreienden Gedanken, daß die Menschen mit den Wörtern ihrer Sprachen und mit den Worten ihrer Philosophien niemals über eine bildliche Darstellung der Welt hinausgelangen können. [8]

Die philosophische Sprache war nur eine Verfeinerung der gewöhnlichen Sprache und genauso metaphorisch wie diese. Wie alle rigorosen Nominalisten war Mauthner Skeptiker in bezug auf unsere Fähigkeit, die Welt zu erkennen. Traditionelle Nominalisten haben manchmal versucht, Namen als die Korrelate von Sinneserfahrungen und damit als die einzige sichere Grundlage der Erkenntnis zu interpretieren. Mauthner ging, wie wir sehen werden, erheblich weiter und behauptete auf der Grundlage seiner Bedeutungstheorie, daß Namen bestenfalls Metaphern für die sinnlichen Perzeptionen seien. Die resultierende extreme Variante eines Humeschen Skeptizismus führte ihn zu seiner Aufgabe, die er selbst als eine Kantische, wenn auch in gewandelter Form, ansah[9]: das Wesen und die Grenzen der Sprache zu bestimmen.

Was Mauthner vor allem störte, war die Neigung des normalen Sprachgebrauchs, den Bedeutungen abstrakter und genereller Terme Realität zuzuschreiben. Diese in der Sprache selbst angelegte und damit natürliche Tendenz der »Reifikation« des Abstrakten sah er als einen Hauptquell nicht bloß von spekulativen Verwirrungen, sondern auch von praktischer Ungerechtigkeit und verschiedensten Übelständen in der Welt an. Die Reifikation (um bei dieser Machschen Wendung zu bleiben) erzeugt alle möglichen Arten von »begrifflichen Gespenstern«[10]. In den Wissenschaften stehen beispielhaft dafür so irreführende Begriffe wie »Kraft«, »Naturgesetze«, »Materie«, »Atom« und »Energie«; in der Philosophie etwa »Substanz«, »Objekt« oder »das Absolute«; in der Religion »Gott«, »Teufel«, »Naturrecht«; in der politischen und gesellschaftstheoretischen Sphäre die oft fanatisch verwendeten Ausdrücke »Rasse«, »Kultur«, »Muttersprache« (etwa der Kampf um deren »Reinheit«, gegen ihre »Profanierung«). In all diesen Fällen führt die Reifikation zur Annahme einer Existenz metaphysischer Wesenheiten. Für Mauthner waren Metaphysik und Dogmatismus (und mit ihnen Intoleranz und Ungerechtigkeit) zwei Seiten derselben Medaille.

Das waren die Grundlagen seiner Sprachkritik. Sie war ein Kantisches Unternehmen insofern, als sie antimetaphysisch war und die Grenzen des möglichen Wissens, und das hieß für Mauthner: des Sagbaren, zu zeigen unternahm. Aber ihre geistigen Wurzeln lagen eher im englischen als im deutschen Denken. Kant hatte einen genialen Schritt in die richtige Richtung getan, aber er blieb doch den Abstraktionstendenzen innerhalb des Deutschen verhaftet, die Leibniz und Wolff mit Unrecht für einen Vorzug der deutschen Sprache gehalten hatten, welcher sie besonders für die Entwicklung der Wissenschaften qualifiziere. Mauthner dagegen sah sein eigenes Werk (mit gewissen Einschränkungen) durchaus in der englischen Tradition des Nominalismus und des Empirismus. Er betrachtete Locke als den Pionier der Sprachkritik, als den »ersten Philosophen, der psychologische Sprachkritik trieb«[11], vor allem in seinem *Essay Concerning Human Understanding*. (Dieser Essay hätte nach Mauthners Auffassung eher *Ein grammatischer Essay* oder *Ein Essay über Wörter, über Sprache* genannt werden sollen[12].) Auch bezeichnete er Arthur Schopenhauer, der als der intellektuelle Anglophile unter den deutschen Philosophen des 19. Jahrhunderts galt, als seinen unmittelbaren geistigen Vorläufer.

Mauthner nahm auch für sich in Anspruch, einen seiner philosophischen Ausgangspunkte bei Schopenhauer gefunden zu haben. Schopenhauers Formulierung der erkenntnistheoretischen Fragestellung in seiner Dissertation *Über die vierfache Wurzel des Satzes vom zureichenden Grund* hatte Mauthner den ersten Begriff von wirklicher Philosophie gegeben. In der Tat war Schopenhauers Wirkung auf ihn, wie er sagte, zunächst so übermächtig, daß er »blind unter dem Einfluß seines (Schopenhauers) Geistes« stand, sich »jede Frage mit

seinen Worten beantwortete« und »lange Arbeit« darauf verwenden mußte, sich »von Schopenhauers Begriffen oder
Worten zu befreien«[13]. In der *Vierfachen Wurzel* hatte Schopenhauer versucht, das uralte Problem der Beziehung zwischen Vernunft und Natur auf Kantische Art zu lösen, indem
er behauptete, daß die Natur in der Tat ein Produkt der
Vernunft sei. Es war die essentielle Funktion der Vernunft,
die apriorischen Elemente zu liefern, das heißt, die notwendigen Verknüpfungen zwischen unseren Erfahrungsdarstel-
lungen, die eine systematische (und folglich wissenschaftliche) Naturerkenntnis ermöglichen. An sich lag hierin natürlich kein Fortschritt über die kritische Philosophie Kants
hinaus; aber Schopenhauer selbst war – wie wir sehen werden
– ein kantischer Revisionist, nicht einfach ein Interpret des
Meisters. Er behauptete, daß die Komplexität der Analytik
unnötig sei; daß die Kategorien des Verstandes überflüssig
seien, weil alles, was Kant wirklich zur Begründung brauche,
die Kausalität sei – das heißt, die notwendigen Zusammenhänge zwischen den Phänomenen – und daß der Verstand
gerade die Funktion habe, einen solchen Kausalnexus zu
liefern. Der Zweck der *Vierfachen Wurzel* war es dann, zu
erklären, wie die vier Klassen von Urteilen, die unser ganzes
Wissen ausmachen, ihre Grundlage in ein und demselben
Kausalnexus haben, der auf die verschiedenen Klassen von
Phänomenen angewendet wird; und weiterhin, wie diese vier
Klassen von Urteilen unterschieden sind und bleiben müssen.

Mauthner zeigte sich einerseits beeindruckt von der Eleganz und Selbstsicherheit, mit der der erst 25jährige Schopenhauer seine Revision von Kants erster Kritik unternahm.
Andererseits weist er ihm unnachsichtig die prinzipielle Unzulänglichkeit der Schrift nach, die für »ein Gesetz der Vernunft« halte, was nur »das Wesen der Sprache« sei[14]. Allerdings
dings hat – so Mauthner – bereits Schopenhauer »manches
Licht auf das Wesen der Sprache gelenkt«[15], und besonders
sein zustimmendes Zitat aus Ciceros *De Officiis*, wo eine
Gleichsetzung von *ratio* und *oratio* vorgenommen wird[16], ist
dem an philosophischen Problemen der Sprache Interessierten ein Indiz für die erstaunliche Weitsicht von Schopenhau-

ers sprachkritischem Empfinden. Bei all seiner Tiefgründigkeit geriet jedoch auch sein Standpunkt unter den Beschuß von Mauthners Kritik. Auch Schopenhauer erlag der immer gegenwärtigen Versuchung, die Bedeutung abstrakter Termini zu reifizieren. Während seine Erkenntnistheorie einen beachtlichen Fortschritt bedeutete, enthielt seine Philosophie von der »Welt als Wille« ein scholastisches Element. Mit seinem Begriff des »Willens« blieb Schopenhauer ein Gefangener dessen, was Mauthner »Wortaberglauben« nannte, des Aberglaubens, der jedem Wort ein korrespondierendes Objekt als existierend zuordnet. Mauthner schreibt:

Ich habe zu zeigen versucht, daß Schopenhauer mit der Gläubigkeit eines scholastischen Wortrealisten die Wirklichkeit seiner abstrakten Begriffe lehrte. [17]

Mauthner argumentierte, daß der Begriff des Willens aus einer Erfahrung entstehe, die alle unsere verschiedenartigen Wahrnehmungen begleite, nämlich der, »daß all unsere Sinneseindrücke uns entweder angenehm oder unangenehm sind«, und er fährt fort:

Während bei den äußeren Sinneseindrücken ... der Gefühlswert oder die Beziehung zu unserem Interesse ein geringer ist und darum gewöhnlich keinen besonderen Namen hat, ist der Gefühlswert unserer Handlungen ein sehr starker und hat darum einen besonderen Namen erhalten: das *Wollen*. [18]

Schopenhauer unterscheidet die innere Erfahrung des Angenehmen oder Unangenehmen von dem äußerlich veranlaßten Sinneseindruck, den sie begleitet: so entsteht seine Unterscheidung von »Wissen« und »Wollen«. Mauthner wendet dagegen ein, daß diese Differenzierung unhaltbar ist: der sogenannte (substantivische) »Wille« als Kraft ist ohnehin nichts als ein »mythologisches Abstraktum«; aber auch seine einzelnen, die realen Handlungen begleitenden Erscheinungen sind selbst nur ein Gefühl, also etwas den »Sinneseindrücken« Analoges und nichts von ihnen grundsätzlich Verschiedenes. Sie sind – sagt Mauthner – »ein Gefühlseindruck, der sich von den spezifischen Sinneseindrücken eben nur durch seine Unbestimmtheit unterscheidet« [19]. Und selbst wenn Schopenhauer zu seiner Differenzierung berechtigt wäre, könnte von dem »Willen« nicht legitimerweise *gesprochen* werden, denn unsere Sprache bezieht sich (als »sinnvolle«) ausschließlich auf unsere empirisch faßbaren Vorstellungen, und es erschien Mauthner »sinnlos, die Begriffswelt durch die Gefühlswelt erhellen zu wollen, das Halbdunkel durch das Ganzdunkel«[20]. Zudem hatte Schopenhauer den »Willensakt« (als Entität) und die Handlung, die dessen praktischer Ausdruck ist, nicht unterschieden, sondern explizit miteinander identifiziert, was Mauthner »von vorneherein ablehnt«[21]. Nach Mauthner war Schopenhauer in Wirklichkeit bloß metaphorisch, wo er metaphysisch zu sein glaubte. Tatsächlich ist Schopenhauers metaphysischer Wille nur ein metaphorischer Ausdruck der *Erscheinung* des menschlichen Selbstbewußtseins. Auch Schopenhauer war in die sprachliche Falle der Reifikation gegangen: bei seinem Versuch, jenseits des Wortes »wollen« einen realen Gegenstand aufzuspüren, hatte er »den Willen« sogar zum einzig wirklich Realen gemacht.

Mauthners Analyse des Schopenhauerschen Willensbegriffes ist typisch für das ganze Programm seines *Wörterbuchs der Philosophie*, das 1910 erschien. Sein Ziel in dem Wörterbuch war es, eine große Anzahl zentral wichtiger philosophischer Begriffe auf etwa die gleiche Weise wie Schopenhauers »Willen« zu analysieren. Die Methodologie des Buches ist eine Reflexion von Mauthners Erkenntnistheorie. Er beginnt mit der Erläuterung des »psychologischen Ursprungs« jedes Terminus', das heißt, der spezifischen Art von Sinnesdaten, aus denen dieser hervorgeht. Dann zeigt er den Prozeß der Reifikation auf, in dessen Verlauf etwa adjektivische Ausdrucksformen zu Substantiven transformiert werden. Schließlich setzt er diese Metamorphose des Sprachgebrauchs zur Geschichte der Philosophie in Beziehung. Er wollte den Metaphysikern beweisen, daß alle Streitfragen, an die sie ihr geistiges Pathos verschwendeten, auf einem unzulässigen Schritt beruhen: auf der Behauptung, es gebe »Objekte«, die den für uns allein wahrnehmbaren »Eigenschaften« entsprächen. Außerdem war es für Mauthner fraglos, daß die kontingente Natur unseres sensorischen Apparates, das, was er plastisch »Zufallssinne« nannte[22], notwendige Wahrheiten, also »für alle Zeiten wahre« Erkenntnisse, zu einer Unmöglichkeit macht.

Wie Gershon Weiler deutlich gemacht hat, ist der Begriff der »Zufallssinne« Mauthners originellste und zugleich seine wichtigste philosophische Konzeption. Sie bestimmt seine Haltung zur Wissenschaft und zur Logik, wie auch seine Auffassung, daß Sprachkritik zur »docta ignorantia« führen müsse, denn sie zeige die Unmöglichkeit ewiger Wahrheiten, somit auch ihrer eigenen. Seine Methode ist also phsychologisch und historisch zugleich; als solche ist sie Machs »historisch-kritischer« Darstellung der physikalischen Wissenschaft nicht unähnlich. Man könnte mit einiger Berechtigung sagen, daß Mauthner eine generelle Kritik der Sprache versuchte, während Mach sich mit einer Kritik der Sprache der Physik begnügte. Wie Mach seine Kritik auf eine Analyse der Empfindungen gründete, wurzelte Mauthners Kritik in seiner Psychologie; aber auch hier komplizierte sein Skeptizismus die Untersuchung: »Seele« ist nur ein Wort, dem nichts Wirkliches entspricht; und die einzelnen geistigen Vorgänge, die darunter zusammengefaßt werden, können nicht als »Erkenntnis« erfaßt werden, denn sie sind unseren Sinnesorganen nicht zugänglich: »Weil sich aber unsere Sinnesorgane nicht nach innen wenden lassen, weil wir keine Sinnesorgane für unsere ›Seele‹ haben, darum wird es niemals eine Wissenschaft von der Seele geben können.«[23] Genau deshalb ist auch unsere Sprache nur für die Erfassung unserer sinnlichen Erfahrungen, also der »Außenwelt«-Reize, bestimmt. Sie kann sich nicht sinnvoll auf die »inneren« Vorgänge beziehen, denn diese *sind* ja gerade die sprachlich benannten Sinneseindrücke selbst, also als geistige mit den sprachlichen Akten identisch. Anders, in Mauthners eigenen Worten, ausgedrückt:

Wir können auf keinem Wege zu einer brauchbaren psychologischen Terminologie gelangen . . . Es ist ganz natürlich und gerecht, wenn die Sprache verrückt wird, sobald man sie auf die Vorgänge anwenden will, die im Menschengehirn eben erst zur Sprache oder zum Denken führen. Ein Spiegel soll sich nicht selbst spiegeln wollen.[24]

172

Auch Psychologie kann also keine Wissenschaft sein. So war Mauthner ein wesentlich rigiderer Skeptiker als Mach, dessen geistiger Haltung er ansonsten so nahe stand. Beide Männer waren überzeugte Positivisten, die die götzenverehrende Verworrenheit der Metaphysiker bloßlegten. Für Mach waren die Hauptgegner die Naturwissenschaftler einer früheren, eher theologisch inspirierten Ära. Für Mauthner waren es die scholastischen Theologen, die materialistischen Wissenschaftler und die idealistischen Philosophen vom Schlage Hegels und Schellings. Ausgedehnte Teile seiner 1901 erschienenen *Beiträge zu einer Kritik der Sprache* sind der Widerlegung solcher Konzeptionen gewidmet.

Auf den ersten Blick ist der erstaunlichste Aspekt von Mauthners Kritik vielleicht seine Behauptung, es gebe gar nichts, was man *die Sprache* nennen könnte, vielmehr gebe es nur konkrete, individuelle Menschen, die ihre »Individualsprache« verwenden, und selbst diese erweise sich bei genauerem Hinsehen als unwirkliche Abstraktion:

Sprache, ja selbst die schon konkretere Individualsprache ist immer nur ein Abstraktum; wirklich ist nur der augenblicklich durch Bewegung hervorgebrachte Laut . . . [25]

Mauthners Nominalismus zwang ihn, das Wort »Sprache« selbst als reifizierende Abstraktion zu begreifen. Für Mauthner ist Sprache daher »Sprechen«, also eine *Aktivität*[26], nicht eine besondere Art von Gegenstand. Der entscheidende Punkt dabei ist, daß Sprache eine menschliche Aktivität und als solche zweckhaft ist. Sie ordnet das menschliche Leben wie eine Regel ein Spiel ordnet. »Die Sprache ist nur ein Scheinwert wie eine Spielregel, die auch umso zwingender wird, je mehr Mitspieler sich ihr unterwerfen, die aber die Wirklichkeitswelt weder ändern noch begreifen will.«[27]

Deshalb können wir Sprache nur als jeweils spezifische Sprache, die Teil eines spezifischen sozialen Lebenszusammenhangs ist, angemessen begreifen. Sprache ist ein gesellschaftliches Phänomen, das zusammen mit anderen, damit assoziierten Gewohnheiten der sprachverwendenden Individuen erfaßt werden muß. (In diesem Punkt zeigt Mauthners Auffassung deutliche Spuren der *Völkerpsychologie* von Lazarus und Steinthal, aber auch der Kritik daran, die Hermann Paul in seinen *Prinzipien der Sprachgeschichte* übte.) Eine bestimmte Kultur unterscheidet sich von anderen Kulturen durch die Mittel, mit denen sie ihren inneren Zusammenhalt organisiert, und das besonders ausgezeichnete dieser Mittel ist die Sprache. Die Sprache einer Kultur ist Teil ihres operativen Instrumentariums; im besonderen ist sie das kollektive kulturelle Gedächtnis, da sie die sprachlichen Formen der tradierten Gewohnheiten und Verfahrensweisen aufbewahrt. Daher bezieht sich Mauthner gelegentlich auf »Sprache« als »gesellschaftliches Sensorium« einer Kultur. Umgekehrt sind allerdings die Gebräuche und Verhaltensformen innerhalb einer Kultur die Quelle der Bedeutungen ihrer Sprache; in diesem Dualismus wird eine der zahlreichen Spannungen in Mauthners Denken deutlich.

Wie die britischen Empiristen wollte Mauthner alle »Erkenntnis« in den Sinneseindrücken des Individuums verankern. Zugleich aber behielt er die Perspektive einer kritisch verbesserten *Völkerpsychologie* im Auge, also die Einsicht, daß Sprache ein gesellschaftliches Phänomen ist. Sinneseindrücke als solche können am sozialen Charakter der Sprache nicht teilhaben, während die Sprache als gesellschaftliche »Spielregel« keinen Anteil am privaten Status der Sinneseindrücke haben kann. Mauthner, der an seinem Konzept einer sinnlichen Perzeptionsbasis für das Gebäude der Sprache festhielt, löste dieses Dilemma (soweit man hier von echter Lösung sprechen kann), indem er auf den Handlungscharakter der Sprache hinwies: »Sprechen oder Denken ist Handeln.«[28] Sinneseindrücke können in einem einfachen Sinn nicht wirklich Grundlage der Bedeutung sein: wie könnten sonst zwei Menschen jemals wissen, daß sie die »richtige« Benennung für den »richtigen«, nämlich bei beiden »gleichen«, Sinneseindruck verwendet haben? Wie hätten Menschen überhaupt Sinnesdaten zum Gegenstand einer sprachlichen Übereinkunft machen können? Deutlich war, daß die öffentliche Dimension der Sprache nicht einfach und vollständig auf einen Ursprung in privaten sinnlichen Erfahrungen zurückgeführt werden konnte. Sah man aber Sprache als Teil der biologischen Ausstattung des Menschen an und damit als ein auf natürliche Weise entstandenes Instrument des Überlebens – eine Perspektive, die durch Mach zur damaligen Zeit attraktiv geworden war –, dann konnte man die Richtung eines Auswegs aus diesen Schwierigkeiten erkennen. Bestand die Primärfunktion der Worte darin, die Überlebenschancen einer durch sprachliche Kommunikation zur Gruppe zusammengeschlossenen Anzahl von Menschen in einer Umweltsituation zu sichern, in der ein einzelnes Individuum nicht überleben konnte, so spielte es keine praktische Rolle mehr, ob mit dem Gebrauch eines Wortes verschiedene Menschen »die gleiche« Sinnesvorstellung verbanden oder nicht. Entscheidend war nur, daß alle im wesentlichen wußten, wie zu reagieren war und was von ihnen erwartet wurde, wenn ein bestimmter sprachlicher Ausdruck gebraucht wurde. Worauf es wirklich ankommt, und das heißt: was wirkliche *Bedeutung* vermittelt, ist nicht das innere Bild, das ein Ausdruck oder ein Satz erzeugt, sondern die *Handlung*, die er provoziert oder befiehlt, vor der er warnt oder die er verbietet.

So versuchte Mauthner einige seiner Schwierigkeiten zu lösen, indem er die Sprache in ihrer Primärfunktion, nämlich einer Sicherung des Überlebens der Menschengattung, und damit als notwendige Basis des gesellschaftlichen Lebens begriff: nur als »sozialem Phänomen« kam ihr »Wirklichkeit« zu[29]. Zugleich bestritt er als philosophischer Empirist nicht die individuelle Wahrnehmung als Basis für die prinzipiell verschiedenen Vorstellungsbilder, die in verschiedenen Menschen beim Hören desselben Wortes hervorgerufen werden. Im Gegenteil erklärte Mauthners pragmatische Sprachtheorie aus dieser Perspektive noch ein weiteres Phänomen, das er als zum Wesen der Sprache gehörig ansah: das Phänomen des *Miß*verstehens. Gerade als Mittler zwischen den *handelnden* Menschen wird Sprache zur Schranke für den, der *wissen* und den anderen *vollständig verstehen* will. Wie ein Ozean Kontinente zugleich verbindet und trennt, so ist auch die Sprache zugleich Brücke und Schranke zwischen den Menschen. »Die Sprache ist kein Besitz des Einsamen, weil sie nur zwischen den Menschen ist; aber die Sprache ist auch zwei Menschen nicht gemeinsam, weil auch bloß zwei Menschen niemals das gleiche bei den Worten sich vorstellen.«[30]

Nach Mauthner ist dies so, weil Sprache notwendig metaphorisch ist. Daher ist sie ihrer eigentlichen Natur nach immer mehrdeutig. Niemand kann absolut sicher sein, den anderen wirklich zu verstehen oder von ihm verstanden zu werden. Zudem befinden sich Worte stets *in statu nascendi*[31]. Nicht nur die Sprache, sondern die ganze Kultur ist ständig im Zustand der Wandlung. Nichts steht still.

In den praktischen Dingen des täglichen Lebens gestattet die unausweichliche Mehrdeutigkeit der Sprache gleichwohl die Möglichkeit, mit hinreichender Klarheit eine pragmatische Einigung über gemeinsame Ziele herzustellen. Aber als Instrument der Welterkenntnis ist die Sprache im strengen Sinn wertlos. Selbst wenn es für die Menschen einen Weg zu einer irgendwie unmittelbaren Objektivität in ihrer Erkenntnis gäbe, wäre als deren Träger und Vermittler die Sprache zu vieldeutig. (Mauthner illustriert dies durch eine Analyse der ersten beiden Zeilen von Goethes Gedicht *An den Mond* – im ganzen nur acht Worte[32]. Die längst nicht erschöpfende Diskussion der möglichen einzelnen Wortbedeutungen und ihrer verschiedenen Kombinationsmöglichkeiten füllt sieben Seiten.) Aus dieser der Sprache inhärenten Mehrdeutigkeit folgert Mauthner, daß sie allerdings gut geeignet ist, subjektive »Seelen«-Zustände zwischen den Individuen zu vermitteln, also als Träger von Emotionen zu fungieren. Gerade wegen ihres essentiell metaphorischen Charakters ist die Sprache so gut geeignet für die Dichtung wie sie ungeeignet für Wissenschaft und Philosophie ist.

Es ist unmöglich, den Begriffsinhalt der Worte auf die Dauer festzuhalten; darum ist Weltkenntnis durch Sprache unmöglich. Es ist möglich, den Stimmungsgehalt der Worte festzuhalten; darum ist eine Kunst durch Sprache möglich, eine Wortkunst, die Poesie.[33]

Die metaphorische Natur der Sprache verhindert jede klare Eindeutigkeit und macht jede Art präziser wissenschaftlicher Erkenntnis unmöglich. Auch die Wissenschaft ist bestenfalls Dichtung.

Die Gesetze der Natur- und Geisteswissenschaften werden dann zu einer sozialen Erscheinung, zu den natürlichen Regeln des Gesellschaftsspiels der menschlichen Welterkenntnis, sie sind die Poetik der fable convenue oder des Wissens. [34]

So schien Mauthners *Kritik* vernichtende Folgen für die Wissenschaft zu haben. Auch die tatsächliche Existenz und der Erfolg von Logik, Mathematik und Naturwissenschaften stand mit Mauthners Erkenntnisskepsis in keinem Widerspruch und störte ihn nicht im geringsten. Durch logische Schlußfolgerungen konnte man nie zu *neuen* Erkenntnissen gelangen, denn »Schlußfolgerungen (sind) nur sprachliche Abänderungen anderer Urteile«, die Logik gewährt daher keinerlei Möglichkeit, »durch Schlußfolgerungen im Denken fortzuschreiten«[35], während wirklich neue Sinneserfahrungen (als einzige Erkenntnisgrundlage) immer nur wieder in hoffnungslos metaphorischer Sprache ausgedrückt werden können. Die Angemessenheit einer sprachlichen Wiedergabe von Sinneseindrücken kann immer nur in sprachlicher, also metaphorischer Form festgestellt werden. Es führt auch im Wissenschaftsfortschritt keine Brücke von der Sprache zur »wahren« Wirklichkeit, immer nur eine von Sprache zu Sprache:

Selbst der hohe Begriff der Wahrheit (ist) menschliches Gerede, . . . sogar der schlichte Ausdruck »mein Sinneseindruck ist richtig« (läuft) auf die bettelarme Tautologie hinaus: »Mein Sinneseindruck ist mein Sinneseindruck.«[36]

Die Logikanalysen Mauthners zeigen Gemeinsamkeiten mit den Auffassungen John Stuart Mills. Da seine Thesen auch mit den Ansichten Machs und des Physikers Kirchhoff manche Übereinstimmung zeigten, hatten sie an sich Chancen auf wissenschaftliche Reputation unter seinen Zeitgenossen. Dem großen Echo, das Mauthner vor allem bei Schriftstellern und nichtprofessionellen Philosophen hatte, stand freilich das fast vollständige Schweigen einer eisigen Ablehnung in akademischen Kreisen gegenüber (wobei hier Ernst Mach selbst eine bemerkenswerte Ausnahme darstellt)[37].

Mauthner qualifizierte wissenschaftliche Hypothesen als prinzipiell nur der Sphäre von – mehr oder weniger guten, d. h. nützlichen – Vermutungen zugehörig, als sozusagen blind erzielte Treffer. Die Grundlage aller Wissenschaft sind besonders scharfsinnige, induktiv gewonnene Feststellungen. Aber die Induktion ist keine echte Schlußform, eine induktive *Logik* ist für Mauthner eine naive Phantasmagorie. »Induktion führt nur zu Worten, nicht zu Beweisen.«[38] Die sogenannten Naturgesetze sind nichts anderes als historische Generalisierungen, wobei die »Abstraktion« aus induktiven Erfahrungen keinerlei logische Zwangsläufigkeit besitzt, vielmehr nichts anderes als eben die Induktion selbst ist. Mauthner unternahm bedeutende Anstrengungen, den lediglich historischen Ursprung der Vorstellung aufzuzeigen, daß Naturgesetze »unerbittlich« seien. Der Terminus »Naturgesetz« ist eine bloße Metapher, ein Überrest aus vergangenen Zeiten mythologischer Erklärungen, als die Natur im Bemühen, sie zu begreifen, noch personifiziert wurde. Mauthner verfolgt die bildhaften Ursprünge des Begriffs bis zu Platon und Aristoteles und vor allem zu Lucretius zurück, wo das Wort »Naturgesetze« – anders als bei den beiden Griechen – schon in seiner technischen Bedeutung verwendet wird. Im Mittelalter wurde es in die Theologie als »das natürliche Gesetz Gottes« inkorporiert, als die von der göttlichen Vorsehung gesetzte Ordnung des Universums. Mit Spinozas *Deus sive Natura*, mit seiner Gleichsetzung von Gott und Natur also, wurde der Begriff säkularisiert, zusammen mit vielen anderen Vorstellungen, die früher ausschließlich zur theologischen Sphäre gehört hatten. Auf diese Weise wanderte der Mythos des »Naturgesetzes« durch die Zeiten bis in die Gegenwart; der Ausdruck entstand als Metapher, wurde später verdinglicht, von den Wissenschaften aufgenommen und zum »leeren Wort, das mit seiner Bildlichkeit und Sinnlichkeit jeden Sinn verloren hat«[39]. Tatsächlich, sagt Mauthner, gibt es in der Natur keine zwingenden »Gesetze«, sondern nur Zufallsphänomene: »Was wir also Naturgesetze nennen, ist nichts weiter als unsere Seelenstimmung gegenüber den in uns entstandenen induktiven Begriffen oder Worten.«[40] Die moderne Naturwissenschaft verfiel derselben Art von Mythologisierung wie die Anhänger Darwins, welche die »Evolution« von einem Erklärungsprinzip, einer »genialen Hyphothese«[41], in eine wortabergläubische Metaphysik der Natur verwandelten.

Mauthners Analyse der Logik gleicht, wie gesagt, in vielen Zügen deutlich der von John Stuart Mill. Beide verwerfen die Behauptung, daß der Syllogismus unser Wissen erweitern kann. Die einzige »Notwendigkeit« in der Logik ist die der »Identität«, die nichts zur Erweiterung unserer Erkenntnis beiträgt: jeder substantielle Syllogismus fällt entweder in die Klasse des *non-sequitur-* oder des *petitio-principii-*Arguments. Zwischen den drei logischen Grundgesetzen (Identität, Widerspruch, ausgeschlossenes Drittes) besteht kein echter, sondern »nur ein Unterschied der Sprachform«[42]. Mauthners Kritik reduzierte die Logik auf die Psychologie des Denkens und damit a fortiori auf die Psychologie der Sprache. Als solche hat sie keinen Wert für die Suche nach Erkenntnis:

Ich will sagen, daß unser Glaube an die Logik, unser Glaube, es werde durch logische Operationen unsere Welterkenntnis vermehrt, ein theologischer Glaube sei.[43]

Die Vorstellung, daß es einen »Gegenstand« wie Logik gibt, im Sinne von etwas Universellem und allen Sprachen Immanentem, ist eine weitere unhaltbare Reifikation. Der Glaube an so etwas ist, auch wenn er einen ganzen Bereich unseres Wissens auszumachen scheint, Aberglaube. »Alles am Denken ist psychologisch«, sagt Mauthner, »logisch ist nur das Schema unseres Denkens«[44], aber dieses ist nichts als eine »tote Formel«. Jedenfalls wird das Schema des menschlichen Denkens – und Sprechens, was dasselbe ist – bestimmt durch die jeweilige Kultur, in der ein Mensch lebt, und wirkt seinerseits bestimmend auf sie zurück, da sich beide miteinander und zugleich entwickeln; das logische Schema ist nichts Vorgegebenes, das von »unveränderlichen Denkgesetzen« abgeleitet werden könnte.

Der gesunde Menschenverstand hätte lernen müssen, daß es von nun an so viele Logiken gebe, wie es Sprachen mit verschiedenem Bau gibt.[45]

Logik wird so zu einer Angelegenheit der Kulturanthropologie, da es keine gemeinsame Struktur, kein allgemeines kulturelles Schema gibt, das allen Sprachen zugrunde läge. Mauthner gelangt daher schließlich zu einem prinzipiellen

Kulturrelativismus. Als Relativist macht er sich lustig über das »Absolute« der Theologen und Metaphysiker:

Selbst die gewisseste Wahrheit ist nur *à peu près* wahr. Wirkliche Wahrheit ist ein metaphysischer Begriff; zum Wahrheitsbegriff sind die Menschen ohne jede Erfahrung gelangt wie zum Gottesbegriff. In diesem Sinne darf man freilich sagen: Gott ist die Wahrheit. [46]

Tatsächlich hat Mauthners Versuch, die Grenzen der Sprache zu bestimmen, ihn zu der radikal selbstkritischen Einsicht des Nicolaus Cusanus von der »docta ignorantia« geführt und zur gelehrten Unwissenheit des ironischen Sokrates, den das Orakel als den weisesten der Weisen pries, weil er seine eigene Unwissenheit begriffen hatte. Nach Mauthner ist die negative Konklusion des Skeptikers das, was der Wahrheit am nächsten kommt.

Faust ist ein Philosoph, nicht weil er neben Juristerei, Medizin und Theologie, ach! Philosophie durchaus studiert hat, sondern weil er sieht, daß wir nichts wissen können, und weil ihm das schier das Herz verbrennen will. [47]

Mauthner meint resignierend, daß die Philosophie sich auf ihre pythagoreischen Ursprünge zurückbesinnen und sich mit der Liebe zur Weisheit und dem Streben danach begnügen müsse, statt den Besitz der Wahrheit zu beanspruchen. Die Konzeption einer radikalen Sprachkritik steht selbst bereits vor der Schwierigkeit, in und mit Worten unternommen werden zu müssen. Sie ist mit diesem Widerspruch geboren und endet im Schweigen, in dem, was Mauthner den »Selbstmord« der Sprache genannt hat.

Das wäre freilich die erlösende Tat, wenn Kritik geübt werden könnte mit dem ruhig verzweifelnden Freitod des Denkens oder Sprechens, wenn Kritik nicht geübt werden müßte mit scheinlebendigen Worten. [48]

Das Ende des Weges durch die Sprachkritik ist Maurice Maeterlincks »heiliges Schweigen«: »Sobald wir uns aber wirklich etwas zu sagen haben, sind wir gezwungen zu schweigen.« [49] Doch dieses Schweigen ist von einem weit größeren Wert als alles, das sprachlich ausdrückbar ist. Das ist das Ende von Mauthners Weg; mit diesem Glauben nimmt er in der Geistesgeschichte einen Platz neben Meister Eckart und Cusanus ein. Er teilt deren Vorstellung vom Höchsten, jenes unaussprechliche Gefühl der mystischen Einheit mit dem Universum. Das erhellt den Satz in der Einleitung von Mauthners *Wörterbuch*, auf den Wittgenstein nur wenig später im *Tractatus* anspielen sollte. Mauthner schreibt, daß es ihn freuen würde,

wenn ein ganz guter Leser am Ende des Weges sich sagen muß: die skeptische Resignation, die Einsicht in die Unerkennbarkeit der Wirklichkeitswelt, ist keine bloße Negation, ist unser bestes Wissen; die Philosophie ist Erkenntnistheorie, Erkenntnistheorie ist Sprachkritik, Sprachkritik aber ist die Arbeit an dem befreienden Gedanken, daß die Menschen mit den Wörtern ihrer Sprachen und mit den Wörtern ihrer Philosophen niemals über eine bildliche Darstellung der Welt hinausgelangen können. [50]

Immer wieder haben in der Geschichte der Philosophie die Verfechter eines erkenntnistheoretischen Skeptizismus als Reaktion einen erkenntnistheoretischen »Transzendentalismus« hervorgerufen, der die Möglichkeit von Erkenntnis für unbestreitbar hält und statt dessen fragt, wie und unter welchen Voraussetzungen sie möglich ist. Mauthners drei zentrale, miteinander zusammenhängende Behauptungen – daß »die Menschen niemals über eine bildliche Darstellung der Welt hinausgelangen können«, daß weder in der Philosophie noch in den Wissenschaften »wahre« Erkenntnis möglich ist, und daß die sogenannten Naturgesetze nichts anderes als abstrakte »soziale Phänomene«, oder *fables convenues* sind – diese drei Thesen forderten unmittelbar den Gegenbeweis heraus, daß systematische Erkenntnis in Logik und Naturwissenschaft sehr wohl möglich ist und daß es gerade diese beiden Disziplinen sind, die uns unter bestimmten Voraussetzungen in die Lage versetzen, die reale Welt wirklich zu erfassen. Und wir werden sehen, wie der junge, vom theoretischen Ingenieur zum Philosophen gewordene Ludwig Wittgenstein seinen *Tractatus logico-philosophicus* auf die Konzeption einer »bildlichen Darstellung« der Welt gründet, wie sie Mauthner beschäftigt hatte. Allerdings wird dieser Ausdruck für Wittgenstein eine von Mauthners »metaphorischer

Beschreibung« vollständig verschiedene Bedeutung haben: für Wittgenstein wird er sich auf eine »Darstellung« der Welt in der Form eines »mathematischen Modells«, eines »logischen Bildes«, beziehen, etwa in dem Sinne, in dem Heinrich Hertz die theoretischen Modelle der Physik analysiert hatte.

Doch hier greifen wir vor. Während der letzten Dekaden des 19. Jahrhunderts wurden Status und Gültigkeit wissenschaftlicher Erkenntnis von vielen deutschen Gelehrten und Wissenschaftsphilosophen, unter ihnen so herausragende Gestalten wie Gustav Kirchoff, Hermann von Helmholtz, Ernst Mach, Heinrich Hertz und Ludwig Boltzmann, ausführlich diskutiert. Der Terminus »Darstellung« (respektive »Vorstellung«), der eine wichtige Rolle in dieser Debatte spielte, war von Kant und Schopenhauer in Umlauf gesetzt worden. Der Ausdruck verband zwei Begriffsnuancen, die damals häufig nicht klar unterschieden wurden und auch heute noch manchmal verwechselt werden. In dem einen Sinn hatte der Terminus einen »sensorischen« oder »Wahrnehmungs«-Bezug – wie etwa in der physiologischen Optik von Helmholtz und in der Psychologie Machs –, der ihn mit der Tradition der empiristischen Philosophie von Locke und Hume verband. Im anderen Sinn hatte er einen eher »öffentlichen«, also auf Sprachfunktionen zielenden Bezug – wie in der Mechanik von Hertz –, nicht unähnlich dem Ausdruck »graphische Darstellung« etwa in der heutigen Physik. Im allgemeinen war die »sensorische« Bedeutungsnuance assoziiert mit dem deutschen Wort »Vorstellung«, die »sprachfunktionale« mit dem Wort »Darstellung« (wobei »Vorstellung« zum Beispiel die übliche deutsche Übersetzung für Lockes Ausdruck »idea« ist). Aber es gibt wichtige Ausnahmen von dieser üblichen Praxis der Wortverwendung (Mauthner selbst beispielsweise), und die Berichte über den Status der »wissenschaftlichen Erkenntnis« in der deutschen Philosophie des 19. Jahrhunderts sind durchsetzt von den daraus resultierenden Zweideutigkeiten. So erscheint es an dieser Stelle unserer Rekonstruktion angebracht, einen genaueren Blick auf jene Debatte in der Wissenschaftsphilosophie zu werfen, und wir wollen hierbei mit der beherrschenden Gestalt Ernst Machs beginnen.

Selten hatte ein Wissenschaftler einen vergleichbar großen Einfluß auf die Kultur seiner Zeit wie Ernst Mach. Wie wir schon gesehen haben, hatte seine Psychologie eine direkte Wirkung für die ästhetischen Anschauungen der *Jung-Wiener*. Hofmannsthal besuchte Vorlesungen Machs an der Universität und glaubte eine Verwandtschaft von Machs Problemen mit seinen eigenen zu erkennen[51]. Robert Musil stand als Wissenschaftler unter ganz erheblichem Machschen Einfluß. Machs Ideen hatten große Wirkung auf Hans Kelsens Rechtspositivismus und fanden so unmittelbar Eingang in die Nachkriegsverfassung Österreichs, die weitgehend Kelsens geistiges Werk war[52]. Sie wurden auch von den revisionistischen Austromarxisten mit Begeisterung aufgenommen. Diese »Machsche« Version des Marxismus durchdrang durch die Vermittlung Bogdanovs sogar den russischen Sozialismus und wurde zur theoretischen Herausforderung für den Leninismus (Lenins scharfe Absage an Bogdanov, *Materialismus und Empiriokritizismus*, war so durch Machs Theorien oder gewisse Anwendungsvarianten davon provoziert worden)[53]. In den zwanziger Jahren gründete der prominente österreichische Philosoph und Soziologe Otto Neurath den *Verein Ernst Mach*, den unmittelbaren Vorläufer des Wiener Kreises[54]. Von der Literatur bis zur Rechtsphilosophie, von der Physik bis zu den Sozialwissenschaften war Machs Einfluß allgegenwärtig in Österreich und weit über dessen Grenzen hinaus. Einer der bedeutendsten Männer, die in den Sog des Machschen Denkens gerieten, war der junge Physiker Albert Einstein, der zeitlebens Machs »tiefen Einfluß« auf sein frühes Denken anerkannte[55]. Es ist gezeigt worden, daß Einsteins theoretischer Beginn auf dem Fundament der Machschen Wissenschaftskonzeption stand[56]. Nachdem William James 1882 mit Mach in Prag zusammengetroffen war, sprach er begeistert von diesem »reinen intellektuellen Genie«, das »anscheinend alles gelesen und über alles nachgedacht« hatte[57].

Machs Reduktion jeder Erkenntnis auf eine letzte Basis von Empfindungen ist die Grundlage seines ganzen Denkens. Es ist Aufgabe aller wissenschaftlichen Bemühungen, die grundlegenden Sinnesdaten auf einfachste und ökonomischste Weise zu beschreiben und zu systematisieren. Mach zieht es terminologisch vor, die »Sinnesdaten« mit dem neutralen und unverbindlichen Ausdruck »Elemente« zu bezeichnen. Das Merkmal der Einfachheit und Denkökonomie ist das spezifisch wissenschaftliche Charakteristikum einer Darstellung von Erfahrung. Machs Perspektive ist also die des Phänomenalisten; die Welt ist die Gesamtheit aller Empfindungen und ihrer Verknüpfungen. In diesem Sinn konstituieren Träume »Elemente« in der Welt genauso wie jede andere Klasse von Elementen, denn »innere« Erfahrung ist so sehr Erfahrung, wie es die »äußere« ist. (Freilich muß man sich nach Mach hüten, Träume direkt mit der physikalischen Wirklichkeit zu verbinden, denn sie sind bloße »Gedankenverknüpfungen« ohne äußeres Korrelat als ihren Veranlasser, sie sind – in Machs Worten – »Wucherungen des Vorstellungslebens«[58].) Abstrakte Begriffe, Ideen, komplexe Vorstellungen werden in ähnlicher Weise auf Sinnesempfindungen zurückgeführt: sie werden als Art- oder Allgemeinbegriffe aufgefaßt, die uns einen abgekürzten, also »ökonomischen« Umgang mit zusammengefaßten Gruppen oder Komplexen von »Elementen« ermöglichen.

Als Positivist war Mach kompromißloser Gegner jeder metaphysischen Spekulation. Für ihn war die Metaphysik Mystizismus und damit in der Wissenschaft Obskurantentum. In der Psychologie lehnte er die Konzeption des »Ich« als einer einheitlichen Entität vollständig ab; er verwarf jede Position, die einen Anklang an den Descartesschen Dualismus von »Materie« und »Geist« verriet, denn dieser Dualismus führte für Mach zu den »wunderlichen, monströsen Theorien«[59] der Metaphysik. Als überzeugter Positivist gestand er auch der Philosophie keine legitime Unabhängigkeit von den Naturwissenschaften zu, und er wies oft darauf hin, daß er nicht als Philosoph gelten wolle, sondern Naturforscher sei. Er schätzte David Hume, den Zerstörer der metaphysischen Wahrheitsansprüche, so sehr wie Georg Christoph Lichtenberg, den satirischen Gegner alles aufgeblasenen Schwindels in Wissenschaft und Kultur. Mach war einer der ersten, die auf die philosophische Bedeutung Lichtenbergs hinwiesen, dessen Schriften später in den intellektuellen Kreisen Wiens bekannt und einflußreich wurden.

Mach bestimmte das Problem der Wissenschaft als ein dreifaches:

Wir lernen sehr bald, unsere Vorstellungen von unseren Empfindungen (Wahrnehmungen) unterscheiden. Die Aufgabe der Wissenschaft kann es nun sein:
1. Die Gesetze des Zusammenhangs der Vorstellungen zu ermitteln (Psychologie).
2. Die Gesetze des Zusammenhangs der Empfindungen (Wahrnehmungen) aufzufinden (Physik).
3. Die Gesetze des Zusammenhangs der Empfindungen und Vorstellungen klarzustellen (Psychophysik). [60]

Die Machsche Konzeption der Psychophysik geht auf Gustav Theodor Fechner zurück. Grundsätzlich ist die Psychophysik eine Art monistischer Philosophie, die zu erklären versucht, wie Psychisches und Physisches als zwei Aspekte ein und derselben Wirklichkeit zusammenhängen. Der damals erfolgreichste Versuch, Physik und Psychologie zu einer Wissenschaft zusammenzubinden, war der von Richard Avenarius, den Mach als Kollegen sehr schätzte:

In Bezug auf R. Avenarius ist die Verwandtschaft eine so nahe, als sie bei zwei Individuen von verschiedenem Entwicklungsgang und verschiedenem Arbeitsfeld, bei voller gegenseitiger Unabhängigkeit überhaupt erwartet werden kann. [61]

In seiner *Kritik der reinen Erfahrung* versuchte Avenarius Scylla und Charybdis von Materialismus und Idealismus durch den Rekurs auf einen naiven Realismus zu vermeiden, der gewisse Affinitäten zu den Philosophien G. E. Moores und Edmund Husserls aufweist. Wie Moore versuchte er die Rätsel der Metaphysiker durch einen Appell an den Common-sense-Realismus zu unterlaufen. Auf die Frage etwa: »Wie *weiß* ich, das hier zwei Hände sind?« antwortete Moore, indem er erst eine, dann die andere Hand hochhielt und sagte: »Weil hier die eine ist und hier die andere.« [62] Avenarius hätte das Schlagende dieser Art von Beweisführung geschätzt. Und ähnlich wie Husserl glaubte Avenarius, daß die Aufgabe der Philosophie in einer abstrahierenden Verallgemeinerung dessen besteht, was in den Einzelwissenschaften die *Beschreibung* der Welt ist, und zwar der Welt, wie wir sie in unserer Alltagserfahrung erleben, also in einer Explikation des »natürlichen Weltbegriffs«: »Wichtig ist für die Erfahrung, wie sie charakterisiert ist, nicht, was ohne sie existiert.«[63] So setzt Avenarius die Frage nach den Gegenständen des Bewußtseins gewissermaßen in Klammern, ähnlich wie es Husserl mit seinem Begriff der *epoché* tut[64]. Beide Denker stimmen in der Auffassung überein, daß es kein »reines Bewußtsein« gibt, daß Bewußtsein nur insofern erfahren wird, als es Bewußtsein »von etwas« ist.

Weiter reicht allerdings die Ähnlichkeit der beiden nicht. Avenarius behauptet, daß in der Perspektive der »reinen Erfahrung« Realismus und Solipsismus zusammenfallen, weil es für seine phänomenalistische Beschreibung der Erfahrung keinen Unterschied macht, ob andere Wesen mit Bewußtsein existieren oder nicht. Die Gegenstände der reinen Erfahrung sind *Tatsachen*, nicht Wahrnehmungen: ». . . unter reiner Erfahrung verstehen wir Erfahrung als unmittelbares Erkennen der Tatsachen; diese Tatsachen können Dinge oder Verhältnisse, Gedanken, Gefühle, Überzeugungen oder Ungewißheit sein[65].« Avenarius' Ziel ist die Systematisierung alles dessen, was unsere Erfahrung ausmacht in einer zentralen Vorstellung, die einen vollkommen abstrakten Begriff, den »reinen Universalbegriff«, liefere, welcher das einfachste mögliche (ökonomischste) Bild unserer Erfahrung wäre und somit die philosophische Version des »natürlichen Weltbegriffs« darstelle.

Diese Systematisierung müßte eine physiologische Beschreibung physikalischer Phänomene beinhalten, die zum Kontext einer Gesamtheit der Erfahrung auf der Basis einer Assoziationspsychologie entwickelt würde. Das Ziel der Konstruktion dieser Welt-Abbildung wäre die Vereinfachung und Systematisierung des Erfahrungsbegriffs, so daß er in der Theorie leichter handhabbar würde. Philosophie wird für Avenarius zum »Denken der Welt gemäß den Prinzipien des kleinsten Kraftmaßes«. (So lautet der Titel seiner *Prolegomena zu einer Kritik der reinen Erfahrung*[66].) Mach war mit diesem Programm durchaus einverstanden; er sah in ihm eine Exemplifizierung seines Prinzips der »Denkökonomie« und zugleich einen wichtigen Beitrag zur Klärung des Verhältnisses von Physischem und Psychischem. Vor dem Hintergrund solcher Überlegungen ging Mach an eine Analyse des Wesens der »Vorstellungen« in der Physik.

Für Mach waren physikalische Theorien Beschreibungen, mit denen die Erfahrungen, welche in Sinnesdaten bestehen, vereinfachend zusammengefaßt werden, wodurch der Wissenschaftler in die Lage versetzt wird, richtige Voraussagen zu treffen. Mathematische und logische Operationen dienen der vereinfachenden Organisation der Sinneswahrnehmungen, als der »Anpassung der Gedanken aneinander« (während die Beobachtung zur »Anpassung der Gedanken an die Tatsachen« führt)[67]. Es ist strenggenommen ungenau, von Theorien als »wahr« oder »falsch« zu sprechen; sie sind einfach mehr oder weniger nützlich, da ihre Aufgabe eher darin besteht, Beschreibungen von Sinnesdaten zu geben, als auf deren Grundlage »Urteile« zu liefern.

Alle Wissenschaft hat Erfahrungen zu ersetzen oder zu *ersparen* durch Nachbildung und Vorbildung von Tatsachen in Gedanken, welche Nachbildungen leichter zur Hand sind als die Erfahrung selbst und diese in mancher Hinsicht vertreten können. Diese *ökonomische* Funktion der Wissenschaft, welche deren Wesen ganz durchdringt, wird schon durch die allgemeinsten Überlegungen klar. Mit der Erkenntnis des ökonomischen Charakters verschwindet auch alle Mystik aus der Wissenschaft.[68]

Metaphysische Elemente in der Wissenschaft verstoßen gegen deren wesentliches Merkmal, die Denkökonomie. Die Konzeption des »Absoluten« in Newtons Begriffen von Raum, Zeit und Bewegung sind überflüssig, ein »begriffliches Ungetüm«. Machs Ansicht über Newtons Absoluta sind bündig zusammengefaßt in seinen Bemerkungen zur »absoluten Zeit«:

Diese absolute Zeit kann an gar keiner Bewegung abgemessen werden, sie hat also auch gar keinen praktischen und auch keinen wissenschaftlichen Wert, niemand ist berechtigt, zu sagen, daß er von derselben etwas wisse, sie ist ein müßiger »metaphysischer« Begriff.[69]

187

Machs Weg, diese überflüssigen Zusätze zu durchschauen – und so zu lernen, wie man sie los wird –, ist ein historisches so gut wie kritisches Studium der Prinzipien der Mechanik. Passend daher der Titel seines Hauptwerks: *Die Mechanik in ihrer Entwicklung, historisch-kritisch dargestellt*; Ausdruck der gleichen geistigen Haltung ein anderer Titel: *Die Geschichte und die Wurzel des Satzes von der Erhaltung der Arbeit*. Zur Rechtfertigung seiner Konzeption von der Naturwissenschaft als einer denkökonomischen Beschreibung von Sinnesdaten, mußte er erklären, wie Faktoren, die damit nichts zu tun hatten, Eingang in frühere physikalische Theorien gefunden hatten. In seiner Analyse der Ursprünge bestimmter wissenschaftlicher Ideen konnte er zeigen, wie Wissenschaftler sich zur Formulierung von Erklärungen verleiten ließen, die die Grenzen des Wahrnehmbaren überschritten. Das Auftreten metaphysischer Elemente, wie etwa des Begriffs der »Kraft« in der Mechanik, wird plausibel durch den Hinweis darauf, daß die Mechanik in einer Zeit mündig wurde, in der die Menschen tief in theologische Probleme verstrickt waren.

Der Unbefangene wird nicht mehr darüber im Zweifel sein, daß das Zeitalter, in welches die Hauptentwicklung der Mechanik fiel, *theologisch* gestimmt war. Theologische Fragen wurden durch alles angeregt und hatten auf alles Einfluß. Kein Wunder also, wenn auch die Mechanik von diesem Hauch berührt wurde. Das Durchschlagende der theologischen Stimmung wird noch deutlicher, wenn wir auf Einzelheiten eingehen. [70]

Das historische Ingredienz von Machs Kritik der Naturwissenschaft soll die Grenze aufzeigen, innerhalb deren sinnvolle und nützliche wissenschaftliche Forschung möglich ist. Es hat darüber hinaus auch einen heuristischen Wert, denn:

Die historische Untersuchung des Entwicklungsganges einer Wissenschaft ist sehr notwendig, wenn die aufgespeicherten Sätze nicht allmählich zu einem System von halb verstandenen Rezepten oder gar zu einem System von Vorurteilen werden sollen. Die historische Untersuchung fördert nicht nur das Verständnis des Vorhandenen, sondern legt auch die Möglichkeit des Neuen nahe, indem sich das Vorhandene eben teilweise als konventionell und zufällig erweist. Von einem höheren Standpunkt aus, zu dem man auf verschiedenen

Wegen gelangt ist, kann man mit freierem Blick ausschauen und noch heute neue Wege erkennen.[71]

Einerseits gesteht Mach der Mechanik lediglich einen historisch begründeten Anspruch auf den Vorrang unter den verschiedenen Zweigen der Physik zu, andererseits will er innerhalb der Mechanik durch ein genaueres Verständnis ihrer Entwicklung neue Möglichkeiten eröffnen.

Machs Hinweis auf den teilweise »konventionellen und zufälligen« Entwicklungsstand der Naturwissenschaft seiner Zeit entstammt umfassenderen Überlegungen. Er glaubte, daß alles Erkennen auf eine Anpassung der Lebewesen an ihre Umwelt zielt. Alle Begriffe, Theorien, Maximen und ähnliches waren für ihn Funktionen unseres biologisch programmierten Überlebenstriebs[72]. Konzeptuelle Schemata sind ökonomische Instrumente für die Bewältigung praktischer Probleme. Als solche sind sie von Natur aus gewissermaßen eingefärbt von unseren Interessen und Motiven: »Wenn wir Tatsachen in Gedanken nachbilden, so bilden wir nie die Tatsachen *überhaupt* nach, sondern nur nach jener Seite, die für uns *wichtig* ist; wir haben hierbei ein Ziel, das unmittelbar oder mittelbar aus einem praktischen Interesse hervorgewachsen ist.«[73] Für Mach sind die Menschen als Erkennende überwiegend passiv. Erkenntnis besteht primär in der Beschreibung der Welt der Empfindungen für uns selbst, um die Anforderungen unserer Umwelt zu bewältigen. In diesem Rahmen wird die Geistesgeschichte zur Geschichte des »Überlebens« im »Daseinskampf« der Ideen. Auch Theoriekonzepte müssen Herausforderungen durch Rivalen bestehen, um Anhänger zu finden, und das heißt eben: um zu überleben. Sie müssen sich an die Tatsachen und aneinander anpassen.

Man sollte erwarten, daß einem Wissenschaftler, der sich als Vorkämpfer gegen die Metaphysik versteht, bei der Darlegung solcher Vorstellungen entgegengehalten würde, er lasse den Gegner zur Hintertüre wieder herein. Einer, der Mach in dieser Perspektive kritisierte, war Max Planck. Planck nahm Mach sozusagen bei dessen eigenen Grundsätzen und behauptete, Machs biologistische Erkenntnistheorie sei genauso metaphysisch wie die Theorien, die sie verwarf. Auch Machs Konzept vom Wesen physikalischer Theorien, nämlich deren angebliche Fundierung allein in Sinneserfahrungen, lehnte Planck ab[74]. Nach seiner Auffassung schafft der Physiker ein System der Erkenntnis unserer physikalischen Welt, indem er dieser eine Form *aufprägt*. Der menschliche Geist schaffte die mathematischen Strukturen, die aus dem empirischen Tatsachenmaterial erst jenes einheitlich organisierte System werden ließen, das die Naturwissenschaften darstellen. Er warf Mach »Anthropomorphismus« vor, also die Kardinalsünde in den physikalischen Wissenschaften. Für Planck implizierte Machs Versuch, die Physik auf eine Beschreibung von Empfindungen zu gründen, die Annahme einer obskuren Identität von »physischen« und »psychischen« Zuständen.

Andererseits hatte Planck keinen Einwand gegen das Prinzip der Denkökonomie als Grundlage der Wissenschaft. Im Gegenteil, er behauptete sogar, daß einige der von Mach verworfenen Theorien mit diesem Prinzip gut übereinstimmten. »Es würde mich gar nicht wundern, wenn ein Mitglied der Machschen Schule eines Tages mit der großen Entdeckung herauskäme, daß die Wahrscheinlichkeitshypothese oder daß die Realität der Atome gerade eine Forderung der wissenschaftlichen Ökonomie ist.«[75] Plancks Worte waren prophetisch, denn Einsteins wissenschaftliche Karriere sollte den Prozeß einer solchen Entdeckung widerspiegeln. Tatsächlich führte ein striktes Festhalten an Machs Prinzipien Einstein schließlich zur Verwerfung der meisten konkreten Theorien Machs[76]. In dieser Debatte mit Mach enthielt Plancks Standpunkt bemerkenswerterweise die Weiterentwicklung der Arbeit eines Physikers, den Mach selbst gekannt und geschätzt hatte. Dieser Physiker, der nach einem Wort von Helmholtz »durch seltenste Gaben des Geistes und Charakters begünstigt«[77] war und der Anfang der neunziger Jahre viel zu früh, im Alter von 37 Jahren, verstarb, war Heinrich Hertz.

Der fundamentale Gegensatz zwischen Hertz und Mach kommt in der folgenden Bemerkung des letzteren zum Ausdruck:

Es kann nicht die Aufgabe eines Naturforschers sein, einen Philosophen wie Kant, der aus den Zeitverhältnissen beurteilt werden muß, zu kritisieren oder zu widerlegen. Nebenbei gesagt wäre es auch keine große Heldentat mehr, die Unzulänglichkeit der Kantschen Philosophie zur Leitung der modernen Naturforschung aufzuzeigen.[78]

Hertz konnte als Schüler von Helmholtz die Bedeutung von Kants Erkenntnistheorie für die theoretische Physik nicht übersehen. Dagegen war für Mach der sicherste Leitfaden in allen epistemologischen Fragen Humes skeptischer Psychologismus. Es steht fest, daß Mach Hertz' *Prinzipien der Mechanik* mit großem Interesse las, aber er scheint den signifikanten Unterschied zwischen seiner eigenen Konzeption vom Wesen physikalischer Theorien und der von Hertz in der Einleitung zu den *Prinzipien* vorgeschlagenen nicht bemerkt zu haben. Während er die Eliminierung der traditionellen »physikalischen« Seite (wie etwa des »Kraftbegriffs«) aus der Mechanik durch Hertz rühmend hervorhob, übersah er, daß die Grundbegriffe des Hertzschen Systems durchweg kantianisch waren.

Machs generelles Mißverständnis gegenüber Hertz wird in seinen Anmerkungen zum Begriff *Bild*, der eine zentrale Funktion in Hertz' physikalischer Theorie hat, exemplarisch deutlich. Mach meint, daß »Hertz den Ausdruck *Bild* im Sinn des alten englischen Philosophieterminus *idea* gebraucht und ihn auf Ideen- und Begriffssystems aller möglichen Bereiche anwendet«[79]. Eine aufmerksame Lektüre der Einführung zu den *Prinzipien der Mechanik* bestätigt diese Auffassung nicht. Unter »Bildern« oder »Abbildungen« versteht Hertz etwas ganz anderes als den englisch-empiristischen Begriff der *ideas*. Was er zu entwickeln versucht, ist in Wirklichkeit eine Theorie mathematischer Modelle[80]. Gewiß kann man seine Wortwahl unglücklich finden; dies hängt zumindest teilweise mit der Vagheit des Terminus *Bild* zusammen. Aber es ist bezeichnend, daß Hertz seine *Bilder* in der Interpretation durchweg als *Darstellungen* und nicht als *Vorstellungen* auffaßte.

Hätte er die »ideas« der britischen Philosophen oder etwas wie »Empfindungen« im Sinne gehabt, wäre *Vorstellungen* das angemessene Wort gewesen. (Damit wäre er beim Sprachgebrauch der deutschen Philosophen für die Bezeichnung des geistigen Bildes, das von einer Sinneswahrnehmung hervorgerufen wird, geblieben.) Schopenhauer etwa nannte sein Hauptwerk *Die Welt als Wille und Vorstellung*; Avenarius' philosophisches Ziel ist ein *reiner Universalbegriff*, der alles, was essentiell für die Erfahrung ist, in einem einzigen vollständig allgemeinen Konzept »repräsentieren« soll[81]. Hertz dagegen verwendet das Wort *Darstellung*, wenn er auf die Funktion seiner Bilder bzw. Abbildungen hinweist. Damit meint er nicht eine bloße Reproduktion von Sinneseindrücken, sondern eher (als Beispiel) das ganze System der Mechanik in dem Sinne, in dem etwa auch Machs *Mechanik in ihrer Entwicklung* . . . »historisch-kritisch *dargestellt*« ist. Bei einer solchen Darstellungsweise sind die Menschen nicht primär passive Zuschauer der *Geschehnisse* (in Gestalt Humescher »Eindrücke« oder Machscher »Empfindungen«) auf der Bühne ihrer eigenen Innenwelt. Im Gegenteil, Darstellungen sind planvoll *konstruierte* Schemata der Erkenntnis. Hertz charakterisiert diese »kognitiven Schemata« oder »Modelle« so:

Verschiedene Bilder derselben Gegenstände sind möglich und diese Bilder können sich nach verschiedenen Richtungen unterscheiden. Als unzulässig sollten wir von vornherein solche Bilder bezeichnen, welche schon einen Widerspruch gegen die Gesetze unseres Denkens in sich tragen und wir fordern also zunächst, daß alle unsere Bilder logisch zulässige oder kurz zulässige seien. Unrichtig nennen wir zulässige Bilder dann, wenn ihre wesentlichen Beziehungen den Beziehungen der äußeren Dinge widersprechen, das heißt, wenn sie jener ersten Grundforderung nicht genügen. Wir verlangen demnach zweitens, daß unsere Bilder richtig seien. Aber zwei zulässige und richtige Bilder derselben äußeren Gegenstände können sich noch unterscheiden nach der Zweckmäßigkeit. Von zwei Bildern desselben Gegenstandes wird dasjenige das zweckmäßigere sein, welches mehr wesentliche Beziehungen des Gegenstandes widerspiegelt als das andere; welches, wie wir sagen wollen, das deutlichere ist. Bei gleicher Deutlichkeit wird von zwei Bildern dasjenige zweckmäßiger sein, welches neben den wesentlichen Zügen die geringere Zahl überflüssiger oder leerer Beziehungen enthält, welches also das einfachere ist. Ganz werden sich leere Beziehungen nicht vermeiden lassen, denn sie kommen den Bildern schon deshalb zu, weil es eben nur Bilder und zwar Bilder unseres besonderen Geistes sind und also von den Eigenschaften seiner Abbildungsweise mitbestimmt sein müssen.[82]

Die drei Tests, denen eine Darstellung der mechanischen Phänomene genügen muß, sind also logische Folgerichtigkeit, Übereinstimmung mit empirischen Daten und Einfachheit oder Eleganz der Darstellung. Wir müssen dementsprechend die innere Struktur oder Artikulation unserer mathematischen Bilder mechanischer Phänomene von ihrer Beziehung zu den empirisch gegebenen Tatsachen unterscheiden. Der erstere Aspekt, der die Schritte der mathematischen Deduktion (Konsistenz oder Zulässigkeit) sowie Systematik und Form der Darstellung (Einfachheit oder Angemessenheit) umfaßt, ist das grundlegende Element in Hertz' System und wird im Band I seiner *Prinzipien* untersucht. Im zweiten Band diskutiert Hertz die Möglichkeiten, ein solches quasi apriorisches deduktives System mit der Erfahrungswelt zu verbinden. Beide Bände zusammen konstituieren Hertz' eigene Darstellung der Wissenschaft von der Mechanik. Er vergleicht diese Darstellung mit einer »systematischen Grammatik«; und um einen Hinweis auf das Verhältnis seines Systems zu den traditionellen Darstellungen der Mechanik zu geben, vergleicht er diese mit elementaren Schulgrammatiken, die ein Hilfsmittel für Anfänger beim Lernen einer neuen Sprache sind:

Zu dieser Darstellung verhält sich die von uns hier vorgeführte etwa wie die systematische Grammatik einer Sprache zu einer Grammatik, welche den Lernenden möglichst bald erlauben soll, sich über die Notwendigkeiten des täglichen Lebens zu verständigen. Man weiß, wie verschieden die Anforderungen an beide sind und wie verschieden ihre Anordnungen ausfallen müssen, wenn beide ihrem Zweck so genau wie möglich entsprechen sollen.[83]

Um die Neuartigkeit von Hertz' Theorie zu würdigen, wollen wir noch einmal zu dem Vergleich seiner Ideen mit denen Machs zurückkehren. Machs Kritik der Darstellungen in der Physik ist historisch und polemisch. Er versucht anhand einer Rekapitulation der Entwicklung in der Mechanik zu zeigen, warum diese gerade so verlief wie sie es tat, indem er vom distanzierten Standpunkt des Betrachters aus die jeweiligen Einfallstore der Metaphysik und damit der wissenschaftlichen Konfusionen aufzeigt. Machs Programm involviert den grundsätzlichen Glauben, daß die Grenzen sowohl der Mechanik als auch der Naturwissenschaften im allgemeinen von einem »Reduktionsverfahren« festgelegt werden, das Aussagen über physikalische Phänomene auf ihre Evidenzbasis in Aussagen über Sinnesempfindungen zurückführt. Er erlegt der Mechanik ihre Grenzen gewissermaßen *von außen her* auf. Die Konzeption der mathematischen Modelle, die Hertz vorschlug, hat demgegenüber einen erheblichen Vorteil: die Grenzen dieser Modelle zeigen sich an ihnen selbst, werden also sozusagen *von innen* festgelegt.

Unser Grundgesetz, vielleicht ausreichend die Bewegung der toten Materie darzustellen, erscheint wenigstens der flüchtigen Schätzung zu einfach und zu beschränkt, um die Mannigfaltigkeit selbst des niedrigsten Lebensvorgangs wiederzugeben. Daß dem so ist, scheint mir nicht ein Nachteil, sondern eher ein Vorzug unseres Gesetzes. Eben weil es uns gestattet, das Ganze der Mechanik umfassend zu überblicken, zeigt es uns die Grenzen dieses Ganzen. [84]

So fixiert Hertz in der Darlegung seiner Theorie der Bilder zugleich die Grenzen ihrer Anwendbarkeit. Das Bild als solches *zeigt* uns die Grenzen jeder möglichen Erfahrung, die »mechanisch« genannt werden kann.

Hertz' Bilder, deren Struktur ihren Anwendungsbereich vorschreibt, kennzeichnen eine deutliche Verbesserung gegenüber dem grundbegrifflichen Apparat, den Mach verwendet hatte und dessen Symbole sprachliche »Kopien« oder »Namen« von Sinneserfahrungen sein sollten. Denn ihr Fundament ist nicht psychologisch und deskriptiv, sondern logisch-mathematisch. Gemessen an Machs eigenem Prinzip der Denkökonomie erfüllen diese Strukturen die Funktion, Erfahrung für den Wissenschaftler »antizipierbar« zu machen, besser, als es Machs Beschreibungen taten. Man könnte fast sagen, daß eine historische Kritik von der Art der Machschen genau jener elementaren »Schulgrammatik« gleicht, der Hertz seine Mechanik als »systematische Grammatik« gegenübergestellt hatte. Sie weist auf die historische Tatsache hin, daß verschiedene Systeme der Mechanik dieselben Phänomene erklärt haben, ohne daß einem von ihnen eine grundsätzliche Priorität zukäme, außer einer solchen, die auf der Ökonomie der Darstellungsweise beruht. Das System, das die umfassendsten Voraussagen für den Wissenschaftler ermöglicht, bleibt natürlich das zweckmäßigste, vor allem dann, wenn es philosophischen Fallstricken so gut auszuweichen weiß wie das von Hertz.

Aufschlußreich erscheint weiterhin, daß sich Hertz' Theorie weniger aus einer abstrakten philosophischen Analyse entwickelte als vielmehr im Wege praktischer Problemlösung. Hertz hatte versucht, ein genaueres Verständnis der Maxwellschen Theorie des Lichts zu erarbeiten, indem er die verschiedenen Gleichungssysteme Maxwells untersuchte; er wollte ermitteln, welche Behauptungen über die innere »Natur« der elektromagnetischen Phänomene in Maxwells Theorie enthalten waren. Es fiel Hertz auf, daß Maxwell tatsächlich nichts über die pysikalische Natur dieser Phänomene sagte. Seine Gleichungen waren logische Formeln, die ihm einfach den theoretischen Umgang mit den Phänomenen und ein Verständnis ihrer Funktionszusammenhänge ermöglichten. Kurz, Hertz begriff, daß »die Maxwellsche Theorie das System der Maxwellschen Gleichungen (ist)«[85]. Es wurde ihm klar, daß mathematische Formeln einen operativen Rahmen für den Umgang mit physikalischen Problemen liefern konnten und auf diese Weise die Möglichkeit der Projektion einer logischen Struktur auf die physikalische Realität eröffneten.

Die Elemente einer solchen Struktur oder eines solchen Modells müssen nicht aus der Wahrnehmung *abgeleitet* werden; sie korrespondieren vielmehr mit *logisch möglichen Folgerungen* aus beobachteten Ereignissen. Sie vereinfachten damit Erfahrung (und deren Antizipation) weitergehend, als es psychologische Reproduktionen von Empfindungen und deren Verknüpfungen vermögen. Mach hatte seine Theorie der physikalischen Vorstellungen auf der allgemeineren Grundlage einer Basiswissenschaft »Psychophysik« entwickelt, deren historische Wurzeln er bis zu den psycho-physiologischen Theorien Herbarts, zu dessen Konstruktion des »intelligiblen Raumes« und der »Organisation der Sinne«, zurückverfolgte. Seit der Zeit Carnots, als man ent-deckte, daß es in der neuen Wissenschaft der Thermodyna-mik keinerlei Bildes oder Modells bedurfte, um die Natur der Wärme zu erklären, gab es unter den europäischen Physikern eine weitverbreitete Haltung der Abwehr gegenüber hypo-thetischen Modellen in der Naturwissenschaft. Zur Zeit Plancks jedoch erforderten neue Entwicklungen in der Phy-sik neue Erklärungsmodelle, und diese nahmen komplexe mechanische Hypothesen in Anspruch, deren bekanntestes Beispiel die Atomtheorie ist. Mit seinem Angriff auf das Atommodell und das idealisierende hypothetische Denken, das es exemplifizierte, drückte Mach die Attitüde einer frü-heren Forschergeneration aus. Für Männer wie Planck oder Boltzmann war dagegen die Atomtheorie ein wichtiger Teil der Ökonomie in der Wissenschaft.

Das kantische Element in Hertz' Interpretation der physi-kalischen Theorie ist auch in den Ideen Ludwig Boltzmanns offenkundig, jenes Mannes, der die »statistische Mechanik« inaugurierte, die nicht nur der Thermodynamik des 20. Jahr-hunderts zugrunde liegt, sondern in gewissem Sinn der gan-zen modernen Einstellung zur theoretischen Physik. (Daß Boltzmann im übrigen großen Teilen der Kantischen Philo-sophie ablehnend gegenüberstand, sollte allerdings nicht übersehen werden.) Boltzmann nahm die Hertzsche Auffas-sung der Mechanik als eines Systems zur Darstellung »mög-licher Folgen von beobachteten Ereignissen« zum Aus-gangspunkt für eine generelle Methode der theoretischen Analyse in der Physik, mit der das »mechanische« Weltbild, das Boltzmann gegenüber allen »energetischen« Interpreta-tionen der Physik verteidigte, theoretisch abgestützt werden sollte: »Die Mechanik ist das Fundament, auf welches das ganze Gebäude der Physik aufgebaut ist, die Wurzel, welcher alle übrigen Zweige dieser Wissenschaft entsprießen.«[86]

Boltzmanns Ziel dabei war es primär, eine atomistisch-mechanische Interpretation des 2. Hauptsatzes der Thermo-dynamik, der die unumkehrbare Ablaufrichtung physikalischer Prozesse festlegt, zu liefern. Er entwickelte seine Methode daher als Analyse der verschiedenen molekularen Zustände von Gasen bzw. der Regeln, nach denen jeweils konkrete Zustände in andere übergehen. Jeder unabhängigen Eigenschaft jedes Teilchens eines physikalischen Systems – hier eines bestimmten Gasvolumens – wird theoretisch jeweils eine individuelle Koordinate in einem multidimensionalen Koordinatensystem zugeordnet. Alle möglichen Raumstellen für jeden einzelnen Partikel des Systems sind dann etwa längs dreier räumlicher Bezugsachsen angeordnet, oder alle Temperaturwerte entlang einer weiteren Achse. Die Gesamtheit der theoretischen »Punkte« in diesem multidimensionalen Koordinatensystem ergibt eine Darstellung der »möglichen Zustände« des fraglichen physikalischen Systems. Und jeder tatsächliche Zustand kann definiert werden, indem man die konkreten Punkte in diesem multidimensionalen Raum spezifiziert, deren Koordinaten den aktuellen Werten der jeweiligen Variablen des Systems entsprechen. Wegen der ungeheuer großen Zahl der Teilchen beispielsweise pro cm^3 eines Gases unter Normalbedingungen sind aber die Bewegungsgleichungen für jedes einzelne Teilchen praktisch nicht durchführbar. Boltzmann entwickelte daher ein statistisches Berechnungsverfahren. Dessen allgemeines Problem bestand nun darin, die mathematischen Formeln für die Regeln zu finden, nach denen sich – unter jeweils unterschiedlichen Annahmen und Voraussetzungen – die theoretischen Zustandsverteilungen der Partikel, bei wechselnden *tatsächlichen* Zuständen des Systems innerhalb des multidimensionalen Raumes als des Rahmens seiner *möglichen* Zustände, richten. Boltzmann gelang es zu zeigen, daß sich die wechselnden Zustandsverteilungen der Partikel in der Mikrostruktur eines physikalischen Systems nach wahrscheinlichkeitsmathematischen Regeln berechnen lassen. Die Makrozustände des physikalischen Systems zu jeweils unterschiedlichen Zeiten lassen sich daher ohne Detailkenntnis der Mikrozustände *statistisch*, als relativ wahrscheinlichste, aus diesen ableiten[87]. Auf diese Weise stellte sich auch heraus, daß der zweite Hauptsatz der Thermodynamik, der sogenannte Entropiesatz, Wahrscheinlichkeitscharakter hat: die

Mikrostruktur physikalischer Systeme strebt aus jeweils »unwahrscheinlicheren« geordneten Zuständen »wahrscheinlicheren« ungeordneten Zuständen zu, wobei dieser Prozeß unumkehrbar ist, also zeitlich nur in einer Richtung verlaufen kann.

Es würde hier zu weit führen, auch nur eine kurze Erklärung dafür zu geben, warum Boltzmanns statistische Methode der Analyse eine so bedeutende Rolle in der Physik des 20. Jahrhunderts spielte. Planck selbst, der Boltzmanns Theorien anfänglich abgelehnt hatte, erkannte sie schon kurz nach der Jahrhundertwende als genial an und entwickelte sie für seine eigene Forschung weiter. Auf diese Weise konnten doch offensichtlich alle subjektiven Bezüge – wie in »Empfindungen von Wärme« oder ähnlichem –, die die Machschen Theorien belastet hatten, endlich aus der Physik entfernt und durch strenge mathematische Berechnungen ersetzt werden[88]. Mit der späteren Wichtigkeit statistischer Erklärungen für die Quantenmechanik hat Boltzmanns Theorie an Bedeutung noch gewonnen. Vor allem seine Methode, den physikalischen Zustand eines Systems durch seine Projektion auf einen multidimensionalen Darstellungsraum zu spezifizieren, dessen Koordinaten alle unabhängigen Variablen des Systems repräsentieren können, wurde in die Standarddarstellungen der modernen Quantentheorie übernommen. Von allen technischen Einzelheiten abgesehen, lohnt es sich in unserem Zusammenhang, darauf hinzuweisen, daß dieser Begriff eines »Raumes der theoretischen Möglichkeiten«, der die Schlüsselrolle in Boltzmanns Methode der Analyse spielt, mit den folgenden Worten aus Wittgensteins *Tractatus logico-philosophicus* einigermaßen adäquat erläutert werden kann:

Die Tatsachen im logischen Raum sind die Welt. Die Welt zerfällt in Tatsachen. Eines kann der Fall sein oder nicht der Fall sein und alles übrige gleich bleiben . . .
Wir machen uns Bilder der Tatsachen.
Das Bild bildet die Wirklichkeit ab, indem es eine Möglichkeit des Bestehens oder Nichtbestehens von Sachverhalten darstellt.
Das Bild stellt eine mögliche Sachlage im logischen Raume dar.
Der Satz bestimmt einen Ort im logischen Raum . . . Der geo-

metrische und der logische Ort stimmen darin überein, daß beide die Möglichkeit einer Existenz sind.[89]

Wie wir später sehen werden, ist es kein allzu großer Schritt mehr von Boltzmanns Methode, wirkliche physikalische »Sachverhalte« als statistisch innerhalb der Gesamtmenge aller möglichen »Sachverhalte« in einem bestimmten multidimensionalen Raum verteilt aufzufassen, zu Wittgensteins »Methode der Wahrheitstafeln«: in ihnen wird die Wahrheit oder Falschheit von »molekularen« Sätzen, welche verschiedenen komplexen Kombinationen von Tatsachen entsprechen, als Funktion der Wahrheit oder Falschheit unabhängiger Elementarsätze behandelt, die ihrerseits allen unabhängigen »atomaren« Tatsachen oder Sachverhalten entsprechen, aus denen die jeweiligen Tatsachenkomplexe zusammengesetzt sind.

In der Naturwissenschaft des 20. Jahrhunderts haben sich im wesentlichen die »Bilder« (oder »Modelle«) von Hertz gegenüber den Machschen »Beschreibungen« durchgesetzt. Allerdings ging dies nicht ohne einen Kampf der Ideen ab, und der Einfluß von Machs Positivismus ist zum Beispiel noch spürbar in den Argumenten einiger Quantenphysiker (wie etwa Bohrs und Heisenbergs) über den Primat der »Observablen«[90]. Für Planck bedeutete diese Meinungsverschiedenheit zeitweilig geradezu eine Art Verfemung durch die *scientific community*. Boltzmann, der seine Arbeit durchaus in einem geistigen Zusammenhang mit der von Hertz sah, war der scharfen Kritik von seiten Machs, Ostwalds und ihrer Anhänger nur schwer gewachsen; diese Anfeindungen sind vielleicht auch einer der Gründe für die zunehmende seelische Instabilität seiner späteren Jahre gewesen, die ihn schließlich zum Selbstmord trieb – gerade als der junge Wittgenstein bei ihm sein Studium beginnen wollte. Um 1906 war der Kampf gegen die Metaphysik weitgehend zu einem dogmatischen Empirismus erstarrt, der allen hypothetischen Strukturen mißtraute. Daß sich diese Einstellung in den Wissenschaften nicht hielt, ist nicht zuletzt den Forschern in der geistigen Nachfolge von Hertz zu danken, obwohl in der Wissenschaftsphilosophie die dogmatische

Attitüde noch eine ganze Weile länger lebendig blieb, vor allem in den Arbeiten des Wiener Kreises. Unter den Wissenschaftshistorikern blieb allerdings die bahnbrechende Leistung von Hertz bis auf den heutigen Tag weit unterschätzt, trotz der hohen Achtung, die ihr ein Philosoph von so bedeutendem Rang wie Ernst Cassirer entgegenbrachte[91]. Und die über fünfzigjährige Geschichte der Interpretation von Ludwig Wittgensteins *Tractatus logico-philosophicus* wurde tief beeinflußt von Machs philosophischen Erben – den Mitgliedern des Wiener Kreises –, die das Grundanliegen eines Werkes über die Philosophie der Sprache, das, wie wir sehen werden, ganz wesentliche Einflüsse der Theorien von Hertz und Boltzmann zeigt, zu einer Art epistemologischer Übung in der Tradition des Machschen Empirismus verzerrten.

Ein erheblicher Vorzug der Hertzschen Analyse war, wie wir sagten, daß sie verdeutlichte, wie der Bereich jeder theoretischen Darstellung sich »von innen her«, also aus dieser selbst, zeigen konnte. Anders als Machs »reduktionistische« Analyse, die alle physikalischen Theorien auf ein universelles und philosophisch fundamentales System der Psychophysik rückbezog, gestattete es die Hertzsche Methode, die Gesamtheit der theoretischen Möglichkeiten zu bestimmen, zu deren Darstellung die jeweilige Theorie sinnvollerweise dienen kann, ohne sich dabei auf generelle Prinzipien außerhalb der speziellen Darstellung berufen zu müssen. Hertz schreibt dazu:

Den Überlegungen des ersten Buches bleibt die Erfahrung völlig fremd. Alle vorgetragenen Aussagen sind Urteile a priori im Sinne Kants. Sie beruhen auf den Gesetzen der inneren Anschauung und der Formen der eigenen Logik des Aussagenden und haben mit der äußeren Erfahrung desselben keinen anderen Zusammenhang, als ihn diese Anschauungen und Formen etwa haben. [92]

Jedem, dessen intellektueller Werdegang eine Würdigung der vollen philosophischen Kraft von Kants kritischem Programm einschloß, mußte die Hertzsche Auffassung vorzugswürdig erscheinen. Eine der wesentlichsten Bestrebungen Kants war es ja gerade gewesen, die prinzipiellen Grenzen der »Vernunft« aus ihr selbst und unter Vermeidung externer metaphysischer Annahmen zu zeigen. Auch in dieser Hinsicht kann man die Hertzsche Auffassung von physikalischer Theorie kantisch nennen. Und jedenfalls als solche reiht sie sich – bei all ihrer Besonderheit – in die anderen, bereits erwähnten Versuche ein, die Reichweite, Geltungsbedingungen und Grenzen der verschiedenen Medien, Symbolismen, Ausdrucksformen und Sprachen zu bestimmen – also in jene Auseinandersetzungen, die die geistige und kulturelle Atmosphäre Wiens von 1890 an beherrschten.

Um die hierbei angesprochenen philosophischen Themen in ihrem ganzen Ausmaß übersehen zu können, müssen wir sie in eine historische Perspektive stellen. Das heißt: sie unter dem Blickwinkel der beiden Männer zu betrachten, die mehr als andere den Fragen in dieser Diskussion philosophische Konturen gegeben hatten – nämlich Immanuel Kant und Arthur Schopenhauer. Kant erinnert seine Leser immer wieder daran, daß die menschliche Vernunft dazu neigt, sozusagen buchstäblich über die Stränge zu schlagen und sich dadurch selbst »in Dunkelheit und Widersprüche« zu stürzen[93]. Die ganze »kritische Philosophie« zielt auf eine Explikation der Vernunftgrenzen; sie will zeigen, wie diese Grenzen durch die der Vernunft eingeborene Tendenz, von der sinnlichen Erfahrung selbst zu einer Erklärung dieser Erfahrung zu gelangen, überschritten werden; denn eine solche Erklärung bewegt sich im Bereich der »Dinge an sich«, also jenseits der Vernunft. Es gibt eine gleichsam natürliche Disposition der Vernunft zu solchen Versuchen, die Wahrnehmungswelt als intelligible Welt jenseits der Wahrnehmungsmöglichkeiten zu erklären. Solche Erklärungen kennzeichnen die verschiedenen Spielarten der Metaphysik, die nicht nur eine der Wissenschaften, sondern deren Königin zu sein beansprucht. Die *Kritik der reinen Vernunft*, die 1781 erschien, war eine Attacke auf diesen Anspruch. (Tatsächlich beabsichtigte Kant ursprünglich, das Werk – in Anlehnung an Lessings *Laokoon – Die Grenzen der Sinnlichkeit und der Vernunft* zu nennen.)

Was Kant unter anderem gegenüber der Behauptung eines wissenschaftlichen Status der Metaphysik argwöhnisch machte, war die Vielfalt verschiedener, oft kontradiktorischer metaphysischer Systeme. Die Naturwissenschaft (oder, nach der damaligen Terminologie, die »Naturphilosophie«) zeigte keine solche divergierende Vielfalt. Das Wissen, welches sie sammelte und festhielt, entstand kumulativ. Jeder Wissenschaftler konnte auf dem Werk seiner Vorgänger aufbauen; der Metaphysiker konnte das nicht. Die Naturwissenschaft ergab ein *Wissensgebäude*, die Metaphysik dagegen ein Kaleidoskop von Widersprüchen. Beide waren sie für Kant Schöpfungen der Vernunft; aber der große praktische Unterschied zwischen ihnen machte eine Untersuchung der Grundlagen jeder »wissenschaftlich« zu nennenden Erkenntnis notwendig. Die daraus entstandene *Kritik der reinen Vernunft* war nach Kants eigenen Worten das philosophische Äquivalent zur Revolution des Kopernikus in der Astronomie. Sie brachte die radikalste Umwälzung in der Philosophie seit der Entdeckung des Parmenides, daß logische Kohärenz unabdingbar für jede mögliche Welterklärung ist, und mündete in Kants Zurückweisung aller Wissenschaftsansprüche der Metaphysik.

Der Drang, über die Grenzen jeder möglichen Erfahrung hinauszugehen, liegt für Kant im Wesen der Vernunft selbst. Er nennt ihn eine »Naturanlage« unserer Vernunft[94]. Da Kant hierbei ausdrücklich weder eine psychologische noch eine anthropologische Frage ansprechen wollte, kann dies nur bedeuten, daß er es für ein *essentielles* Merkmal der Vernunft hielt, ihr Weltbild durch Streifzüge jenseits jeder möglichen Erfahrung vervollständigen zu wollen. Metaphysik ist daher in gewissem Sinne die »menschlich ursprünglichste« unserer geistigen Aktivitäten.

Denn Metaphysik ist vielleicht mehr als irgendeine andere Wissenschaft durch die Natur selbst ihren Grundzügen nach in uns gelegt und kann gar nicht als das Produkt einer beliebigen Erweiterung beim Fortgang der Erfahrungen (von denen sie sich gänzlich abtrennt) angesehen werden.[95]

Obwohl eine klare Vorstellung des »Jenseits« unserer Erfahrung nicht möglich ist, gibt sich die Vernunft mit den Erfahrungsinhalten nicht zufrieden. Daher postuliert sie, ohne die

Möglichkeit einer Rechtfertigung, die wirkliche Existenz von realen Korrelaten ihrer Ideen.

Was Ideen wie »Seele«, »Welt«, und »Gott« angeht, so sind sie, obgleich sie unsere Erkenntnis nicht erweitern, dennoch nicht ohne Funktion. Dem Wissenschaftler können sie als »regulative Prinzipien« dienen, ihm etwa die Idee einer möglichen »Einheit« der Wissenschaften (gegenüber einer »einheitlichen Welt«) geben und so eine Leitfunktion für das angestrebte Ziel erfüllen, ».. . Erfahrung in ihr selbst der Vollständigkeit so nahe wie möglich zu bringen . . .«[96]. In ähnlicher Weise können sie den Ethiker vor der Erfahrungs- und Verstandessuggestion bewahren, Materialismus, Naturalismus oder Fatalismus als zwingend und damit auch für die Ethik gültig zu akzeptieren. So beziehen sich jene spekulativen Ideen der Vernunft auf die Sittenlehre zwar nicht wesentlich, aber gleichsam als deren Grundorientierungen. Die Schöpfungen unserer Vernunft jenseits der Erfahrungsgrenzen sind daher nicht bedeutungslos; sie stellen lediglich als bloße Ideen keine Erweiterung unseres Wissens dar.

Wir wollen für ein genaueres Verständnis dieser Theorie von den »Grenzen der Vernunft«, die gewissermaßen der philosophiegeschichtliche Untergrund jener Debatte über Sprache und Werte im Wien von 1890-1914 war, noch Kants Unterscheidung von »Schranken« und »Grenzen« betrachten. »Grenzen (bei ausgedehnten Wesen) setzen immer einen Raum voraus, der außerhalb einem gewissen bestimmten Platze angetroffen wird und ihn einschließt«, sagt Kant; andererseits »bedürfen Schranken dergleichen nicht, sondern sind bloße Verneinungen, die eine Größe affizieren, sofern sie nicht absolute Vollständigkeit hat«[97]. Daher »erkennt in der Mathematik und Naturwissenschaft die menschliche Vernunft zwar Schranken, aber keine Grenzen, d. h. zwar, daß etwas außer ihr liege, wohin sie niemals gelangen kann, aber nicht, daß sie selbst in ihrem inneren Fortgange irgendwo vollendet sein werde«[98]. Mathematik und Physik werden immer fortfahren, Erscheinungen zu erklären. Die Zahl der Phänomene, die sie entdecken und erfassen können, ist unbegrenzt. Gleichwohl sind ihre möglichen Entdeckungen beschränkt auf den Bereich der Erscheinungen. Sie können ihrer Natur nach die »Dinge an sich« nicht erfassen, sondern sind als Zweige der Erkenntnis immer auf die Art und Weise, wie die Gegenstände unserer Sinneserfahrung gegeben sind, verwiesen. Eine Wissenschaft der Metaphysik (wenn es so etwas geben könnte) würde nicht zu den Schranken, sondern zu den Grenzen der spekulativen Vernunft führen; sie würde die Grenzen des Vorstellbaren im Unterschied zu den Schranken des Tatsächlichen erreichen.

Kants Kritik hatte in der Ethik besonders weitreichende Implikationen. Moralität konnte nicht mehr auf irgendein »Naturgesetz« oder »die menschliche Natur« gegründet werden. Für Kant entstammte die »absolute Pflicht«, die den Willen an das Hervorbringen moralischer Handlungen bindet, keinerlei äußerem Zweck, keiner äußerlichen Nötigung der Handlung mehr: sie entstammte allein dem Willen selbst:

Der gute Wille ist nicht durch das, was er bewirkt oder ausrichtet, nicht durch seine Tauglichkeit zur Erreichung irgendeines vorgesetzten Zweckes, sondern allein durch das Wollen, d. i. an sich gut ... Die Nützlichkeit oder Fruchtlosigkeit kann diesem Werte weder etwas zusetzen noch abnehmen[99].

Kant findet den Grund des moralisch guten Willens in diesem selbst, also weder in einer übersinnlich-transzendenten, noch in der sinnlich-empirischen Welt. Damit entspringt die absolute Pflicht aber der *Vernunft*, die ohne äußerliche Bestimmungsgründe diese Pflicht als allein dem Willen selbst zugehörig erkennen kann:

Aus dem Angeführten erhellet: daß alle sittlichen Begriffe völlig a priori in der Vernunft ihren Sitz und Ursprung haben, und dieses zwar in der gemeinsten Menschenvernunft, als der im höchsten Maße spekulativen; daß sie von keinem empirischen und darum bloß zufälligen Erkenntnisse abstrahiert werden können; daß in dieser Reinigkeit ihres Ursprungs eben ihre Würde liege, um uns zu obersten praktischen Prinzipien zu dienen.[100]

Die Vernunft kann nach Kant nur das erkennen, was sie selbst hervorbringt, und nur dafür kann sie auch verantwortlich sein. Wie alle systematische Erkenntnis von Formen, Strukturen und notwendigen Verknüpfungen in der empirischen Natur das Ergebnis einer Anwendung apriorischer

Formen der Verstandestätigkeit auf die sinnlich vermittelten Wahrnehmungen ist, so besteht auch die Grundlage der Moralität unserer Handlungen allein in der autonomen Gesetzgebung der Vernunft. In der Metaphysik treibt die Vernunft über die Verstandesgrenzen hinaus zur Konzeption eines »unbedingt Notwendigen«, das alleine sie zufriedenstellen kann. Ähnlich ist im Bereich der Sittlichkeit der einzige Bestimmungsgrund, der die praktische Vernunft befriedigt, eine »unbedingte Notwendigkeit«, als absolute Pflicht des Willens:

> Der spekulative Gebrauch der Vernunft, *in Ansehung der Natur*, führt auf absolute Notwendigkeit irgendeiner obersten Ursache *der Welt*; der praktische Gebrauch der Vernunft, *in Absicht auf die Freiheit*, führt auch auf absolute Notwendigkeit, aber nur *der Gesetze der Handlungen* eines vernünftigen Wesens als eines solchen. [101]

Hier ist der Ursprung des kategorischen Imperativs, des obersten Gesetzgebers und Richters aller menschlichen Handlungen. In ihrer spekulativen Funktion gibt die Vernunft die Gesetze jeder möglichen Form der sinnlichen Erfahrung und schafft dabei selbst das, was die Natur als »System« erkennbar macht. In ihrer praktischen Funktion ist die Vernunft Gesetzgeberin ihrer selbst als der Ursache des Handelns. Was für die spekulative Vernunft Chimären sind – die transzendenten Ideen »Gott«, »Freiheit« und »unsterbliche Seele« – erscheint hier in anderem Licht: als konstitutive Organisationsprinzipien eines Verhaltens gemäß den Vernunftgesetzen. Die praktische Anwendung der Vernunft auf das Verhalten erfordert, daß sie sich in einer noumenalen Welt denke, in einem intelligiblen »Reich der Zwecke«, in dem die Begriffe von Freiheit, Unsterblichkeit und Gott Bedeutung erhalten. Nach Kant bezieht sich die Ethik daher auf das Handeln vernünftiger Wesen genau und gerade insoweit, als sie vernünftig sind. Und er erstreckt den Geltungsanspruch dieser Ethik nicht bloß auf die Menschen, sondern auf alle denkbaren vernünftigen Wesen.

Ausgehend von der Vorstellung, daß die Vernunft eine ihr eingeborene Tendenz zur Überschreitung ihrer Schranken hat, gelangt Kants Kritik zur Bezeichnung und Unterscheidung zweier Sphären der »Spontaneität«, d. h. der Aktivität der Vernunft: der Sphäre der Tatsachen und jener der Werte. In beiden Bereichen gründet alle »Notwendigkeit« in einer ursprünglichen Selbstbestimmung der Vernunft. Wie im ersteren, dem der empirischen Erkenntnis, das Streben, eine außerhalb der Erscheinungswelt liegende und sie bedingende »unbedingte« Ursache zu finden, geistige Monstrositäten erzeugt, welche die Spekulation blenden, so bedeutet im zweiten, dem der Ethik, jeder Versuch, die Moralität von Handlungen mit außerhalb des Handlungswillens liegenden Zweckmäßigkeiten zu begründen, in Wahrheit die Lehre von der Unfreiheit des Willens. Der unbedingte, seinen Zweck nur in sich tragende Wille, wird so zur Grundlage des Sittlichen. In der Tat ist es das Hauptanliegen der Kantschen Vernunftkritik, den wahren Status des sittlichen Wertes aufzuzeigen; ihr beherrschender Gedanke ist der vom »Primat der praktischen Vernunft«. Die Dogmen von Materialismus, Naturalismus, Atheismus, Fatalismus und andere werden zurückgewiesen. Keines der Natursysteme hat etwas mit dem Charakter des Menschen als eines vernünftigen Wesens zu tun; sie können daher keine Grundlage der Ethik liefern. Die Vernunft selbst und nur sie ist zur Einsicht in das Unbedingte des sittlichen Willens in der Lage. Da Kant die Systeme der dogmatischen Metaphysik als Bedrohung der Lehre von der menschlichen Freiheit und damit auch der Sittlichkeit empfand, unternahm er es, ihren bestenfalls fiktiven Charakter aufzuzeigen. In der Bestimmung der Vernunftschranken sah er zugleich einen Dienst für die Naturphilosophie, denn ». . . es ist nicht Vermehrung, sondern Verunstaltung der Wissenschaften, wenn man ihre Grenzen ineinanderlaufen läßt«[102]. (Die Logik war ihm das perfekte Beispiel einer Wissenschaft, die auf die von ihm geforderte Art begrenzt war; daraus bezieht sie ihren großen Wert für das Denken: ». . . daß es der Logik so gut gelungen ist, diesen Vorteil hat sie bloß ihrer Eingeschränktheit zu verdanken . . .«[103]) Kurz, die kritische Philosophie bestimmt den Bereich einer sinnvollen Anwendung der Naturwissenschaften und schützt zugleich den der Sittlichkeit vor der Maßlosigkeit einer spekulativen Vernunft, die ihre Grenzen verkennt.

Es gab vielleicht keinen Philosophen, der sich so sehr als Kantianer verstand wie Arthur Schopenhauer. Er polemisierte rastlos gegen jene Denker, welche die kritische Philosophie in die grandiosen idealistischen Systeme des frühen 19. Jahrhunderts transformiert hatten. Vor allem Hegel war die Zielscheibe seines Zorns:

> Man fängt allgemein an, inne zu werden, daß die wirkliche und ernstliche Philosophie noch da steht, wo Kant sie gelassen hat. Jedenfalls erkenne ich nicht an, daß zwischen ihm und mir irgendetwas in derselben geschehen sei; daher ich unmittelbar an ihn anknüpfe. [104]

Ironischerweise hat die Philosophiegeschichte gezeigt, daß Schopenhauer viel mehr mit den Idealisten gemein hatte, als er zugab; er glaubte, da zu beginnen, wo Kant aufgehört hatte. Sein Hauptwerk *Die Welt als Wille und Vorstellung* hatte neben der kantischen eine Wurzel in östlichen Denkweisen, deren Bedeutung für die westliche Philosophie er wohl als erster begriff (sieht man etwa von Leibniz' Interesse am *I Ging* ab).

Der Titel von Schopenhauers Buch spiegelt seine Grundvorstellung wider, daß die Welt zwei fundamentale Aspekte aufweist, die (in einer etwas groben Vereinfachung) Kants praktischer und spekulativer Vernunft entsprechen – und die er mit den beiden Wörtern »Wille« und »Vorstellung« bezeichnet. Wir haben ein Bewußtsein von uns selbst als Erkennenden oder Denkenden und als Handelnden. Wie Kant ging es auch Schopenhauer um die Grenzen der Tatsachenerkenntnis und um deren Trennung vom Bereich der Werte. Nach Schopenhauers Ansicht waren die beiden größten Leistungen Kants die »transzendentale Ästhetik«, in der er bewies, daß alles, was wir wahrnehmen, »phänomenal« (oder bloße Erscheinung) ist, und die damit verbundene Unterscheidung der »Erscheinung« vom »Ding an sich«. Nach Schopenhauer ergeben sie zusammen die Grundlage für das Argument, daß die beiden fundamentalen Aspekte der Welt getrennt, aber in bestimmter Weise aufeinander bezogen zu begreifen sind, nämlich, daß sich die Vorstellung zum Willen wie die »Erscheinung« zum »Ding an sich« verhält. Als

Kantianer betrachtete sich Schopenhauer wegen seiner Weiterentwicklung dieser beiden Begriffe; und sie bilden – in seiner Interpretation – den Grundstein seiner eigenen Philosophie. Tatsächlich allerdings verwandelte Schopenhauer, während er Kants Größe und Einsicht hervorhob, dessen Kritik in etwas ganz anderes.

Ein wichtiger Teil von Schopenhauers Denken besteht in der gründlichen kritischen Analyse der Kantschen Philosophie, vor allem ausgeführt in seiner Dissertation *Über die vierfache Wurzel des Satzes vom zureichenden Grunde* und in der Schrift *Über die beiden Grundprobleme der Ethik*, sowie, in summarischer Form, im Anhang zu seinem Hauptwerk, überschrieben mit »Kritik der Kantschen Philosophie«. Einen der gravierendsten Mängel der kritischen Philosophie sieht Schopenhauer darin, daß Kant seine Grundbegriffe nicht definierte. »Vernunft«, »Verstand«, »Begriff«, »Kategorie« und zahlreiche andere Termini werden ohne genügende Interpretation gebraucht und unterschieden.

Hätte nun Kant, wie ich oben sagte, ernstlich untersucht, inwiefern zwei solche verschiedene Erkenntnisvermögen, davon eines das Unterscheidende der Menschheit ist, sich zu erkennen geben, und was, dem Sprachgebrauch aller Völker und aller Philosophen, Vernunft und Verstand heiße, so hätte er auch nie, ohne weitere Autoriät, als den in ganz anderem Sinn gebrauchten intellectus theoreticus und practicus der Scholastiker, die Vernunft in eine theoretische und praktische zerfällt und letztere zur Quelle des tugendhaften Handelns gemacht. Ebenso, bevor Kant Verstandesbegriffe (worunter er teils seine Kategorien, teils alle Gemeinbegriffe versteht) und Vernunftbegriffe (seine sogenannten Ideen) so sorgfältig sonderte und beide zum Material seiner Philosophie machte, die größtenteils nur von der Gültigkeit, Anwendung und Ursprung aller dieser Begriffe handelt. [105]

Hier und auch sonst ist Schopenhauers Hauptvorwurf gegen Kant, daß dieser einen Rest von Scholastizismus seine sonst glänzenden Einsichten irritieren läßt. Ein wichtiges Beispiel solcher scholastischer Spuren ist Kants Architektonik, die innerhalb des Systems überall Symmetrie fordert. Gerade diese Architektonik verderbe, so Schopenhauer, die *Kritik der reinen Vernunft*. Bis zur »transzendentalen Ästhetik«, in der Kant eine seiner bedeutendsten Erkenntnisse formuliert, hat Schopenhauer keinen Einwand; aber dann beginnt die Dominanz der architektonischen Forderungen. Schopenhauers Dissertation *Über die vierfache Wurzel* . . . war ein Versuch, diesen »Defekt« zu beheben: durch Vereinfachung der Analytik mittels der Beseitigung alles überflüssigen Aufwands für eine ausgefeilte äußerliche Struktur. Alles, was Kant wirklich in der Analytik fixieren wollte, war das Kausalitätsprinzip als Basis der Wissenschaft. Aber sein Formprinzip der Architektonik nötigte ihn, auch andere, überflüssige, Urteile einzuschließen.

Schopenhauers Verbesserungsvorschlag ging aus von der Vorstellung, daß das apriorische Element der menschlichen Erkenntnis auf dem Prinzip vom zureichenden Grund basiert, welches in vier Formen in Erscheinung tritt (daher »vierfache Wurzel«), je nachdem, was begründet werden soll. Er beginnt mit einer Unterscheidung der Wissenschaft von einer bloßen Anhäufung von Tatsachen: »Wissenschaft nämlich bedeutet ein *System* von Erkenntnissen, d. h. ein Ganzes von verknüpften Erkenntnissen, im Gegensatz des bloßen Aggregats derselben.«[106] Es ist das Prinzip vom zureichenden Grunde, das die apriorische Basis für die Verknüpfung unserer Vorstellungen zu einem systematischen Bau, der Wissenschaft, liefert. Dabei ist es die Funktion des Verstandes, Wahrnehmungen in einer wissenschaftlichen Darstellung zu verknüpfen:

Was diese Vereinigung schafft, ist der Verstand, der mittels seiner, ihm eigentümlichen Funktion jene heterogenen Formen der Sinnlichkeit verbindet, so daß aus ihrer wechselseitigen Durchdringung, wiewohl eben auch nur für ihn selbst, die *empirische Realität* hervorgeht, als eine Gesamtvorstellung, welche einen, durch die Formen des Satzes vom Grunde zusammengehaltenen Komplex, jedoch mit problematischen Grenzen bildet.[107]

Schopenhauers Versuch geht dahin, den Satz vom zureichenden Grund als alleinige Grundlage der apriorischen Struktur der Welt, soweit sie Gegenstand empirischer Erkenntnis wird, also der »Welt als Vorstellung«, zu erweisen und dadurch die Kantsche Auffassung vom Fundament der Erkenntnis zu vereinfachen und zu klären.

Es gab allerdings einen grundsätzlichen Punkt, an dem Schopenhauer einen Fortschritt über Kant hinaus für sich reklamierte: seine Transformation des Gegenstandsbereichs der spekulativen Vernunft in »die Welt als Vorstellung«. Er behauptete, damit die Probleme zu vermeiden, die aus der traditionellen Dichotomie von Subjekt und Objekt entstanden:

Von diesen beiden entgegengesetzten Mißgriffen nun unterscheidet sich unser Verfahren *toto genere*, indem wir weder vom Objekt noch vom Subjekt ausgehen, sondern von der *Vorstellung* als erster Tatsache des Bewußtseins. [108]

Das Ausgehen vom Objekt gerät leicht in die Nähe eines vorkantischen Dogmatismus, das vom Subjekt in die eines Fichteschen Idealismus, während jenes von der »Vorstellung«, dem geistigen Bild unserer Wahrnehmung, diese Gefahren umgeht. »Vorstellung« in diesem Sinn muß von den aus ihr abgeleiteten abstrakten Begriffen unterschieden werden, also von Gattungs- oder Klassenbegriffen, aber auch von platonischen Ideen (welche Gegenstand der Kunst sind). Für Schopenhauer ist das Subjekt nicht etwas in der Welt, sondern eine Voraussetzung ihrer Existenz:

... weil überhaupt kein Objekt ohne Subjekt sich ohne Widerspruch denken läßt, müssen wir dem Dogmatiker, der die Realität der Außenwelt als ihre Unabhängigkeit vom Subjekt erklärt, eine solche Realität derselben schlechthin ableugnen. Die ganze Welt der Objekte ist und bleibt Vorstellung, und eben deswegen durchaus und in alle Ewigkeit durch das Subjekt bedingt. [109]

Objekte existieren nur insoweit, als sie erkannt werden, Subjekte nur insoweit, als sie Erkennende sind. Außerhalb dieses Zusammenhangs kann über beide nichts gesagt werden. Sie sind die reziproken *Grenzen* der Welt als Vorstellung.

Aber dies ist nicht der einzige Aspekt der Welt:

... die objektive Welt, die Welt als Vorstellung, ist nicht die einzige, sondern nur die eine, gleichsam die äußere Seite der Welt, welche noch eine ganz und gar andere Seite hat, die ihr innerstes Wesen, ihr Kern, das Ding an sich ist: ... (der) Wille. [110]

Es ist möglich, diesen noumenalen Aspekt der Welt zu erkennen, weil die Menschen sich selbst insoweit erkennen können, als sie handelnde, wollende Subjekte sind und damit auch mögliche Objekte der Erkenntnis. Kants »praktische Vernunft« war nach Schopenhauer eine verworrene Weise, die »Welt als Wille« zu untersuchen. In Schopenhauers Denken geht allerdings die Bedeutung der Unterscheidung zwischen der Welt als Vorstellung und der Welt als Wille weit über die Differenzierung der beiden Zwillingsfunktionen der Vernunft bei Kant hinaus. Sie geht in der Tat auch in eine Richtung, die einigen von Kants grundsätzlichen Vorstellungen diametral zuwiderläuft. Schopenhauer glaubte nämlich, daß er den Zugang zu einer neuen Methode, das Noumenale oder das »Ding an sich« zu erfassen, eröffnet habe. So behauptet er:

Erscheinung heißt Vorstellung, und weiter nichts: alle Vorstellung, welcher Art sie auch sei, alles *Objekt*, ist *Erscheinung. Ding an sich* aber ist allein der *Wille*: als solcher ist er durchaus nicht Vorstellung, sondern *toto genere* von ihr verschieden: er ist es, wovon alle Vorstellung, alles Objekt, die Erscheinung, die Sichtbarkeit, die *Objektivität* ist. Er ist das Innerste, der Kern jedes Einzelnen und ebenso des Ganzen: er erscheint in jeder blindwirkenden Naturkraft: er erscheint auch im überlegten Handeln des Menschen; welcher beiden große Verschiedenheit doch nur der Grad des Erscheinens, nicht das Wesen des Erscheinenden trifft. [111]

Vorstellungen, Gedanken können als Objektivierungen des Willens aufgefaßt werden, soweit sie Instrumente des Begehrens sind; sie sind Werkzeuge zur Befriedigung der physischen Bedürfnisse des Menschen. Funktion des Denkens ist es, die biologischen Bedürfnisse – wie Ernährung und Fortpflanzung – erfüllen zu helfen. In diesem Sinne *dienen* die Vorstellungen dem Willen.

Schopenhauer war sich der Differenz seiner Auffassung von der Welt als Wille zu Kants Denken bewußt. Seine Abhandlung *Über die Grundlage der Moral* klärt ein wenig die Beziehung zwischen seiner »Welt als Wille« und Kants Konzeption der praktischen Vernunft, indem sie die Grundlagen von Kants Ethik durchmustert, oder genauer: das, was nach Schopenhauer Kants Konfusion in der Frage nach der Natur der Ethik ausmacht. Wie in der *Vierfachen Wurzel des Satzes vom zureichenden Grund* versucht Schopenhauer, Kants Mängel als Residuen von Scholastizismus zu interpretieren, nur ist der Angriff hier weitaus rigider als in der *Vierfachen Wurzel*.

Schopenhauer sah Kants großen Beitrag zur Ethik in deren Befreiung sowohl vom Eudaimonismus als auch von ihrer theologischen Abhängigkeit. Ein wichtiger Schritt in diese Richtung war Kants Unterscheidung der Ethik selbst von der Darlegung ihrer Grundlagen. Daher schätzte Schopenhauer die *Grundlegung der Metaphysik der Sitten*, in der Kant diese Differenzierung einführt, hoch, während er die *Kritik der praktischen Vernunft* verwarf. Das erstgenannte Buch sah er als Werk eines Genies auf der Höhe seiner Fähigkeiten an, das letztere als Produkt eines redseligen alten Mannes. In der *Kritik der praktischen Vernunft* öffne Kant unversehens eine Hintertür für die vorne hinausgewiesene Theologie, indem er die Sittlichkeit auf einen kategorischen Imperativ gründe, auf ein reines »Sollen«, losgelöst von jedem »Sein«. Kants Annahme eines reinen moralischen Gesetzes sei haltlos, ein jüdisches Erbe wie der Begriff eines Schöpfer-Gottes, ein Beitrag zur geistigen Versklavung der Menschen. Die Ethik auf dem Begriff einer absoluten Pflicht aufzubauen sei gleichbedeutend mit der Wiedereinführung des göttlichen Richters oder des Eudaimonismus: »Eine gebietende Stimme, sie mag nun von Innen oder von Außen kommen, ist es schlechterdings unmöglich, sich anders als drohend oder versprechend zu denken.«[112]

Ein anderer irritierender Aspekt der Kantschen Ethik ist der Geltungsanspruch des Sittengesetzes »für alle möglichen vernünftigen Wesen«. Dieses Prädikat, sagt Schopenhauer, kann nach unserem wirklichen oder möglichen Wissen nur einer einzigen Gattung zukommen, der des Menschen. »Vernünftige Wesen, außer dem Menschen« seien so etwas wie »schwere Wesen außer den Körpern«.

Anders als Kant argumentierte Schopenhauer, daß die Grundlage der Moral nicht eine rein apriorische Konzeption, sondern etwas Empirisches sein müsse. Nur das Empirische ist real und kann daher als Bewegungsprinzip des Willens in Frage kommen. Die Behauptung eines rein noumenalen Apriori als Beweger des Willens komme der Annahme gleich, der Wille werde zur wirklichen Tat durch etwas Unwirkliches stimuliert. Schopenhauer verwirft Kants Vorstellung, »das Vernünftige« und »das Sittliche« seien Komplementärbegriffe. »Vernünftig« habe eine ethisch neutrale Bedeutung. Es bezeichne nur die Fähigkeit, die den Menschen vom Tier unterscheide, nämlich das Vermögen der begrifflichen Abstraktion im Umgang mit der Welt. Diese Abstraktionsfähigkeit sei die Grundlage der menschlichen Freiheit, denn sie löse den Menschen aus den undurchschaubaren Zwängen des bloßen Instinktverhaltens. Ein hohes Maß an Vernunft könne so gut zusammen mit moralischer Verwerflichkeit auftreten wie Tugend mit Dummheit.

Schopenhauer sah ein angemesseneres Fundament für die Erklärung der Handlungsmotivation in dem scholastischen Prinzip des »operari sequitur esse«. Die beobachtbaren Handlungen der Menschen seien Manifestationen eines jeweils bestimmten natürlichen Seins. Dieses alte Prinzip hielt er für eine Antizipation von Kants majestätischer These der Koexistenz von Freiheit und Notwendigkeit im wollenden Subjekt. Schopenhauer identifizierte den Willen mit der Handlung als dessen körperlicher Manifestation. Beide können daher als »phaenomena« erkannt werden; sie sind als solche einerseits strikt dem Kausalgesetz unterworfen und doch andererseits zugleich als »Ding an sich« frei. Da der Wille als Ding an sich nicht der Erscheinungswelt angehört, kann er auch nicht durch Sachverhalte aus dieser beeinflußt werden. Daher sieht Schopenhauer die Ethik primär nicht als normative, sondern als lediglich beschreibende oder erklärende Wissenschaft an. Seine Ethik beginnt deshalb mit einer empirischen Suche nach wahrhaft moralischen Handlungen; das sind für ihn solche, deren Motive frei von Egoismus sind. Egoismus ist eine Manifestation des Willens zum Leben im Menschen, der ihn zum Drang nach den bestmöglichen Lebensumständen bestimmt und die Mittel, diesem Drang nachzukommen, vernachlässigen läßt. Obwohl so Schopenhauers gedanklicher Ausgangspunkt egoismusfreie Handlungen eigentlich gar nicht zuzulassen scheint, glaubt er an deren Realität: »Die Abwesenheit aller egoistischen Beweggründe ist also das *Kriterium einer Handlung von moralischem Wert*.«[113]

Dieses »paradoxen« Elementes in seiner Ethik ist sich Schopenhauer bewußt. Moralität ist für ihn nur möglich, indem die empirische Vereinzelung der Menschen als bloßer Schein durchschaut und der ihnen gemeinsame Ursprung, der Wille, erkannt wird. Dadurch kann der Andere als in seinem Ursprung identisch mit dem »Ich« begriffen und der Egoismus als Handlungsmotiv überwunden werden. Moralität wird daher begründet auf dem Fundament des Mitfühlens, Mitleidens mit dem Anderen. Die Inspiration zu dieser Vorstellung kam für Schopenhauer aus seinem Studium der indischen Mystik. Die hinduistische Ethik kumuliert für ihn in einer Art Solipsismus, worin der gute Mensch

... inne (wird), daß der Unterschied zwischen ihm und dem anderen, welcher dem Bösen eine so große Kluft ist, nur einer vergänglichen täuschenden Erscheinung angehört; er erkennt, unmittelbar und ohne Schlüsse, daß das An-sich seiner eigenen Erscheinung auch das der fremden ist, nämlich jener Wille zum Leben, welcher das Wesen jeglichen Dinges ausmacht und in Allem lebt; ja, daß dieses sich sogar auf die Tiere und die ganze Natur erstreckt; daher wird er auch kein Tier quälen.[114]

Keinerlei positiver Ausdruck dieses Gefühls ist möglich. Schopenhauers Ethik kulminiert so in einer mystischen Erfahrung. Dieser eng verwandt ist nur eine andere Erfahrung, die auch dem Bereich der Werte zugehört, die ästhetische, welche

darin besteht, daß wir, in den Zustand der reinen Kontemplation tretend, für den Augenblick allem Wollen, d. h. allen Wünschen und Sorgen, enthoben, gleichsam uns selbst los werden, ...[115]

Auch dies ist eine moralische Erfahrung, eine temporäre: solange sie dauert können wir Anderen kein Unrecht tun. In der Hingabe an die Kontemplation lösen wir uns selbst vom Wollen.

Schopenhauers Angriff auf die scholastischen Residuen im Kantschen Denken führt zum Begriff einer Moral, die unmittelbar vom Empfinden abhängig ist und in einer mystischen Erfahrung der Unterschiedslosigkeit des »Ich« zu Anderen gründet. Die Sphären von Tatsachen und Werten, die bei Kant zwar deutlich unterschieden, aber unter der einheitlichen Klammer der Vernunft komplementär aufeinander bezogen waren, werden in der Philosophie Schopenhauers voneinander abgetrennt. Zur unüberbrückbaren Kluft wird diese Trennung im Denken Søren Kierkegaards.

Kierkegaard glaubte wie Schopenhauer nicht an ein Vernunftfundament der Moral. Er griff die abstrakte Begrifflichkeit der Hegelschen Sittenlehre in ähnlicher Weise an wie Schopenhauer Kant. Auch für ihn mußte die Ethik im lebendigen Individuum wurzeln, nicht im Begriff der Vernunft. Kierkegaard war von Schopenhauer genügend beeindruckt, um zu bekennen, jener sei »unleugbar ein bedeutender Schriftsteller, der trotz einer vollkommenen Uneinigkeit mich so sehr berührt«[116]. Doch sah Kierkegaard zu Recht eine »vollkommene Uneinigkeit« in ihrer beider Auffassungen von Moral und Leben. Für Schopenhauer ist der moralische Mensch wesentlich passiv; seine moralische Leistung besteht primär in der Beherrschung seiner Instinkttriebe. Die »Moralität des Mitleidens« beruht auf einer Vorstellung von der Brüderlichkeit der Menschen und ist ein durchweg sozialer Begriff; ein Mensch ist nach Schopenhauer nur dann moralisch gut, wenn er das Leid des Anderen auf sich selbst nimmt. Kierkegaard dagegen behauptet, daß wahre Moralität wesentlich asozial ist, weil sie in einer absoluten und unmittelbaren Beziehung jedes einzelnen Menschen zu Gott bestehe. Das Ziel des Kierkegaardschen Menschen ist der »Sprung ins Absurde«, der Sprung des Glaubens, durch den die endliche Persönlichkeit sich bedingungslos und ganz dem Unendlichen ausliefert. In diesem Verhältnis wird der Freund oder Mitmensch zum unbenötigten Anderen.

Kierkegaard versuchte sein Leben lang, seinen Zeitgenossen diese Wahrheit bewußt zu machen. »Das Fragmal selber: eins der Reflexion: wenn man soso (= eine Art) Christ ist, Christ werden.«[117] Das ist Kierkegaards Grundfrage: wie werde ich Christ? Schon die Frage impliziert den Unterschied zwischen nominellem und wahrem Christentum. Kierkegaards Problem ist dem tatsächlichen Leben seiner Zeit abgesehen: er nimmt die tiefe Diskrepanz zwischen dem, was die Menschen zu sein behaupten, und ihrem Handeln wahr. Eines der grundlegenden Elemente in

Kierkegaards Denken war daher die durchdringende Kritik an der konventionellen bürgerlichen Moral; das ist in seinem ganzen Werk erkennbar, wird aber vielleicht am klarsten in seiner *Kritik der Gegenwart* ausgesprochen. Bequemlichkeit, Reflexion, zeitweilige Apathie so gut wie zeitweiliger Enthusiasmus, so behauptet er, kennzeichnen die Gegenwart. Es ist eine Zeit des abstrakten Denkens, in der die Leidenschaften, eine Zeit der Reflexion, in der wahre Gefühle keine Rolle spielen. In einer solchen Zeit der Trägheit und Kontemplation sind Revolutionen unvorstellbar. Es ist eine Zeit ohne echte Werte: »Jedoch eine leidenschaftslose Zeit hat keine Währung, alles wird ein Umsatz von Stellvertretungen.«[118]

In einer Gegenwart, die Abstraktionen verehrt, ist keine Moralität möglich. Alles, was eine solche Epoche hervorzubringen vermag, ist Scheinleben. Das Zeitalter selbst wird zur Abstraktion. Es verflacht durch einen Nivellierungsprozeß, der keinen Raum läßt für Individualität. »Öffentlichkeit« ist das prägende Merkmal seiner Physiognomie:

Damit die Nivellierung eigentlich zustande kommen kann, muß erst einmal ein Phantom zuwege gebracht werden, ihr Geist, eine ungeheuerliche Abstraktion, ein allumfassendes Etwas, welches Nichts ist, eine Luftspiegelung – dieses Phantom heißt Publikum.[119]

Diese Abstraktion ruiniert das Individuum auf ihre eigene Weise durch weitere Abstraktionen, die sie hervorbringt – »die öffentliche Meinung«, »den guten Geschmack« und ähnliches. In einer zerfallenden Gesellschaft ist dieses »Publikum« die Fiktion der Presse:

Erst dann, wenn keinerlei kräftiges Zusammenleben der Konkretion Fülle verleiht, wird die Presse dieses Abstraktum: das Publikum, heranbilden können, welches aus unwirklichen Einzelnen besteht, die niemals vereinigt werden oder vereinigt werden können in irgendeiner Gleichzeitigkeit der Situation oder Organisation, und die gleichwohl als ein Ganzes behauptet werden.[120]

So sah Kierkegaard in Kopenhagen, wie mehr als ein halbes Jahrhundert später Kraus in Wien, die Presse in ihrer Unpersönlichkeit und Indifferenz gegenüber der Wahrheit als den eigentlichen Urheber der Demoralisierung. Kraus erkannte

216

später diese geistige Verwandtschaft sehr genau. In der *Fackel* vom September 1925 zitiert er auf 28 Seiten aus Kierkegaards Schriften Dokumente der Verachtung und der Verzweiflung über die Presse, unter ihnen den schon vorher häufig in der *Fackel* zitierten furchtbaren Fluch:

Gott im Himmel weiß: Blutdurst ist meiner Seele fremd, und eine Vorstellung von einer Verantwortung vor Gott glaube ich auch in furchtbarem Grade zu haben: aber dennoch, dennoch wollte ich im Namen Gottes die Verantwortung auf mich nehmen, Feuer zu kommandieren, wenn ich mich nur zuvor mit der ängstlichen, gewissenhaftesten Sorgfalt vergewissert hätte, daß sich vor den Gewehrläufen kein einziger anderer Mensch, ja auch kein einziges anderes lebendes Wesen befände als – Journalisten. [121]

All diesen Zeiterscheinungen stellte Kierkegaard den Einzelnen gegenüber, der allein Träger von Verantwortung und alleiniges Subjekt religiöser und moralischer Erfahrung ist. Der Einzelne war in der Masse erstickt worden und untergegangen. Kierkegaard fühlte die Verantwortung, die Aufmerksamkeit der Menschen auf diesen Zustand zu lenken, um Abhilfe zu schaffen.

Sein Mittel hierfür war eine breitgefächerte polemische Attacke gegen die Gesellschaft. Polemik bildete ein wesentliches Element dessen, was er »indirekte Mitteilung« nannte: »Nein, ein Sinnentrug wird niemals geradenwegs behoben und mittelbar lediglich bei gründlichem Vorgehen.« [122] Die Funktion der Polemik war es, Illusionen zu zerstören, aber gleichzeitig war ihre Aufgabe schöpferisch – »denn das Zeugende, das Schaffende ist allezeit latent polemisch, weil es Raum beansprucht« [123] – nämlich für das Neue, das es in die Welt bringt. So bezeichnet Kierkegaards Polemik gegen die Gesellschaft eine Essenz seines Denkens:

Einen Menschen zwingen zu einer Meinung, einer Überzeugung, einem Glauben, das kann ich in alle Ewigkeit nicht; aber eines kann ich, das Erste in dem einen Sinne (denn es ist die Bedingung für das Nächste, das heißt: für das Annehmen dieser Meinung, dieser Überzeugung, dieses Glaubens), in anderem Sinne freilich das Letzte, wofern er nämlich das Nächste nicht will; ich kann ihn zwingen, aufmerksam zu werden. [124]

Der Polemiker bringt den Menschen also in eine Lage, in der dieser eine Entscheidung treffen muß, und das ist – der Natur der Sache nach – alles, was eine ethische Lehre vermag.

Kierkegaard betont in seinen Schriften häufig, daß diese »indirekte Mitteilung« in der Tat nichts anderes sei, als eine Wiederbelebung der sokratischen Methode im Dienst des Christentums. Sie ist eine »neue Waffenlehre«[125], welche die alte apologetische Methode ersetzen soll, die kein adäquates Instrument für die Christianisierung der modernen Welt mehr darstellt. »Indirekte Mitteilung« (oder, wie Kierkegaard sie manchmal nennt, »Mitteilung durch das Mittel der Reflexion«) versucht nach sokratischem Muster den Anderen an die Schwelle der Erkenntnis zu bringen, um es ihm so zu ermöglichen, sie selbst zu überschreiten. Auch Ironie, Satire, Komödie und Allegorie sind neben der Polemik moralische Lehrmittel. Mittels der Erschütterung durch Lächerlichkeit vollbringen sie, was rationale Argumentation nicht vermag. Kierkegaard hielt den Versuch des Christentums, durch rationalistisch-spekulative Begriffskonstruktionen seine Wahrheiten auszudrücken, für eine geistige Katastrophe. Die spekulative Vernunft hat es mit »Objektivität« zu tun, wirkliches Christentum wurzelt dagegen in »subjektiver Wahrheit«, ein Begriff, der zum Zentrum Kierkegaardschen Denkens gehört.

Kierkegaard definiert »subjektive Wahrheit« als »objektive Ungewißheit, in der Aneignung der leidenschaftlichsten Innerlichkeit festgehalten«[126]. Das ist seine existentielle Wahrheit. Wovon er hier in Wirklichkeit spricht, ist der Glaube. In diesem Licht bekommt sein Angriff auf die »leidenschaftslose« Gegenwart noch deutlichere Konturen. Die von ihr geprägte Gesellschaft hat keinen Raum für »Innerlichkeit« und folglich keinen für den Glauben. In diesem Sinne ist die »Menge« Symbol und Träger der »Unwahrheit«, denn Innerlichkeit und Glauben sind ihr fremd. Leidenschaft kann durch keine Anstrengung der spekulativen Vernunft geschaffen werden; ein Mensch kann nicht durch Logik und Argumentation zum Glauben gebracht werden, und nur die »indirekte Mitteilung« kann existentielle Wahrheit vermitteln. Dies ist auch die Quelle von Kierkegaards Lehre des Glaubens als eines »Sprungs in das Absurde«:

Das Christentum hat sich nun selbst als die ewige wesentliche Wahrheit verkündigt, die in der Zeit geworden ist; es hat sich als das *Paradox* verkündigt und die Innerlichkeit des Glaubens für das gefordert, was den Juden ein Ärgernis und den Griechen eine Torheit – und dem Verstande das Absurde ist. [127]

»Das Absurde« ist das leidenschaftliche Festhalten an einer objektiven Ungewißheit, die schon ihrem Begriffe nach dem Verstand widerstrebt. Der Glaube ist nach Kierkegaard an dem Wagnis zu messen, das er mit sich bringt. Der höchste Glaube wird zum größtmöglichen Risiko durch seine vollständige Hingabe an das Ungewisseste, das Absurde. Spekulatives Denken scheitert hier an jeder Erklärung: »Das Paradox erklären würde dann heißen, immer tiefer zu erfassen, was ein Paradox ist und daß das Paradox das Paradox ist.« [128]

Auf diese Weise fixiert Kierkegaard die Trennung zwischen dem Bereich der Tatsachen und dem der Werte als absolute. Jener Prozeß, den Kant durch die Unterscheidung der »spekulativen« Funktionen der Vernunft von den »praktischen« in Gang gebracht hatte und den Schopenhauer durch die Trennung der Welt als Vorstellung von der Welt als Wille weitergeführt hatte, kulminierte in Kierkegaards vollständiger Abtrennung der Vernunft von allem, was zum Sinn des Lebens gehört. Im Grund wurde damit die einzige Möglichkeit, sich als Lehrender diesem vernunftlosen Bereich des leidenschaftlichen Glaubens zu nähern, in die Sphäre der Literatur verwiesen.

Der Mann, der diese Folgerung am Ende des 19. Jahrhunderts verdeutlichte, war Leo Tolstoi. Es gibt keine direkte Beziehung zwischen seinem und Kierkegaards Werk. Jedoch finden sich bestimmte Parallelen in ihren Auffassungen über Kunst, über »indirekten Diskurs« und den »Sinn des Lebens«. Tolstoi begriff Moralität als wesentlich im Fühlen verankert, und er sah Kunst als die »Sprache des Gefühls«. Diskursive Sprache war das Medium des rationalen Denkens, Kunst dagegen das Mittel sittlicher Erziehung. In den Einzelheiten seines Begriffs von der Moral war Tolstoi freilich Schopenhauer näher als Kierkegaard; Moral war ihm nichts ohne ihre genuin soziale Dimension. Kunst wurde so zu einer Bedingung des gemeinsamen menschlichen Lebens,

Trägerin und Vermittlerin der Gefühle, welche die Menschen einigen. Sie erzeugt wahres »Mitleiden« mit dem Nächsten und ist daher in ihrem inneren Wesen religiös: allerdings nicht im Sinne einer Dogmatik, sondern als Vermittlerin des Grundgesetzes menschlichen Lebens, des Prinzips »Ich soll meines Bruders Hüter sein«.

Tolstoi interpretiert dieses Prinzip vor allem als ein »Wehre dich nicht gegen das Übel«. Seine Auffassung des Christentums bejaht daher ein Leben, das dem Leiden geweiht ist, und ähnelt auch in dieser Hinsicht Schopenhauers Begriff von Moralität. Zugleich verwirft Tolstoi vehement jedes Dogma: »Ich will die Lehre Christi nicht auslegen; ich wünsche nur eines: jede Auslegung zu beseitigen.« [129] Hierin ist er dem Begriff der Subjektivität im Sinne Kierkegaards näher. Wie dieser hatte er wenig für spekulative Erkenntnis als Quelle einer Antwort auf die wirklich wichtigen Fragen des Lebens übrig:

Wendet man sich den Wissenszweigen zu, die sich nicht mit der Beantwortung der Lebensfragen befassen, sondern ihren eigenen wissenschaftlichen und speziellen Fragen nachgehen, so ist man begeistert von der Kraft der menschlichen Vernunft, weiß aber im voraus, Antworten auf die Fragen des Lebens erhält man hier nicht. Diese Wissenschaften ignorieren die Lebensfragen einfach. [130]

Wir besitzen einen wahrscheinlich stark autobiographisch inspirierten Bericht über die geistigen Kämpfe, die Tolstoi zu diesem Denken gebracht haben, seinen Roman *Anna Karenina*. Die Figur des Konstantin Levin ist in vielen Zügen ein Selbstporträt Tolstois. Den ganzen langen Roman hindurch kämpft Levin um ein Verständnis seiner eigenen menschlichen Situation – in bezug auf seine Familie, auf die in seinen Besitzungen arbeitenden Bauern, auf die ihm befreundeten anderen Gutsbesitzer, das russische Volk, die Menschheit überhaupt und schließlich in bezug auf Gott. Er sucht einen Sinn in seinem Leben und ein fragloses Vertrauen auf die Prinzipien, denen er sein Handeln unterordnet. Levin versucht, die Vernunftgrundlagen der Moral zu erkennen, die er im öffentlichen Leben, in der Ehe, in der rationellen Organisation seiner Gutsbewirtschaftung und anderswo zu finden hofft. Am Ende der Geschichte erlebt er eine Art Bekehrung. Ein zufälliges Gespräch mit einem seiner Bauern hatte ». . . in seiner Seele wie ein elektrischer Funke gezündet und das ganze hoffnungslos widerspruchsvolle Gewirr seiner Gedanken, die ihn nie zu quälen aufhörten, . . . auf einen gemeinsamen Nenner gebracht«[131].

In der Folge erkennt er, daß gerade seine Versuche, die Maximen seines Verhaltens auf ein rationales Fundament zu gründen, von Anfang an verfehlt waren:

Ich und alle Menschen besitzen ein sicheres, unbestreitbares und klares Wissen, und dieses Wissen kann mit dem Verstande nicht erklärt werden: es ist höher als alle Vernunft, hat keine Ursache und keine Folgen.

Wenn das Gute eine Ursache hat, ist es nicht mehr gut, wenn es Folgen hat – belohnt wird zum Beispiel –, ist es ebenfalls nicht mehr gut. Also steckt das Gute außerhalb der Verkettung von Ursache und Wirkung . . .

Gar nichts habe ich gefunden, sondern nur erkannt, was ich längst schon wußte. Ich habe die Macht begriffen, die mir nicht nur in der Vergangenheit mein Leben geschenkt hat, sondern es mir auch jetzt noch schenkt. Ich habe mich von einer Täuschung freigemacht und den Herrn erkannt.

Früher glaubte ich, daß sich in meinem Körper, in diesem Grashalm, diesem Insekt, . . . ein ewiger Stoffwechsel nach physischen, chemischen und physiologischen Gesetzen vollzieht . . . Aber wo ist der Ausgangspunkt dieser Entwicklung und wo führt sie hin? . . . Und ich wunderte mich, daß es mir trotz meinem angestrengtesten Denken nicht gelang, den Sinn meines Lebens, meiner Bestrebungen und meiner Triebe aufzudecken . . .

Ich habe Antwort auf meine Frage gesucht. Aber mein Denken konnte diese Antwort nicht geben, es reichte dazu nicht aus. Die Antwort gab mir das Leben selbst durch mein natürliches Wissen von dem, was gut und was schlecht ist. Dieses Wissen konnte ich nicht selbst erwerben, es wurde mir, wie allen anderen Menschen auch, mit auf die Welt gegeben; denn es wäre mir unmöglich gewesen, es irgendwoher zu nehmen.[132]

Der Sinn des Lebens ist eine Frage anderer Art als die, mit denen sich die Wissenschaft befaßt. Tolstoi empfand es als Berufung, seine christliche Antwort auf die Frage nach dem Sinn des Lebens die Menschen zu lehren. Die Geschichten und Erzählungen seiner späteren Jahre, vor allem jene kurzen, ganz einfach erzählten Parabeln, die er zwischen 1872 und 1903 schrieb und die zusammen unter dem Titel *Volkserzählungen* veröffentlicht wurden, sind die Früchte seines Bemühens um eine Literatur als moralische Lehre. Sie sind als solche eine eindrucksvolle Versinnbildlichung von Kierkegaards Begriff der »indirekten Mitteilung« und oft auch jenes Problems, das Kierkegaard in seinem Kampf um wahres Christentum zeitlebens mit den dogmatischen Glaubenssätzen der christlichen Kirchen in Konflikt geraten ließ[133].

Schließlich entwickelte Tolstoi in seinem Buch *Was ist Kunst?* eine eigene Kunsttheorie, in der er den Ästhetizismus und den esoterischen Charakter der zeitgenössischen Kunst kritisierte. Sein Angriff auf den Ästhetizismus war inspiriert von der Überzeugung, daß die aus diesem erwachsende Kunst nur noch als eine Art Narkotikum für die bourgeoise Oberschicht diente[134]. Diese Klasse hatte ihren Glauben an das Christentum verloren und dafür einen abstrakten Begriff von »Schönheit« – das heißt, Befriedigung oder Sinnesreiz durch Form allein – zum einzigen Kriterium für »gute« oder »schlechte« Kunst erhoben. Die Säkularisierung hatte der Kunst ihre eigentliche Funktion: den Begriff des Künstlers vom Sinn des Lebens zu offenbaren und zu vermitteln, genommen. Gleichzeitig führte der von der Oberschicht geförderte Professionalismus und Akademismus der Kunst zu deren Entfremdung vom einfachen Volk. Das Ergebnis war eine *unmoralische* Kunst, die ihre sozialen Verpflichtungen vergessen hatte. Im Dienste von Klassenprivilegien war die Kunst zu einer Angelegenheit der Unterhaltung verkommen. Vom Künstler war kein tiefer sittlicher Ernst mehr verlangt, er konnte esoterische Werke weit jenseits der Verständigungsmöglichkeiten des einfachen Menschen schaffen. Tolstoi wandte sich in seinen späten Jahren mit allen Kräften gegen diese Tendenz. Die Schrift *Was ist Kunst?* stellt seine theoretische Polemik gegen den Ästhetizismus dar, während seine *Erzählungen* ein praktischer Schritt in Richtung auf sein Ziel der Wiederherstellung einer religiös inspirierten, volksnahen Kunst waren.

Obwohl die Linie einer historischen Kontinuität von

Kants kritischer Philosophie zu Tolstois Erzählungen weder vollständig noch direkt gezogen werden kann, gibt es doch eine in gewissem Sinne logische Entwicklung, die von Schopenhauer in Gang gesetzt wurde, und deren Ergebnis, wie wir rückblickend nun beurteilen können, in Tolstois *Erzählungen* beispielhaft versinnbildlicht erscheint. Was als Versuch begann, die Grenzen der Vernunft in ihren verschiedenen Wirkungsbereichen zu bestimmen, endete mit der strikten Verneinung einer Geltung der Vernunft in der Sphäre der Werte, die jenseits des rationalen Denkens einer Explikation nur durch indirekte Mittel aus dem Bereich der Emotionen zugänglich seien. Bei allen Differenzen zwischen den persönlichen Moralauffassungen – etwa Kierkegaards individualistischer und Tolstois kollektivistischer – gleichen sie einander doch in der Verwerfung jedes »intellektuellen« Fundaments aus der Welt des Faktischen für die Ethik – sei sie nun in der Form der konventionellen moralischen Codes oder in irgendeiner anderen zu konzipieren.

Alle in diesem geistigen Zusammenhang und seiner Entwicklung stehenden Männer übten eine gleichsam natürliche Anziehungskraft auf jene Generation Wiener Denker, Künstler und Gesellschaftskritiker aus, die sich innerlich den Werten des liberalen Bürgertums, dem sie äußerlich angehörten, entfremdet fühlten. Diese Einsicht markiert für uns den Punkt einer gedanklichen Rückkehr zur kulturellen Situation im Wien der Jahrhundertwende, vor allem zu Karl Kraus und zu jenen, die die Perspektive seiner sozialen und künstlerischen Kritik und seiner »schöpferischen Separation« von Tatsachen und Werten teilten. Aufgrund ihrer eigenen Ansichten waren sie empfänglich für die Richtung, in die sich die nachkantische Philosophie entwickelt hatte. Der meistgelesene und einflußreichste Nachkantianer war im Wien der Jahrhundertwende Arthur Schopenhauer mit seiner epigrammatischen Kraft und seinem eleganten literarischen Stil, der ihn auffällig von seinen akademischen und professionellen Fachkollegen unterschied. Auch Søren Kierkegaard gewann bald erheblich an Popularität. Wie Paul Engelmann berichtet, gab es unterdessen ein ebenfalls lebendiges Interesse an den Schriften des Erzählers und Moralisten

Tolstoi, besonders an seinem kritischen Essay *Was ist Kunst?*, der den geläufigen modischen Ästhetizismus diskreditierte und das Interesse wieder auf eine Kunst als Mittlerin der Moral lenkte.

Vor dem Hintergrund unserer historischen Rekonstruktion erhält nun das allgemeine geistige Problem, das sich den Menschen im Wien der Vorkriegszeit auf allen Gebieten des Denkens und der Kunst stellte, schärfere Konturen – ein Problem, das sich wohl als das zentrale Problem der Philosophie überhaupt darstellen mochte. Um 1900 war, wie wir schon bemerkt haben, die Zeit reif für eine umfassende Kritik der Sprache, in der die vereinzelten Fäden jeweils partikulärer Kritik an tradierten Mitteln des Ausdrucks und der Kommunikation (etwa in Logik und Musik, Dichtung und Architektur, Malerei und Physik) zusammengezogen würden. Solch eine philosophische Kritik mußte ganz offensichtlich über die Grenze spezialisierter Bereiche hinaus den Grundgedanken jener Trennung von Tatsachen und Werten aufnehmen und seine Berechtigung erweisen oder verwerfen. Mauthner hatte den ersten Versuch einer prinzipiellen Sprachkritik unternommen, und in gewisser Hinsicht war das Ergebnis sehr beeindruckend. Die radikale geistige Konsequenz, mit der er die verzweigten Implikationen seiner nominalistischen Prinzipien zu Ende dachte, mußte seine Sprachkritik unweigerlich an die Grenzen der Mystik führen, hinter denen erst die wirklichen Fragen nach dem »Sinn des Lebens« auf Antwort hoffen konnten. In dieser Hinsicht war Mauthners Denken dem geistigen Kern von Schopenhauers, Kierkegaards und Tolstois Ethikauffassung durchaus nahe: der Ablehnung jedes intellektuellen Fundaments für die Probleme der Lebensführung und der Moral. Mauthners Sprachkritik bestätigte diese Auffassung freilich um einen hohen Preis: nicht nur Ethik und der »Sinn des Lebens« sind keine möglichen Gegenstände des Verstandeswissens; eine konsequente nominalistische Skepsis mußte schließlich jede Möglichkeit einer Erkenntnis der Welt jenseits bloßer metaphorischer Beschreibung auch für Logik und Naturwissenschaft verwerfen.

Mauthners philosophischer Begründungsweg zu diesem

Ergebnis war freilich wie dieses selbst der Kritik bedürftig und zugänglich. Gab es für die Sprachkritik noch einen anderen Weg, auf dem die Wahrheitsansprüche von Logik und Wissenschaft nicht der Skepsis geopfert werden mußten? Hertz und Boltzmann hatten ein Beispiel für Schritte in die richtige Richtung gegeben. Beide hatten gezeigt, wie die logische Kohärenz und die empirische Anwendbarkeit systematischer Theorien in den Naturwissenschaften eine »bildliche Darstellung« der Welt in einem wesentlich anderen Sinn als dem der Mauthnerschen »metaphorischen Beschreibung« ermöglichten: nämlich im Sinn eines mathematischen Modells, das bei richtiger Anwendung Gewißheit in der Welterkenntnis sicherstellen kann.

Für jeden, der sich den ethischen Positionen Kierkegaards und Tolstois nahefühlte und der die Theorien von Hertz und Boltzmann kannte, war es daher nur ein kurzer und direkter Schritt zu der weiteren Frage:

Gibt es eine Methode, für die *Sprache überhaupt* – das heißt: für jede mögliche Sprache – zu tun, was Boltzmann und Hertz für die Sprache der Physik getan hatten? Gibt es also einen Weg, den Bereich und die Grenze des Sagbaren erschöpfend »von innen her« zu bestimmen? Zu klären, wie einerseits *darstellende* als abbildende Sprache in der Art von mathematisierbaren »Hertzschen« Modellen der Tatsachen fungiert; und andererseits den »transzendentalen« Charakter aller ethischen Fragen als Nebenprodukt der Analyse zu zeigen? [135]

Diese Frage kann als der eigentliche Brennpunkt jener Probleme gelten, die seit dem Ende der achtziger Jahre allen wichtigen sozialen, wissenschaftlichen und philosophischen Erörterungen in Wien zugrunde lagen. Philosophisch faßt sie daher in gewissem Sinn die ganze kulturelle Auseinandersetzung im Wien des Fin de siècle zusammen. War jemand in der Lage, eine vollständig allgemeine Sprachkritik zu schaffen, die allen diesen Ansprüchen genügte, aber Mauthners Schwächen und seine Resignation vermied, so konnte er hoffen, das innerste und drängendste geistige Problem der Zeit zu lösen.

VI
Der andere Tractatus:
Eine ethische Tat

> Alle Philosophie ist »Sprachkritik«.
> (Allerdings nicht im Sinne Mauthners.)
> *Tractatus*, 4.0031

Wir befinden uns jetzt an einem Knotenpunkt unserer Argumentation. Am Ende des Einleitungskapitels wurde in bezug auf Wittgenstein eine Frage aufgeworfen, deren Beantwortung, wie wir behaupteten, die eigentliche Bedeutung des *Tractatus logico-philosophicus* erhellen und überdies deutlich machen sollte, warum das Buch schon zu seiner Zeit in gewissem Sinn als Inbegriff und abschließender Höhepunkt der damaligen geistigen Auseinandersetzung erscheinen konnte. Die Frage lautete:

Welches philosophische Problem, dessen Lösung er als den Schlüssel zu allen noch offenen Schwierigkeiten in der Philosophie ansah, beschäftigte Wittgenstein schon, bevor er mit Frege und Russell überhaupt in Berührung kam?

In den vier vorangegangenen Kapiteln haben wir ein Bild der sozialen und kulturellen Situation im späten habsburgischen Wien zu rekonstruieren versucht und auf die Bedeutung der nachkantischen Kritik für die Intellektuellen hingewiesen – und zwar nicht nur für die Fachphilosophen, sondern für alle gebildeten und geistig aktiven Menschen. Als Ergebnis dieser Untersuchung kann man festhalten, (1.) daß die Notwendigkeit einer allgemeinen philosophischen Sprachkritik schon 15 bis 20 Jahre bevor Wittgenstein den *Tractatus* schrieb deutlich empfunden wurde; und (2.) daß die Schwächen von Mauthners erstem Versuch einer umfassenden Sprachkritik eine spezifische Schwierigkeit offengelassen hatten, deren Bewältigung gleichwohl möglich schien, falls die Verbindung der physikalischen Theorien von Hertz und

Boltzmann mit der Ethik Kierkegaards und Tolstois in *einer* konsistenten Abhandlung gelänge. Die Hypothese, zu der unsere Analyse geführt hat, ist einfach die, daß es dieses Problem war, welches Wittgenstein von Anfang an beschäftigte, und auf dessen Lösung der *Tractatus* zielte.

Die Perspektive unserer Untersuchungen hat sich bisher kontinuierlich verengt: von einer umfassenden Studie der habsburgischen Gesellschaft und ihrer strukturellen Probleme über bestimmte dominierende Weltbilder der Wiener Fin-de-siècle-Kultur zu den eigentlichen Schwierigkeiten der Philosophie am Anfang des 20. Jahrhunderts. Von jetzt an werden wir uns gewissermaßen in umgekehrter Richtung bewegen: zunächst wollen wir untersuchen, inwieweit der *Tractatus* tatsächlich die von uns vorgeschlagenen Ziele und Implikationen hatte; dann werden wir die weiteren theoretischen und geschichtlichen Verzweigungen dieser Hypothese verfolgen und überlegen, auf welche Weise die spätere Entwicklung von Wittgensteins eigenen philosophischen Ideen geeignet ist, Licht auf jüngere kulturelle und soziale Phänomene zu werfen. Zunächst wollen wir unsere zentrale Hypothese zu rechtfertigen versuchen.

Das kann nicht mit immanenten, dem Text des *Tractatus* entnommenen Beweismitteln allein geschehen. Wittgensteins formale Argumentation – und die Gründe für seine Annahme, er habe damit die offenen Probleme der Philosophie »im wesentlichen endgültig gelöst« – sind alles andere als selbstverständlich. Das wiederum erscheint weniger erstaunlich, wenn wir uns seine offensichtliche Entschlossenheit klarmachen, die Untersuchung nach der kantischstrengen Methode einer Problemerforschung »von innen her« durchzuführen. Was immer er in seinem Buch zur Erläuterung des äußeren *Zwecks* seiner Argumentation gesagt hätte, wäre eine Abweichung von dieser strengen Methode gewesen. Jedoch ist der Text selbst keineswegs bar aller Beweismöglichkeiten für uns, wenn man ihn in einer bestimmten, wir meinen: richtigen, Perspektive betrachtet – vor allem, wenn man bereit ist, die letzten zehn Seiten des Buches so ernst zu nehmen wie die 60 oder 65 davor. Wir wollen einfach davon ausgehen, daß diese letzten Seiten tatsächlich nicht bloß als eine Reihe *obiter dicta*, nachträglicher Zugaben, konzipiert waren, sondern daß sie – wie ihre Stellung durchaus nahelegt – eine Art Höhepunkt des Buches sein sollten. In diesem Fall drängt sich eine weitere Frage auf:

Warum widmete Wittgenstein einen so großen Teil des Abschnitts 6.3 dem Verhältnis von Logik und theoretischer Mechanik à la Hertz, des Abschnitts 6.4 dem »transzendentalen« Charakter der Ethik und des Abschnitts 6.5 dem Problem »Sinn des Lebens«?

Natürlich beruht ein großer Teil unserer Darstellung dessen, was Wittgenstein bereits vor seiner Begegnung mit Frege philosophisch affizierte, auf Indizien. Vor dem Hintergrund der sozialen, kulturellen und philosophischen Zeitsituation, die wir geschildert haben, und angesichts Wittgensteins persönlicher Erziehung und seiner familiären Umgebung, erscheint er – wie wir sehen werden – als geradezu prädestiniert, (1.) das Drängende der ungelösten philosophischen Fragen zu empfinden, (2.) die Möglichkeit wahrzunehmen, sie mit den Methoden der neuen Aussagenlogik anzugehen, und (3.) eine vollständig allgemeine, formale Lösung in der Art vorzuschlagen, wie er es im *Tractatus* getan hat. Freilich hätte Wittgenstein ohne Russells und Freges Vorarbeiten das Buch in dessen endgültiger Form nicht schreiben können. Frege und Russell vermittelten ihm das technische Instrumentarium, mit dem er seine eigenen schon vorhandenen Probleme anzugehen in der Lage war. Akzeptiert man diese Sichtweise, dann erscheint die Vermittlung der »ethischen« und der »logischen« Aspekte von Wittgensteins Denken nicht mehr schwierig. Der *Sinn* seines Buches – wie er selber später betonen sollte[1] – ist ein ethischer; lediglich seine *formalen Methoden* sind die der modernen Aussagenlogik. Daraus erhellt auch, warum der *Tractatus* nicht nur ein charakteristisch wienerisches Dokument darstellt, sondern auch zu einer Schlüsselinstanz für seine philosophischen Zeitgenossen werden konnte.

Die Position seiner Familie stellte Wittgenstein ins Zentrum der österreichischen Gesellschaftsprobleme und -paradoxien[2]. Ludwig war das jüngste Kind Karl Wittgensteins, eines millionenschweren Stahlindustriellen, der in Mitteleuropa Skoda und Krupp ebenbürtig war. Im öffentlichen Leben vereinte Karl Wittgenstein eine gründliche Kenntnis der neuesten technischen Möglichkeiten mit einem sicheren Geschäftssinn; beides verhalf ihm zur Position eines Giganten im österreichischen Wirtschafts- und Finanzleben. (Es ist im Rahmen unserer Untersuchung biographisch ganz reizvoll festzustellen, daß zur gleichen Zeit ein Bruder Fritz Mauthners, Gustav, als Direktor der Österreichischen Creditanstalt eine ebenfalls bedeutende Funktion in der Wiener Hochfinanz innehatte, und in den frühen *Fackel*-Heften genauso wie Karl Wittgenstein gelegentlich Ziel polemischer Attacken von Karl Kraus war.) Im Privatleben war Ludwig Wittgensteins Vater ein großer Musikmäzen, in dessen Haus, einem der bedeutendsten musikalischen Salons seiner Zeit, Brahms und Joachim, Mahler, Walter und der junge Pablo Casals verkehrten. Karl Wittgenstein war überzeugt, daß nur ein streng disziplinierter Privatunterricht die angemessene pädagogische Grundlage wirklicher Bildung sein konnte. So wurde sein jüngster Sohn bis zu dessen 15. Lebensjahr zu Hause unterrichtet. Die Wittgensteins hatten es nur selten nötig, zur Befriedigung ihrer kulturellen Bedürfnisse ihr Haus zu verlassen, ein Privileg nur weniger, besonders reicher Familien. (Diese Tatsache erscheint aufschlußreich für ein Verständnis der idiosynkratischen Atmosphäre im Wittgensteinschen Haus; sie erhellt auch in gewisser Weise, warum der Philosoph sich anderswo selten wirklich »zu Hause« gefühlt hat.) Für ein tieferes Verständnis des besonderen Charakters dieses Hauses und seiner Atmosphäre brauchen wir allerdings noch einen genauen Blick auf Karl Wittgenstein selbst. Karl war unter den elf Kindern Hermann Christian Wittgensteins der jüngste der drei Söhne. Sein Vater war ein Mann aus dem soliden Mittelstand, der seinen Lebensunterhalt teils durch Wollhandel, teils durch Kauf unrentabler Höfe, deren Sanierung und Weiterverkauf oder Verpachtung bestritt. Die charakteristische Liebe zur Musik fehlte schon in der Familie Hermann Wittgensteins nicht. Seine älteste Tochter Anna studierte Klavier bei Friedrich Wieck, dem Vater Clara Schumanns, und bei Johannes

Brahms; Fine war eine Liedersängerin, die bei den Großen ihres Fachs studierte; Clara war eine Schülerin Goldmarks, während Karl selbst Geige spielte, die er auf Reisen, auch auf der Höhe seiner beruflichen Karriere noch, immer bei sich hatte, um zur Entspannung und vor dem Schlafengehen spielen zu können. Hermann erkannte auch schnell das bedeutende Talent von Joseph Joachim, einem Vetter seiner Frau, den er mit seinen elf eigenen Kindern großzog. Sein Interesse an dem dreizehnjährigen Joachim veranlaßte ihn, diesen als Schüler zu Mendelssohn zu schicken. In seiner Großzügigkeit unterstützte er auch andere Musiker.

Bei all seiner künstlerischen Sensibilität war Hermann Wittgenstein gleichwohl ein strenger Vater, dessen absolute Autorität nicht in Frage gestellt werden durfte. So wies er zum Beispiel einmal den Verehrer einer seiner Töchter ab, ohne sie auch nur gefragt zu haben. Seine Strenge und Unnachgiebigkeit mußten ihn schließlich in Konflikt mit seinem jüngsten Sohn bringen. Karl wollte unbedingt die Wiener Technische Hochschule besuchen, sein Vater dagegen betrachtete eine solche Ausbildung als unpassend für einen »jungen Herrn« und weigerte sich, sie überhaupt in Erwägung zu ziehen. Karl war allerdings ein echter Sohn seines Vaters und starrsinnig wie dieser. Da der Konflikt beider Interessen offensichtlich unlösbar war, gab es für Karl nur eines: die Flucht aus der Kommandosphäre seines Vaters. Im Januar 1865 verließ er Wien und kam im April des gleichen Jahres mit nichts als seiner Geige in New York an. Er blieb nicht ganz zwei Jahre in den Vereinigten Staaten und probierte in dieser Zeit die unterschiedlichsten Berufe aus: Kellner und Geiger in einem Restaurant, Steuermann auf einem Kanalboot, Barkeeper, Nachtwächter, Lehrer in einem Waisenhaus und an der Schule einer christlichen Bruderschaft in New York, wo er Latein, Griechisch, Mathematik sowie Geigen- und Hornspiel unterrichtete.

Die Erfahrungen in Amerika hinterließen einen tiefen Eindruck bei Karl Wittgenstein. Später schrieb er als erfolgreicher Geschäftsmann eine Reihe von Aufsätzen (die schließlich drei Bände füllten) für die *Neue Freie Presse*, in denen er unter anderem seine Bewunderung für den hohen

Lebensstandard der amerikanischen Arbeiter im Vergleich mit ihren österreichischen Kollegen ausdrückte[3]. Nicht ohne Schwierigkeiten wurde die Versöhnung zwischen Karl und seinem Vater arrangiert: 1867 kehrte der zwanzigjährige Sohn nach Wien zurück, und es war klar, daß er nun die Technische Hochschule besuchen würde. Während der folgenden zwanzig Jahre wurde die Wiener Finanzwelt Zeuge des kometenhaften Aufstiegs Karl Wittgensteins bis in die höchsten Sphären des geschäftlichen Erfolgs. Er hatte eine außerordentliche Fähigkeit, unter Einsatz seiner technischen Kenntnisse kränkelnde in florierende Unternehmen zu verwandeln. Zudem besaß er eine geradezu phantastische Leistungskraft und arbeitete tagaus tagein mit großer Härte. Um 1895 war er ein unbestrittener Meister der sogenannten »Industrierationalisierung« und beherrschte schließlich die Stahlindustrie des Habsburgerreiches, deren Unternehmungen vor allem in Böhmen lagen. Sein Arbeitsenthusiasmus und sein strenger Moralbegriff machen Karl Wittgenstein zur nahezu idealtypischen Verkörperung von Max Webers »protestantischer Ethik«.

1872 heiratete er Leopoldine Kalmus. Das Ehepaar hatte neun Kinder, acht davon erreichten das Erwachsenenalter. Außer Ludwig erlangte auch sein Bruder Paul Berühmtheit; er wurde trotz Verlusts seines rechten Arms im Krieg ein erfolgreicher Konzertpianist. Richard Strauss komponierte für ihn ein Klavierstück für eine Hand, ebenso Maurice Ravel das berühmte *Konzert für die linke Hand*. (Die Entschlossenheit und die Disziplin, die sich Paul als Künstler abverlangte, wie auch seine unerschütterliche Hingabe an das Ziel der Vervollkommnung seiner Fähigkeit, waren charakteristische Elemente jener strengen protestantischen Moral, des Erbes Karl Wittgensteins für seine ganze Familie.) Die Tatsache, daß seine beiden jüngsten Kinder Paul und Ludwig innerhalb der Familie keineswegs als außergewöhnlich angesehen wurden, dokumentiert die Außergewöhnlichkeit der Maßstäbe, die hier galten.

Die anderen Kinder Karl und Leopoldine Wittgensteins waren gleichfalls hochbegabt. Die Älteste, Hermine, war Malerin; ihre Arbeiten zeigen ein hochentwickeltes technisches Vermögen und ästhetische Sensibilität. Die tiefe Verehrung und Bewunderung Hermines für Gustav Klimt veranlaßten Karl Wittgenstein zu einer hohen Geldspende für den Bau des Sezessionshauses; bis zur Tilgung durch die Hitlerbarbaren verzeichnete eine Inschrift an dem Gebäude diese Tatsache. Der zweite Sohn, Rudolf, hatte eine Neigung fürs Theater. Margarethe, die jüngste der drei Töchter, war der Rebell der Familie und ihr geistig regsamstes Mitglied. Zu einer Zeit, als die kulturellen Kriterien der Eltern noch mit den antiken und den deutschen Klassikern identisch waren, ließ sich Margarethe vom revoltierenden Modernismus Ibsens faszinieren. Sie scheute auch nicht zurück vor schwierigen theoretischen Problemen in der Philosophie, den Sozial- und den Geisteswissenschaften. Mit Sigmund Freud verband sie eine enge Freundschaft, und sie organisierte 1938 zusammen mit Marie Bonaparte seine Ausreise aus Österreich, nachdem es von Hitler »angeschlossen« worden war. Wahrscheinlich war es Margarethe, welche die Schriften Schopenhauers, ihres Lieblingsphilosophen, auch die Weiningers und Kierkegaards ihrem jüngsten Bruder zuerst in die Hand gab.

Für die Familie Wittgenstein hieß »Kultur« jedoch vor allem: Musik. Die Mutter Leopoldine, »Poldy«, war selbst eine ausgezeichnete Pianistin. Sie brachte den blinden Organisten und Komponisten Josef Labor ins Haus, dessen Musik, die heute leider fast vergessen ist, der jüngste Sohn Ludwig bis an sein Lebensende liebte. Kurt, der dritte Sohn, war Cellist. Aber das musisch begabteste der Kinder war Hans, der älteste Sohn, der verschiedene Instrumente virtuos beherrschte. Mit Hans sollte sich das Drama, das in der vorherigen Generation sein Vater und sein Großvater gespielt hatten, wiederholen: diesmal mit tragischem Ende.

Die Einstellung der Wittgensteins gegenüber ihrer jüdischen Abstammung ist ein weiterer Aspekt der Kompliziertheit dieser Familie. Obwohl Karl Wittgensteins Kinder seine protestantische Lebensauffassung übernahmen, betrachteten sie sich als ihrer Herkunft nach jüdisch. Eine von Karl Wittgensteins Schwestern soll einmal ihren Bruder Louis, einen bekannten protestantischen Geistlichen, verwundert gefragt haben, was an den Gerüchten über das jüdische Blut in der Familie sei, und dieser habe geantwortet: »Pur sang, Milli, pur sang.« Sie identifizierten sich mit dem, was sie als eine Tradition des jüdischen ästhetischen Idealismus ansahen, hatten aber keine Beziehung zu den religiösen Lehren und Bräuchen des Judentums. Dieses jüdische Bewußtsein war jedenfalls so stark, daß Margarethe Stonborough, Ludwigs jüngste Schwester, nach dem »Anschluß« darauf bestand, mit den anderen Wiener Juden verhaftet zu werden, obwohl die Nazis dies ablehnten, da es ihnen vorteilhafter erschien, Margarethe und ihre Familie als nichtjüdisch zu qualifizieren.

Religiöse Konflikte lagen den Spannungen innerhalb der Wittgenstein-Familie nicht zugrunde. Vielmehr hatte Karl Wittgensteins Despotismus solche Wirkungen. Er wollte seinen Söhnen bei der Entscheidung über ihre Berufswahl noch weniger Freiheit lassen, als ihm selbst seinerzeit der eigene Vater. Er bestand darauf, daß Hans seine außergewöhnliche musikalische Begabung einer Karriere in Finanz und Industrie, ähnlich der väterlichen, opfern müsse. Jener Jahrhundertwende-Typus des Generationenkonflikts – der eher lebenspraktische Vater gegen den künstlerischen Sohn – nahm hier durch den Starrsinn, den Hans von seinem Vater geerbt hatte, einen tragischen Ausgang. Schon als Junge, dem der Vater das Musizieren auf den Familieninstrumenten verboten hatte, war Hans von zu Hause weg in die Kirche geschlichen, um dort Orgel zu spielen. Da Vater und Sohn sich einfach nicht verständigen konnten, wurde für Hans das Leben im elterlichen Hause unerträglich. Wie vorher sein Vater, floh er nach Nordamerika, wo er sich schließlich das Leben nahm.

Es mag unglaublich klingen, aber diese Episode scheint Karl Wittgenstein nicht wirklich berührt zu haben, seine Haltung änderte sich jedenfalls nicht erkennbar. Stärker betroffen war er allerdings, als auch sein zweiter Sohn, Rudi, unter ähnlichen Umständen Selbstmord beging. Ob er sich davon zu einer dauernden Änderung seiner despotischen Haltung hätte bewegen lassen, läßt sich nicht sagen, da er selbst 1913 an Krebs starb. So blieb ihm auch das Erlebnis des dritten Selbstmordes unter seinen Söhnen erspart: Kurt nahm sich 1918 nach der Kapitulation der österreichischen Armee das Leben, um nicht in italienische Gefangenschaft zu geraten. So bedeuten Ludwig Wittgensteins gelegentliche Bemerkungen über den Selbstmord in seinen Tagebüchern von 1914 bis 1916 und die Gedanken über seine eigene Neigung zum Selbstmord im Briefwechsel mit Paul Engelmann weit mehr als nur abstrakte Spekulationen über ein tragisches Thema. Ähnlich verhält es sich mit den Überlegungen über seine »moralische Verworfenheit« in den Briefen an Engelmann; diese müssen im Licht einer Moralität der absoluten Pflicht gelesen werden, mit ihrer bedingungslosen Ablehnung aller Heuchelei und jedes Kompromisses – ein charakterliches Erbe des Vaters.

Offenbar bedarf es keines besonderen Beweises für die Tatsache, daß Wittgensteins persönliches Leben jenen Kreisen in den gesellschaftlichen Sphären der Kunst, der Moral und selbst des familiären Lebens ausgesetzt war, welche die kulturellen und ethischen Auseinandersetzungen im Vorkriegs-Wien inspirierten und prägten. Eher erschiene der Gegenbeweis schwierig. Da das Haus, in dem er aufwuchs, selbst ein bedeutendes kulturelles Zentrum war, das vielen der damals geläufigen Spannungen Raum und Gelegenheit zur Kristallisation bot, hätte sich Ludwig ganz bewußt absondern müssen, um die Diskussionen ignorieren zu können, die in seiner Umgebung mit großer Intensität geführt wurden.

Es gibt noch einen weiteren Aspekt, unter dem Wittgensteins Erziehung und Entwicklung für unsere gegenwärtige Perspektive bemerkenswert sind. Wir haben bereits auf Karl Wittgensteins ungewöhnliche Auffassung von der allein richtigen Grundlage wirklich guter Erziehung hingewiesen. Anstatt seine Kinder in die Schule zu schicken, ließ er sie zu Hause von Privatlehrern unterrichten, ein Umstand, der Ludwig die Entwicklung seiner geistigen Fähigkeiten in der ihm entsprechenden Weise ermöglichte. Auch dies bestimmte seine weitere Ausbildung maßgeblich. Ohne Griechischkenntnisse war ihm das humanistische Gymnasium verschlossen; so kam er 1904 auf die Linzer Oberrealschule, zufällig zur gleichen Zeit, als der junge Adolf Hitler diese

Schule verließ. Im Hinblick auf seine außerordentliche technische Begabung, die bereits deutlich geworden war (so hatte er schon als Zehnjähriger aus Streichhölzern das Modell einer Nähmaschine, das tatsächlich ein paar Stiche nähen konnte, gebaut, ein Dokument des einzigen auffälligen Talents, das er als Kind erkennen ließ), wählte er in Linz das Ingenieurstudium. Der Leser möge sich hier Folgendes verdeutlichen: In England und Amerika etwa hatte die Ingenieursausbildung immer einen viel stärkeren Praxisbezug als auf dem europäischen Kontinent, vor allem in den deutschsprachigen Ländern. In Zürich, Wien und Berlin bestand um 1900 die erforderliche geistige Grundlage für einen erstklassigen Ingenieur insbesondere in einer gründlichen Beherrschung der theoretischen Physik, speziell der Newtonschen Mechanik. Das erste Ziel für einen jungen Studenten in Ludwig Wittgensteins Lage waren daher angemessene mathematische Kenntnisse, vor allem in ihrer Anwendung in der Physik. (In dieser Hinsicht hatte Wittgenstein dieselbe *formation professionelle* wie ein anderer »Ingenieur«, ein Wahl-Schweizer, nur wenige Jahre älter als er: Albert Einstein[4].

So dürfte Heinrich Hertz' Buch *Die Prinzipien der Mechanik* im Zuge des regulären Studiengangs in Wittgensteins Hände gekommen sein. Und es ist wohl mehr als nur eines unter vielen Lehrbüchern gewesen, nämlich: die maßgebende, paradigmatische Analyse der grundlegenden physikalischen Konzepte. Die Bewunderung für Hertz bewahrte sich Wittgenstein bis zu seinem Tod. In seinen späteren Lebensjahren hatte er gegenüber den meisten Menschen gewisse Vorbehalte – sogar gegenüber Frege[5] –, aber Hertz pflegte er bis an sein Lebensende mit Lob und Zustimmung zu nennen. Was Ludwig Boltzmann anbelangt, so haben wir bereits auf die offenkundigen Spuren seines Denkens in Wittgensteins Bemerkungen über den »logischen Raum« hingewiesen; als Wittgenstein sich 1927 wieder der Philosophie zuwandte, nahm er unter anderem dieses spezielle Thema wieder auf. War der 1894 verstorbene Hertz Wittgensteins erstes bedeutendes Vorbild in der Physik, so war Boltzmann der Mann, bei dem er persönlich zu studieren hoffte, als er 1906 Linz wieder verließ. Der Selbstmord

Boltzmanns im September desselben Jahres in Duino traf Wittgenstein daher tief[6].

Mittlerweile haben wir eine ganze Reihe von Hinweisen auf Wittgensteins allgemeinere Interessen. Deren wichtigstes war die Musik. Schopenhauer pflegte zu sagen, daß der Musiker eine geheimnisvolle Fähigkeit besitze, die dem Metaphysiker unweigerlich fehlen müsse: die Grenzen der Vorstellungen zu transzendieren, tiefere Gefühle und geistige Gehalte zu vermitteln, als die Wortsprache der Philosophie auszudrücken in der Lage sei. In seinem späteren Leben sprach Wittgenstein in Situationen persönlicher Ruhe und Entspannung gerne über die expressive Kraft der Musik, ein Thema, das ihm immer wieder philosophisches Staunen nahelegte und dem er kaum weniger Bedeutung zumaß, als es Schopenhauer getan hatte[7]. Philip Radcliffe, Dozent für Musik am King's College in Cambridge, erzählt, wie Wittgenstein während der Zeit seiner philosophischen Professur in Cambridge ihm oft umfangreiche Partituren mit der Bitte brachte, sie auf dem Klavier vorzuspielen – bemerkenswerterweise auch einige Kompositionen des alten Freundes seiner Mutter, Josef Labor. Wittgenstein legte Wert auf eine genaue Wiedergabe dieser Partituren; er fand in ihnen anscheinend etwas von jener außersprachlichen Bedeutung der Musik, die Schopenhauer gemeint hatte. Der Horizont von Wittgensteins musikalischen Neigungen und Interessen war groß und keineswegs nur konventionell (wenn er auch eine deutliche Vorliebe für die Musik der klassischen Komponisten bis etwa zur Zeit Schumanns und Brahms' hatte). Als er erfuhr, daß G. E. Moores jüngster Sohn Timothy eine erfolgreiche Jazz-Combo gegründet hatte, überredete er ihn, am Klavier ausführlich Struktur und Entwicklung der Jazzmusik zu erklären, also das, was Schönberg deren »Logik« genannt hätte[8].

Andererseits scheint Wittgenstein vergleichsweise wenig philosophische Werke gelesen zu haben. Wie Schönberg in der Musik und Kokoschka in der Malerei legte er keinen Wert auf professionelle Ausbildung und hielt seinen Status als Autodidakt keineswegs für einen Nachteil. Einer der wenigen philosophischen Schriftsteller, die ihn schon früh beeindruckten, war Georg Christoph Lichtenberg. Der Göttinger Hofrat aus dem 18. Jahrhundert, Professor der Naturwissenschaften, wurde schon von Grillparzer und später von Karl Kraus verehrt; auch auf Ernst Machs Denken hatte er großen Einfluß. Um die Jahrhundertwende wurden Lichtenbergs Schriften von den Wiener Intellektuellen viel gelesen[9]. Mehr noch als Schopenhauer prägte er (und seinem Beispiel folgend etwa noch Nietzsche) den aphoristischen Stil des Philosophierens, der zu jener Zeit beliebt wurde und den der *Tractatus* in markanter Weise dokumentiert. Lichtenberg schrieb – von seinen satirisch-literarischen Meisterstücken abgesehen – über theoretische Physik so gut wie über Literatur oder Probleme der Sprachphilosophie, mit einem Scharfsinn und einer geistigen Kraft, die (nach einem Satz G. H. von Wrights) eine verblüffende Ähnlichkeit mit Wittgenstein zeigen[10].

(Um hier einen Aspekt von Wittgensteins späteren Gedanken vorwegzunehmen: Lichtenbergs Schriften waren auch die Quelle des »Paradigma«-Konzepts, das in Wittgensteins späteren Erörterungen eine bedeutende Rolle spielte. Lichtenberg verwendete den Begriff der »paradeigmata«, um die formalen Schemata grammatischer Analysen mit denen der theoretischen Physik und anderer Wissenschaften zu verbinden. Genauso wie wir in der Grammatik die Deklination von Substantiven und die Konjugation von Verben auf dem Hintergrund bestimmter allgemeiner, standardisierter Formen, der Paradigmata, vornehmen, so »erklären« wir auch in der Physik reale Naturvorgänge, indem wir an sich rätselhafte Ereignisse und Prozesse auf bestimmte Standardformen und selbstexplikative Schemata abbilden. Dieser Begriff des Paradigmas – der unser Denken sowohl produktiv kanalisieren als auch in die Irre führen kann – nimmt einen zentralen Rang in Wittgensteins späteren Erörterungen der »logischen Grammatik« und ihrer Rolle in der Philosophie ein[11].)

Was Wittgensteins Zeitgenossen angeht, so wissen wir von seiner Bewunderung für Weininger, Kraus und Loos. Insbesondere war Wittgenstein persönlich befreundet mit dem Architekten Adolf Loos, dessen Verachtung des Ornaments und der Dekorationskunst Wittgensteins eigenen Vorstellungen genau entsprach und dessen »funktionalistische« Konzeptionen Wittgensteins spätere Exkursion in das Gebiet der Architektur signifikant erhellen.

Wie viele seiner Zeitgenossen wurde auch Wittgenstein von dem geistigen Strom der Wiederentdeckung Kierkegaards erfaßt, die vor allem vom Innsbrucker Brenner-Kreis und hier besonders von Theodor Haecker, dem Übersetzer und Interpreten Kierkegaards, ausging. Den tiefsten und unmittelbarsten moralischen Einfluß dürften allerdings die Schriften Leo Tolstois auf Wittgenstein ausgeübt haben. Von Anfang an war er ein Mann von großem moralischen Ernst, auch hierin ein wahrer Sohn seines Vaters. John Maynard Keynes, der in seinen *Erinnerungen* über Moore, Russell und deren Kollegen, den späteren Kern der »Bloomsbury-Gruppe«, schrieb, faßt dabei »Ludwig« mit D. H. Lawrence zu einem antithetischen geistigen Element zusammen, da sich beide gegen eine gewisse moralische Sprödigkeit, Oberflächlichkeit und vor allem gegen die mangelnde Ehrfurcht der jungen Cambridger Intellektuellen gewandt hatten[12]. Wittgensteins natürlicher Ernst wurde durch das Erlebnis des Krieges sehr vertieft. Seine Familie hatte ihn als fröhliches und heiteres Kind gekannt, auch seine englischen Freunde vor 1914 wußten um die Fähigkeit seiner witzigen und sprühenden Intelligenz. Zu dieser Zeit lag der Zug zu einer gewissen Düsterkeit, den es in seinem Wesen wohl schon gegeben hat, jedenfalls noch unter der wahrnehmbaren Oberfläche. Von 1919 an wurde er ein einsamer, in sich gekehrter Mensch. Nach seinem eigenen Zeugnis hat ihn Oswald Spenglers *Der Untergang des Abendlandes* tief beeindruckt; er zog sich mehr und mehr in eine extrem individualistische und asketische Haltung zurück (obwohl er zeit seines Lebens ein äußerst hilfsbereiter Mensch blieb). Für Wittgenstein war wie für Tolstoi die Maxime der persönlichen Integrität verbunden mit einem Bekenntnis zum Grundsatz der Gleichheit aller Menschen und zur verpflichtenden Anteilnahme am Schicksal des Nächsten. Dieses Bekenntnis blieb für Wittgenstein jedoch weitgehend theoretisch (von seiner immer präsenten Hilfsbereitschaft in konkreten, an ihn herangetragenen Einzelfällen abgesehen). Denn seine Lebensgewohnheiten waren die eines Einsiedlers; erst während des Zweiten Weltkrieges hatte er Gelegenheit zur praktischen Verwirklichung seiner Überzeugungen, als er beschloß, seinen Kriegsdienst auf der untersten Stufe zu leisten: als Krankenpfleger und Spitalswärter.

Wir wollen vor unserem Versuch einer Neuinterpretation des *Tractatus* die Frage, wieweit sich in dessen wesentlichen philosophischen Grundzügen Einflüsse von Wittgensteins Erziehung und kulturellem Hintergrund nachweisen lassen, noch um einen wichtigen Aspekt erweitern: die Betrachtung von Wittgensteins Verbindungen mit Ludwig von Ficker und jener Gruppe von jungen Künstlern und Intellektuellen, die sich um Fickers Innsbrucker Zeitschrift *Der Brenner* gebildet hatte; im besonderen seine Beziehung zum Werk Theodor Haeckers, mit dem Wittgenstein seine eigenen Gedanken in der Arbeit am *Tractatus* ausdrücklich in Verbindung gebracht hat.

Haecker widmete einen großen Teil seiner schriftstellerischen Arbeit dem Ziel, den Namen und das Werk Kierkegaards bekannt zu machen. Als er seine erste Monographie *Søren Kierkegaard und die Philosophie der Innerlichkeit* im *Brenner* veröffentlichte, war Kierkegaard im deutschsprachigen Raum noch wenig bekannt. Haeckers Bemühungen als Interpret haben keinen geringen Anteil an der neuen Begeisterung für Kierkegaard im 20. Jahrhundert. In jener ersten Monographie zeichnet Haecker – unter anderem – einen scharfen und schroffen Kontrast zwischen Kierkegaard und Mauthner, zwischen der wahren »Sprachkritik« und ihrer »Fälschung«[13]. Polemisch und ungerecht tut er Mauthner als einen feuilletonistischen Salonskeptiker ab, dessen persönliches Leben von seiner Philosophie völlig unberührt sei. Nach Haeckers Meinung hatte Mauthner den Skeptizismus nur als eine intellektuelle Attitüde aufgenommen, nicht als eine existentielle Haltung; er habe daher auch mehr mit Descartes gemein als etwa mit Pascal. Kierkegaards Skeptizismus dagegen entsprang aus einer existentiellen Betroffenheit, war erfüllt und unterströmt von *Angst*. In der Art wie Haecker Kierkegaard als den echten Skeptiker und Sprach-

Kritiker apostrophierte, mag Wittgensteins Aufmerksamkeit einmal mehr auf die Probleme gelenkt worden sein, die Mauthners Kritik der Sprache ungelöst gelassen oder gar nicht berührt hatte.

Wie Kierkegaard jedoch schon gesehen hatte, sind gerade diese Fragen prinzipiell nicht beantwortbar. Der Sinn des Lebens, die Bedeutung der menschlichen Existenz sind der immer wiederkehrende Gegenstand seiner Betrachtungen; es ist jedoch für deren Instrument, die Vernunft, unmöglich, auf die bis zu den Paradoxien des Denkens vorangetriebenen Sinnfragen eine Antwort zu finden. Die Vernunft kann Kierkegaard nur bis zum Paradox, ihrem eigenen Ende, führen; der Glaube ist notwendig, um es zu überwinden. Das ist die Aufgabe des »innerlichen« Denkers: jene höhere Sphäre der Wahrheit zu erreichen, die jenseits der Vernunft liegt und die Leben und Denken integriert zur Einheit der wahren Existenz. Im Rahmen der Begrifflichkeit von Tatsachenbeschreibungen ist die innerliche Wahrheit – jene, die als moralische das Leben ausmacht – inkommunikabel. Der in diesem Sinne »subjektive« Denker, der die Werte besitzt und sie daher lehren kann, muß die geistige Haltung des Sokrates annehmen; Ironie, Satire, Komödie und Polemik sind als Modi »indirekter Kommunikation« geeignete Mittel zu diesem Zweck. Wahre Sprachkritik, sagt Haecker, besteht nicht im Studium der Wörter nach Mauthners Art, sondern in der Verwandlung der Sprache von einem Instrument des bloßen praktischen Gebrauchs in ein Medium des Geistes, welches das Leben der Menschen verändert. In diesem Sinn präsentierte Haecker Kierkegaard als einen »Sprachphilosophen«, der ähnlich wie Tolstoi die Kunst als die Möglichkeit des Menschen begriff, Zugang zur Sphäre des Geistes zu finden. Unter seinen Zeitgenossen erkannte Haecker einen solchen subjektiven Denker:

Will einer heute in einer Literatur von unermeßlichem Umfang nach den, wenn auch unbewußten Beziehungen zum Werke Kierkegaards suchen, so könnte er fast verzweifeln. Wohl kann einer ja im Verborgenen ein Leben des Geistes führen und ihm unendlich viel näher kommen, als die allermeisten, die heute schreiben und die im Grunde nur zwei Möglichkeiten hätten, ihre Ehrfurcht vor ihm zu beweisen: Schweigen und Selbstverachtung. Ein Name jedoch fällt mir sofort ein, ohne daß ich mich zu besinnen brauche: Karl Kraus. ... Er ist der einzige große, durch die Ethik gedeckte Satiriker der Zeit ...[14]

Haecker sah in Kraus einen wahren geistigen Nachkommen Kierkegaards, der dessen Denken und Werk in seinen Satiren und Polemiken fortsetzte, obwohl er nur wenig von Kierkegaard kannte. Kraus wußte wie Kierkegaard, daß die Ethik keine Wissenschaft von der Moral sein konnte, kein Zweig der Tatsachenerkenntnis wie Geometrie oder die Naturwissenschaften. Ethik hat nichts mit den Fakten der Außenwelt zu tun; ihre Basis ist die innere Überzeugung, sie gehört nicht in den Bereich der Wissenschaft, allenfalls in den des theoretischen Paradoxes. Auch in seiner Überzeugung von der untrennbaren Einheit von Form und Gedanken im Kunstwerk ist Kraus Kierkegaard verwandt. Künstlerische Form und ethischer Wert sind zwei Seiten derselben Medaille. Nur der integre Mensch erfährt die Werte und kann sie künstlerisch vermitteln; mit keiner noch so großen Anhäufung theoretischen Wissens hat diese Deckung von Ethik und Form etwas zu tun. Haecker fand sein Ideal einer ethisch fundierten Sprachkritik vor allem in der konzentrierten Unmittelbarkeit des aphoristischen Ausdrucks bei Kraus und in dessen Polemiken gegen die Sprachzerstörung seiner Zeit.

Auch wenn man Haeckers Ansicht über Kraus als den großen praktischen Exponenten Kierkegaardscher Sprachkritik teilt, ist damit noch nichts zur Lösung der oben angedeuteten Aufgabe beigetragen: die Theoretiker Hertz und Boltzmann gewissermaßen in einen integrierenden Zusammenhang mit den Ethikern Kierkegaard und Tolstoi zu bringen. Als Ingenieur ausgebildet in der Physik Boltzmanns und Hertz', war sich Wittgenstein wohl bewußt, daß trotz des radikalen sprachkritischen Skeptizismus eines Fritz Mauthner eine darstellende Sprache nicht unmöglich war; jedenfalls in der Physik war die sinn- und bedeutungsvolle Repräsentation der Naturphänomene in einer »abbildenden Darstellung« möglich; allerdings mußte diese Formulierung im Sinne von Hertz neu interpretiert werden. Als Beweis für diese Möglichkeit konnte bereits die triviale Tatsache gelten,

242

daß die theoretischen Sätze der Physiker mit praktischem Erfolg bei der Konstruktion von Maschinen angewendet werden. Als Hertz-Kenner hatte Wittgenstein keine Zweifel an der Möglichkeit von »Darstellungen« – in Form von Bildern oder Modellen – in der Mechanik. Der Grad der Sicherheit ihrer Sätze, der die Mechanik vor allem anderen menschlichen Wissen über die Welt auszeichnet und sie zu einer Art Fundament der Physik macht, war gerade eine Konsequenz der mathematischen Struktur, die der Physiker seinen »Modellen« der natürlichen Phänomene aufprägen kann.

Außerdem haben diese Darstellungen den Vorteil der Selbstbegrenzung, da der Bereich ihrer Anwendbarkeit weitgehend durch ihre mathematische Form determiniert wird. Demnach existierte also zumindest ein Bereich der Sprache – nämlich die Sprache der Mechanik –, der hinreichend eindeutig und wohlstrukturiert war, um Tatsachen über die Welt, das heißt deren Darstellung in Form eines mathematischen Modells, zu liefern. Die Eindeutigkeit dieser Sprache, bzw. die Möglichkeit innerhalb ihrer eventuelle Mehrdeutigkeiten zu eliminieren, war eine direkte Folge ihrer mathematischen Form. Diese Form war ersichtlich nicht das Ergebnis verallgemeinerter Erfahrungen, aber genausowenig ein Produkt willkürlicher Konventionen und Definitionen. Sie erschien eher als etwas, das der Erfahrung aufgeprägt wurde, um diese in ökonomischer Weise zu strukturieren – womit genau jenes theoretische Charakteristikum von Hertz' *Prinzipien* bezeichnet ist, das Mach rühmend hervorgehoben hatte. In diesem Sinn wurde, wie Wittgenstein deutlich wahrnehmen mußte, Mauthners Begriff der Erkenntnis durch die Hertzsche Darstellung der Sprache der Mechanik in Form eines mathematischen Modells unmittelbar in Frage gestellt. Und wenn es gelingen konnte, eine entsprechende und umfassende »Mathematik der Sprache« zu konzipieren, dann erschien eine »Sprachkritik« möglich, die in der Lage sein sollte, »von innen her« Wesen und Grenzen der Sprache überhaupt zu erklären, und zwar auf eben die Art, in der es Hertz gelungen war, eine Kritik der Mechanik zu formulieren: indem mit einer Untersuchung ihrer logischen Struktur

»Sprache« in einer philosophisch haltbareren Grundlage verankert würde, als es psychologische und historische Analysen ihrer Begriffe ermöglichten, wie sie etwa Mach und Mauthner durchgeführt hatten.

Die zentrale Aufgabe von Hertz' Abhandlung über *Die Prinzipien der Mechanik* hatte somit erstaunliche Parallelen zu der, die nun Wittgenstein zu beschäftigen begann. Hertz ging es um die Erklärung, wie die klassische Newtonsche Theorie der Dynamik sowohl ein System von Axiomen und Deduktionen aufstellen, als auch die wirkliche natürliche Welt im Unterschied zu allen *logisch möglichen* Welten beschreiben konnte; und das ist ein Thema, dem Wittgenstein später eine ausführliche Passage des *Tractatus* widmete, nämlich die Sätze 6.34 bis 6.3411. Wenn man nur, so hatte Hertz argumentiert, mit hinreichender Deutlichkeit und Sorgfalt zwischen den formalen Schritten, mit denen ein solcher mathematischer Kalkül aufgebaut wird, und den empirischen oder praktischen Akten unterschied, mittels derer das resultierende Axiomensystem im realen Experiment angewendet wird, dann würde sich die Frage von selbst beantworten[15]. Zugleich würde diese Lösung viele fruchtlose und konfuse metaphysische Debatten vermeiden – etwa jene über »das wirkliche Wesen der Kraft«, welche die Entwicklung der Physik im 19. Jahrhundert irritiert und behindert hatte.

Wollte also Wittgenstein eine umfassende »Modelltheorie« der Sprache konzipieren, dann brauchte er, wie gesagt, eine ähnliche »Mathematik der Sprache«, die ihre formale Struktur in vollständig allgemeinen Termini erklären konnte. An diesem Punkt dürfte seine Hinwendung zu Frege und Russell ein ganz natürlicher, naheliegender Schritt gewesen sein. Denn das philosophische Programm von Russells frühen Schriften kann ohne weiteres als Vorschlag der Mittel zur Lösung von Hertz' Problem in seiner allgemeinen Form gelesen werden. Nehmen wir an, jemand konzipierte eine Theorie der Sprache im Sinne von Russells Vorschlag in einem explizit definierten formalen Modell und gelangte so zu einem »Aussagenkalkül«, der die »wirklichen« Formen von Sätzen verdeutlichte: der resultierende Formalismus mußte *zeigen*, wie die inneren Strukturen der Sprache die korrespondierenden Strukturen repräsentierten, nach denen »Dinge« der realen Welt sich zu »Tatsachen« verketten. Russells Behauptung, die wirkliche logische Form von Sätzen sei oft von ihrer irreführenden grammatischen Verkleidung in der natürlichen Sprache verdeckt – und diese wirkliche Form werde am besten durch den logischen Symbolismus der *Principia Mathematica* ausgedrückt –, gab Wittgenstein den entscheidenden Wink. Unter Verwendung des Aussagenkalküls als eines formalen Modells der Sprache mußte eine neue Sprachkritik möglich sein, mit der sich unter anderem auch die Fehler vermeiden ließen, denen Mauthners früheres Bemühen nicht entkommen war. Das ist der Grund für Wittgensteins Betonung des Unterschieds zwischen seinem und Mauthners Werk, und zwar in den Begriffen der neuen Differenzierung, die Russell zwischen der »scheinbaren« und der »wirklichen« logischen Form vorgenommen hatte:

Alle Philosophie ist »Sprachkritik«. (Allerdings nicht im Sinne Mauthners.) Russells Verdienst ist es, gezeigt zu haben, daß die scheinbare logische Form des Satzes nicht seine wirkliche sein muß (TLP 4.0031).[16]

Der logische Symbolismus Freges und Russells war das *Mittel*, das Wittgenstein in den Stand setzte, eine allgemeine Kritik der Sprache zu formulieren, die gewissermaßen sowohl Hertz als auch Kierkegaard gerecht werden konnte. Vor allem Russells »Aussagenkalkül«, den Mauthner nicht kannte, gab Wittgenstein genau jene »Logik der Sprache«, die er brauchte. In ihrer Revision der Logik auf der Grundlage der Mathematik hatten Frege und Russell schlagkräftige Argumente gegen jene Art des »psychologischen Reduktionismus« vorgebracht, der Mauthners Ablehnung der Logik kennzeichnet. Besonders Frege widmete einen Großteil seiner Bemühungen dieser antipsychologistischen Aufgabe; seine *Begriffsschrift* war der erste Versuch einer Systematisierung der mathematischen Logik. Whiteheads und Russells *Principia Mathematica* lieferten das wohlgeordnete Kompendium eines solchen Systems. Hier war eine Basis für den neuen »Sprachkalkül«, den Wittgenstein suchte.

Mauthners nominalistische Argumente hatten versucht,

die Grenzen der Sprache mit den (sprachlichen) Mitteln einer Theorie *über* Sprache zu zeigen; sie enthielten so ein zirkuläres Element (dessen sich Mauthner wohl bewußt war, ohne seinen Fallstricken ganz entgehen zu können). In dieser Hinsicht glichen sie Machs Kritik der Mechanik, die eine psychologische Theorie *über* Begriffe der Mechanik zur Grundlage hatte. Hertz' Kritik der Mechanik war der Machschen deutlich überlegen, weil Hertz sein Augenmerk auf die *Verwendung* dieser Begriffe richtete. Sein Konzept brachte ein Verständnis des Wesens und der Grenzen der Mechanik gewissermaßen aus der Innenperspektive dieser Disziplin mit sich. Er mußte nicht zu Theorien *über* die Mechanik Zuflucht nehmen; die Grenzen der Erklärungen in der Mechanik wurden evident, sobald die Struktur ihrer Begriffe vollständig erhellt war; sie bedurften keiner weiteren Beweisführung. Das Modell (oder Bild) zeigte einfach in seiner Anwendung auch seine Grenzen. Mit dem Instrument des Aussagenkalküls konnte Wittgenstein die Zirkularität der Argumentation vermeiden, die – wie auch Mauthner gesehen hatte – die frühere Sprachkritik kennzeichneten. Nun konnten Natur und Grenzen der Sprache aus deren Struktur bestimmt werden; sie konnten evident gemacht und mußten nicht mehr explizit beschrieben werden. Dies ist das Verdienst, das Wittgenstein mit seiner »Bildtheorie der Sprache« für sich reklamieren konnte.

Englische und amerikanische Interpretationen des *Tractatus* kranken manchmal an Schwierigkeiten, die sich aus dem deutschen Wort »Bild« und den abgeleiteten Formen »abbilden« etc. ergeben. Englischsprachige Philosophen hatten die Neigung, Wittgensteins »Bild«-Theorie als etwas aufzufassen, das uns Gedanken nahelegen sollte wie den, »Sätze« gäben uns sozusagen *Schnappschüsse* – oder eine Art geistiger *Photographien* – der »Tatsachen«. Solche Interpretationen verfehlen zwei wesentliche Aspekte von Wittgensteins Erörterung der *Bilder*. Zunächst sind alle seine Diskussionen des Verhältnisses zwischen Sätzen und Tatsachen in Begriffen des Handelns und konstruktiven Tätigseins formuliert. So lautet etwa der wichtige Satz 2.1: »Wir machen uns Bilder der Tatsachen.« (Die revidierte englische Übersetzung gibt ihn unklarer mit: »We picture facts to ourselves« wieder[17].) Ein *Bild* ist für Wittgenstein etwas, das wir herstellen wie ein Artefakt; ähnlich wie ein Maler »künstlerische Darstellung« von Szenen oder Personen produziert, so konstruieren wir uns »Sätze« in der Sprache, welche die gleiche logische Form wie die abgebildeten Tatsachen aufweisen. In den Tagebüchern steht unter dem Datum des 26.11.1914: »Dadurch, daß *ich* den Bestandteilen des Bildes Gegenstände *zuordne, dadurch* stellt es nun einen Sachverhalt dar . . .«[18] Wir verstehen Wittgensteins Aphorismen besser, wenn wir die linguistischen »Bilder« als »bewußt konstruierte sprachliche Darstellungen« auffassen (wohingegen das in dieser Hinsicht ausdrucksärmere englische Wort »pictures« eher irreführend erscheint).

Zweitens verdecken die gegenwärtigen englischen Übersetzungen die bedeutsame Kontinuität zwischen dem Gebrauch des Terminus »Bild« in der physikalischen Theorie von Hertz und dem in Wittgensteins Philosophie. Hertz' Theorie der Mechanik verstehen wir am besten, wenn wir seinen Begriff »Bild« als »Modell« (und zwar als mathematisches) lesen; das gleiche gilt für Wittgensteins *Tractatus*. Wittgensteins Überlegung etwa, daß eine Grammophonplatte, der musikalische Gedanke, die Notenschrift und die Schallwellen in einer »abbildenden internen Beziehung zueinander« stehen (TLP 4.014), wird besser verständlich in der Interpretation mit dem Begriff eines allgemeinen »Modells« als mit dem eines gemeinsamen »Bildes« (vgl. auch TLP 2.12). Die räumliche Anordnung in einem Bild ist von anderer Art als die logische Ordnung, die ein theoretisches oder mathematisches Modell kennzeichnet. Wie ihre Hertzschen Pendants sind Wittgensteins »Bilder« (oder »Modelle«) als *Darstellungen* aufzufassen; auch das unterstreicht ein wenig die Tatsache, daß sie logische Konstrukte sind und daher deutlich verschieden von bloßen Reproduktionen sinnlicher Erfahrungen, von *Vorstellungen*. (In der Tat taucht zwar die Verbform »vorstellen« im *Tractatus* zweimal neben dem häufigeren »darstellen« auf, von »Vorstellungen« ist jedoch nie die Rede.)

Der Terminus »Darstellungen« schließt »Modelle« im weitesten Sinn ein. Er umfaßt Baupläne von Architekten ebenso wie Kinderspielzeugmodelle, gemalte Porträts (aber keine Photographien!) und alle weiteren denkbaren Modellarten. Mathematische Modelle oder Bilder sind nur eine bestimmte Art von Darstellungen. Wittgenstein betont die logische Struktur seiner Modelle, wenn er sagt: »Jedes Bild ist *auch* ein logisches. (Dagegen ist z. B. nicht jedes Bild ein räumliches.)« (TLP 2.182, vgl. auch TLP 4.03, Satz 3.) Er hebt hervor, daß seine »Bilder« Konstruktionen sind: »Wir machen uns Bilder der Tatsachen« (2.1), und daß ein Bild »wie ein Maßstab an die Wirklichkeit angelegt« ist (2.1512). In seinen Tagebüchern schreibt er:

Ja, man könnte die Welt vollständig durch ganz allgemeine Sätze beschreiben, also ohne irgendeinen Namen oder sonst ein bezeichnendes Zeichen zu verwenden. Und um auf die gewöhnliche Sprache zu kommen, brauchte man Namen etc. nur dadurch einzuführen, indem man nach einem »(3 x)« sagte »und dieses X ist A« usw. [19]

(Dieser Satz steht unter Nr. 5.526 nahezu identisch im *Tractatus.*) Damit impliziert Wittgenstein, daß es möglich sein sollte, ein logisches Gerüst zu schaffen – das heißt, ein apriorisches System, das in der Lage wäre, für die gesamte Welt abbildende Modelle zu ermöglichen und so die logische Struktur jeder Beschreibung festzuhalten. Damit wäre für die Sprache im ganzen erreicht, was der erste Teil von Hertz' *Prinzipien* für die Sprache der Mechanik erreicht hat. Mit der Einführung von Namen in dieses allgemeine System könnten wir es tauglich machen für eine Anwendung auf die Wirklichkeit. Das Ergebnis wäre einfach die »normale Sprache«; und in der Tat ist es, nach Wittgenstein, genau diese Operation, die wir bei unserer gewöhnlichen Sprachverwendung vornehmen. Wittgenstein glaubte damit den Hertzschen Versuch für die Sprache der Mechanik derart verallgemeinert zu haben, daß dieser auf alle Formen sprachlicher Äußerungen anwendbar geworden sei. Und damit sah er sich in der Lage, jene *bildliche Darstellung der Welt* zu konzipieren, von der er glaubte, daß sie kraft ihres logisch isomorphen Charakters weit über eine bloße metaphorische Beschreibung hinausging.

Um genau zu verstehen, wie Wittgensteins »Modelle« Erfahrungen darstellen, muß man sich die Art und Weise, wie sie abbilden, das heißt genauer: wie sie konstruiert sind, verdeutlichen. Sätze sind von uns hergestellte Darstellungen von Situationen, bzw. Konfigurationen der in ihnen vorkommenden Gegenstände, gemeinhin »Tatsachen« genannt. Sie sind keine vollständigen Reproduktionen der Tatsachen, sondern nur dessen, was an diesen *wesentlich* ist: einfache Gegenstände, die von (logischen) »Namen« (= »einfachen Zeichen«, vgl. TLP 3.201) *vertreten* werden; ihre logische Konfiguration im Sachverhalt, ausgedrückt (»gezeigt«) durch Prädikate; schließlich die Zusammensetzung einfacher Sachverhalte zu komplexen Tatsachen (Sachlagen), ausgedrückt durch die wahrheitsfunktionalen Verknüpfungen von »Elementarsätzen« mittels sogenannter logischer Konstanten (die – nach Wittgenstein – als solche weder etwas vertreten noch etwas bezeichnen, vgl. TLP 4.0312).
Wittgenstein sagt dazu:

Daß sich die Elemente des Bildes in bestimmter Art und Weise zueinander verhalten, stellt vor, daß sich die Sachen so zueinander verhalten.
Dieser Zusammenhang der Elemente des Bildes heiße seine Struktur und ihre Möglichkeit seine Form der Abbildung (TLP 2.15).

Und zur logischen Zusammensetzung der »komplexen« Sätze:

Der Satz ist eine Wahrheitsfunktion der Elementarsätze (TLP 5, vgl. auch 5.3).

An den Satz 2.15 fügt er den folgenden an:

Nur die äußersten Punkte der Teilstriche (sc.: des Maßstabes, als welcher das Bild an die Wirklichkeit angelegt ist) *berühren* den zu messenden Gegenstand (TLP 2.15121).

In dieser Hinsicht ähneln Wittgensteins »Bilder« denen von Hertz, die auch nur abbilden, was für die Struktur der korrespondierenden realen Phänomene wesentlich ist. Jenseits der Benennung von Gegenständen und des Aufzeigens ihrer Konfiguration im Sachverhalt können Wittgensteins »Bilder« im Prinzip nichts über jene aussagen. Der von der Konfiguration der Namen oder einfachen Symbole festgelegte Zusammenhang der Elemente des Sachverhalts ist der *Sinn* des Satzes: »Was das Bild darstellt, ist sein Sinn« (TLP 2.221); dies ist, was es mittels der Symbole *zeigt*. Wenn die Gegenstände, auf die sich Namen und einfache Symbole beziehen (also: das, was diese bedeuten), tatsächlich die ausgedrückte Konfiguration haben, ist der Satz wahr, das Modell oder Bild richtig; wenn nicht, ist es falsch. In jedem Fall gilt: »Um zu erkennen, ob das Bild wahr oder falsch ist, müssen wir es mit der Wirklichkeit vergleichen« (TLP 2.223).

Zwei Dinge sind folglich wesentlich für Wittgensteins Bildtheorie der Sprache: eine Korrespondenztheorie der Wahrheit und die Annahme, es gebe eine hinreichende logische Isomorphie zwischen Sprache und Realität, welche die Verbindung beider mittels des deskriptiven Gebrauchs der Sprache ermöglicht und bestätigt. Die logische Struktur der Sprache macht es möglich, a priori festzustellen, daß bestimmte komplexe Konfigurationen von Gegenständen möglich oder eben nicht möglich sind. Das ist die Funktion der »Wahrheitstafeln« in Wittgensteins System. Sie fixieren die apriorischen Wahrheitsmöglichkeiten jedes komplexen Satzes. Sind alle möglichen Wahrheitswerte für die in einem Satz vorkommenden Elementarsätze gegeben, dann kann bestimmt werden, welche Wahrheitsmöglichkeiten der komplexe Satz hat (vgl. TLP 4.4), wenn sein Sinn – also das Verhältnis zwischen den Sachverhaltselementen, das seine Symbole behaupten oder verneinen – klar ist. Auf diese Weise sind »Die Wahrheitsmöglichkeiten der Elementarsätze . . . die Bedingungen der Wahrheit und Falschheit der Sätze« (TLP 4.41; vgl. auch 4.431; 5; 5.3). Das atomare »Bild« (Elementarsatz) stellt eine spezielle Konfiguration von Gegenständen fest, indem es einen logischen Zusammenhang von »einfachen« Symbolen zeigt; werden mehrere Elementarsätze verknüpft, dann sind mit der Zuordnung aller möglichen Wahrheitswerte zu diesen Symbolkonfigurationen die Bedingungen festgelegt, unter denen ein Satz, der die »Bilder« enthält, wahr oder falsch sein kann.

Obwohl der Satz nur einen Ort des logischen Raumes bestimmen
darf, so muß doch durch ihn schon der ganze logische Raum
gegeben sein (TLP 3.42).

Wittgensteins »logischer Raum« ist, wie wir schon ange-
merkt haben, in gewissem Sinn einem Koordinatensystem in
der theoretischen Physik ähnlich. Jeder beliebige Satz von
Koordinaten setzt das gesamte System voraus. In der Tat ist
die »Raum«-Metapher der des »Phasenraums« in der statistischen Mechanik ähnlich[20]. Dieser ist ein 6n-dimensionaler
künstlicher Raum, wobei n die Zahl der Moleküle in einem
bestimmten Volumen eines bestimmten Gases bezeichnet.
Die 6n-Dimensionen repräsentieren den mikroskopischen
Zustand des Gases, wie er durch den Ort und den Impuls
eines jeden Moleküls zu einem bestimmten Zeitpunkt festgelegt ist. (Daher 6n − drei Koordinaten für den Ort, drei
für den Impuls jedes Moleküls.) Dieser Begriff des Phasenraums ist ein Hilfsmittel für die Darstellung aller möglichen
Zustände der einzelnen Moleküle, und er liefert die apriorischen Wahrscheinlichkeiten, aus denen der jeweils wahrscheinlichste makroskopische Zustand mit den Methoden
des Wahrscheinlichkeitskalküls ermittelt werden kann. Auf
dem Hintergrund von Wittgensteins naturwissenschaftlicher
Ausbildung und seinem ausgesprochenen Interesse am Werk
Ludwig Boltzmanns ist diese Ähnlichkeit der Metaphern
kein bloßer Zufall[21].
   Wittgensteins Modelltheorie des Satzes und die damit
verbundene Theorie der Wahrheitsfunktionen hatten einen
weiteren Vorteil. Sie schlugen eine neuartige Lösung für ein
Problem vor, das vor der Jahrhundertwende eine herausfor-
dernde Zuspitzung durch Alexius Meinong erfahren hatte, in
anderer Form auch bei Frege auftrat und noch keine allgemein befriedigende Lösung gefunden hatte. Es handelt sich,
kurz gesagt, um das Problem der Existenz bzw. Existenzform empirisch nichtexistierender »Gegenstände«, die
gleichwohl in sinnvollen Sätzen oder in logischen bzw. mathematischen Ausdrücken symbolisiert werden können: der
gegenwärtige König von Frankreich (den es nicht gibt), der
goldene Topf am Ende des Regenbogens, das runde Qua-

drat, aber auch die Zahlen, die logischen Konstanten etc. Meinong hatte eine bestimmte, von der empirischen verschiedene Existenzweise solcher Gegenstände behauptet. Frege, dem metaphysische Spekulation fremd war, wurde gleichwohl durch seine strikt antipsychologistische Haltung in der Logik zum Postulat eines platonischen Realismus geführt, und zwar sowohl hinsichtlich der Bedeutung mathematischer Symbole als auch hinsichtlich des Sinnes und der Bedeutung von Sätzen, und zwar auch solcher, in denen etwa »der gegenwärtige König von Frankreich« vorkam. Nach Frege hatten sowohl einzelne Namen und sog. »Kennzeichnungen« (die Frege nicht deutlich von den Namen unterschied) als auch ganze Sätze zugleich Sinn *und* Bedeutung. Die »Bedeutung« eines Satzes ist sein »Wahrheitswert«; d. h. Frege faßte Sätze als *Namen* der Gegenstände »das Wahre« und »das Falsche« auf[22]. Der »Sinn« eines Satzes ist dagegen der durch ihn ausgedrückte Gedanke. Da aber Gedanken für Frege etwas *Objektives* darstellen[23], müssen Eigennamen und Kennzeichnungen (wie »der gegenwärtige König von Frankreich«) einen objektiven »Sinn« haben, denn sie sind Teile des Satzsinnes, also des objektiven Gedankens, der durch den Satz ausgedrückt wird.

Zwar betonte schon Frege – wie später auch Wittgenstein (vgl. TLP 3.3) –, daß Sinn und Bedeutung eines Ausdrucks erst nachrangig im Kontext der Satzbedeutung, in dem er auftritt, bestimmt werden können[24]. Aber Frege hielt daran fest, daß innerhalb des Satzes singuläre Termini wie Eigennamen und Kennzeichnungen auch einen eigenen Sinn hätten. Da dieser aber objektiv sei, war Frege zu der Annahme einer bestimmten objektiven Existenzform von »Gegenständen« wie »der gegenwärtige König von Frankreich« genötigt: selbstverständlich nicht als der (nichtexistierende) Gegenstand der (eben deshalb fehlenden) »Bedeutung« solcher Ausdrücke, aber als ihr objektiver (genauer: »objektivnichtwirklicher«) »Sinn« (der für Frege gleichfalls ein »Gegenstand« war) innerhalb des Satzes, in dem sie vorkommen.

Im Anschluß an Russells berühmte *Theory of Descriptions*, die einen Versuch darstellt, die Logiker aus einigen dieser gedanklichen Schwierigkeiten herauszuführen, ließ Wittgensteins Modelltheorie von Meinongs, Freges und Russells Problem nichts mehr übrig. Danach haben nur Sätze »Sinn« (und keine »Bedeutung«), während Namen nur »Bedeutung« (und keinen »Sinn«) haben (vgl. TLP 3.22; 3.221; 3.3). (Man sollte hier allerdings erwähnen, daß 1913, als Wittgenstein die *Aufzeichnungen über Logik* schrieb, für ihn Sätze noch – in Freges Begrifflichkeit – »Bedeutung« hatten; doch sah er sie nicht, wie Frege es tat, als »Namen« der Wahrheitswerte an. Vielmehr ging er davon aus, daß der ihnen korrespondierende reale Sachverhalt ihre »Bedeutung« sei. Im *Tractatus* gab er diesen Gedanken ganz auf und sprach nur noch von einer »Entsprechung« von Satz und Wirklichkeit, vgl. TLP 4.0621.) In einem vollständig analysierten Satz zeigt nach Wittgenstein die Konfiguration der Namen die Art und Weise, wie die benannten »einfachen« Gegenstände im realen Sachverhalt »ineinanderhängen« (»wie die Glieder einer Kette«, vgl. TLP 2.03). Gibt es den benannten Gegenstand nicht, dann hat der Name keine Bedeutung und damit der ganze Satz, in dem er vorkommt, keinen Sinn (vgl. TLP 6.53) (während die unrichtige Abbildung der *Konfiguration* der Gegenstände den Satz bloß falsch, aber nicht sinnlos macht). Bei Wittgenstein ist kein Platz mehr für ein platonisches Reich objektiver »Gegenstände« etwa von der Art des »Sinnes« eines Namens oder der »Bedeutung« eines Satzes bei Frege. Namen haben niemals »Sinn«, und Bedeutung nur dann, wenn der benannte Gegenstand existiert. Auch die von Frege behauptete platonisch-realistische »Existenz« der Bedeutung logischer und mathematischer Symbole lehnt Wittgenstein ab: »Mein Grundgedanke ist, daß die ›logischen Konstanten‹ nicht vertreten« (TLP 4.0312). Bereits im Juni 1912 schrieb er an Russell: ». . . welche Erklärung der scheinbaren Variablen sich auch immer als die richtige herausstellen mag, ihre Konsequenz *muß* lauten, daß es KEINE *logischen* Konstanten gibt.«[25] Noch viele Jahre später erwähnte Wittgenstein im Gespräch mit einem leisen Anklang von Ironie diese Differenz zu Frege:

Das letzte Mal als ich Frege sah, auf dem Bahnhof, meinen Zug erwartend, sagte ich zu ihm: »Finden Sie denn nie *irgend etwas*

Problematisches an Ihrer Theorie, daß Zahlen Gegenstände sind?« Er erwiderte: »Manchmal *kommt es mir so vor*, als sähe ich ein Problem – aber dann wieder sehe ich keines.«[26]

Der Gedanke gleitet von diesen logischen Problemen zwanglos zu der Frage: Wie ist eigentlich Wittgensteins Stellung *als Logiker* im Verhältnis zu Gottlob Frege und Bertrand Russell zu sehen? Für Russell selbst war es ausgemacht, daß Wittgenstein zuerst und vor allem sein, Russells, Schüler war. Er war später von Wittgenstein enttäuscht, als dessen eigene philosophische Entwicklung eine ganz andere Richtung nahm. Andere Interpreten, etwa Elizabeth Anscombe, haben Wittgenstein vor allem in der Nachfolge Freges gesehen. Gewiß räumen sie ein, daß Wittgenstein eine Reihe wichtiger logischer Neuerungen einführte; aber Freges Schriften seien sein wesentlicher Ausgangspunkt gewesen und müßten daher für ein angemessenes Verständnis seiner logischen Erörterungen immer mitbedacht werden.

Unsere Analyse schlägt eine dritte Deutung vor: sie will hervorheben, daß Wittgenstein vor allem und immer ein unabhängiger und originaler Denker auf dem Gebiet der philosophischen Logik war. Natürlich verdankte er sehr viel Frege und Russell, die das gesamte Programm der symbolischen Logik und des Aussagenkalküls inauguriert hatten. Aber er war zur Logik und zur Philosophie der Sprache von seinem eigenen, geistig unabhängigen Ausgangspunkt gekommen, und er entwickelte seine persönliche, originale Perspektive im gedanklichen Umgang mit den Problemen, die ihn vor allem beschäftigten. Selbst in seinen logischen Spezialuntersuchungen verdankte er Frege und Russell mehr die Anregung und die Methode, als die besonderen Theoreme, die er daraus entwickelte. Später konnte er bei passender Gelegenheit eine sehr kritische Haltung gegenüber seinen Logikerkollegen zeigen. In einem Gespräch mit Friedrich Waismann machte er 1929 die folgende Bemerkung, die für beide, Frege und Russell, *philosophisch* nicht gerade wie ein Kompliment klingt:

Tatsächlich haben Frege, Peano und Russell bei dem Aufbau der symbolischen Logik immer nur die Anwendung auf die Mathematik im Auge gehabt und haben nicht an die Darstellung wirklicher Sachverhalte gedacht. [27]

Für ihn selbst war der Sprachgebrauch innerhalb der reinen Mathematik immer von nachrangigem Interesse. Von Anfang an war es sein Ziel, eine formale »Theorie der Sprache« zu entwickeln, die in der Lage war zu zeigen, wie Sätze wirkliche Sachverhalte repräsentieren und den Zwecken des praktischen Lebens genügen können.

Wittgensteins Kritik der Sprache basiert also auf der inhärenten Logik der Alltagssprache. (Man darf sich hier durchaus an Schönberg erinnert fühlen, der das Wesen der Musik, nämlich den »musikalischen Gedanken«, in der Logik der Komposition gesucht hat.) Der Aussagenkalkül war für Wittgenstein das apriorische »Gerüst« der Sprache und damit auch die Basis für jede wissenschaftliche Beschreibung der Wirklichkeit. Logik macht die Existenz einer beschreibbaren Welt möglich, weil und insofern sie erst die Beschreibung selbst ermöglicht. Genau wie bei Kant die Vernunft die Ordnung der Naturphänomene schafft, macht die Logik Wittgensteins »Welt« möglich, indem sie ihr eine Form gibt: »Es ist offenbar, daß auch eine von der wirklichen noch so verschieden gedachte Welt etwas – eine Form – mit der wirklichen gemein haben muß« (TLP 2.022). Negativ ausgedrückt: »Wir könnten nämlich von einer ›unlogischen‹ Welt nicht *sagen*, wie sie aussähe« (TLP 3.031). Hier kommt die Signifikanz des Konzepts der logischen Form von Sätzen für Wittgensteins Kritik der Sprache deutlich in den Blick: »Was das Bild mit der Wirklichkeit gemein haben muß, um sie auf seine Art und Weise – richtig oder falsch – abbilden zu können, ist seine Form der Abbildung« (TLP 2.17). Dann: »Seine Form der Abbildung aber kann das Bild nicht abbilden; es weist sie auf« (TLP 2.172). Und schließlich: »Was gezeigt werden *kann*, *kann* nicht gesagt werden« (TLP 4.1212).

An dieser Stelle tritt in Wittgensteins Untersuchung eine fundamentale Schwierigkeit auf. Russell war bereit gewesen, die Möglichkeit eines Ausdrucks der »wirklichen« logischen Form von Sätzen, mit denen sich die Realität beschreiben ließ, im Symbolismus des Aussagenkalküls als gesichert zu akzeptieren; er gab sich dementsprechend mit einer Rekonstruktion der Sprache innerhalb eines explizit definierten mathematischen Modells zufrieden, ohne größere Mühe auf den Gedanken ihrer Anwendbarkeit auf die Wirklichkeit zu verwenden. Aber welche Garantie gab es dafür, daß der resultierende Formalismus anwendbar war für unsere wirkliche Beschreibungssprache, und damit für die reale Welt? Russells formales System »*den* Aussagenkalkül« zu nennen, beantwortete die grundsätzliche Frage nicht, sondern warf sie auf. (Die formalen Ausdrücke des Systems ohne weiteres als Sätze zu behandeln, wäre rein willkürlich gewesen.) Was außerdem gezeigt werden mußte, war: unter welchen Voraussetzungen solch ein formal definierter Kalkül überhaupt eine *Aussagen*funktion haben konnte. Wie Hilbert und Hertz gezeigt hatten, kann kein axiomatisches System an sich etwas über die Welt sagen. Wenn ein solches System eine Aussagen-, d. h. eine linguistische Funktion erfüllen soll, dann muß zudem gezeigt werden, daß die tatsächliche Beziehung zwischen Sprache und Welt eine solche Formalisierung erlaubt. Dies konnten – wie Wittgenstein sehr bald einsah – seine eigenen Prinzipien nicht explizit darstellen. Die Möglichkeit, Sätze mit Tatsachen zu verbinden, war etwas, das sich vielleicht *zeigen* mochte und daher auch *gesehen* werden konnte. Aber sie konnte nicht sinnvoll ausgesagt oder bewiesen werden. In dieser Hinsicht war Wittgensteins allgemeine Kritik der Sprache in einer anderen Lage als Hertz' spezielle Kritik der theoretischen Physik. In der Physik konnten die Relationen zwischen der theoretischen Physik und den von ihnen erklärten Phänomenen explizit analysiert werden, und zwar in einer anderen als der untersuchten Theoriesprache selbst, womit ein zirkuläres Voraussetzen dessen, was nachgewiesen werden sollte, vermeidbar war. Für den Fall *der* Sprache überhaupt gab es evidenterweise keine »außersprachliche Sprache«, in der die kritische Analyse durchführbar gewesen wäre[28]. Russells Programm setzte eine doppelte Annahme voraus: daß die »wirkliche Struktur« der Sprache »Aussage«charakter in dem erforderlichen formalisierbaren Sinn hat und daß sie *zugleich* ein taugliches Mittel zur Beschreibung der wirklichen Welt ist. Wittgenstein sah, daß diese Voraussetzungen notwendig waren. Aber was konnte darüber hinaus noch gesagt werden, um die Situation zu klären? Da einmal die Frage nach dem Wert der Sprache für die Beschreibung der Wirklichkeit aufgeworfen war, konnte *dieselbe* Sprache nicht gut für den Versuch der Beschreibung und Bestätigung des *Verhältnisses* zwischen Sprache und Welt verwendet werden. Dieses ganze Unternehmen, so deutete Wittgenstein an, erschiene ihm als eine Art indischer Seiltrick, wie der Versuch, eine freistehende Leiter zu ersteigen und sie gleichzeitig festzuhalten.

Dieses Dilemma ist für unser Verständnis des *Tractatus* wesentlich. In der frühen Phase seines Denkens akzeptierte Wittgenstein offenbar Russells Programm als legitim nicht nur für die Mathematik, sondern auch für die Philosophie. Anfangs zeigten seine Fragen nach der Anwendbarkeit des Aussagenkalküls keine prinzipiellen Zweifel. Dennoch dürfte es bei ihm auch eine echte Verlegenheit gegeben haben. Er mochte wohl seine Leser zu dem Gedanken bewegen, daß »die Welt ... die Gesamtheit der Tatsachen, nicht der Dinge« (TLP 1.1) ist; daß »im Sachverhalt die Gegenstände ineinander (hängen), wie die Glieder einer Kette« (TLP 2.03), und anderes mehr. Aufgefordert zu einer Erklärung, *warum* wir annehmen sollen, daß die Sprache auf genau diese Art mit der Welt verbunden sei und wie genau man sich das vorzustellen habe, hätte er – nach seinem eigenen Geständnis – keine klare, zwingende Antwort gewußt[29]. Wenn der Aussagenkalkül das einzige Instrument für eindeutige und sinnvolle Aussagen sein soll, dann kann *über* seine linguistische Funktionsweise nur gleichnishaft gesprochen werden. Der ganze *Tractatus* war daher – wie Wittgenstein selbst später betonte – sozusagen vom Geist eines platonischen Mythos inspiriert. Im § 46 der *Philosophischen Untersuchungen* etwa steht:

Was hat es nun für eine Bewandtnis damit, daß Namen eigentlich das Einfache bezeichnen? –

Sokrates (im Theätetus): »Täusche ich mich nämlich nicht, so habe ich von Etlichen gehört: für die *Urelemente* – um mich so auszudrücken – aus denen wir alles übrige zusammensetzen, gebe es keine Erklärung; (...)«

Diese Urelemente waren auch Russells »individuals«, und auch meine »Gegenstände« (Log.-phil. Abh.).

Statt einer *empirisch* rechtfertigungsfähigen theoretischen Konzeption des Verhältnisses von Sprache und Welt hatte er insgesamt eher ein hilfreiches Bild entworfen, das wohl gewisse Aspekte der Sprache – Welt-Beziehung aufhellte, aber auf lange Sicht nicht haltbar war. Der Aussagenkalkül erschien Wittgenstein zunächst attraktiv als das notwendige intellektuelle Instrument für eine allgemeine und strenge Kritik der Sprache. Am Ende der Arbeit zeigte sich, daß er lediglich das logische Skelett einer komplexen raffinierten Metapher darstellte[30]. Wenn jemand nicht in der Lage war, die Möglichkeit einer modellhaften Abbildung von »Tatsachen« durch »Sätze« der gleichen »logischen Form« einfach zu *sehen*, gab es keinen unabhängigen Beweis, der ihn zur Anerkennung der Brauchbarkeit des Aussagenkalküls für die Beschreibung »wirklicher Sachverhalte« hätte zwingen können.

Schließlich wurde auch die Beziehung zwischen Sprache und Welt für Wittgenstein so *unaussprechlich*, wie alle anderen nichtfaktischen Überlegungen. Sätze können die Wirklichkeit modellhaft abbilden und in diesem Sinn beschreiben; aber sie können nicht gleichzeitig diese Beschreibung beschreiben, ohne selbstbezüglich und damit paradox oder sinnlos zu werden. Wittgensteins »Bilder« *zeigten* die Grenzen ihrer Möglichkeit, etwas zu *sagen*. Sie ermöglichten wohl eine bestimmte – die wissenschaftliche – Art der Welterkenntnis, aber sie waren nicht in der Lage, etwas, das keinen Tatsachencharakter hat, auszusagen. So sagt Wittgenstein: »Daher kann es auch keine Sätze der Ethik geben.« Und er setzt eher verwirrend fort: »Sätze können nichts *Höheres* ausdrücken« (TLP 6.42). Dieses letzte Substantiv indiziert, daß in einer entscheidenden Hinsicht der Inhalt des *Tractatus* sozusagen radikal, nämlich aus prinzipiellen Gründen, unvollständig ist. Der Hinweis auf das »Höhere« legt nahe, daß die Lehre vom »Zeigen« mehr im Sinn hat, als lediglich einen Aspekt der Bildtheorie; schon im nächsten Satz betont Wittgenstein, daß – wie die Logik – »die Ethik transzendental« sei

258

(TLP 6.421). An dieser Stelle schließt sich gewissermaßen der Kreis von Wittgensteins Argumentation, und wir sehen uns erneut dem, was *für ihn* der fundamentale Zweck seiner ganzen »Kritik« gewesen ist, gegenüber.

Das Problem, von dem nach unserer Hypothese Wittgenstein ausging, war die Konzeption einer allgemeinen Sprachkritik, die zweierlei zeigen sollte: erstens, welche sinnvolle Rolle Logik und Wissenschaft im Rahmen unserer normalen Beschreibungssprache spielen, mittels deren wir Abbilder der Welt konstruieren in Analogie zu den mathematischen Modellen der physikalischen Phänomene; und zweitens, daß die Fragen nach der »Ethik«, nach »Werten« und dem »Sinn des Lebens« dadurch, daß sie außerhalb der Grenzen dieser sinnvollen Beschreibungssprache liegen, höchstens Gegenstände einer Art mystischer Einsicht sein können, die sich allenfalls in »indirekter« oder poetischer Mitteilung erfassen lassen. Den ersten Teil seines Problems löste Wittgenstein mittels einer Generalisierung von Hertz' physikalischer Analyse der *Bilder* und *Darstellungen*, wobei er Freges und Russells Aussagenkalkül als Bezugs- und Begrenzungsrahmen dieser Generalisierung verwendete. Der zweite Teil seines Vorhabens konnte in der Sprache selbst nicht ausgedrückt werden, allenfalls in negativer Weise. Paul Engelmann hat das so formuliert:

Der Positivismus meint, das, worüber man sprechen kann, sei das allein Wichtige im Leben. Das und nichts anderes ist seine Pointe. *Während Wittgenstein davon durchdrungen ist, daß es für das Leben des Menschen allein auf das ankommt, worüber man nach seiner Meinung schweigen muß.* Wenn er trotzdem seine ungeheure Mühe darauf richtet, dieses Unwichtige zu umgrenzen, so ist es ihm dabei nicht darum zu tun, die Küstenlinie dieser Insel, sondern die Grenze dieses Ozeans so peinlich genau festzustellen. [31]

Der Beweis, daß Wittgensteins Vorhaben im *Tractatus* ebensosehr ein ethisches wie ein logisches war, kann dementsprechend nicht im Text des Buches selbst gesucht werden. Wir müssen dazu auf die Indizien hinweisen, die unsere Behauptung stützen.

Wir wollen hier an Wittgensteins Beziehungen zu Ludwig

von Ficker und dem Brenner-Kreis erinnern. Ficker war einer der ganz wenigen Publizisten in Österreich, die das Werk von Karl Kraus nicht bloß erwähnten, sondern auch auf seine Bedeutung hinwiesen. Kraus seinerseits nannte den *Brenner* »die einzige ehrliche Zeitschrift in Österreich«[32]. Als Wittgenstein im Jahre 1914 einen Teil seines väterlichen Erbes zur Unterstützung von Künstlern und Schriftstellern verwandte, überwies er an Ludwig von Ficker 100 000 Kronen mit der Bitte, sie unter würdige Künstler zu verteilen, wobei er sich auf das Kraussche Lob für den *Brenner* bezog. (Ficker bestimmte 17 Empfänger, unter ihnen Georg Trakl, Rainer Maria Rilke und Carl Dallago, die mit je 20 000 Kronen die höchsten Beträge erhielten, Else Lasker-Schüler, Adolf Loos, Oskar Kokoschka, Theodor Haecker und Theodor Däubler.) Vom Ausbruch des Krieges an bis Anfang 1920 stand Wittgenstein in dauerndem Briefkontakt mit Ficker[33]. Nach drei vergeblichen Versuchen, einen Verleger zur Veröffentlichung des *Tractatus* zu bewegen – zuerst Jahoda und Siegel, die Druckerei der *Fackel*, dann Wilhelm Braumüller, der Otto Weininger verlegt hatte, und schließlich durch die Vermittlung eines »Professors in Deutschland« (der mit einiger Sicherheit Frege war), die Zeitschrift *Beiträge zur Philosophie des Deutschen Idealismus* –, wandte er sich an Ficker um Rat. Der daraus resultierende Briefwechsel erhellt die Absichten, die Wittgenstein mit dem *Tractatus* verband, auf bezeichnende Weise.

In einem Brief von Oktober 1919 schreibt Wittgenstein über sein Buch: »Es handelt sich ganz eigentlich um die Darstellung eines Systems. Und zwar ist die Darstellung *äußerst* gedrängt, da ich nur das darin festgehalten habe, was mir – und wie es mir – wirklich eingefallen ist.«[34] Im selben Brief schreibt er: »Die Arbeit ist streng philosophisch und zugleich literarisch, es wird aber doch nicht darin geschwefelt.« Am 4. Dezember 1919 heißt es:

Ich glaube, es verhält sich damit in allen solchen Fällen so: Ein Buch, auch wenn es ganz und gar ehrlich geschrieben ist, ist immer von *einem* Standpunkt aus wertlos: denn eigentlich brauchte niemand ein Buch schreiben, weil es auf der Welt ganz andere Dinge zu tun gibt. Andererseits glaube ich sagen zu können: wenn Sie den

Dallago, den Haecker usw. drucken, *dann* können Sie auch *mein* Buch drucken. [35]

Der letzte Satz ist nicht ganz unmißverständlich, aber angesichts der Hochschätzung, die Wittgenstein den bedeutenderen Autoren des *Brenner* entgegenbrachte, zeigt er die Nähe an, in die Wittgenstein seine eigene Arbeit zu Fickers literarischen und philosophischen Interessen und zu den ethischen Fundamenten etwa in Haeckers Werk rückte. In einem der Briefe an Ficker gibt Wittgenstein einen deutlichen Hinweis auf das, was er im *Tractatus* erreicht zu haben glaubte:

Der Stoff wird Ihnen ganz fremd erscheinen. In Wirklichkeit ist er Ihnen nicht fremd, denn der Sinn des Buches ist ein ethischer. Ich wollte einmal in das Vorwort einen Satz geben, der nun tatsächlich nicht darin steht, den ich Ihnen aber jetzt schreibe, weil er Ihnen vielleicht ein Schlüssel sein wird: Ich wollte nämlich schreiben, mein Werk bestehe aus zwei Teilen: aus dem, der hier vorliegt, und aus alledem, was ich *nicht* geschrieben habe. Und gerade dieser zweite Teil ist der wichtige. Es wird nämlich das Ethische durch mein Buch gleichsam von innen her begrenzt; und ich bin überzeugt, daß es *streng*, NUR so zu begrenzen ist. Kurz, ich glaube: Alles das, was viele heute *schwefeln*, habe ich in meinem Buch festgelegt, indem ich darüber schweige. Und darum wird das Buch, wenn ich mich nicht sehr irre, vieles sagen, was Sie selbst sagen wollen, aber Sie werden vielleicht nicht sehen, daß es darin gesagt ist. Ich würde Ihnen nun empfehlen, das *Vorwort* und den *Schluß* zu lesen, da diese den Sinn am Unmittelbarsten zum Ausdruck bringen. [36]

Hier wird Wittgensteins Bemerkung transparent, es könne keine ethischen Aussagen geben, da sie sich auf etwas »Höheres« bezögen.

Wittgenstein versucht, das Ethische dem Bereich des rationalen Diskurses zu entziehen. Er glaubt, daß es eher in eine Sphäre mit dem Dichterischen gehört: »Ethik und Ästhetik sind eins« (TLP 6.421). So wie das logische Gerüst der Welt a priori ist, ist auch das Ethische eine Art Bedingung der Welt: »Die Ethik ist transzendental« (TLP 6.421) [37]. Wie das Logische ist auch das Ethische von den Tatsachen unabhängig: »Wie die Welt ist, ist für das Höhere vollkommen gleichgültig« (TLP 6.432). Viele der Schwierigkeiten für die Interpreten des *Tractatus* hängen mit der Tatsache zusammen, daß beide, Logik und Ethik, sich auf etwas beziehen, das »gezeigt«, aber nicht »gesagt« werden kann; »das Mystische« (TLP 6.522; vgl. auch 6.44 und 6.45) ist daher zweideutig. Einerseits bezieht es sich auf das, was die Welt mit ihrer Darstellung, ihrem Spiegel, also der Sprache, gemeinsam hat. Andererseits verweist es auf die dichterische Kraft der Sprache, das zu vermitteln, was »Sinn des Lebens« genannt werden könnte. Die Sprache kann tatsächliche Erfahrungen darstellen, sie kann aber auch diese Erfahrungen mit »Sinn« (hier *nicht* in der Bedeutung von »Satzsinn«) erfüllen. Das erstere ist möglich, weil die Sätze, welche Tatsachen abbilden, Modelle mit einer logischen Struktur sind. Das letztere ist Dichtung. Der Klang, den die Notenschrift, die Grammophonplatte und der musikalische Gedanke durch ihre gemeinsame Form als identischen repräsentieren (TLP 4.014), vermittelt auch ein bestimmtes Gefühl. Sprache kann mittels der Sätze Tatsachen abbilden, sie kann andererseits Gefühle ausdrücken, vermitteln und evozieren, etwa durch die Dichtung. Ziel des *Tractatus* ist die Unterscheidung beider Funktionen, und damit: beide vor Vermischung und Verwechslung zu bewahren.

In der Welt der Tatsachen gibt es nichts, das (ethischen, ästhetischen) Wert hätte: »Der Sinn der Welt muß außerhalb ihrer liegen . . . Es gibt *in* ihr keinen Wert – und wenn es ihn gäbe, so hätte er keinen Wert« (TLP 6.41). Ebensowenig gibt es prinzipielle Rätsel in ihr: »*Das Rätsel* gibt es nicht« (TLP 6.5). Der Sinn der Welt liegt außerhalb des Faktischen. In dieser Sphäre von Sinn und Wert gibt es keine Tatsachen und keine echten Aussagen – sie gleichwohl machen zu wollen führt zu Unsinnigem, Paradoxem oder zur Poesie. (Bei Karl Kraus steht: »Künstler ist nur einer, der aus der Lösung ein Rätsel machen kann.«[38])

Die Frage, wie die Logik die Struktur der Welt abbilden kann, und die nach deren Sinn konstituieren beide zusammen »das Mystische«. Beide beziehen sich auf Bereiche, innerhalb deren es keine sinnvollen Aussagen geben kann. Wittgensteins Begriff des »Zeigens« wurzelt daher in zwei verschiedenen Relationen: in der zwischen Logik und Welt und in der zwischen den Tatsachen, in die die Welt »zerfällt« (TLP 1.2), und ihrem »Sinn«. Das gewissermaßen aus der Innenseite der Sätze, aus ihrer logischen Struktur, zu entwickeln, bedeutete das Verdienst, die im Sinne der Wissenschaft prinzipielle Differenz zwischen den Sphären von Tatsachen und Werten ein für allemal gezeigt zu haben. Jener letzte Brief an Ludwig von Ficker vereinigt, kurz gesagt, den formalen Logiker Wittgenstein mit Wittgenstein dem ethischen Mystiker in einer Person und stellt diese in die Hauptströmung der österreichischen Kultur ihrer Zeit.

Wittgensteins feste Überzeugung, man müsse alle Versuche abwehren, die Ethik wissenschaftlich zu fundieren, wird in seinen späteren Gesprächen mit Friedrich Waismann und Moritz Schlick erneut deutlich. Im Dezember 1930 etwa kritisiert er Schlicks Auffassung über philosophische Ethik mit den folgenden Bemerkungen zu Waismann:

Schlick sagt, es gab in der theologischen Ethik zwei Auffassungen vom Wesen des Guten: nach der flacheren Deutung ist das Gute deshalb gut, weil Gott es will; nach der tieferen Deutung will Gott das Gute deshalb, weil es gut ist. Ich meine, daß die erste Auffassung die tiefere ist: gut ist, was Gott befiehlt. Denn sie schneidet den Weg einer jeden Erklärung, »warum« es gut ist, ab, während gerade die zweite Auffassung die flache, die rationalistische ist, die so tut, »als ob« das was gut ist noch begründet werden könnte[39].

Und etwas später zitiert er – ungenau – eine Bemerkung Schopenhauers: »Moral predigen ist schwer, Moral begründen unmöglich.«[40]

Fast genau ein Jahr zuvor (im Dezember 1929) hatte Wittgenstein die Verwandtschaft seiner eigenen Auffassungen mit denen Kierkegaards (in gewissem, eingeschränktem Sinn auch mit denen Kants) deutlich gemacht, als er in einem Gespräch die »philosophische Ethik« professioneller Philosophen wie etwa G. E. Moores als »Geschwätz« kennzeichnete. Dieser Passus, von dem ein Teil in die posthum veröffentlichte *Vorlesung über Ethik* aufgenommen wurde, verdient, ausführlich zitiert zu werden:

Ich kann mir wohl denken, was Heidegger mit »Sein« und »Angst« meint. Der Mensch hat den Trieb, gegen die Grenzen der Sprache anzurennen. Denken Sie zum Beispiel an das Erstaunen, daß etwas existiert. Das Erstaunen kann nicht in Form einer Frage ausgedrückt werden, und es gibt auch gar keine Antwort. Alles, was wir sagen mögen, kann a priori nur Unsinn sein. Trotzdem rennen wir gegen die Grenze der Sprache an. Dieses Anrennen hat auch Kierkegaard gesehen und es sogar ganz ähnlich (als Anrennen gegen das Paradoxon) bezeichnet. Dieses Anrennen gegen die Grenzen der Sprache ist die Ethik. Ich halte es für sicher wichtig, daß man all dem Geschwätz über Ethik – ob es eine Erkenntnis gebe, ob es Werte gebe, ob sich das Gute definieren lasse etc. – ein Ende macht. In der Ethik macht man immer den Versuch, etwas zu sagen, was das Wesen der Sache nicht betrifft und nie betreffen kann. Es ist a priori gewiß: was immer man für eine Definition vom Guten geben mag, es ist immer nur ein Mißverständnis . . .[41]

Noch einmal: das heißt nicht, daß nun der Versuch, das in der Ethik »Unsagbare« auszudrücken – nämlich zu zeigen –, zurückgewiesen werden soll. Wir müssen nur vermeiden, den wahren Charakter der involvierten Probleme wissenschaftlich rationalisieren und damit in einer falschen Perspektive fassen zu wollen.

Eine der vielleicht wichtigsten Voraussetzungen für ein angemessenes Verständnis des *Tractatus* ist es, seine *Philosophie* – die Bildtheorie, die Kritik an Frege und Russell, etc. – und die in ihm vorgeführte *Weltsicht* Wittgensteins auseinanderzuhalten. Seine Philosophie versucht, das Problem von Natur und Grenzen der Darstellung zu lösen. Seine Weltsicht ist Ausdruck des Glaubens, daß die Sphäre dessen, was nur *gezeigt* werden kann, vor denen geschützt werden muß, die es zu *sagen* versuchen. Die Philosophie des *Tractatus* ist so auch der Versuch, aus der innersten Struktur von Sätzen zu zeigen, daß Dichtung nicht aus *Aussagen* besteht.

Es ist eher der Wille, nicht die Vernunft, was den Wertbegriff in die Welt bringt: »Ich will ›Willen‹ vor allem den Träger von Gut und Böse nennen.«[42] Die Welt – »alles, was der Fall ist« – verhält sich zum Willen nach Wittgensteins Ansicht ähnlich, wie Schopenhauers Welt als Vorstellung sich zur Welt als Wille verhält, wie das Äußerliche zum Kern, das *phainomenon zum noumenon.*

Wenn das gute oder böse Wollen die Welt ändert, so kann es nur die Grenzen der Welt ändern, nicht die Tatsachen; nicht das, was durch die Sprache ausgedrückt werden kann.

Kurz, die Welt muß dann dadurch überhaupt eine andere werden. Sie muß sozusagen als Ganzes abnehmen oder zunehmen.

Die Welt des Glücklichen ist eine andere als die des Unglücklichen (TLP 6.43).

Das, was wir in den Wissenschaften zu erkennen suchen, die Tatsachen, ist für unsere wirklichen Lebensprobleme unwichtig[43]. Wichtigkeit kommt im Leben der Fähigkeit zu, auf die Leiden anderer einzugehen. Das ist eine Sache des wahren Empfindens. Die Philosophie des *Tractatus* zielt auf die Frage nach der Möglichkeit von Erkenntnis. Seine Weltsicht aber weist dieser Erkenntnis eine sekundäre Rolle zu. *Ein* Medium des Ausdrucks jener wirklichen Lebensprobleme, die für uns vorrangig sind, ist die Dichtung. Tolstois Erzählungen beeindruckten gerade aus diesem Grund Wittgenstein tief, wie Paul Engelmann berichtet[44]. Auch die frühen amerikanischen Westernfilme schätzte Wittgenstein; sie erschienen ihm als eine einfache Art moralischer Lehrstücke[45].

Um zusammenzufassen: unsere Interpretation begreift den *Tractatus* als eine Übernahme bestimmter logischer Verfahren von Frege und Russell und ihre Anwendung auf das Problem, welches Mauthner schon früher aufgegriffen hatte – eine Kritik der Sprache in vollständig allgemeinen und philosophischen Begriffen. Während jedoch Mauthner im philosophischen Skeptizismus endete, erlaubte die Verwendung des verfeinerten logischen Instrumentariums Wittgenstein, den legitimen Bereich der »Bedeutung« der normalen Tatsachen- oder Beschreibungssprache zu zeigen und zu begrenzen. Der Bedeutungszusammenhang von Satz und Sachverhalt gleicht dabei – bildlich gesprochen – der Funktionsweise jener »mathematischen Modelle«, die Hertz zur Grundlage seiner Konzeption der naturwissenschaftlichen Erkenntnis gemacht hatte. Der primäre Zweck dieser ganzen Kritik war jedoch das kontrastierende Abheben der Ethik vom Bereich der Tatsachen- und Beschreibungssprache und der betonte Hinweis darauf, daß alle Fragen des Wertes außerhalb dieser lägen. Vom Ausgangspunkt der ethischen Emphase in Wittgensteins Werk läßt sich eine Spur zurückverfolgen in jenen allgemeinen Horizont der Wiener Kultur um die Jahrhundertwende, in dem Wittgenstein aufwuchs und der – wenn wir recht haben – seine Probleme und Perspektiven erheblich beeinflußte.

Engelmann hat darauf hingewiesen, daß der *Tractatus* in hohem Maße ein Produkt der Wiener Kultur ist; daß Wittgenstein für die Philosophie war, was Kraus für die Literatur und Loos für die Architektur gewesen sind. Wir können nun abschätzen, wieweit diese Charakterisierung zutrifft. Wittgensteins Kritik der Sprache, wie sie im *Tractatus* Ausdruck gefunden hat, ist in der Tat – wie Wittgenstein selbst behauptete – nur die Hälfte einer Kritik. Die ungeschriebene andere Hälfte (»dieser zweite Teil, der der wichtigere ist«) enthält die geistige Essenz des Werkes von Karl Kraus. Rationalistische Ethik und traditionelle Metaphysik haben für Wittgenstein einen analogen Status wie der Feuilletonismus für Kraus: sie sind begriffliche Monstrositäten mit der Funktion, wesentlich verschiedene Sphären zu vermischen. Wie im Feuilleton Tatsache und Phantasie einen literarischen Bastard erzeugen, so vereinigen sich in der Metaphysik Wissenschaft und Poesie zur Produktion eines konzeptuellen Zwitters. Im Kunsthandwerk verbinden sich Gebrauchsgegenstand und Ornament zur Allianz jener Geschmack- und zugleich Nutzlosigkeit, welche etwa die typische Wohnungseinrichtung der Vorkriegszeit kennzeichneten.

Diese Verzerrungen waren Ergebnisse eines Ineinanderschiebens essentiell unterschiedlicher Sphären, deren Elemente in solcher wesensfremder Verbindung eine Tendenz der gegenseitigen Destruktion entwickelten. Da die Gesellschaft diese Verirrungen nicht bloß guthieß, sondern sogar verlangte, enthielt die Kritik an jeder dieser »Künste« zugleich einen kultur- und gesellschaftskritischen Impuls. Wittgensteins *Tractatus* bildete gewiß ihre abstrakteste und daher am schwersten zugängliche Form. Gleichwohl war er, wie Engelmann hervorhebt, im Wien des 20. Jahrhunderts ein zentrales Element in der Kritik der Sprache, der Kommunikation und damit auch der Gesellschaft.

In der Perspektive dieses Wiener Kulturkontextes läßt sich der *Tractatus* als der Versuch einer theoretischen Fundierung jener Trennung der Sphären von Vernunft und Phantasie lesen, auf die sich in den ersten Dekaden dieses Jahrhunderts die Gesellschaftskritik in Wien vor allem gründete. In diesem Sinn kann Wittgensteins radikale Separation von Tatsachen und Werten als der Endpunkt einer Reihe von Bemühungen verstanden werden, die Bereiche von Naturwissenschaft und Moral zu unterscheiden, welche mit Kant begonnen hatten, von Schopenhauer verschärft worden waren, und bei Kierkegaard ihre vielleicht ausgeprägteste Form erhalten hatten. Wie Kant bemühte sich Wittgenstein zugleich um eine Verteidigung der Sprache als eines adäquaten Instruments wissenschaftlicher Theoriebildung gegenüber dem Skeptizismus etwa Mauthnerscher Provenienz. Die Abbildtheorie des Satzes war für Wittgenstein die Grundlage sowohl einer sicheren Fundierung der Wissenschaftssprache als auch jener Trennung von »Sagen« und »Zeigen«, von Tatsachen und dem »Höheren«.

In dieser Interpretation erscheint der *Tractatus* als eine bestimmte Art von Sprachmystizismus, welcher der Kunst eine zentrale Bedeutung im menschlichen Leben zuschreibt, da sie allein einen Ausdruck für das finden kann, was man »Sinn des Lebens« nennt. Nur die Kunst kann moralische Wahrheiten ausdrücken, nur der Künstler kann Lehrer dessen sein, auf das es im Leben am meisten ankommt. Kunst allein als Spiel der Formen zu betrachten, wie es die Ästheten der 1890er Jahre taten, bedeutete eine Perversion der Kunst. So enthält der *Tractatus* auf seine Art genauso eine Verwerfung des *l'art pour l'art* wie etwa Tolstois *Was ist Kunst?*.

Kurz gesagt: der Autor des *Tractatus* hatte das Anliegen, den Bereich der Lebensführung gegen Übergriffe des spekulativen Denkens zu schützen. Er war sich wie Karl Kraus der Tatsache bewußt, daß die Vernunft nur dann ein Werkzeug des Guten ist, wenn sie die Vernunft eines guten Menschen ist. Das Gute des guten Menschen ist nicht eine Funktion seiner Rationalität; für ihn ist die Ethik eine Form zu leben, nicht ein System von Sätzen. »Es gibt keine ethischen Sätze, nur ethische Handlungen«, schreibt Engelmann[46]. Deshalb war der *Tractatus* vor allem auch ein Angriff auf alle Formen rational begründeter Ethik. Er behauptete natürlich keinen *Gegensatz* zwischen Vernunft und Moral; nur dürfen die Grundlagen dieser nicht in jener gesucht werden. Wittgenstein und Schopenhauer finden beide – und jetzt im klaren Gegensatz zu Kant – die Basis der Moral eher im »richtigen Empfinden« als in »zwingenden Gründen«.

In jenen Grenzziehungen, die sich aus der Unterscheidung von Sagbarem und Sich-Zeigendem ergaben (Vernunft/Ethik – Ästhetik; Logik/Naturwissenschaft; Naturwissenschaft/Dichtung; Beschreibung/indirekte Kommunikation), glaubte Wittgenstein, die »philosophischen Probleme« gelöst zu haben. Seine Bildtheorie des Satzes bestätigt Kierkegaards Diktum, daß der Sinn des Lebens kein Thema rationaler Diskurse sei. Ethik wird nicht durch Argumentation gelehrt, sondern in Beispielen moralischer Lebensführung. Darin liegt eine Aufgabe für die Kunst, exemplarisch erfüllt in Tolstois späten Erzählungen, die in Beispielen wahren religiösen Lebens *zeigen,* was Religion ist. Der Sinn des Lebens war für Wittgenstein wie für Tolstoi keine Frage akademischer Vernunft. Die Bildtheorie des Satzes konnte Mauthners Skeptizismus verwerfen und in der Zuweisung des Objektivitätsideals an die Wissenschaft jenen tatsachenfreien, wenn man so will: subjektiven Raum der Ethik reklamieren.

Wie die Weltsicht des *Tractatus* derjenigen von Karl Kraus im dargestellten Sinn verwandt ist, so hat auch die Philosophiekonzeption Wittgensteins einen krausschen Zug. Die Schriften von Kraus sind vorwiegend polemisch, Wittgensteins Philosophie ist wesentlich destruktiv:

Die richtige Methode der Philosophie wäre eigentlich die: Nichts zu sagen, als was sich sagen läßt, also Sätze der Naturwissenschaft – also etwas, was mit Philosophie nichts zu tun hat –, und dann immer, wenn ein anderer etwas Metaphysisches sagen wollte, ihm nachzuweisen, daß er gewissen Zeichen in seinen Sätzen keine Bedeutung gegeben hat. Diese Methode wäre für den anderen unbefriedigend – er hätte nicht das Gefühl, daß wir ihn Philosophie lehrten – aber *sie* wäre die einzig streng richtige (TLP 6.53).

Die Aufgabe der Philosophie ist es nicht, ein Lehrgebäude zu errichten, sondern gerade davor ständig kritisch auf der Hut zu sein. Sinnvolle Sätze gibt es nur im Bereich der Naturwissenschaften (in einem allerdings sehr weiten Sinn); Metasprachenkonzepte tauchen bei Wittgenstein nicht auf; die Sätze der Logik sind leer, »sinnlos«[47], die der Philosophie – auch Wittgensteins eigener – »unsinnig« (TLP 6.54). Aber Wittgenstein hält gleichwohl diesen »Unsinn« für alles andere als unwichtig; er spricht ihm die Funktion einer »Erhellung« zu (TLP 4.4112).

Ein geläufiger Einwand gegen den *Tractatus* ist der Hinweis auf den Selbstwiderspruch, mit dem er endet; der Versuch, das Sagbare im Aufzeigen seiner Grenzen zu überschreiten, muß scheitern:

Meine Sätze erläutern dadurch, daß sie der, welcher mich versteht, am Ende als unsinnig erkennt, wenn er durch sie – auf ihnen – über sie hinausgestiegen ist. (Er muß sozusagen die Leiter wegwerfen, nachdem er auf ihr hinaufgestiegen ist.)
Er muß diese Sätze überwinden, dann sieht er die Welt richtig (TLP 6.54).

Auch hier liegt der Gedanke an einen Aphorismus von Kraus nicht allzu fern: »Der Aphorismus deckt sich nie mit der Wahrheit; er ist entweder eine halbe Wahrheit oder anderthalb.«[48]

Wittgensteins Paradox in TLP 6.54 verweist darauf, daß seine Sätze weder wissenschaftlicher noch metasprachlicher Art sind. Sie sind philosophische Aphorismen, die beim Versuch, von dem, was sich ihnen zufolge nicht sagen läßt, zu *sagen*, daß es sich nicht sagen lasse, ihrem eigenen Verdikt verfallen müssen. Sie partizipieren aber auch an der von ihnen benannten positiven Funktion: sie *zeigen*, was zu sagen ihnen nicht gelingen kann. Wittgenstein gibt im Satz 6.54 einen leicht zu übersehenden, aber klaren terminologischen Wink: ». . . der, welcher *mich* versteht . . .«, also nicht die Sätze, die ja »unsinnig« sind, sondern das, was der Autor mit ihnen zeigen will. Wenn einmal der Sinn dieser Aphorismen erfaßt ist, sind sie nicht mehr nötig. Das gilt für beide Sphären des Unsagbaren: für die logische Strukturidentität der Elementarsätze mit den Sachverhalten der Welt und für die Ethik. Über Werte läßt sich nicht sinnvoll debattieren, sie müssen im Handeln verwirklicht werden. Der *Tractatus* selbst ist ja seiner Absicht nach unter anderem auch eine Polemik gegen jene Art des ethischen Rationalismus, die den Unterschied zwischen den Bereichen der Vernunft und der Werte übersieht.

So entstanden diese rätselhaften 75 Seiten, von denen Wittgenstein befürchtete, daß sie unverständlich wären, außer für den, »der die Gedanken, die darin ausgedrückt sind – oder doch ähnliche Gedanken – schon selbst einmal gedacht hat« (TLP Einleitung). (Wie schnell und wie umfassend sich diese Befürchtung bewahrheiten sollte, werden wir im nächsten Kapitel sehen.) Dieser Satz erhellt vielleicht auch ein wenig, warum Wittgenstein so wenig über sein Buch zu sagen hatte, nachdem es erschienen war, und gleichwohl darauf bestand, niemand habe, worum es ihm gehe, wirklich erfaßt, auch und gerade Bertrand Russell nicht. Um jene wichtige ungeschriebene Hälfte des *Tractatus*, von der Wittgenstein sprach, ganz zu begreifen, müßte man vielleicht im Wien des Fin de siècle gelebt haben. Oder wichtiger noch: man müßte die Erfahrungen, die Wittgenstein als Soldat im Ersten Weltkrieg machte, geteilt haben. Jedenfalls war es während des Krieges, daß diese Gedanken – von Kraus und Loos, Hertz, Frege und Russell, Schopenhauer, Kierkegaard und Tolstoi inspiriert – zu jener komplexen Einheit zusammengebunden wurden, die den ganzen Menschen Ludwig Wittgenstein ausmacht.

Worin im einzelnen diese Kriegserfahrungen bestanden, ist biographisch noch weitgehend dunkel. Vielleicht begannen die wichtigsten davon mit seinem Besuch bei Georg Trakl, den er durch Ludwig von Fickers Vermittlung finanziell unterstützt hatte. Was mag Wittgenstein empfunden haben, als er nach seiner Ankunft im Militärlazarett Krakau, wo er Trakl suchte, erfuhr, daß der junge Dichter drei Tage zuvor gestorben war, vermutlich durch Selbstmord? Ganz gewiß beschäftigte ihn Tolstoi in dieser wichtigen Zeit ebensosehr wie Frege. Seine Kriegskameraden nannten ihn den »Mann mit dem Evangelium«, weil er stets Tolstois *Kurze*

Erläuterung des Evangeliums bei sich hatte, deren Erwerb er in einem Brief an Ludwig von Ficker erwähnt, und von der er sagte, sie habe ihm das Leben gerettet[49]. Jedenfalls war der *Tractatus* als Ganzes auch Ausdruck einer sehr persönlichen Weltsicht, die den Einfluß vieler Anstrengungen und Inspirationen zeigt und die gerade deshalb so individuelle und schöpferische Züge trägt, weil sie ganz verschiedenartige Elemente vereint. Es ist nicht erstaunlich, daß ein aphoristisch dichter Text, der in und aus einer so komplexen Situation entstand, ihre Schwierigkeiten in sich aufnahm und sich so dem leichten Verständnis entzog. Ein Mann von Russells geistiger Herkunft und Einstellung mußte gewiß vieles, was für Wittgenstein von größter Bedeutung war, unverständlich finden.

Hierin liegt auch eine der Quellen jenes Mythos, der noch immer das Bild Ludwig Wittgensteins, dieses »exzentrischen Genies«, umgibt, eines Mythos, der solche Merkwürdigkeiten hervorbrachte wie Eugene Goosens Oboenkonzert, das vermutlich vom *Tractatus* inspiriert wurde, oder die »Wittgenstein-Motette« *Excerpta Tractati Logici Philosophici* von Elizabeth Lutyens, oder jene Werke der Bildhauerei und der Dichtung, die Wittgensteins Werk als geistige Grundlage reklamieren. Sie alle reflektieren die esoterischen Eigenschaften, die in dem Buch von nichtphilosophischen Lesern in den zwanziger und dreißiger, aber auch noch in den sechziger und siebziger Jahren gefunden wurden, Eigenschaften, die Russell und den logischen Positivisten vollkommen fremd blieben. Doch spätestens jetzt dürfte es klar sein, daß Wittgenstein mit all diesen Kompositionen und Kunstwerken noch weniger hätte anfangen können als mit Russells Vorwort. (Auch Schönberg wies standhaft diejenigen Studenten ab, die zu ihm kamen, um die »neue Musik« zu lernen, bevor sie die alte beherrschten.)

Es bleibt die Frage: warum schwieg Wittgenstein selbst angesichts so vieler schiefer und inadäquater Darstellungen? Die Erklärung wäre vielleicht in einer umfassenden psychologischen und biographischen Untersuchung seiner Persönlichkeit zu finden. Jedenfalls wollte der Autor des *Tractatus* anderen sein Buch ebensowenig erklären, wie es der Autor von *Endweder* – *Oder* fertiggebracht hätte, einen gelehrten Kommentar zu seinem Werk zu schreiben. Man dürfte in diesem Punkt Wittgensteins geistiger Haltung wohl am nächsten mit der Erinnerung an einen Aphorismus von Karl Kraus kommen:

Warum schreibt mancher? Weil er nicht genug Charakter hat, nicht zu schreiben. [50]

VII
Der Mensch Wittgenstein
Sein späteres Denken

> Anrennen gegen die Grenze der Sprache? Die Sprache ist ja kein Käfig.
>
> Wittgenstein,
> 17. Dezember 1930

Wie das Buch, so der Mensch. Wenn die Botschaft jenes umgeschriebenen Teils des *Tractatus* eine im Geiste von Karl Kraus war, so hatte auch Wittgensteins Leben einen starken Zug dieser geistigen Haltung. Im Cambridge der vierziger Jahre sahen wir Wittgensteins ungewöhnlichen Charakter und sein unkonventionelles Verhalten als belanglos für seine Philosophie an, ja sogar eher als Ablenkung von der kristallklaren Transparenz der philosophischen Wahrheiten, die er uns lehren wollte. Rückblickend kann man sagen, daß dies falsch war: es gab eine solche Trennung zwischen dem Philosophen und dem Menschen Wittgenstein nicht. Von Anfang an waren seine philosophischen Reflexionen nur ein Ausdruck neben anderen einer integralen Persönlichkeit. Wenn wir es schwierig fanden, bis zum Kern seiner Argumente vorzudringen, dann nicht zuletzt deshalb, weil wir *ihn selbst* nicht vollständig verstanden.

Verwunderlich war unser Mißverständnis freilich nicht. Zwischen dem Wien der Jahre vor 1919 und dem Cambridge von 1946-47 gab es zu viele Barrieren der Zeit, der Geschichte und der Kultur. Intellektuelle und Künstler in England mögen sich zuzeiten vernachlässigt, ignoriert, sogar verspottet gefühlt haben; aber sie waren nie vollständig vom gesellschaftlichen Leben getrennt oder der Alternative ausgesetzt, einer Kultur und Gesellschaft zu dienen, deren Werte sie verwarfen. In dieser Hinsicht blieb ihnen jene absolute Entfremdung erspart, aus der die intransigente und kompromißlose Integrität eines Karl Kraus oder Ludwig Wittgenstein erwachsen konnte. So konnten sie gewöhnlich die

Dinge leichter nehmen, was ihnen von Menschen wie Wittgenstein oder D. H. Lawrence den Vorwurf der Oberflächlichkeit und der mangelnden Fähigkeit zur Ehrfurcht zuzog[1]. Dagegen hatten umgekehrt die Engländer immer eine Neigung, so authentisch Kraussche Bemerkungen wie: »Wenn ich von zwei Übeln das geringere wählen soll, wähle ich keines«, als Ausdruck einer geschmacklosen, aufgeblasenen Eitelkeit zu qualifizieren.

Aber gerade die Dinge, die seine englischen Studenten und Kollegen an Wittgenstein am meisten mißverstanden, waren weitgehend Fragen des *Stils*. Jede Generation von der Gesellschaft entfremdeter Intellektueller findet ihre eigene charakteristische Art, der Ablehnung konventioneller weltlicher Wertstandards Ausdruck zu geben. Einmal ist das Tragen von schulterlangen Haaren und Bärten Symbol der Verwerfung äußerlicher, »autoritärer« Disziplin, Ausdruck eines Desiderats schrankenloser Freiheit, die auch Fragen von Ethik und Moral als solche des ästhetischen Geschmacks betrachtet. Zu anderen Zeiten wirken dagegen gerade lange Haare und Bärte unter Intellektuellen besonders konventionell, wie etwa im ausgehenden 19. Jahrhundert, als in Österreich von den Wänden aller öffentlichen Ämter das Bild von Kaiser Franz Josephs grauem Backenbart heruntersah. In einer mit wertlosem Tand überladenen, von sinnleeren Verkehrsformen regulierten Kultur lehnten die rebellischen jungen Männer, die nach Sinnhaftigkeit und Klarheit strebten, folgerichtig mit allen anderen Zöpfen der bürgerlichen Lebensweise auch die Mode der Schnurr- und Backenbärte ab. Ein ernsthafter klarer Geist verzichtete auf den Bart wie auf die Krawatte. Fragen der Kunst hatten eine moralische Dimension, nicht umgekehrt solche der Moral eine ästhetische. Die angemessene Alternative zur autoritären Willkür war allerdings weniger der Anarchismus als die Selbstdisziplin. Ein Mann hatte sein Leben in die eigene Hand zu nehmen, auf seine eigene Verantwortung vor Gott oder jedenfalls vor seinem eigenen Begriff des Guten, vor jener dem Verstand nicht zugänglichen Erkenntnis, die – nach Tolstois Wort – dem Herzen jedes Menschen »unzweifelhaft offenbart« ist[2]. Wenn die jungen Deutschen und Österreicher am Anfang des

20. Jahrhunderts die moralische Integrität der Kultur und Gesellschaftsform ihrer Väter schon vor 1914 in Frage gestellt hatten (mit dem in Österreich krassen Beispiel eines erstarrten Regimes in Gestalt von Franz Josephs offenbar endloser Herrschaft vor Augen), so verstärkten die Agonie und der Aderlaß der Kriegsjahre 1914-1918 ihre Untergangsstimmung drastisch. Das waren in der Tat *Die letzten Tage der Menschheit*. Die bürgerliche Gesellschaft des späten 19. Jahrhunderts hatte sich selbst die Kehle durchschnitten, und die Überlebenden waren von moralischen Verpflichtungen gegenüber ihrer Vergangenheit weitgehend entbunden. Es war Zeit für einen neuen Anfang, der auf die Befreiung durch eine neue Einfachheit der Lebensart, des Stils, des Geschmacks setzte. (In einer solchen Gesinnung dürfte etwa auch die deutsche Wandervogel-Bewegung der zwanziger Jahre ihren Nährboden gefunden haben [3].)

Es ist deutlich, daß Ludwig Wittgensteins Wertbegriffe ihre frühe Ausprägung an Beispielen von Männern wie Kraus und Loos erfahren hatten und daß sie selbst in diese Reihe des Exemplarischen gehören. Für ihn persönlich waren die Kriegsdienstjahre, zunächst an der russischen, später an der italienischen Front, eine Zeit geistiger Kämpfe und Selbstzweifel gewesen, aber auch eine Zeit der Erfüllung. Als ob sein Soldatenleben – ein Großteil davon im aktiven Einsatz – ihn noch nicht zur Genüge beschäftigt hätte, arbeitete er währenddessen auch am *Tractatus*, den er im Sommer 1918 beendete. Das Soldatenleben brachte ihn seinen Kriegskameraden und Mitmenschen oft näher, als er, der Sohn eines steinreichen Wiener Großbürgers, es jemals zuvor gewesen war. Hier wie auch an anderen Stellen seiner Biographie wird man an Tolstois Konstantin Levin erinnert, der erkennt, daß der »Sinn des Lebens« sich nur dem Menschen zeigt, welcher sich aufrichtig und mit ganzem Herzen den praktischen Aufgaben seines täglichen Lebens widmet: der Landbestellung, dem Familienleben und der Nächstenliebe [4].

In der Musik, Kunst und Literatur konnten sinnlose Ornamente und Phrasen bei Männern wie Kraus, Loos und Schönberg eine moralisch induzierte Abneigung hervorrufen. Als Teil gesellschaftlicher Verkehrsformen und persönlicher Beziehungen waren sie für Wittgenstein geradezu Gegenstand des Abscheus. Als er zum Fellow des Trinity Colleges in Cambridge gewählt wurde, brachte er es nicht über sich, am »High Table« mit den anderen zu essen. Seine Gründe hatten weniger mit der Tatsache zu tun, daß den Fellows mehr oder besseres Essen serviert wurde, auch nicht mit einer Art leutseligen Bedürfnissen nach Kontakt mit den »undergraduates«. Vielmehr mißfiel ihm die Symbolik der Tatsache, daß der »High Table« auf einem Podium 15 cm über dem restlichen Fußboden des Speisesaals stand. Eine Zeitlang wurde Wittgenstein das Essen gesondert an einem kleinen Kartentisch serviert, der sich auf dem niedrigeren Fußboden befand[5]. (Später aß er fast überhaupt nicht mehr im Speisesaal.) Nicht nur die unnatürlichen gesellschaftlichen Konventionen stießen ihn ab, die des geistigen Lebens waren für ihn womöglich noch schlimmer.

Er hatte von Tolstoi das Empfinden übernommen, daß nur »menschlich nützliche« Arbeit – vor allem Handarbeit – wirkliche Würde und Wert besaß. Im Jahre 1935 besuchte er kurz Rußland[6], aber es gibt keine Anhaltspunkte dafür, daß ihm die sowjetische Gesellschaft mehr zusagte als die Westeuropas. Er machte den Eindruck eines Menschen, der vielleicht mehr als irgendein anderer Erfüllung und Ruhe in einem Kibbuz hätte finden können. Dieser Eindruck erscheint nicht zufällig. Als zwischen 1880 und 1890 die ersten jüdischen landwirtschaftlichen Kollektive in Palästina eingerichtet wurden, entwickelte und erläuterte ein russischer Emigrant namens Gordon soziale Ideologie und Ethos der Kibbuz-Bewegung. Gordon war ein unmittelbarer Schüler und Anhänger Tolstois[7].

Wittgensteins Achtung vor menschlich nützlicher Arbeit zeigte sich oft auf verblüffende Weise. Eines Tages, 1946 oder Anfang 1947, traf er auf einem Spaziergang Dorothy Moore, die Frau von George Edward Moore, seinem Vorgänger auf dem Philosophielehrstuhl von Cambridge. Sie schob ihr Fahrrad Castle Hill hinauf und befand sich auf dem Weg zur Halbtagsarbeit in Chivers Marmeladenfabrik in Histon. Wittgenstein fragte, wo sie hingehe, und war, wie sie später erzählte, so begeistert wie sie ihn nie zuvor gesehen hatte, als er erfuhr, daß die Frau eines der abstraktesten englischen Philosophen auf dem Weg zu »richtiger« Arbeit in der Fabrik war[8]. Sein Glaube, daß intellektuelle Tätigkeiten keine »wahre«, menschlich nützliche Arbeit darstellten, erstreckte sich selbstverständlich auch auf sein eigenes Philosophieren. Den Studenten, die ihm so nahestanden, daß er ihre persönliche Entscheidung beeinflussen konnte, riet er heftig von einer Berufsentscheidung für die akademische Philosophie ab; das alleine würde schon zeigen, daß sie das Wesentliche seines Unterrichts nicht verstanden hätten. Statt dessen riet er ihnen, etwa Medizin zu studieren, wie M. O'C. Drury, oder, wenn sie schon eine akademische Laufbahn wählten, wenigstens ein seriöses Fach, etwa Physik, zu nehmen, wie es W. H. Watson tat[9]. Wenn er selbst weiterhin Philosophie betrieb, dann deshalb, weil er, wie er zu sagen pflegte, »für nichts anderes taugte«, jedenfalls »schadete er niemandem außer sich selbst«.

Man hat in Wittgensteins Einstellung zu einer eigenen Philosophie eine Inkonsequenz gesehen, die beinahe auf eine Art Nihilismus hinauslaufe[10]. Dieser Einwand geht jedoch fehl. Träfe er den Standpunkt eines wirklichen Positivisten, so wäre der Vorwurf des Selbstwiderspruchs berechtigt. (Etwa in der Art, wie das sogenannte »Verifikationsprinzip« als »selbst nicht verifizierbar« wiederholt angegriffen worden ist.) Aber was Wittgenstein als unhaltbar und im schlechten Sinne rationalistisch ablehnte, war nur *eine* bestimmte Weise des Philosophierens – allerdings die, zu welcher Fachphilosophen besonders neigen. (Auch hier, in der Ablehnung der »Professorenphilosophie«, erinnert Wittgenstein wieder an Schopenhauer und Kierkegaard.) Diese Art Philosophie »verwischt« (d. h. verwirrt) »den Unterschied zwischen sachlichen und begrifflichen Untersuchungen«[11]. Sie war unrettbar »sinnlos«. Aber daneben sah er einen anderen Typus philosophischer Diskussion, den man bei Kierkegaard und Tolstoi finden konnte, und der sich um die – wenngleich »indirekte« – Vermittlung tiefer menschlicher Einsichten bemüht, die in strikter Aussagesprache nicht dargelegt werden können. Die Neigung des Menschen, »an die Grenzen der Sprache anzurennen«, kann so zu philosophischem »Geschwätz« führen (wie es Wittgenstein manchmal an Moore konstatierte, den er im übrigen menschlich hoch achtete)[12], wobei begriffliche und empirische Fragen vermengt werden, oder aber – wie etwa bei Kierkegaard – zu einer Art religiösem Versuch, das dem Wesen nach Unsagbare mittelbar zu artikulieren. Diese beiden Arten des Philosophierens mögen auf den ersten Blick schwer zu unterscheiden sein. In einer seiner Unterrichtsstunden bei ihm zu Hause in seinem letzten Jahr in Cambridge sagte Wittgenstein:

Manchmal kommen wir in das Arbeitszimmer eines Menschen und finden Bücher und Papiere überall verstreut, so daß wir ohne Zögern sagen: Was für ein Durcheinander! Wir müssen wirklich das Zimmer aufräumen! Ein anderes Mal jedoch kann es sein, daß wir in ein Zimmer kommen, welches dem ersten sehr ähnlich sieht, aber nachdem wir uns umgesehen haben, entscheiden wir, es müsse alles genau so bleiben wie es ist, und wir erkennen, daß in diesem Fall selbst der Staub am richtigen Platz ist[13].

Jedenfalls war die philosophische Aktivität nicht das einzige, vielleicht nicht einmal das Wichtigste in Wittgensteins Leben. Seine Kollegen in Cambridge betrachteten ihn, wie wir schon anfangs bemerkten, als genialen Philosophen, der einfach zufällig aus Wien stammte. Der Vergleich mit Kraus und Schönberg sollte uns helfen zu erkennen, daß Wittgenstein jene Kraussche »Echtheit«, Authentizität und Integrität des Charakters besaß, die einem genialen Geist seinen Ausdruck in der Philosophie so gut wie in anderen Bereichen schuf. Als er im Laufe des Jahres 1918 den *Tractatus* beendet hatte, nahm er an, daß er alles ihm mögliche für dieses Thema getan hatte. Also ließ er es fallen. Seine produktive Phantasie brauchte neue Wege der Verwirklichung. Das Studienjahr 1919/20 verbrachte er in Wien an der Lehrerbildungsanstalt in der Kundmanngasse, einer Straße, in der er sechs Jahre später eine ganz andere Fähigkeit erproben sollte. Dann nahm er in drei verschiedenen niederösterreichischen Dörfern Stellen als Volksschullehrer an. Obwohl er oft große Schwierigkeiten mit den Schulbehörden und den Eltern der Schüler hatte, warf er sich mit seiner ganzen Energie in diese »wirkliche« Arbeit, und er scheint vor allem als Mathematiklehrer ganz erstaunliche Erfolge gehabt zu haben und von seinen Schülern trotz seiner Strenge geliebt worden zu sein [14].

Später, in einem Zustand tiefer seelischer Niedergeschlagenheit, als er nach einer Kampagne einiger Eltern gegen ihn nicht mehr weiter unterrichten konnte, arbeitete er eine Zeitlang als Gärtner, bis ihn seine Schwester Margarethe Stonborough mit der Planung eines Hauses für sie beauftragte, das in der Kundmanngasse gebaut werden sollte. Wittgenstein hatte auch hier eine entschieden antiprofessionelle Haltung und nahm diese Aufgabe an als eine weitere Herausforderung für die produktive Klarheit seines Verstandes und seines Sinnes für Funktion. (Wie Loos immer wieder betont hatte, steht der architektonische Entwurf streng im Dienst seiner Funktion. »Die Bedeutung ist der Gebrauch.« [15]) Zunächst arbeitete Wittgenstein mit seinem jüngeren Freund Paul Engelmann zusammen, einem Architekten, Freund und Schüler von Adolf Loos. Sehr bald aber übernahm er die alleinige Verantwortung, und der überwiegende Teil ihres gemeinsamen Entwurfs – vor allem die Inneneinrichtung des Hauses – entstammte ausschließlich seiner Konzeption. In einer Architekturstudie neueren Datums heißt es über das Haus in der Kundmanngasse:

Akademien und Architekturbüros können keine formalen Dogmen und Rezepte in diesem Gebäude finden. Sie werden vergeblich nach Details suchen, die sie kopieren könnten, wie stützenlose, verglaste Ecken oder Fensterbänder. Anstelle von Formeln oder Klischees eine Philosophie. Das Gebäude ist wichtig, weil es ein Beispiel für eine Grenzüberschreitung ist, weil es zeigt, wie bereichernd »unprofessionelles Übergreifen« sein kann, und weil es die Grenzen eines Berufs in Frage stellt, die hauptsächlich gerade von den Angehörigen dieses Berufs gezogen werden. Wittgenstein, der Philosoph, war ein Architekt. [16]

Auch diese Feststellung hat einen Krausschen Ton. Institutionelle Schranken jeder, auch beruflicher Art können zu willkürlichen Einschränkungen der schöpferischen Phantasie werden, so wie Barrieren von »Schulen« und »Richtungen« die Philosophie behindern. Ob er sich mit Architektur oder Musik, mit Schulunterricht oder mit Schreiben beschäftigte – es war immer derselbe authentische Ludwig Wittgenstein, dessen Charakter und Phantasie sich in all diesen verschiedenen Medien und durch sie Ausdruck verschafften, künstlerischen oder moralischen oder beides zugleich.

Schon bald nach der Veröffentlichung gaben die Form und die Absicht des *Tractatus* Anlaß zu Mißverständnissen unter den Wiener Zeitgenossen, und Wittgensteins Verschwinden von der philosophischen Bühne tat ein übriges. Abgesehen von den letzten acht Seiten (ab Satz 6.3.), lassen sich die gedanklichen Techniken, die in dem übrigen Buch entwickelt werden, für ganz verschiedene Zwecke, mathematischer und philosophischer Art, verwenden und sind zur Unterstützung von Geisteshaltungen zitierbar, die derjenigen Wittgensteins ganz entgegengesetzt sind. So wurde der *Tractatus* sowohl in England als auch in Wien selbst zum Grundstein eines neuen Positivismus oder Empirismus. Und dieser entwickelte sich zu einer schlechthin antimetaphysischen Bewegung, welche die wissenschaftliche Erkenntnis als Modell der menschlichen Vernunft begriff – mit der Perspektive, den noch zu unbestimmt gefaßten Positivismus Comtes und seiner Anhänger im 19. Jahrhundert auf eine neue und strengere Grundlage, nämlich Freges und Russells Aussagenlogik, zu stellen. Wir wollen daher an dieser Stelle kurz auf die Ursprünge jener anderen philosophischen Richtungen eingehen: der »analytischen Philosophie« in Cambridge und des »logischen Positivismus« in Wien. Wir werden sehen, wie ein Dokument, das als letzte und endgültige Form einer nachkantischen »Transzendentalphilosophie« nicht zuletzt mit der Absicht konzipiert wurde, die Ethik von jedem wissenschaftsorientierten Empirismus zu befreien, sofort auf den Kopf gestellt und dazu benutzt werden konnte, die Neueinführung gerade eines solchen empiristischen Systems zu rechtfertigen[17].

Wir wollen im Cambridge der Jahrhundertwende beginnen. Die Verbindung von formaler Logik und philosophischer Analyse, personifiziert vom frühen Bertrand Russell, hatte zunächst nichts spezifisch Positivistisches an sich. Der Absicht nach war sie jedenfalls philosophisch neutral. Gewiß revoltierten Russell und sein engster Verbündeter dabei, G. E. Moore, gegen die englischen nachhegelianischen Idealisten, vor allem gegen Bradley. Aber der Streit mit Bradley betraf weniger das, was dieser *sagte*, als vielmehr sein Versäumnis (in Russells und Moores Augen), überhaupt etwas von Bedeutung zu sagen. Der absolute Idealismus war nicht so sehr eine philosophische Lehre als eine geistige Verirrung. Man konnte darüber lachen, wie F. C. S. Schiller in seinem satirischen Heft *Mind*[18]; man konnte ihn auch aus dem Weg räumen und philosophisch von vorne anfangen, aber man konnte ihm nicht widersprechen, weil seine Argumentation über jede vernünftige Diskussion hinaus konfus war[19]. So lehnten Moore und Russell die Diskussion mit ihren Vorgängern ab und begannen vielmehr mit einer Art »Neueinrichtung«, einer Reinigung der viktorianischen Philosophieställe, auf die eine Rekonstruktion der Philosophie in neuen und unzweideutigen Begriffen folgen sollte.

Im Rückblick auf die geistige Situation in Cambridge um die Jahrhundertwende müssen wir heute natürlich sorgfältiger, als es damals möglich war, unterscheiden zwischen dem expliziten Inhalt dieser »philosophischen Erneuerung« einerseits und ihrem revolutionären Gebaren und Selbstbewußtsein andererseits. Wenn wir aufmerksam genug die Schriften der unmittelbaren Vorgänger Moores und Russells untersuchen, erscheint es irgendwie seltsam, daß die Jüngeren ihre philosophischen Positionen als so große geistige Neuerungen präsentieren konnten. Russells vielgepriesene Unterscheidung zwischen »Wissen durch unmittelbare Wahrnehmung« (knowledge by acquaintance) und »Wissen durch Beschreibung« (knowledge by description) zum Beispiel ist in Bradleys *Logik* bereits vorgezeichnet[20]. Und Moores Qualifizierung der Wertprädikate als »nichtdefinierbare« Terme, die sich auf »nichtnatürliche« Eigenschaften beziehen, erscheint heute als nur einen kleinen Schritt entfernt von Mc Taggarts Position in der philosophischen Ethik[21]. Vielleicht ist es besser, weniger Aufmerksamkeit diesen philosophischen Gehalten als etwa den Worten Roy Harrods zu schenken, der in seiner Biographie von John Maynard Keynes von dem tiefen Einfluß spricht, den die »glühende Überzeugungskraft« der Persönlichkeit G. E. Moores auf Keynes und seine Cambridger Zeitgenossen hatte[22].

Wenn die Argumente Moores und Russells deren Selbstverständnis nach revolutionär waren, dann war das mindestens so sehr eine Frage des persönlichen Stils wie des geistigen Gehalts. Viele von Moores engen Freunden und Nachfolgern – z. B. Keynes selbst in seinem aufschlußreichen Essay *My Early Beliefs*[23] – haben seine beherrschende persönliche Wirkung bezeugt. So wurden für die selbsternannte Elite von Cambridge zwischen 1903 und 1914 zwar nicht so sehr die *Principia Ethica* selbst, aber desto mehr wurde deren Verfasser zur Symbolfigur und zum Beispiel für richtiges Verhalten – »das Ideal ist undefinierbar, und G. E. Moore ist sein Prophet«. In diesem Sinn müssen Moore und sein Buch im Kontext ihrer Zeit neu betrachtet werden. Gewiß ist es schwierig, die leidenschaftlichen Reaktionen unmittelbar zu erfassen, die das Buch damals hervorrief und die die intellektuellen und emotionalen Energien einer ganzen Generation von Schriftstellern und Denkern in Cambridge und London absorbierten, von Keynes und Russell über E. M. Forster und Leonard Woolf bis zu Roger Fry und Lytton Strachey[24]. (»Glühende Überzeugungskraft« wäre gewiß das letzte Prädikat, das einem Philosophiestudenten von heute zu den *Principia Ethica* in den Sinn käme.)

An dieser Stelle erscheint es angebracht, sich mit einer genaueren Überlegung die soziale Stellung der ganzen Cambridge- und Bloomsbury-Gruppe und ihre Rolle bei der Zerstörung des viktorianischen *way of life* zu verdeutlichen. Vor dem Hintergrund gesicherter privater Existenzen und Einkommen hatten sie es leicht, über die etablierte Kirche zu spotten. (Wie konnte das »undefinierbare Gute« als in Church Hall, Westminster oder gar im Buckingham Palace inkarniert gedacht werden? Und was Benthams Utilitarismus angeht: er war nicht bloß borniert, sondern geradezu vulgär.) In diesem Fall wie in anderen ist rückschauend das Revolutionäre am Charakter der neuen Philosophie besser als eine Sache der sozialen Psychologie denn als Phänomen der Geistesgeschichte interpretierbar.

Wie viele andere unter den bedeutenden Köpfen in der Philosophiegeschichte des frühen 20. Jahrhunderts waren Moore und Russell gewissermaßen persönliche Revolutionäre, die in einem ausschließlich intellektuellen Bereich wirkten. Der »ideale Utilitarismus« von G. E. Moore stellte auf intellektueller Ebene eine abstrakte Ausdifferenzierung und Rechtfertigung jenes moralischen Ästhetizismus dar, der früher mit dem Namen und den Schriften Oscar Wildes verbunden war. So gab es eine engere Verbindung, als es philosophiegeschichtliche Werke manchmal suggerieren, zwischen den intellektuellen Perspektiven Moores und Russells, dem Lebensstil, den ihre jüngeren Kollegen auf der Grundlage jener Perspektiven praktizierten, und den radikalen Umwälzungen in der praktischen Ethik und Ästhetik, mit denen diese jüngeren Nachfolger in einem gewissen Zusammenhang stehen – exemplarisch repräsentiert in Roger Frys postimpressionistischer Ausstellung, im großen Erfolg von Diaghilews russischem Ballett und in den Erzählungen von Leonard Woolfs Frau Virginia. Damit hatte die philosophische Erneuerung, die von Moores und Russells Schriften inauguriert worden war, auch noch andere Inspirationsquellen, die es den beiden Philosophen und ihren Nachfolgern in der englischen analytischen Philosophie eher noch schwerer machten, den eigentlichen Gehalt von Wittgensteins philosophischen Anstrengungen zu erfassen.

Die analytischen Methoden, die Russell und Moore in ihrer Rekonstruktion der Philosophie anwandten, waren zweifacher Art: einerseits die einer verfeinerten Lexikographie wie in den *Principia Ethica*, andererseits die der reinen Mathematik wie in den *Principia Mathematica*. In beiden Fällen war das Schlüsselwort »Principia«. Sie machten einen neuen und zunächst voraussetzungslosen Anfang. Geht man etwa die frühesten Schriften Moores und Russells durch, die in den späten 1890er Jahren entstanden, findet man darin nicht einmal einen so charakteristischen Begriff wie den der »Sinnesdaten«. Solche Ideen kamen erst später. Im Moment bestand die Aufgabe darin, eine gleichsam desinfizierte Sprache für die Philosophie zu gewinnen, auf klaren Definitionen aller definierbaren Begriffe zu bestehen, dagegen alle irreführenden Versuche der Definition essentiell undefinierbarer Begriffe zurückzuweisen, und schließlich die »wahren« logischen Formen aufzudecken, die unter der manchmal täuschenden Hülle liegen, mit der Syntax und Grammatik der Alltagssprache unsere Gedanken verkleiden. Waren das langweilige Ambitionen oder, nach einem Wort John Lockes, »Handlangerdienste«[25]? Uns mögen sie so erscheinen, aber ein missionarischer Reformeifer hilft auch über die langweiligsten Unternehmungen hinweg.

Die Ziele Moritz Schlicks und der anderen Positivisten des Wiener Kreises waren ebenfalls zunächst kaum doktrinärer als Moores und Russells frühes Programm. In den Jahren vor 1914 waren wissenschaftsorientierte Intellektuelle vom Zustand der ganzen offiziellen europäischen Philosophie geradezu abgestoßen. Akzeptabel unter den Fachphilosophen erschien, wenn überhaupt einer, nur Schopenhauer. Allerdings konnte das mit seinen polemischen Attacken gegen Hegel mindestens so sehr zusammenhängen wie mit seiner Lehre. Ihre eigenen Bestrebungen leiteten diese jungen Intellektuellen eher von den exakten Wissenschaften her. Sie verfolgten mit Sympathie und Interesse die mathematischen Neuerungen Freges und Hilberts, die Forschungen Poincarés, Lorentz' und des jungen Albert Einstein in der theoretischen Physik, den Skeptizismus Ostwalds, Machs und anderer Kritiker gegenüber einem buchstäblich verstandenen Atomismus. Alle diese Argumente hatten ihre Grundlage in einer neuen Art der kritischen Analyse, und es war diese kritische Richtung innerhalb der exakten Wissenschaften, die den Neopositivismus inspirierte.

Die philosophischen Ziele der jungen Wiener Positivisten waren also denen Moores und Russells durchaus ähnlich; ihre Methoden waren allerdings andere. Wollten die jungen Cambridger Radikalen die Philosophie durch die Analyse reformieren, so kam es den Wiener Positivisten auf eine philosophische Erneuerung mittels der Verallgemeinerung wissenschaftlich bereits erprobter und als wertvoll erwiesener Methoden an. Die Philosophie sollte auf den sicheren Weg der Wissenschaften geführt werden, tatsächlich mit Physik und Biologie zu einer »Einheitswissenschaft« integriert werden[26]. Praktisch implizierte dies eine Rekonstruktion sowohl der Philosophie als auch der Wissenschaften in der Form axiomatischer, mathematischer Disziplinen, wie es etwa Freges Beispiel nahelegte; und als empirische, induktive Disziplinen, innerhalb derer alle Generalisierungen und abstrakten Konzepte unmittelbar durch die Berufung auf Wahrnehmungen begründet werden konnten; schließlich – im Idealfall (und hier gerieten sie an die gleichen Probleme wie Hertz und Wittgenstein) – als empirische, induktive Wissenschaften, deren innere Struktur zugleich nach dem axiomatischen Schema von Systemen der reinen Mathematik formalisiert war.

Will man schon in diesem Stadium der Entwicklung von einem echten positivistischen Ingredienz sprechen, so kam es von Männern wie Mach, Avenarius und Vaihinger. Vor allem Ernst Mach sollte zu einer Art Paten des logischen Positivismus, wenn nicht zu dessen eigentlichem Vater werden. Sein Insistieren auf dem Primat von Erfahrung und Beobachtung, das seine physikalischen wie seine wissenschaftsgeschichtlichen Schriften kennzeichnet, war in philosophischer Hinsicht (wie bereits erwähnt) dem »Phänomenalismus« verpflichtet. Alle Behauptungen über eine Erkenntnis unserer Welt beziehen nach Mach ihre Rechtfertigung aus dem Zeugnis unserer Sinne, und dieses Zeugnis muß zuletzt in Begriffen eines unmittelbar Gegebenen in unseren jeweils individuellen Wahrnehmungsfeldern interpretiert werden. Dementsprechend war die Erkenntnistheorie, wenn nicht sogar die gesamte Wissenschaft, reduzierbar auf *Die Analyse der Empfindungen* (wie der Titel eines Machschen Werkes lautet). Machs epistemologischer Standpunkt war, wie der David Humes, ein »sensualistischer«.

Diese letzte Idee war für die Philosophen des Wiener Kreises in den zwanziger Jahren von großer Bedeutung. Auf der Suche nach einem epistemologischen Ausgangspunkt für ihre Theorien wandten sie sich vergebens Wittgensteins *Tractatus* zu. Obwohl der *Tractatus* die grundlegende logische Struktur für den neuen Positivismus lieferte, konnte die Philosophie des Wiener Kreises erst durch die Verbindung der Logik des *Tractatus* mit Machs sensualistischer Erkenntnistheorie zu einem geschlossenen Ganzen werden. Die Argumentation des *Tractatus* hatte den Begriff des (»atomaren«) Sachverhalts, der dem »Elementarsatz« einer durchanalysierten Sprache korrespondieren sollte, verwendet und weitergehend gezeigt, wie die Bedeutung von komplexen Sätzen – jedenfalls in der Theorie – unter dem Aspekt ihrer Wahrheitsfunktionalität im Verhältnis zu den Elementarsätzen analysierbar ist (vgl. TLP 5 ff.). Aber Wittgenstein hatte nichts darüber gesagt, ob und wie »atomare Sachverhalte« und »Elementarsätze« in der praktischen Realität feststellbar seien; das gehörte – seinem damaligen Selbstverständnis als Logiker nach – nicht zu seiner Aufgabe. Die logischen Positivisten ergänzten nun für ihre Theorie diese Lücke. In Anlehnung an Mach und an Russells Lehre von der »knowledge by acquaintance« setzten sie Wittgensteins »Sachverhalte« den unbezweifelbaren, unmittelbar gegebenen »harten Daten« in Machs und Russells Erkenntnistheorien gleich. Die »Elementarsätze«, die bei Wittgenstein in letzter Analyse als die eigentlichen Träger der *Bedeutung* ausgewiesen waren, wurden so zu »Protokollsätzen« und damit – im Wiener Kreis – zu den eigentlichen Trägern der *Erkenntnis*. Jeder von ihnen hielt einen einzelnen Gegenstand sinnlicher Wahrnehmung, den Inhalt einer einzelnen Empfindung, eines »Sinnesdatums«, fest.

Im wesentlichen gaben sich die Wiener Positivisten, ähnlich wie Mach, also mit einem erkenntnistheoretischen Grundkonzept zufrieden, das mit relativ geringfügiger Modifizierung schon in David Humes Begriff der »Eindrücke« vorgebildet ist. Ebenfalls wie Hume identifizierten sie den Bereich des »Notwendigen« und des Apriorischen mit dem des »Analytischen« oder »Tautologischen«; und damit scheinen sie auch ganz auf der logischen Linie des *Tractatus* zu liegen. Sätze können nach diesem ja nur dann dem Verdikt des »Unsinnigen« entgehen, wenn sie entweder logische – und damit zwar als »Tautologien« bzw. »Kontradiktionen« »sinnlose« (vgl. TLP 4.461), aber nicht »unsinnige« (vgl. TLP 4.4611) – oder aber empirische (und damit sinnvolle) sind. Im letzteren Fall wurde nun von den logischen Positivisten der semantische Wert der Sätze danach bestimmt, ob sie sich als – wirkliche oder mögliche – Wahrnehmungsberichte, also als *Protokollsätze*, auffassen ließen oder auf solche reduzierbar waren. Der formale Kalkül des *Tractatus* wurde so als Methode für die logische Konstruktion der menschlichen Erkenntnis verwendet, mittels deren höhere Abstraktionen und wissenschaftliche Aussagen aus den begriffsfreien »harten Daten« der Protokollsätze entwickelt oder in ihnen verankert werden sollten. Die fundamentale Dichotomie zwischen logischen und empirischen Sätzen wurde als absolut und erschöpfend angesehen. Was nicht in einer dieser Formen ausgedrückt werden konnte, war ein unsinniger Satz. Diese Axt drohte allerdings ethische (und viele andere) Sätze vom Bereich des Sinnvollen abzuhauen. Aber man fand bald eine Sphäre für viele der umstrittenen Äußerungen, wenn auch eine, die der Hauch einer geringeren Dignität zu umgeben schien: sie wurden unter dem Kennzeichen »emotive« (und nicht »kognitive«) Ausdrücke rubriziert[27].

Das Ergebnis war eine klare, funktionale Philosophie, dem Geist etwa eines Gropius würdig – geometrisch in ihren Grundlinien, ohne jene unpositivistische Neigung zur Konfusion, wie sie in den Köpfen vieler Wissenschaftler zu finden ist. (Die logischen Positivisten zitierten gerne anerkennend Machs scharfen Angriff auf die Newtonschen Konzepte des »absoluten Raums« und der »absoluten Zeit«.) So war die Metamorphose des *Tractatus* in Gang gekommen und entwickelte sich Schritt für Schritt über Russells *Philosophie des logischen Atomismus* zu Carnaps *Logischem Aufbau der Welt* und weiter etwa zu Ayers *Sprache, Wahrheit und Logik*. Und trotz einem Dutzend nachfolgender Modifikationen und Namensänderungen behielten dieselben grundlegenden Dichotomien (zwischen Faktischem und Logischem, zwischen Kognitivem und Emotivem) ihren zentralen Ort auch im logischen Empirismus unserer Tage.

Der Keim des Mißverständnisses zwischen Wittgenstein und Russell existierte schon sehr früh. Und Wittgensteins Versäumnis, öffentlich die Gründe darzulegen, warum er Russells Interpretation zu seinem Buch verwarf, beflügelte nur die konkurrierende positivistische Interpretation. Russell selbst war seinerseits zufrieden, seine eigene Aussagenlogik zum Kern einer neuen Erkenntnistheorie erweitert zu sehen. Schließlich hatte er selbst schon 1914 in seinen Harvard Lectures über *Unser Wissen von der Außenwelt* die Idee der

»atomaren Tatsachen« erkenntnistheoretisch interpretiert[28]. An der Universität Wien hielten ab 1922 etwa fünf Jahre lang Mathematiker, Physiker und Philosophen, viele von ihnen stark beeinflußt von Mach und Russell, Seminare über den *Tractatus* und seine Implikationen ab, ohne Wittgensteins Teilnahme. Dieser geriet indessen in den Ruf, ein mysteriöser Mann zu sein, der sich verborgen halte. Bereits 1924 schrieb Moritz Schlick an ihn und versuchte ein Zusammentreffen zu vereinbaren, aber es wurde nichts daraus. Tatsächlich trafen sich die beiden Männer im Frühjahr 1927 zum ersten Mal und begannen jene Reihe von Gesprächen – vor allem zwischen Wittgenstein und Waismann, aber auch unter Schlicks häufiger Teilnahme –, die bis 1932 dauerte[29].

1927 jedoch war die Grundlage für eine solche philosophische Kooperation schon unterminiert. Es lag wohl von Anfang an ein Hauch von Ironie über diesen Begegnungen. Schlicks Frau berichtete später, daß sich ihr Mann zu dem Mittagessen mit Wittgenstein, das von Margarethe Stonborough arrangiert wurde, »mit der ehrerbietigen Haltung eines Pilgers« begab. Danach »kehrte er in hingerissenem Zustand zurück, sprach wenig, und ich fühlte, daß ich keine Fragen stellen dürfte«[30]. Wittgenstein seinerseits berichtete Paul Engelmann nach dem ersten Treffen: »Wir haben uns gegenseitig für verrückt gehalten.«[31] Auf Schlicks Bitte erklärte sich Wittgenstein bereit, Carnap und einige andere Mitglieder des Wiener Kreises zu treffen, aber es wurde sofort offenkundig, daß ihre geistigen Standpunkte weit, vielleicht unüberbrückbar, auseinanderlagen. Anfangs zeigte Wittgenstein keine Neigung, philosophische Probleme mit den Mitgliedern des Wiener Kreises zu diskutieren. Statt dessen bestand er darauf, ihnen Gedichte vorzulesen, vor allem solche von Rabindranath Tagore. (Bedenkt man seine Beziehung zu Tolstois Werken, dann mag sein Verhalten nicht so ostentativ desinteressiert erscheinen, wie es seinen Zuhörern vorgekommen sein muß.) Erst allmählich gewann er genug Vertrauen, sich offen an den philosophischen Diskussionen zu beteiligen, und auch dann gelang ihm das viel eher mit Schlick und Waismann als mit Carnap und den anderen, stärker positivistisch orientierten Mitgliedern des Kreises.

Die Unterschiede zwischen ihnen und Wittgenstein waren freilich auch deutlich genug. Innerhalb der Philosophie der Mathematik gingen die Gespräche in leidlich konstruktivem Geist vonstatten, und die meisten Diskussionen, die Waismann aufgezeichnet hat, gehörten im weiteren Sinn zu diesem Gebiet. Sobald sie darüber hinausgingen, tauchten radikale Meinungsverschiedenheiten auf. Einmal zum Beispiel geriet die Debatte auf das Problemfeld »Wahrnehmung«. Schlick formulierte eine Frage, die gut in die empiristische Tradition von Locke, Hume und Mach paßte:

Sie sagen, daß die Farben ein System bilden. Ist damit etwas Logisches oder etwas Empirisches gemeint? Wie wäre es z. B., wenn jemand sein Leben lang in einem roten Zimmer eingeschlossen wäre und nur rot sehen könnte? Oder wenn jemand überhaupt nur ein gleichmäßiges Rot im ganzen Gesichtsfeld hätte? Könnte er sich dann sagen: Ich sehe rot; aber es muß auch andere Farben geben?

In Wittgensteins Antwort auf diese Frage klingt die Vorstellung Kants in dessen Antwort an Hume an – nämlich, daß jede Wahrnehmung die Bildung eines Urteils einschließt (und zwar – bei Wittgenstein – innerhalb eines jeweils a priori vorausgesetzten »logischen Raums«) [32]:

Ich sehe nicht rot, sondern ich sehe, daß die Azalee rot ist. In diesem Sinne sehe ich auch, daß sie nicht blau ist.

Sofern ein Sachverhalt vorliegt, kann er beschrieben werden, und dann setzt die Farbe rot ein System von Farben voraus. Oder rot bedeutet etwas ganz anderes, dann hat es keinen Sinn, es eine Farbe zu nennen. [33]

Während der entscheidenden Jahre, in denen der logische Positivismus des Wiener Kreises Gestalt annahm, also in den mittleren zwanziger Jahren, hatten Wittgenstein und sein *Tractatus* bei den interessierten Philosophen und Wissenschaftlern einen Rang höchster Autorität. Doch er selbst blieb Zuschauer, und zwar einer, der zunehmend skeptischer wurde. Anfang der dreißiger Jahre schließlich hatte er sich vollständig von den Ideen und Lehren gelöst, die andere auch weiterhin als seines Geistes Kinder ansahen. Er selbst hoffte (um die Leitermetapher in TLP 6.54 hier in einer noch radikaleren Weise zu verwenden), er sei durch die Sätze des

Tractatus auf ihnen über sie hinausgestiegen, und nachdem er die dafür nützliche Leiter ganz weggestoßen hatte, mußte er bestürzt feststellen, daß andere sie aufhoben, um sie für immer geistig festzuzementieren. Das war nie seine Absicht gewesen. Die logischen Positivisten übersahen die eigentlichen, tief in der Sprache sitzenden Schwierigkeiten, die der *Tractatus* aufdecken wollte. Und sie verwandelten eine Argumentation, die dazu bestimmt war, *alle* philosophischen Lehren hinter sich zu lassen, in eine Quelle neuer Lehren, und ließen dabei die ursprünglichen Schwierigkeiten im wesentlichen ungelöst.

Es wäre einfach, Wittgensteins Reaktion auf all das als Ausdruck des Temperaments eines Mannes abzutun, der das Naturell einer Primadonna besaß. Doch es wäre falsch. Man kann über die verschiedensten Motive spekulieren, aber Wittgenstein hatte vor allem schwerwiegende *Gründe*, von den logischen Positivisten abzurücken. Wenn wir uns die Mühe machen, diese Gründe zu untersuchen, werden wir auch Ziel, Stärke und Grenzen der Philosophie des Wiener Kreises genauer fassen können. Der prinzipiell kontroverse Punkt kann durch einen Vergleich der zwei unterschiedlichen Perspektiven auf die Wissenschaftsphilosophie aufgehellt werden. Im *Tractatus* hatte Wittgenstein, wie schon gesagt, auf Newtons Dynamik verwiesen, um seine Auffassung über die grundsätzliche Form beschreibender Sprache zu veranschaulichen (vgl. TLP 6.341, 6.342). Diese Erörterung läßt sich sinnvoll mit der »Logik wissenschaftlicher Theorien« vergleichen, wie sie später von Männern wie Carnap, Hempel oder Nagel ausgearbeitet wurde[34]. Für logische Empiristen ist eine der Hauptfunktionen einer »Wissenschaftslogik« die Bereitstellung erkenntnistheoretischer Garantien für die Wissenschaft. Aber für Wittgenstein war der *Tractatus* in keinem Sinn ein Lehrstück in Erkenntnis- oder in Wissenschaftstheorie. Nach seiner Auffassung lenkte die epistemologische Orientierung des Wiener Kreises im Gegenteil vom eigentlichen Thema, der Beziehung zwischen Sprache und Welt, ab und verführte zur unkritischen Voraussetzung einer unhaltbaren Sprachtheorie.

Diesem Unterschied soll etwas genauer nachgegangen

werden. Nach dem *Tractatus* war es die Funktion einer formalisierten wissenschaftlichen Theorie, eine mögliche Methode der »Abbildung« von Tatsachen der realen Welt zu liefern. Wie Wittgenstein aus seinen Hertz-Studien wußte, ist die Anwendbarkeit jedes axiomatisierten Formalismus – sei er Newtonscher, Euklidischer, Russellscher oder anderer Provenienz – notwendigerweise problematisch. Die Darlegung eines solchen Systems in Form expliziter Definitionen und logischer Deduktionen ist eine Sache; eine ganz andere ist das Aufzeigen der Möglichkeit, die resultierenden Kategorien und Konzepte auf die uns zugängliche Realität sinnvoll anzuwenden. Soweit gab es keine Meinungsverschiedenheit zwischen Wittgenstein und den Positivisten. Aber an dieser Stelle taucht die alte erkenntnistheoretische Frage auf: Haben wir irgendeine *Garantie*, daß eine bestimmte wissenschaftliche Theorie in einem schlechthin gültigen Sinn auf den korrespondierenden Tatsachenbereich anwendbar ist? Und hier scheiden sich die Geister. Mach und die frühen logischen Positivisten gingen davon aus, daß jedenfalls grundsätzlich alle abstrakten Begriffe einer sinnvollen Theorie eine letztlich physikalistisch interpretierbare Bedeutung erhalten könnten durch ihre Verbindung mit einer entsprechenden Reihe von Sinneswahrnehmungen oder Beobachtungen; in dieser Weise aufgefaßt, werden die Aussagen des abstrakten Formalismus zu kompliziert gewonnenen Beschreibungen der realen empirischen Welt. Folglich wird in einer objektiven Wissenschaft jeder abstrakte allgemeine Terminus sowohl logisch als auch erkenntnistheoretisch in einer zugehörigen Reihe von Protokollsätzen verankert werden müssen, während die in den Protokollsätzen selbst verwendeten einfachen Termini »ostensiv« definiert werden, d. h. durch ihre Assoziation mit den Inhalten unserer unmittelbaren sinnlichen Wahrnehmungen[35].

Auch dies war eine Art Rückwendung zu Hume, mit den Konzepten »Sinnesdaten« und/oder »Protokollsätze« statt der Humeschen »Eindrücke« und deren sprachlicher Wiedergabe. Bei Wittgenstein hatte eine solche Doktrin keinen Platz. Eine axiomatische Theorie, hatte er argumentiert, definiert nur ein formales Ensemble von Möglichkeiten im

»logischen Raum«. Dieses Ensemble von Möglichkeiten – dieser »Symbolismus«, diese »Form der Darstellung« oder »Sprache« – konnte nicht *logisch* mit der Welt verknüpft werden, zu deren Beschreibung wir es benutzen, denn logische Verbindungen gelten nur *innerhalb* eines Symbolismus. Es gibt kein System authentischer Definitionen, wonach der Newtonsche Formalismus oder irgendeine andere symbolische Darstellung unmittelbar in *die eine*, schlechthin gültige Weltbeschreibung transformierbar wäre. Wenn wir einfach die von einer solchen Theorie bereitgestellten Möglichkeiten als wissenschaftliche Beschreibungen und Erklärungen *gebrauchen*, dann besagt diese Tatsache unweigerlich ebensoviel über *uns selbst* wie über die Welt. Im *Tractatus* sagt Wittgenstein:

Die Newtonsche Mechanik z. B. bringt die Weltbeschreibung auf eine einheitliche Form . . .

Diese Form ist beliebig, denn ich hätte mit dem gleichen Erfolge ein (Beschreibungs-)Netz aus (anderen) Maschen verwenden können . . .

Den verschiedenen Netzen entsprechen verschiedene Systeme der Weltbeschreibung . . . (TLP 6.341)

Daß sich ein Bild . . . durch ein Netz von gegebener Form beschreiben läßt, sagt über *das Bild nichts* aus. *Das* aber charakterisiert das Bild, daß es sich durch ein bestimmtes Netz von *bestimmter* Feinheit *vollständig* beschreiben läßt.

So auch sagt es nichts über die Welt aus, daß sie sich durch die Newtonsche Mechanik beschreiben läßt; wohl aber, daß sie sich durch jene beschreiben läßt, wie dies eben der Fall ist. Auch das sagt etwas über die Welt, daß sie sich durch die eine Mechanik einfacher beschreiben läßt als durch die andere (TLP 6.342).

Die Mechanik ist ein Versuch, alle *wahren* Sätze, die wir zur Weltbeschreibung brauchen, nach einem Plane zu konstruieren (TLP 6.343).

Man könnte sagen: wenn Mach eher auf Hume gesetzt hatte, so setzte Wittgenstein hier eher auf Kant, indem er Kants Gegenzug gegen Hume wiederholte, allerdings in einer eher linguistisch-transzendentalen, nicht einer psychologisch-transzendentalen Form. Die entscheidende Konzeption der »hinweisenden Definition«, mittels deren die logischen Positivisten die Verbindung von Sprache und Welt erfaßt zu haben glaubten, war eine Täuschung. Letztlich kann die Verbindung von Sprache und Welt – die Sphäre der Bedeutungen, Anwendungen, *modes d'emploi*, die hier angesprochen ist – nicht Gegenstand formaler Konzeptualisierungen sein; sie ist etwas, was wir nicht logisch und epistemologisch *beweisen*, sondern lebens- und wissenschaftspragmatisch *herstellen* müssen.

Die letzte Formulierung enthält natürlich einen Vorgriff. Die Idee des »Sprachgebrauchs« als etwas von Menschen Geschaffenes und Tradiertes, wird erst in Wittgensteins späterer Philosophie offenkundig und explizit, nachdem der Bruch mit den logischen Positivisten vollständig und für beide Seiten evident vollzogen war. Aber die Argumente, die ihn zu dieser neuen Idee führten, hatten vielleicht stärkere Wurzeln auch in seinen früheren Auffassungen, als er selbst später zuzugeben geneigt war. Die Arbeit am *Tractatus* hatte ihm klargemacht, daß die Beziehung zwischen Sprache und Welt keine »logische« sein konnte. Die Verbindung »einfacher Zeichen« oder »Namen« zu »Gegenständen« der realen Welt, die sie benannten, war etwas, das im Satz und durch ihn *gezeigt* werden konnte, aber diese Art »Erklärung« hatte nichts mit einer »Definition« zu tun. Die Beziehung konnte zwar gezeigt, aber nicht ausgesagt werden. Definitionen verbinden lediglich zwei *Wortreihen* miteinander. Das Bestreben, formale Beziehungen zwischen Wörtern und der Welt aufzufinden, sei es durch ostensive Definitonen oder sonstwie, war daher nicht akzeptabel. Für Mach dagegen war dieses Bestreben grundlegend, sollte die Erkenntnistheorie der Naturwissenschaft die erstrebten Sicherheitsgarantien liefern.

Damit ist ein wichtiger Teil der Bruchstelle zwischen Wittgenstein und den logischen Positivisten bezeichnet. Sie hatten zwischen ihm und Mach zu entscheiden und zogen im wesentlichen diesen vor. (Waismann war hier eine Ausnahme.) Das bedeutete für sie ihrem Selbstverständnis nach zunächst gar keine Ablehnung Wittgensteins, denn nach ihrer Auffassung waren die Einsichten beider Denker miteinander zu vereinbaren. Der *Tractatus* hatte dem Positivismus im Anschluß an Frege und Russell augenscheinlich das logische Gerüst gegeben, das z. B. in Auguste Comtes Schriften fehlte. Dem Konzept der »atomaren Sachverhalte« konnte sofort eine epistemologische Interpretation gegeben werden, indem man sie mit den Wirklichkeitskorrelaten von Machs »Empfindungen« identifizierte. Und ein Dutzend anderer aphoristischer Bemerkungen im *Tractatus* konnte in dieser Art positivistisch interpretiert werden. Wittgensteins wichtiger Hinweis auf die »Unaussprechlichkeit« der Beziehung zwischen Sprache und Welt, auf die Unmöglichkeit für ein Bild, die Art und Weise seines Abbildens mit abzubilden, jener Hinweis, der im eindrucksvollen Schlußsatz mündet: »Wovon man nicht sprechen kann, darüber muß man schweigen«, wurde von Mitgliedern des Wiener Kreises vor allem im Sinn der positivistischen Devise interpretiert: Metaphysiker, haltet den Mund! So entstand jenes hybride System des logischen Positivismus, das vorgab, aller Metaphysik ein Ende zu machen, das aber statt dessen eher eine raffinierte Variante der Metaphysik Humes und Machs im Symbolismus Russells und Whiteheads entwickelte.

Für die jungen Intellektuellen in Mitteleuropa, die auf dem politischen und kulturellen Scherbenhaufen der habsburgischen Monarchie aufwuchsen, kam gleichwohl diese philosophische Erneuerung mit der befreienden Wirkung eines frischen Luftzugs. Und in der Tat konnten ja beinahe vier Fünftel des *Tractatus* ohne allzu deutliche Fehlinterpretation als eine Quelle unsinnsfeindlicher, positivistischer Slogans verwendet werden. In der Art, wie es die jüngeren Philosophen lasen, war das Buch eine großartige, fachlich hochqualifizierte und offenbar endgültige Abrechnung mit allem philosophischen Aberglauben, und seinen Schlußsatz schrieben überall junge, frei denkende Menschen auf ihre Fahnen[36]. Nachdem Wittgenstein einmal als Positivist abgestempelt war, setzte sich nur schwer eine andere Betrachtungsweise durch. Als er sich ab 1928 wieder der Philosophie zuwandte und sich langsam den Perspektiven seiner »zweiten« Philosophie annäherte, wurde sein neuer Stil von vielen keineswegs als eine Ablehnung des Positivismus verstanden, eher als Rekonstruktion früherer positivistischer Auffassungen auf einer neuen Grundlage. In den späten vierziger

Jahren charakterisierten etwa zwei vielbeachtete Artikel Brian Farells in der Zeitschrift *Mind* Wittgensteins neue Position als »therapeutischen Positivismus«, worüber Wittgenstein selbst aufs höchste verärgert war[37]. Nach dieser Interpretation geht es noch immer darum, gegen abergläubische, prinzipiell unbeweisbare und/oder sinnlose Glaubensinhalte anzugehen, nur mit anderen Methoden. Die Idee einer Darstellung des sprachlich Bedeutungsvollen mittels einer Analyse in logischer Symbolik wurde aufgegeben. Statt dessen sollten philosophische Theorien als Symptome des Mißverstehens unserer Alltagssprache diagnostiziert werden – als »cerebrosen« gewissermaßen, vergleichbar den Neurosen, die aus dem Mißverstehen unserer affektiven Beziehungen entstehen können[38].

Weit davon entfernt, ein Positivist zu sein, wollte Wittgenstein den *Tractatus* in ganz anderer Weise, als es der Wiener Kreis tat, verstanden wissen. Während die logischen Positivisten das Wichtige dem (prinzipiell) Verifizierbaren gleichgesetzt und das nach dem *Tractatus* Unsagbare für belanglos erklärt hatten, hatten Einleitung und Schlußteil des *Tractatus* darauf bestanden, daß es ein Bereich jenes Unsagbaren war, dem allein genuiner Wert zukam. »Das Höhere« können wir danach nur in etwas erkennen, das die echten, sinnvollen Sätze unserer Sprache nicht zu erfassen vermögen; denn keine »Tatsache«, die durch einen »Satz« abgebildet werden kann, hat einen wesentlichen Anspruch auf unseren moralischen Gehorsam oder unsere ästhetische Zustimmung. Wittgensteins Schweigen vor dem »Unsagbaren« war kein spöttisches wie das der Positivisten, sondern ein ehrfurchtsvolles. Paul Engelmann hat dies festgehalten:

Eine ganze Schülergeneration konnte ihn für einen Positivisten halten, weil er mit diesen wirklich etwas enorm Wichtiges gemeinsam hatte: Er zieht die Grenzlinie zwischen dem, worüber man sprechen kann und dem, worüber man schweigen muß, genauso wie sie. Der Unterschied ist nur, daß sie nichts zu verschweigen haben. Der Positivismus meint, das worüber man sprechen kann, sei das allein Wichtige im Leben. Das und nichts anderes ist seine Pointe. *Während Wittgenstein davon durchdrungen ist, daß es für das Leben des Menschen allein auf das ankommt, worüber man, nach seiner Meinung, schweigen muß.*[39]

Zudem hatten Wittgensteins Überlegungen zu den »atoma-ren Sachverhalten«, den »Elementarsätzen« und allem, was damit zusammenhing, für ihn keine erkenntnistheoretischen Implikationen. Sowohl in Cambridge als auch in Wien wurde der *Tractatus* anfangs als Ausarbeitung eines »logischen Ato-mismus« zur Erkenntnis der Außenwelt, also etwa einer Theorie Russellscher Provenienz, gelesen. Man muß zuge-ben, daß Wittgensteins Übernahme von Russells Bezeich-nung »atomare Tatsachen« ohne die gleichzeitige Klarstel-lung des Unterschieds in der Anwendung dieses Ausdrucks unklug war. Auch die erst posthum veröffentlichten *Philoso-phischen Untersuchungen* konnten auf analoge Weise mißver-standen werden: Wittgensteins Polemik gegen die Idee einer »Privatsprache« etwa (deren Begriffe ihre Bedeutung direkt und ausschließlich von »Empfindungen« beziehen sollen) konnte fälschlich als *erkenntnistheoretische* Kritik jener Auffas-sung gelesen werden, derzufolge Sinnesdaten die Grundlage für all unser Wissen sind.

Dagegen blieb Wittgensteins Hauptanliegen, sehr allge-mein formuliert, durchaus, was es von Anfang an war: es galt dem Wesen und den Grenzen der Sprache, nicht den Grundlagen der Erkenntnis. Er war eine Art »Transzen-dentalphilosoph«, dessen zentrale philosophische Frage – im Unterschied zu seinen ethischen Problemen – in der kantischen Form artikuliert werden kann: Wie ist sinnvolle Sprache *möglich*? Und in dieser Perspektive ist es auch falsch, ihn als einen »linguistischen Philosophen« in dem Sinne zu begreifen, in dem es etwa G. E. Moore und die jüngeren Oxforder Philosophen der analytischen Schule sind. Wittgenstein befaßte sich mit der Sprache und mit ih-rer Rolle in unserem Leben; aber er sah das nie als ein der Philosophie (als der gewissermaßen zuständigen Instanz) vorbehaltenes Thema an. Lexikographie und Linguistik waren beide respektable Disziplinen, aber keine war speziell philosophisch. Vor allem ist es nach Wittgenstein nicht die Aufgabe des Philosophen, den normalen Menschen durch Analyse der Bedeutung von Wörtern und Sätzen über de-ren »wahren« Sinn zu belehren:

Es gibt keine Common-Sense-Antwort auf ein philosophisches Problem. Man kann den Common Sense nur gegen die Angriffe von Philosophen verteidigen, indem man ihre Probleme löst, d. h. indem man sie von der Versuchung heilt, den Common Sense anzugreifen, und nicht, indem man die Common-Sense-Auffassung wiederholt. Ein Philosoph ist nicht jemand, der nicht bei Sinnen ist, der nicht sieht, was jedermann sieht. Noch ist seine Uneinigkeit mit dem Common Sense die des Wissenschaftlers, der mit den groben Ansichten des Mannes auf der Straße nicht übereinstimmt. [40]

Für Wittgenstein war die Sprache nur als Element in einem größeren Untersuchungszusammenhang interessant. Sprachliche Untersuchungen hatten nur in einem weiteren geistigen Kontext Bedeutung (dann allerdings zentrale) für die Philosophie. In dieser Hinsicht war Wittgenstein ebensowenig ein »Sprachphilosoph« wie Platon, Kant oder Schopenhauer. Obwohl sie alle nach dem Zusammenhang von »Gedanken« und »Dingen«, »Sprache« und »Tatsachen«, »Urteilen« und »Dingen an sich«, »Darstellungen« und »Dargestelltem« fragten, sah keiner von ihnen diese Fragen einfach als linguistische Probleme an, sowenig, wie es Wittgenstein selbst tat.

Seit 1929 beschäftigte sich Wittgenstein erneut mit Philosophie und stand in nahezu ständigem Kontakt mit seinen philosophischen Kollegen. Sein Standpunkt zu der Zeit, als er starb – am besten in seinen posthum (1953) veröffentlichten *Philosophischen Untersuchungen* repräsentiert –, scheint *prima facie* wenig mit dem des *Tractatus* gemeinsam zu haben. Oberflächlich betrachtet war der *Tractatus* allein ein Beitrag zur symbolischen Logik in der Tradition von Frege und Russell. Dagegen sieht die Argumentation der *Untersuchungen* eher wie eine empirisch orientierte aus, mit dem Ziel, die erstaunliche Vielfalt der Sprachverwendungen im menschlichen Leben zu demonstrieren; sie scheint sich ständig in Richtung Anthropologie und Psychologie, nicht in die der mathematischen Logik zu bewegen. Diese Oberflächendifferenz ist gleichwohl irreführend. Waismann hat ein Gespräch vom 9. Dezember 1931 aufgezeichnet, in dem Wittgenstein über seine zunehmende Distanzierung von der logischen Analyse des *Tractatus* und von dessen »Dogmatismus«

sprach, der die Vielfalt des tatsächlichen Sprachverhaltens nicht zu erfassen vermöge[41]. Sieben Monate später, am 1. Juli 1932, sagte er zu Waismann:

Unklar im Tractat war mir die logische Analyse und die hinweisende Erklärung. Ich dachte damals, daß es eine »Verbindung der Sprache mit der Wirklichkeit« gibt. [42]

Im *Tractatus* hatte er es – und zwar als eine logische Konsequenz aus dem Erfordernis der Bestimmtheit des Satzsinns – für fraglos gehalten, daß die Beziehung zwischen den »einfachen Zeichen« (TLP 3.201) und den »Gegenständen«, denen sie korrespondieren, sich unmittelbar zeigen müsse (obwohl sie nicht *ausgesprochen* werden könne). Daher hatte er sich zu leicht mit einer formalen Analyse der Sprache als Darstellung zufriedengegeben und infolgedessen den Operationen der Anwendung solcher formalisierter Darstellungen im tatsächlichen Sprachgebrauch zu wenig Aufmerksamkeit geschenkt. Selbst in der Physik kann – wie Hertz gelehrt hatte – ein mathematisches System auf wissenschaftliche Probleme in der wirklichen Welt nur angewendet werden, wenn wir zugleich wohldefinierte Verfahrensweisen der Verbindung mathematischer Symbole mit empirischen Größen oder Maßen besitzen. So war es ein Irrtum in seinem früheren Buch, die Existenz einer gewissermaßen selbstexplikativen und unmittelbar wahrnehmbaren »Verbindung« von Sprache und Wirklichkeit anzunehmen. Demgegenüber wurde es nun zur entscheidenden Frage, mittels welcher Verfahren und Konventionen die Menschen regelgeleitete Verbindungen zwischen Sprache und Wirklichkeit *herstellen*.

Um zu einer Sprache zu gelangen, in der »Aussagen« über die Tatsachenwelt möglich sind, genügt es nicht, uns »Bilder der Tatsachen« zu machen. Die Ausdrücke unserer Sprache erhalten ihre spezifischen Bedeutungen über die Handlungsweisen, mittels derer wir ihnen eine bestimmte *Verwendung* in unserem praktischen Umgang miteinander und mit der Welt geben, also weder allein aus ihrer inneren Struktur noch durch ihren essentiell »bildhaften« Charakter. So hatte Wittgenstein mit dem *Tractatus* entgegen dessen Vorwort seine philosophische Aufgabe doch nicht »endgültig gelöst«. Seine frühere Lösung des »transzendentalen« Problems, nämlich der Frage nach Möglichkeit und Grenzen von Sprache, war in Begriffen einer »Abbildrelation« formuliert, die – wie er nun deutlich sah – bestenfalls eine hilfreiche Metapher gewesen war. Jetzt stand er vor der Aufgabe, zu zeigen, wie jeder beliebige sprachliche Ausdruck, sei er nun ein »Bild« oder nicht, dadurch sprachliche Signifikanz erlangt, daß ihm ein *Gebrauch* im menschlichen Leben gegeben wird.

Dies war der Ausgangspunkt für die charakteristischen Untersuchungen der Wittgensteinschen Spätphilosophie. Sein Interesse gilt nicht mehr der formalen Struktur der Sprache oder jener vorausgesetzten Strukturanalogie zwischen »Sätzen« und »Tatsachen«. Es mag gute Gründe etwa innerhalb der Physik geben, eine Art direkter »bildhafter« Darstellung von Phänomenen zu konzipieren; im übrigen erschien es jedoch wenig zweckmäßig, sprachliche Aussagen als »Bilder der Tatsachen« aufzufassen. So konzentrierte Wittgenstein jetzt seine Aufmerksamkeit auf die Sprache als Teil unseres *Verhaltens*: auf die pragmatischen *Regeln*, die den Gebrauch der verschiedenen Ausdrucksformen steuern, auf die *Sprachspiele*, innerhalb deren diese Regeln funktionieren, und auf die umfassenderen *Lebensformen*, die letztlich diesen Sprachspielen Sinn und Bedeutung geben. Der Kern jenes »transzendentalen« Problems war für Wittgenstein keine Frage der formalen Struktur sprachlicher Darstellung mehr; statt dessen wurde es zu einem Element der »Naturgeschichte des Menschen«[43]. Anders als Kant, der sich stets jedem Versuch widersetzt hatte, die Diskussion der Philosophie von der Analyse des reinen rationalen Denkens zur »bloßen Anthropologie« herabzuziehen, gelangte Wittgenstein zur Auffassung der philosophischen Aufgabe als der eines Selbstverständnisses des Menschen. (Wie er zu sagen pflegte: »Sprache – das heißt: *unsere* Sprache.«) Dennoch, trotz dieser 180-Grad-Drehung seiner philosophischen Betrachtungsweise, blieb das Hauptanliegen seiner späteren Jahre dem seiner Jugend gleich: die logischen und ethischen Aufgaben, könnte man sagen, die von Kant und Schopenhauer in Angriff genommen worden waren, zu vollenden.

So war der Philosoph, der im Alter von 50 Jahren zu der

eindringlichen Aufforderung an seine Hörer gelangt war, genauer über die Art nachzudenken, wie etwa Kinder tatsächlich die Verhaltensformen lernen (bzw. auf alternative Weise lernen könnten), innerhalb derer unsere Sprache eine lebenspraktische Funktion hat, und darüber, welche metaphysischen Konfusionen entstehen können, wenn die zahlreichen praktischen Funktionsweisen nicht klar unterschieden werden – dieser Philosoph also war derselbe kultivierte Wiener geblieben, der in seiner Jugend mit dem Studium der Hertzschen Mechanik und der Boltzmannschen Thermodynamik seinen geistigen Weg begonnen hatte; der später, im Alter zwischen 20 und 30, eine führende Rolle in der Entwicklung der symbolischen Logik spielen sollte; und der mit 30 Jahren die Philosophie zugunsten anderer, menschlich wertvollerer Beschäftigungen aufgegeben hatte. Bei allen scheinbaren Wandlungen folgte diese intellektuelle Odyssee gleichwohl den Direktiven eines einheitlichen geistigen Impulses wie einem unbeirrbaren Kompaß. Ein Mensch konnte dem sokratischen Gebot: *Erkenne dich selbst*, nur dann gehorchen, wenn er Reichweite und Grenzen seines eigenen Verstandes begriff. Und das bedeutete zunächst und vor allem, den Bereich und die Grenzen der Sprache als des wichtigsten Instruments menschlichen Verstehens zu erkennen.

Wittgenstein hatte die Sphäre der Philosophie von Anfang an mit einem intellektuellen und einem ethisch-religiösen Anliegen betreten. Das erstere steht im Zusammenhang mit den Problemen der transzendentalen Untersuchungen Kants und Schopenhauers, das letztere war von Tolstoi inspiriert und von Kierkegaard belebt worden. Beide Komplexe lenkten seine Aufmerksamkeit auf Fragen der Reichweite und der Grenzen sprachlichen Ausdrucks, und sein Interesse an diesem Problem nahm in der Folge verschiedene Formen an.

Zuerst, als junger Student angewandter mathematischer Wissenschaften, setzte er auf die Idee einer Generalisierung der Theorien von Hertz und Boltzmann. Später fand er in der neuen Logik Freges und Russells ein Instrument und eine formalisierte Symbolik, mit deren Hilfe er Reichweite und Grenzen der Sprache in apriorischer Allgemeinheit demonstrieren zu können hoffte; das Ergebnis dieses Denkens war

der *Tractatus logico-philosophicus*. Als Wittgenstein schließlich
nach fast zehnjähriger Pause zur Philosophie zurückkehrte,
begann er zu sehen, daß tiefere Probleme es erforderlich
machten, selbst in der Mathematik weniger die inneren
Strukturen mathematischer Kalküle zu erforschen, als vielmehr das regelgeleitete Verhalten, durch das solche Kalküle
die äußere Relevanz ihrer möglichen Anwendung erlangen.
(Das ist einer der Schwerpunkte in seinen Gesprächen mit
Waismann und Schlick.) Und als er schließlich nach Cambridge zurückkehrte, in eine philosophische Atmosphäre, die
vom Beispiel G. E. Moores bestimmt wurde, verallgemei-
nerte er gleichsam seine Analyse noch einmal, um zu zeigen,
wie Bedeutung, Reichweite und Grenzen *jeder* symbolischen
Darstellung – sprachlicher so gut wie mathematischer Art –
von den Beziehungen abhängen, mittels derer die Menschen
sie in einen weiteren Lebens- und Verhaltenszusammenhang
einbinden.

Für den späteren Wittgenstein ist daher die Bedeutung
eines Ausdrucks bestimmt durch die regelgeleiteten symbol-
verwendeten Tätigkeiten (»Sprachspiele«), innerhalb derer
der Ausdruck gebraucht wird; und diese symbolverwende-
ten Tätigkeiten erhalten ihren Sinn aus den grundlegenden
kulturellen Handlungs- und Organisationsweisen (»Lebensformen«), in die sie als ein konstitutives Element eingebettet
sind. Die Lösung von Wittgensteins ursprünglichem »transzendentalen« Problem besteht, so könnte man sagen, in
einer Betrachtung all der vielfältigen Möglichkeiten einer
Entstehung von »Sprachspielen« aus »Lebensformen« und
der davon markierten Grenze des Sagbaren[44].

Ein Aspekt dessen, was – neben dem Wandel – die Kontinuität in Wittgensteins Denken ausmacht, wird in der Loya-
lität und Hochachtung sichtbar, die er zeit seines Lebens für
Heinrich Hertz bewahrte. Es war Hertz' wissenschaftliches
Beispiel, das ihm bei seinem ersten großen Versuch einer
Lösung des »transzendentalen« Problems weiterhalf. Hertz
wandte er sich in den späten vierziger Jahren wieder zu, um
mit seiner Hilfe ein klassisches Beispiel philosophischer Verwirrung zu verdeutlichen, nämlich mittels einer Passage aus
der Einleitung zu den *Prinzipien der Mechanik*, wo Hertz die

Konfusion diagnostiziert, die den Debatten des 19. Jahrhunderts über das »Wesen der Kraft« oder der »Elektrizität« zugrunde lag.

Warum fragt nun niemand in diesem Sinne nach dem Wesen des Goldes oder nach dem Wesen der Geschwindigkeit? Ist uns das Wesen des Goldes bekannter als das der Elektricität, oder das Wesen der Geschwindigkeit bekannter als das der Kraft? Können wir das Wesen irgendeines Dinges durch unsere Vorstellungen, durch unsere Worte erschöpfend wiedergeben? Gewiß nicht. Ich meine, der Unterschied ist dieser: Mit den Zeichen »Geschwindigkeit« und »Gold« verbinden wir eine große Zahl von Beziehungen zu anderen Zeichen, und zwischen allen diesen Beziehungen finden sich keine uns verletzenden Widersprüche. Das genügt uns und wir fragen nicht weiter. Auf die Zeichen »Kraft« und »Elektrizität« aber hat man mehr Beziehungen gehäuft, als sich völlig miteinander vertragen; dies fühlen wir dunkel, verlangen nach Aufklärung und äußern unseren unklaren Wunsch in der unklaren Frage nach dem Wesen von Kraft und Elektrizität. Aber offenbar irrt die Frage in Bezug auf die Antwort, welche sie erwartet. Nicht durch die Erkenntnis von neuen und mehreren Beziehungen und Verknüpfungen kann sie befriedigt werden, sondern durch die Entfernung der Widersprüche unter den vorhandenen, vielleicht also durch Verminderung der vorhandenen Beziehungen. *Sind diese schmerzenden Widersprüche entfernt, so ist zwar nicht die Frage nach dem Wesen beantwortet, aber der nicht mehr gequälte Geist hört auf, die für ihn unberechtigte Frage zu stellen.*[45]

In seiner späteren Zeit entfernte sich Wittgenstein immer weiter von den logischen Positivisten, die den *Tractatus* durch ihre Brille noch als Grundlage für ihr eigenes philosophisches System betrachten konnten. Das war vor allem deshalb möglich, weil sie die Bemerkungen 2.1513-2.1515 (»abbildende Beziehung« gleichsam »die Fühler... mit denen das Bild die Wirklichkeit berührt«) und besonders 3.263 (»Erläuterungen der Urzeichen«) als Hinweise auf eine »ostensive Definition« lasen. Aber weder taucht dieser Begriff im *Tractatus* auf, noch war etwas Ähnliches – im Sinne einer empiristischen Grundlegung der Erkenntnistheorie – von Wittgenstein gemeint. Daher war auch die Identifizierung seiner »Elementarsätze« mit dem sog. »Protokollsätzen« (also mit Sätzen, die »Sinnesdaten« festhalten) der logischen Empiristen ein schweres Mißverständnis auf deren Seite[46]. Je mehr er über die Dinge nachdachte, die Moore und die Sinnesdaten-Theoretiker, Mach und die logischen Positivisten in ihren jeweiligen Sprachtheorien unbefragt vorausgesetzt hatten, desto verwirrender fand er sie. Wie etwa sollten eine »hinweisende Erklärung« und der von ihr hervorgerufene private Sinneseindruck als definierender Anker für wirklich verwendete Sprache dienen? Und wenn sie, wovon Wittgenstein überzeugt war[47], diese definitorische Funktion nicht erfüllen konnten, wenn also der Begriff »hinweisende Definition« strenggenommen unsinnig war, wie konnte man den Einfluß dieses Denkmodells brechen, das Moore, Mach und ihre jeweiligen Nachfolger so einleuchtend gefunden hatten? Wittgenstein erkannte, daß er einen anderen Weg finden mußte, auf dem zu zeigen war, wie Sprache *tatsächlich* funktionierte. Es ging nicht länger an, den Gebrauch der Sprache und damit ihr tatsächliches Verbundenwerden mit den Tatsachen jenem Bereich zuzuordnen, über den man – nach dem majestätischen Diktum des Satzes 7 im *Tractatus* – »schweigen« müsse. Schließlich hatte Wittgenstein selbst bereits im *Tractatus* eine ganze Menge über die »Abbildungs«-Beziehung zwischen den Strukturen wissenschaftlicher Theorien und der Welt gesagt (wenn auch in Sätzen, die er konsequenterweise als »unsinnig« qualifizierte, vgl. TLP 6.54)[48]. Das Problem bestand nun darin, Wege zu finden, auf denen »eine Einsicht in das Arbeiten unserer Sprache« in jenen zahllosen anderen Bereichen des Denkens, Urteilens und Meinens gewonnen werden konnte, für die das Abbildmodell der Sprache keine sinnvollen Erklärungen – nicht einmal mythischer oder analoger Art – liefert.

Kant hatte sich an einem entsprechenden Punkt seiner eigenen antisensualistischen Argumentation auf seine »transzendentale Deduktion« gestützt und die These entwickelt, daß nur unser bestehendes System von Begriffen, Kategorien und Formen der Anschauung ein *kohärentes* Verstehen unserer Erfahrung gewährleisten könne. Mit weniger als einer »Deduktion« gab sich Kant hier nicht zufrieden, denn er hielt es für notwendig, die Grundstruktur unserer rationalen Begriffe von dem, was er »bloße Anthropologie« nannte, zu isolieren. Danach würde es beispielsweise nicht genügen, die notwendige Wahrheit des pythagoreischen Lehrsatzes von der empirischen Tatsache abhängen zu lassen, daß Zimmerleute, Landvermesser und andere Menschen, die mit praktischer Geometrie umgehen, in ihrer täglichen Praxis Verfahren anwenden, deren Funktionieren die Relevanz und Anwendbarkeit des Euklidischen Systems verbürgt. Wittgensteins Bestrebungen waren hier bescheidener. Sicher war die positivistische Gleichsetzung des »Notwendigen« mit dem »Tautologischen« zu flach. Tautologien sind billig zu haben und wir können beliebig viele willkürlich produzieren, etwa so, wie Lewis Carrolls Humpty Dumpty beliebige Wortbedeutungen erfindet: »Es besteht hier einfach die Frage, wer Meister sein soll, du oder die Wörter.« Aber das berührt die wichtige Frage gar nicht, warum manche dieser Tautologien offenkundig unentbehrlich sind und andere nicht, warum wir – nach einem Wort von Keats – die Notwendigkeit einiger »in unserem Puls« fühlen, während wir andere gleichgültig über Bord werfen können.

Diese Frage erledigte sich nicht dadurch, daß man sie, wie etwa G. E. Moore, in eine Art Scherzfrage verwandelte: »Ist der Satz, daß p ein notwendiger Satz ist, selbst ein notwendiger Satz?« Damit wurde nur die Tatsache verdunkelt, daß wir es hier mit zwei Arten von »Notwendigkeit« zu tun haben, deren eine plausiblerweise mit »Tautologie« gleichgesetzt werden kann, während das bei der anderen nicht geht. (Moores Frage wäre besser in der Form auszudrücken: »Könnten wir ohne die Tautologie auskommen oder ist sie unentbehrlich?«) Auch war es nicht damit getan, mit Quine zu antworten, daß die ursprüngliche Unterscheidung zwischen dem »Notwendigen« und dem »Zufälligen« überhaupt nicht brauchbar ist, es wäre denn zufälligerweise[49]. Denn die entscheidende Frage ist: Unter welchen tatsächlichen Voraussetzungen bleibt diese Unterscheidung anwendbar? Und unter welchen kontingenten Umständen müßten wir zugeben, daß die Verwendbarkeit eines Grundbegriffs (oder die Angemessenheit eines Begriffs der »notwendigen« Beziehung) zweifelhaft würde? Es geht um das Erhellen der menschlichen Möglichkeiten – der »anthropologischen« Tatsachen, wie Kant sie genannt hätte –, die mit der Annahme unserer wirklichen Kategorien und Begriffe bereits vorausgesetzt sind. Auf diese Weise lenkte das zentrale Problem, um das es Wittgenstein stets ging, sein Interesse von allen Fragen über Syntax und formale Semantik auf jenes Gebiet der »Pragmatik« und des Psychologischen, welches die Positivisten und logischen Empiristen immer als konturlosen geistigen Nebel abgetan hatten.

In dieser zweiten Phase seines Philosophierens war Wittgensteins Stil der Darlegung nicht weniger idiosynkratisch als zuvor; man kann denjenigen, die nie seine Vorlesungen gehört haben, kaum einen Vorwurf machen, wenn sie das, worum es ihm ging, nicht erfassen. Während er im *Tractatus* am Ende zum Mythos gelangt war, nahm er jetzt Parabeln und Gleichnisse zu Hilfe. Zwei typische Beispiele seien hier aus dem Gedächtnis rekonstruiert:

Nehmen wir an, ein kleines Kind, das draußen gespielt hat, läuft ins Haus, greift in der Küche nach dem Wasserhahn und ruft dabei: »Wasser, Wasser« – ein Wort, das es gerade am Tag zuvor zum erstenmal gehört hat. Und jetzt stellt jemand die Frage: »Erzählt uns das Kind etwas, oder zeigt es uns, daß es die Bedeutung dieses Wortes gelernt hat, oder möchte es etwas zu trinken?« Was sollten wir jetzt tun? Und muß es für diese Frage die *eine*, richtige Antwort geben?

Oder auch:

Nehmen wir an, ein Anthropologe trifft Mitglieder eines Stammes, dessen Sprache er noch nicht versteht, dabei an, wie sie Ballen von längsgestreiftem Stoff zerschneiden und gegen kleine Holzwürfel eintauschen, wobei sie, wenn die Würfel übergeben werden, die Laute »eena«, »meena«, »mina«, »mo« und weitere immer in der gleichen Abfolge ausrufen. Und nehmen wir an, er entdeckt, daß dieser Austausch immer auf die gleiche Art vorgenommen wird, egal ob der Stoff beim Schneiden einfach oder doppelt zusammengelegt genommen wird. Welchen Schluß soll nun der Anthropologe ziehen? Soll er annehmen, daß der Stamm den Stoff nur nach seiner Länge, die an den Streifen gemessen wird, bewertet; oder daß die, welche den Stoff nur einfach nehmen und verkaufen, Gauner sind; oder daß die Rechenweise des Stammes eine andere Struktur hat als unsere; oder daß »eena, meena, mina, mo« doch nicht ihre Wörter für »eins, zwei, drei, vier« sind; oder daß es sich hier gar nicht um ein kommerzielles Geschäft handelt, sondern um eine Art Ritual? Oder haben wir gar keine wirksame Möglichkeit, zwischen diesen Alternativen zu entscheiden?[50]

Diese kleinen Geschichten, mit der Spitze in der abschließenden Frage, hatten alle denselben allgemeinen Effekt. Sie drängten den Hörer in eine Ecke, aus der er nur auf eine Weise entkommen konnte: indem er zugestand, daß die Anwendbarkeit oder Unanwendbarkeit von wirklichen Kategorien und Begriffen in der Praxis immer von vorgängigen menschlichen Entscheidungen abhängt, und daß solche Entscheidungen uns zur »zweiten Natur« geworden sind, und zwar aus einem oder aus beiden von zwei unterschiedlichen Gründen. Entweder wurde die fragliche Wahl in der Entwicklung unserer Kultur schon vor langer Zeit getroffen und ihre Ergebnisse blieben seither in unserer Begriffstradition, da keine Gründe aufgetaucht waren, sie anzufechten. Oder aber, wir werden zu der Gewohnheit, einen Ausdruck auf die konventionelle und nicht auf irgendeine denkbare andere Art zu verwenden, so lange abgerichtet, daß wir sie nicht weiter in Frage stellen, wenn uns nicht ein unvorhergesehener Zufall zwingt, sie zu überdenken. Oder schließlich, und das ist der häufigste Fall: die fragliche begriffliche Besonderheit spiegelt Entscheidungen wider, die an längst vergessenen Wegscheiden der Begriffsentwicklung getroffen wurden und die zugleich sowohl alte Überlieferungen der Kulturgeschichte als auch früheste Lernschritte des Einzelnen in seiner geistigen und sprachlichen Entwicklung darstellen.

Wenn wir uns die Fragen, die an einer solchen Schaltstelle der Begriffsentwicklung aufgetaucht sein könnten oder dürften, rekonstruieren, dann werden wir in aller Regel (freilich nicht notwendig) erkennen, daß es unter den gegebenen Umständen plausibel und natürlich – sogar als das Zweckmäßigste – erscheint, daß sich unsere tatsächliche begriffliche Praxis auf diese Weise herausgebildet hat und daß sie daher nicht einfach »entbehrlich« ist. Insofern haben wir dann sogar alles getan, was möglich ist, um Kants Forderung nach einer »transzendentalen« Begründung des »Synthetisch-Apriorischen« nachzukommen. Die Begriffe und Kategorien, die wir tatsächlich verwenden, mögen nicht die einzige vorstellbare oder konsistente Grundlage für eine schlüssige, beschreibbare Welterfahrung darstellen; aber sie repräsentieren ein legitimes, komplex ausbalanciertes System, das aus einer Folge von ineinandergreifenden Entscheidungen resultiert, von denen keine in dem aktuellen Kontext, in dem sie getroffen wurde, ohne gewisse Nachteile hätte anders ausfallen können. Und mehr als dies zu fordern heißt, Bildung und Aufbau unserer Sprache mißzuverstehen.

In der Demonstration und Auslegung dieser Gleichnisse und Parabeln hat sich Wittgenstein tatsächlich weniger weit von seiner früheren philosophischen Haltung im *Tractatus* entfernt, als man gemeinhin angenommen hat. Denn solche erfundenen Geschichten liefen, wie er selbst sagte, auf nichts anderes hinaus, als auf eine »Zusammenstellung des längst Bekannten«[51]. Auf diese Weise brachte er einfach die Hörer dazu, an sich selbst die Implikationen ihres Sprachgebrauchs zu bedenken, die man nicht explizit behaupten konnte, ohne sie bereits selbst zu verwenden und so in Widersprüche zu geraten mit dem Ziel, sie *voraussetzungslos* zu beschreiben. Es gab keine einfach sichtbare Verbindung zwischen Sprache und Welt; dennoch war die Vielfältigkeit der menschlich hergestellten Beziehungen zwischen ihnen etwas, das eher gezeigt als ausgesagt werden konnte. Ein Gegenstand des Lehrens konnte es nur durch die indirekte Vermittlung werden. Was Tolstois Erzählungen für das »Unsagbare« in der Ethik getan hatten, leisteten die Gleichnisse Wittgensteins für das Unsagbare in der Philosophie der Sprache. Wittgenstein glaubte, daß wirkliches Lehren, in der Philosophie wie in der Ethik, den Anderen nur bis zu einem Punkt bringen konnte, von dem aus er selbst zu sehen begann, worum es ging. Für den Anderen explizite Ergebnisse zu formulieren war unsinnig.

Wittgensteins Übergang von der formalen Theorie des *Tractatus* zur informellen Analyse der »Sprachspiele« löste seine inneren Bindungen an das Erbe seiner Krausschen Geisteshaltung nicht. Die Argumentation der *Philosophischen Untersuchungen* muß genauso vor dem kulturgeschichtlichen Hintergrund seiner frühen Wiener Jahre gelesen werden wie die des *Tractatus* (worauf schon augenfällig das Nestroy-Motto der *Untersuchungen* hinweist). Der zentrale Begriff der »Lebensformen« als die Grundlage, auf der »Sprachspiele« ihre Bedeutung erhalten, hat z. B. einen deutlichen Loos-schen Ton. Loos hat immer wieder darauf hingewiesen, daß die äußere Gestaltung eines sinnvollen Gebrauchsgegen-stands durch die »Kulturform« bestimmt werden muß, inner-halb deren er eine Funktion zu erfüllen hat, so daß der Wandel von Stil und Design von den Änderungen in unserer Lebensweise gerechtfertigt werden muß, nicht umgekehrt: »Neue Formen? Wie uninteressant. Auf den neuen Geist kommt es an. Der macht selbst aus den alten Formen das, was wir neuen Menschen brauchen.«[52] Auch der Begriff »Lebens-formen« selbst hatte eine klar erkennbare Geläufigkeit in der Wiener Kultur (obwohl es angebracht erscheint, hier darauf hinzuweisen, daß er bereits ein Jahrhundert früher bei Goe-the und Schleiermacher auftaucht). Bereits 1904 schrieb Adolf Loos in einer »Selbstanzeige« in Maximilian Hardens *Zukunft*, die moderne Generation müsse ». . .aus der Lebens-form Formen schaffen, nicht mit Hilfe von Formen Lebens-formen schaffen«[53]. Als Karl Kraus 1911 seine berühmte und umstrittene Schrift *Heine und die Folgen* in der *Fackel* noch einmal abdruckte, gab er ihr ein Vorwort bei, in dem es heißt:

Nicht eine Wertung Heine'scher Poesie, aber die Kritik einer Le-bensform, in der ein für allemal alles Unschöpferische seinen Platz und sein glänzend elendes Auskommen gefunden hat, wurde hier gewagt.[54]

Otto Stössl, ein damals bedeutender und doch heute fast vergessener Wiener Schriftsteller, ein Freund von Karl Kraus, gab 1914 einen Band seiner Essays heraus, der den Titel trägt *Lebensform und Dichtungsform*[55]. Die Aufsätze wa-ren zum Teil vorher bereits in der *Fackel* abgedruckt und dürften insoweit dem *Fackel*-Leser Wittgenstein schon des-halb bekannt gewesen sein. Eines der erfolgreichsten Werke der populären neukantianischen Literatur, das 1914 in Deutschland erschien, war ein Beitrag zur Charakterologie von Eduard Spranger. Von diesem Buch waren in den späten zwanziger Jahren bereits 28 000 Exemplare verkauft. Der

Titel des Bestsellers lautete schlicht *Lebensformen*. Ein Buch gleichen Titels, geschrieben von W. Fred, hat Hugo von Hofmannsthal 1911 in der Zeitschrift *Der Tag* besprochen [56]. Wittgenstein mußte als Wiener diesen Ausdruck so wenig erfinden, wie heute einer der geläufigen kulturellen Gemeinplätze erfunden werden könnte. Der Begriff »Lebensform« war in den zwanziger Jahren in Wien ein Teil der geistigen Lebensform.

Und dennoch: einmal mehr war der Gebrauch, den Wittgenstein von diesem Begriff machte, in hohem Grade originell. Kant hatte argumentiert, daß alle unsere Gedanken, Wahrnehmungen und Erfahrungen einem einzigen kohärenten System von Begriffen, Kategorien und Formen der Anschauung unterworfen sind; daß diese »Vernunftformen« gewissermaßen zwingend für rationales Denken und Handeln seien. Die neukantianisch beeinflußten Charakterologen fügten dieser Sicht einen signifikanten Zusatz an. Sie verneinten, daß es eine einzige, eindeutige und universelle Struktur gebe, die zwingend für alles Denken, in allen Bereichen und Kulturen, und ausdrückbar in einem allgemeinen System von Prinzipien für synthetisch-apriorische Urteile wäre. Vielmehr strukturieren Denkende und Handelnde ihre Erfahrungen auf vielerlei Weisen, die von unterschiedlichen Systemen regulativer Prinzipien gekennzeichnet sind. Jede dieser besonderen Strukturen gilt dann »zwingend«, und die »synthetisch-apriorischen« Wahrheiten, die ihr Ausdruck sind, sind bedeutsam und anwendbar nur innerhalb des Bereichs der jeweiligen *Lebensform*, der sie angehören.

So lehrten um 1920 Männer wie Spranger bereits, daß Lebensformen der grundlegende Bezugsrahmen für die Philosophie sind und daß unsere Grundbegriffe und Denkformen Bedeutung und Anwendbarkeit aus ihrer Beziehung zu diesen Lebens- und Kulturformen gewinnen. Unklar blieb allerdings, wie diese Beziehung selbst aufzufassen sei. Spranger erklärte, daß alternative rationale Systeme der Ausdruck konkurrierender Geistesformen seien. Der »kämpferische Geist« etwa entspricht einem bestimmten System regulativer Prinzipien, der »kontemplative« einem anderen und der »künstlerisch-schöpferische« einem dritten. Alternative Systeme regulativer Prinzipien definieren so unterschiedliche Denkstile, und diese ihrerseits spiegeln unterschiedliche Formen des Lebensstils wider. Letztlich blieb jedoch Sprangers Analyse in dieser Frage eigentümlich seicht und zirkulär. Was ist denn, möchte man fragen, der signifikante Unterschied von »kämpferischem« und »kontemplativem« Lebensstil? Können wir diesen Unterschied erfassen, ohne bereits auf die jeweils zugeordneten regulativen Prinzipien als definierendes Kriterium zurückgreifen zu müssen?

Bei der Lektüre der Charakterologen befinden wir uns immer in der suggestiven Nähe dieser Grundsatztautologie. Und wir vermissen die Sensibilität für eine genuin »anthropologische« Dimension, die Wittgenstein seiner eigenen Darlegung der »Lebensformen« gegeben hat. In den *Philosophischen Untersuchungen* sind die verschiedenen »Lebensformen« – alle möglichen Denk-, Charakter- und Sprachstile – keine bloßen abstrakten Schemata. Wittgenstein fordert uns vielmehr auf, zu sehen, wie vielfältig unser Leben tatsächlich strukturiert ist; daß dieses und jenes so und so ist und zu sein hat, wenn unsere Grundbegriffe (wie »Beweis«, »Zeit«, »Empfindung«) die Bedeutungen haben sollen, die sie ja nachweislich für die Menschen haben, welche sie verwenden. Auf diese Weise können wir in den *Philosophischen Untersuchungen* zumindest beginnen zu sehen, wie man über die abstrakte Diskussion schematisierter Lebensstile hinausgehen und die tatsächlichen Merkmale des menschlichen Lebens ausmachen kann, auf denen die Gültigkeit von Grundbegriffen, Kategorien und Denkformen beruht. Und an dieser Frage, wie schon am *Tractatus*, wird die genaue Zielrichtung nur deutlich, wenn wir den Empirismus Machs und Russells beiseite lassen und Wittgensteins Probleme in der Perspektive einer »transzendentalphilosophischen« Tradition sehen, die auf Kant zurückgeht. In einer Hinsicht hatte Wittgensteins Preisgabe seiner früheren Vorstellung, daß Sprache eine selbstevidente Verbindung mit der Realität habe, allerdings ironische Konsequenzen. Im *Tractatus* hatte er Russells Unterscheidung zwischen der »scheinbaren« und der »wirklichen logischen« Form eines Satzes zugrunde gelegt und mit der Berufung auf diese Unterscheidung seine

Bemerkung 4.0031 gerechtfertigt, daß alle Philosophie »Sprachkritik« sei – »allerdings nicht im Sinne Mauthners«. Mit der Aufgabe der Idee einer direkten Verbindung, etwa um 1929 oder wenig später, ließ er auch die Russellsche Unterscheidung von »scheinbarer« und »wirklicher« logischer Form fallen. Damit kam er Fritz Mauthners Position viel näher als vorher. Allerdings teilte er weder Mauthners Skeptizismus, noch irgendeine der anderen Konsequenzen, die sich für Mauthner aus der Prämisse eines radikalen Nominalismus mit Machschem Einschlag ergaben. Nichtsdestoweniger nahmen Wittgensteins spätere Schriften und Diktate, als eine allgemeine philosophische Sprachkritik, viele Positionen und Argumente wieder auf, die bei Mauthner bereits 1901 aufgetaucht waren: etwa die Auffassung, daß die Regeln einer Sprache den Regeln eines Spiels gleichen[57], und daß das Wort »Sprache« selbst ein abstrakter genereller Terminus ist, den wir gewissermaßen auseinandernehmen müssen, indem wir auf den tatsächlichen *Gebrauch* der sprachlichen Ausdrücke im Kontext jeweils verschiedener Kulturen achten[58]. Die »logische Strukturanalyse« des *Tractatus* war schließlich doch nur eine Metapher gewesen, die Wittgenstein mit Blick auf umfassendere philosophische Ziele damals benötigt hatte. Und als einem Kenner und Bewunderer von Kraus und Loos fiel es ihm, wie aus seiner späteren scharfen Selbstkritik deutlich wird, nicht schwer, den gedanklich überwundenen Standpunkt durch einen anderen zu ersetzen, von dem aus die »logische Form« übergangen und »Bedeutung« unmittelbar an die Konzeptionen von »Gebrauch« und »Lebensform« gebunden werden konnte.

Wir werden nun bald in der Lage sein, unsere Perspektive zu erweitern und zu überlegen, wieweit die Wandlungen selbst, die seit 1920 in der Philosophie stattgefunden haben, umfassendere Merkmale kultureller und gesellschaftlicher Entwicklungen widerspiegeln und von ihnen widergespiegelt werden. Zunächst aber gibt die Differenz zwischen den beiden Hauptpositionen in der Philosophie Wittgensteins Anlaß zu einer letzten Frage; einer Frage, mit der rückschauend noch einmal sein ursprünglicher Anspruch, im *Tractatus* eine »unantastbare und definitive« Lösung der philosophischen Probleme vorgelegt zu haben, in Zweifel gezogen werden muß. Die formalen Techniken der Analyse, die er von Frege und Russell übernommen und weiterentwickelt hatte, gaben ihm offenbar die Mittel, jenes »Unsagbare« nicht nur der logischen Strukturidentität – der »Verbindung« – von Sprache und Welt, sondern auch der Werte zu zeigen. Und hier müssen wir überdenken, wieweit Wittgenstein mit der Zerstörung der Grundlagen seiner früheren Sprach- und Logikauffassung auch die Grundlagen seiner *ethischen* Auffassung abgeschafft haben könnte.

Wir sagten anfangs, daß die zwei Hauptprobleme Wittgensteins – das der allgemeinen Möglichkeit von »Darstellung« und das »des Ethischen« – zwar miteinander im Zusammenhang standen, aber unterschieden werden müssen. Die Folgerungen des *Tractatus* hatten offenbar das Verdienst, beide Anliegen gleichzeitig zu erledigen. Denn die formale Fixierung von Grenzen der Sprache drängte den gesamten Bereich der Ethik, der Werte und des »Höheren« über die Grenzen des Sagbaren hinaus und bekräftigte damit die Kierkegaardsche Auffassung Wittgensteins. Nach 1930 hält er weiterhin an dem gleichen ethischen Standpunkt fest[59], aber jetzt in einem neuen philosophischen Kontext; und es ist durchaus nicht klar, ob seine neue Vorstellung von Sprache noch immer die Grundlage für seine Ethikauffassung, wie sie im *Tractatus* festgehalten worden war, abgeben konnte. Auch später lehnte Wittgenstein die philosophische Ethik von Männern wie Schlick und Moore als »zu rationalistisch« ab. Er hielt an der Auffassung fest, »daß das Wesen des Guten nichts mit den Tatsachen zu tun hat und daher durch keinen Satz erklärt werden kann«[60]. Aber dieses Argument der absoluten Trennung von Tatsachen und Werten war entscheidend auf der korrespondierenden Möglichkeit einer klaren und eindeutigen Trennung zwischen dem »abbildenden« und dem »poetischen« Sprachgebrauch gegründet. Die Lektüre der Gespräche mit Waismann und Schlick zwischen 1929 und 1932 zeigt, daß Wittgensteins gedankliche Entwicklung zu seinem späteren Standpunkt hin ihm neuartige Schwierigkeiten mit dem Thema »Ethik« machte.

An einer Stelle fragt er zum Beispiel: »Ist das Reden

wesentlich für Religion?« Und seine Antwort scheint auf den ersten Blick die spätere grundsätzliche Auffassung von Sprache als Teil einer Handlungsweise zu antizipieren:

> Ich kann mir ganz gut eine Religion denken, in der es keine Lehrsätze gibt, in der also nicht gesprochen wird. Das Wesen der Religion kann offenbar nicht damit etwas zu tun haben, daß geredet wird, oder vielmehr: wenn geredet wird, so ist das selbst ein Bestandteil der religiösen Handlung und keine Theorie. [61]

Daraus möchte man schließen, daß die Sprachbeispiele der Religion ihre Bedeutung von den religiösen Lebensformen erhalten, zu deren Bestandteil sie gehören. Doch Wittgenstein fährt fort:

> Es kommt also auch gar nicht darauf an, ob die Worte wahr oder falsch oder unsinnig sind. Die Reden der Religion sind auch kein *Gleichnis*; denn sonst müßte man es auch in Prosa sagen können.

Hier ist der Gebrauch des Wortes »Gleichnis« eher inspiriert von Wittgensteins früherer, der »Darstellung« verpflichteter Sprachauffassung, als etwa von einer Vorahnung der »Verhaltenssemantik« in den *Philosophischen Untersuchungen*. Wittgenstein kontrastiert nach wie vor sehr klar religiöse bzw. poetische Sprache (die nicht darstellend sind) mit der normalen Beschreibungssprache (die es offenbar ist). Später sollte er allerdings die verhaltensorientierte Interpretation von »Bedeutung« verallgemeinern und vor der Annahme warnen, daß irgend etwas in der Sprache seine Wahrheit, Falschheit oder Bedeutung einfach mit seinem Status als Gleichnis begründen könne; vielmehr haben, nach seiner späteren Argumentation, *alle* sprachlichen Ausdrücke Bedeutung, wenn und insofern sie Bestandteile menschlicher Handlungsweisen sind. Mit dem Vollzug dieses letzten gedanklichen Schrittes hatte er offenbar jede absolute und unbedingte Trennung zwischen buchstäblichen, beschreibenden Äußerungen (Sprache als Bild, auch als Gleichnis) und ritueller oder in der Lebenspraxis wirkender Sprache (Sprache als Handlung) aufgegeben. Und gleichzeitig führte dieser letzte Schritt zur Demontage gerade des Kriteriums der Abgrenzung zwischen »sagbaren« Tatsachen, welche die

Sprache ausdrücken kann, und »transzendentalen« Werten, die unaussprechlich bleiben müßten.

In dieser letzten philosophischen Phase hat Wittgenstein kein schlagendes Argument mehr gegen die Auffassung, daß Ethik und Religion ihre eigenen Lebensformen beinhalten, und daß innerhalb dieser ethische und religiöse Sprachspiele auf ihre eigene Weise genauso als bedeutungsvolle (sogar als wahre und falsche) »spielbar« sind wie irgendwelche anderen. Zumindest ist er nicht mehr in der Lage, seine eigene individualistische Auffassung der Ethik mit der Berufung auf eine scharfe Trennung des Sagbaren und des »Transzendentalen« zu stützen. Aus seinen späteren Gesprächen und Vorlesungen über religiösen Glauben wird deutlich, daß er bis zuletzt dem Wesen des religiösen Diskurses so ratlos wie schon immer gegenüberstand. Aber die Schriften seiner späteren Jahre berühren diesen Gegenstand nur in vereinzelten Bemerkungen, manchmal in merkwürdigen, eingeklammerten Wendungen (»Theologie als Grammatik«)[62]. Sie geben keine ausdrückliche Antwort auf die entscheidende Frage, ob der ethische oder religiöse Diskurs nicht ein legitimes System sinnvoller Sprachspiele verwende. Inzwischen sind viele moderne Theologen bereit, die religiöse Rede als einen Bestandteil der religiösen Handlungen aufzufassen und damit Wittgensteins spätere Denkweise als Grundlage für einen theologischen Gegenangriff gegen die Positivisten zu nehmen[63].

Es ist hinreichend klar, daß Wittgensteins Änderung seiner philosophischen Perspektive für ihn nur eine Fortsetzung seiner früheren geistigen Anliegen mit anderen Mitteln bedeutete; sie brachte ihn nicht wirklich dazu, seinen alten ethischen Individualismus aufzugeben. So können wir nur vermuten, wie seine Antwort gelautet hätte, wäre er von jemandem mit Nachdruck vor die Frage der Rechtfertigungsfähigkeit »ethischer« Lebensformen und Sprachspiele gestellt worden. Denn hätte man nicht vor dem Hintergrund seiner eigenen späteren Prinzipien darauf bestehen können, daß die Möglichkeit, Wörter wie (absolut) »gut« oder »richtig« zu erfassen, von der Annahme gemeinsamer Sprachspiele und Lebensformen, innerhalb deren sie üblicherweise verwendet werden und durch die allein wir gegenseitig unsere Neigungen, Entscheidungen und Skrupel verstehen können, genauso abhängt wie es bei allen anderen sprachlichen Ausdrücken der Fall ist? Sein eigener späterer Standpunkt impliziert jedenfalls, daß der Begriff »Wert« selbst bezüglich seiner Bedeutung auf der Existenz bestimmter regelhafter und erkennbarer Formen »wertbezogenen« Verhaltens beruht. In dieser Hinsicht konnte Wittgensteins spätere Philosophie der Sprache eine vollständige Trennung der Wert- von der Tatsachensphäre im Prinzip weder rechtfertigen noch widerlegen. Vielleicht hätte er an diesem Punkt mit einer Unterscheidung des »Sinnes« ethischer Urteile von ihrem »Inhalt« (oder etwas Ähnlichem) geantwortet und den letzteren jenem essentiell privaten Bereich zugerechnet, der mit dem an öffentlich zugängliche Kriterien notwendig gebundenen (sprachlichen) »Sinn« nichts zu tun hat und daher einer Diskussion seiner »Wahrheit« oder »Gültigkeit« entzogen ist. So könnten vielleicht sogar die Argumente gegen die Möglichkeit einer »Privatsprache«, die in Wittgensteins späten Schriften eine wichtige Rolle spielen, für ihn persönlich eine unausgesprochene (und wiederum unaussprechliche) ethische Dimension gehabt haben. Darüber lassen sich nur Vermutungen anstellen. Gewiß ist aber – welche strikten Implikationen auch immer seine späteren Auffassungen haben mögen –, daß die Dichotomie von Tatsachen und Werten nach wie vor von großer Bedeutung für ihn war, tatsächlich von größerer, als jedes besondere philosophische Argument, das zu ihrer Bestätigung oder Rechtfertigung hätte vorgebracht werden können.

Was also lag für ihn hinter dieser Dichotomie? Können wir durch sie hindurch zu einer tieferen Schicht von Wittgensteins Denken vordringen? Im Hinblick auf die Philosophie war diese Trennung der Werte von allen Tatsachenfragen offensichtlich das Ende des Weges. Es gibt jedoch Hinweise, vor allem in den Briefen an Engelmann, daß für Wittgenstein persönlich dieser unauflösbare Gegensatz noch einen anderen Hintergrund hatte. Diesen Hinweisen könnte man unter zweierlei Gesichtspunkten nachgehen: einem psychologischen oder einem soziologischen. Das heißt, wir können entweder Wittgensteins Persönlichkeit noch genauer betrachten, oder aber den historischen Rahmen, in dem sich sein Denken entwickelte. Unter dem psychologischen Aspekt kann man zunächst jedenfalls folgendes sagen: ob Wittgenstein erfolgreich eine weitere prinzipielle Rechtfertigung für die Tatsachen-Werte-Distinktion hätte vorbringen können oder nicht – es gelang ihm jedenfalls in seinem *eigenen, persönlichen Leben* nicht, eine befriedigende Harmonie zwischen beiden Bereichen herzustellen. In den Briefen an Engelmann äußert er mehrmals Selbstmordgedanken. Er schreibt wiederholt in Tönen des Ekels vor sich selbst über seine eigene »Unanständigkeit«; und er deutet Gefühlsnöte an, die er weder unterdrücken noch sublimieren konnte. Am 11. Oktober 1920 schreibt er:

Ich bin jetzt endlich Volksschullehrer und zwar in einem sehr schönen und kleinen Nest, es heißt Trattenbach (bei Kirchberg an Wechsel, N. Ö.). Die Arbeit in der Schule macht mir Freude und ich brauche sie notwendig; sonst sind bei mir gleich alle Teufel los. Wie gerne möchte ich Sie sehen und sprechen!!!!! Vieles ist vorgefallen; ich habe einige Operationen vorgenommen, die *sehr* schmerzhaft waren, aber gut abgelaufen sind. D. h. es fehlt mir zwar jetzt hie und da ein Glied, aber besser ein paar Glieder weniger und, die man hat, gesund. [64]

Was immer die Gründe waren, die inneren Kämpfe dauerten an. 1925 schrieb er wieder: »Wohl fühle ich mich nicht, aber nicht weil mir meine Schweinerei zu schaffen machte, sondern innerhalb der Schweinerei.« [65] Und noch 1937 schreibt er aus dem Trinity College in Cambridge: »Gott weiß, was aus mir werden wird.« [66]

Doch den letzten Grund von Wittgensteins tiefsten geistigen Problemen in seinem persönlichen Temperament zu suchen, würde wohl nur zu wenig nützlichen und unergiebigen Spekulationen verleiten. (Er selbst schreibt im Sommer 1925 aus England an Engelmann: »Aber wie könnte ich verlangen, daß Sie mich verstehen, wenn ich mich selbst kaum verstehe.« [64]) Statt dessen erscheint es besser, sich die sozialen und kulturellen Parallelen noch einmal zu vergegenwärtigen, auf die wir in den früheren Kapiteln gestoßen sind – das heißt, jene Aspekte, unter denen Wittgensteins Leben und biographischer Hintergrund ihn zu einer so repräsentativen Gestalt der letzten Tage Österreich-Ungarns machen. Wittgensteins extremer Individualismus muß daher auf dem Hintergrund der Wiener bürgerlichen Kultur und Gesellschaft des ausgehenden 19. Jahrhunderts gesehen werden, so wie derjenige Kierkegaards als Reaktion auf die Sterilität der protestantischen Gesellschaft im ersten Drittel des 19. Jahrhunderts zu begreifen ist.

Wo der Charakter einer Gesellschaft Spielraum für die offene Anerkennung und Diskussion gemeinsamer moralischer Probleme läßt, und wo die soziale Struktur flexibel und wandlungsfähig genug ist, um auf diese Überlegungen zu reagieren, muß ein kompromißloser Standpunkt von der Art wie ihn Wittgenstein gegenüber dem Problem der Trennung von Tatsachen und Werten einnahm, paradox erscheinen. Wo es einen solchen Spielraum nicht gibt, werden die Ansprüche eines extremen Individualismus plausibler. Wenn die Kultur und die Gesellschaft, in die hinein Wittgenstein aufwuchs, keine bessere Chance für eine vernünftige Diskussion von Moral und Werten bot, als es beispielsweise Karl Kraus konstatiert hatte, dann lagen die tieferen Gründe für Wittgensteins Trennung der Werte von den Tatsachen wohl weniger in einer individuellen Laune seines Temperaments, sondern eher in jenen Phänomenen seines weiteren sozialen Umfeldes, die zur vollständigen gesellschaftlichen Entfremdung so vieler ernsthafter bürgerlicher Intellektueller geführt hatten. Wenn der Bereich der Werte für Männer wie Kraus und Wittgenstein so scharf von dem der Tatsachen geschieden, ja gegen diesen verteidigt wurde, dann liegt darin auch eine Stellungnahme zur Versteinerung der *Lebensform* des gehobenen Mittelstandes Kakaniens. Die Wiener Lebensart zu Beginn des 20. Jahrhunderts zeigte einerseits die Dekorationsfassade einer in beiden Richtungen destruktiven Vermischung von praktischem Leben und ästhetisierenden oder moralisierenden Formen; sie bot aber andererseits kaum ein anerkanntes öffentliches Forum, auf dem die ernsthafte Diskussion ethischer und ästhetischer Fragen möglich gewesen wäre. Wer den tieferen Sinn der Wertprobleme erfaßte, konnte ihnen nur in der privaten Welt seines persönlichen Lebens Raum schaffen. (Wohl in genau diesem Sinn hat Karl Kraus seinen radikalen öffentlichen Kampf in der *Fackel* einmal als »Veröffentlichung meines Tagebuchs« bezeichnet.)

Inwieweit stimmte dies alles noch nach dem Zerfall des habsburgischen Reiches und der dynastischen Hausmacht, die es zusammengehalten hatte? Gewiß gingen die Männer um 1920, die es unternahmen, ein neues demokratisches Österreich, frei von den imperialen Belastungen des alten Regimes, aufzubauen, voller idealistischer Hoffnungen an ihre Aufgabe. Und gewiß glaubten auch die Künstler und Musiker, die Architekten und Dichter der Zwischenkriegszeit, daß ihre revolutionären neuen Mittel und Techniken sie von den artifiziellen Konventionen der Zeit vor 1914 befreien könnten. So müssen wir uns jetzt fragen, inwieweit schließlich der kulturelle und gesellschaftliche Wiederaufbau, der dem Zusammenbruch der zentraleuropäischen Dynastien 1918 folgte, bei Künstlern, Schriftstellern und Philosophen tatsächlich zu einer Befreiung der »schöpferischen Phantasie« im Krausschen Sinne geführt hat.

VIII
Professionalismus und Kultur:
Der Selbstmord der Moderne

Laßt uns kein Gesetz der Uniformität
gegen die Dichter einführen.

Coleridge

Für die Österreicher war, stärker als für die meisten anderen
Europäer, der Krieg 1914-18 ein Trauma und ein Wende-
punkt. In Deutschland und in Italien war die nationale Einheit noch eine so neue Tatsache, daß die Wirren, die dem
Ersten Weltkrieg folgten – sei es dem Sieg oder der Niederlage –, nur als eine weitere Episode in einer langen und
turbulenten Geschichte erschienen. Für die Franzosen waren
die unmittelbaren Folgen des Krieges einschneidend, aber
man konnte ihn eben als den letzten einer langen Reihe
ähnlicher nationaler Verteidigungskriege entlang der Rhein-
linie auffassen. Für die Engländer war der Krieg gewiß eine
blutige und unerwünschte Verwicklung in die Angelegenheiten Kontinentaleuropas, aus denen sich England seit 1815
mehr oder weniger herauszuhalten gewußt hatte; und er
setzte die Motorik einer gesellschaftlichen Transformation
und einer Neuverteilung der politischen Macht in Gang, die
seither andauert. Allein in Rußland und in Österreich brachten die Jahre von 1914-1920 einen vollständigen Bruch mit
der Vergangenheit. In beiden Ländern hatte die herrschende
Dynastie die Macht so lange innegehabt, daß sie geradezu als
Inkarnation der jeweiligen nationalen Identität erschien.
Aber um 1914 war die Herrschaft bereits zur versteinerten
Autokratie erstarrt, die jede Fähigkeit zum vernünftig-realis-
tischen Umgang mit den rivalisierenden Loyalitäten – religiösen, ethnischen oder sozialen – innerhalb des Staatsvolkes
verloren hatte. So vernichtete die Zerstückelung des habsburgischen Erbes, wie die gewaltsame Entmachtung der
Romanows, mit einem Schlag ein Regime und eine Macht-

struktur, deren Überleben trotz unlösbarer Paradoxien bisher geradezu als Garantie ihrer unbegrenzten Dauerhaftigkeit erschienen war.

Diese Situation lastete schwer auf den Wienern, vor allem auf der Generation der in den späten achtziger und den neunziger Jahren Geborenen, die gerade in der Zeit ihres persönlichen Erwachsenwerdens die Hintergrundstruktur ihrer sozialen und nationalen Existenz zerstört sahen. Ob das späte habsburgische Österreich nun (nach den Worten von Kraus) eine »Versuchsstation des Weltuntergangs« war oder nicht, es war jedenfalls ein harter Prüfstein für die jungen Intellektuellen aus Wittgensteins Generation. Das gesamte vertraute Gerüst der politischen Macht und der sozialen Administration – die Doppelmonarchie; die habsburgische Hausmacht; dieses große, geschlossene Reichsgebiet, das sich vom Po bis zu den Karpaten ausdehnte, geschaffen 300 Jahre früher, um Europa vor den heidnischen Türken zu schützen, und von damals an allmählich neben seinem ottomanischen Rivalen erstarrend –: all das war plötzlich weggefegt und hinterließ den Österreichern nichts als die Notwendigkeit, die bestmögliche Zukunft für ihre verstümmelte Republik im Europa der zwanziger Jahre zu konzipieren. Dies bedeutete eine Amputation in einem Ausmaß, wie es selbst den Russen erspart blieb. Trotz der Plötzlichkeit und Gewalttätigkeit der beiden Revolutionen von 1917, der nachfolgenden Wirren und des Bürgerkriegs zwischen Weißen und Roten, behielt Sowjetrußland das traditionelle Kerngebiet des zaristischen Regimes und der meisten seiner Eroberungen. Die Verwaltungsmaschinerie der früheren Autokratie wurde schnell und problemlos den Erfordernissen der Diktatur des Proletariats angepaßt – oder vielmehr: der selbsternannten Repräsentanten des Proletariats. So sollten wir, was die geläufigen Vorstellungen von den Anfangsschwierigkeiten des Sowjetkommunismus angeht, einmal die vielleicht ähnlich radikalen Brüche bedenken, denen sich intelligente und schöpferische junge Leute aus ehemals einflußreichen österreichischen Familien ausgesetzt sahen, als sie aus der Kriegsgefangenschaft oder nach der Kapitulation nach Wien zurückkehrten.

Es war eine Realität, die schnell die »Absoluten« von den Pragmatikern trennte. Viele der traditionsorientierten Aristokraten lehnten die ganze Situation als »unmöglich« ab und zogen sich angewidert aus der Öffentlichkeit zurück, nährten aber dieselben unrealistischen Hoffnungen wie die weißrussischen Fürsten und Großfürsten im Paris der Zwischenkriegszeit. (Das deutlichste Zeugnis für das endgültige Versagen der Habsburger war das völlige Fehlen einer überzeugenden – und nicht bloß lächerlichen – Bewegung für die Wiederherstellung der Monarchie im Österreich der Nachkriegszeit.) Neben diesen verbliebenen Aristokraten gab es eine Minderheit anders, aber ebenso kompromißlos denkender Männer, die jedes Vertrauen in Wert und Wirkung politischer Macht verloren hatten und die öffentliche Diskussion der gesellschaftlichen Probleme zugunsten ihrer individuellen Lebensbestrebungen ignorierten. Diese Leute waren geradezu prädestiniert für einen extremen Kierkegaardschen Individualismus, für die poetische Weltflucht wie für den künstlerischen Expressionismus der zwanziger Jahre oder auch für die unruhigen dichterischen Alpträume eines Franz Kafka. Waren die letzten Jahrzehnte der Habsburgermacht unter dem Signum »hoffnungslos, aber nicht ernst« gestanden, so gab es jetzt viele, die einen düsteren Ernst der Lage diagnostizierten, wo sich endlich konstruktive Möglichkeiten für soziales und politisches Handeln zeigten.

Für die pragmatische Mehrheit bestand allerdings die vordringlichste Aufgabe darin, diese Möglichkeiten zu nutzen. Die Männer, die darangingen, die Institutionen und gesellschaftlichen Formen der jungen österreichischen Republik aufzubauen, sahen die Ursachen der früheren Entfremdung als nicht mehr bestehend, jedenfalls nicht im Sinne einer extremen Kierkegaardschen Spielart. Im neuen Österreich gab es für die Intellektuellen genug positive Arbeit. Für Leute wie Hans Kelsen oder Karl Bühler gab es wenig Grund zum Zweifel an der Möglichkeit, Werte im praktischen gesellschaftlichen Leben zu verwirklichen. Eine Verfassung mußte ausgearbeitet, ein Parlament eingerichtet, das funktionierende System einer sozialen Demokratie in Gang gebracht werden[1]. Die lang vernachlässigten Folgen der Industrialisierung, für die Franz Joseph II. blind gewesen war – vor allem die Wohnungsnot in Wien –, mußten bewältigt werden; das früher allgegenwärtige Hindernis: der habsburgische Ultrakonservatismus, war endlich weggefegt. Es war in den Augen der Pragmatiker eine Zeit des Aufbaus und des Optimismus; und diesen Männern gefiel ganz offensichtlich der historisch-kritische und konstruktive Positivismus Machs trotz seiner metaphysischen Mängel. Mach selbst war 1916 gestorben, desillusioniert und enttäuscht von der damaligen Rezeption seiner Ideen[2]. Er hätte sich nicht zu grämen brauchen: der beträchtliche akademische Einfluß, den er zu Lebzeiten hatte, wurde innerhalb weniger Jahre von der praktischen Wirkung seiner Lehren auf Rechtswissenschaft, Politik und soziales Bewußtsein bei weitem übertroffen.

Auf dem Hintergrund dieser veränderten historischen Situation ist das Mißverständnis, auf das der *Sinn* von Wittgensteins *Tractatus* weithin stieß, weniger überraschend. Wir haben das Buch als eine Art Focus der »zeitgenössischen« österreichischen Kritik an den gesellschaftlichen Verständigungs- und Ausdrucksformen charakterisiert; aber – und das ist jetzt genauer klarzustellen – »zeitgenössisch« *womit*? Wie wir heute sehen können, war der *Tractatus* ein konzentrierter Ausdruck der geistigen und philosophischen Probleme der Wiener Kunst und Kultur *vor 1918*.

Wenn man eine Psychobiographie Wittgensteins schreiben wollte, könnte man die These vertreten, daß er für seine Person nie wirklich die Krise überwandt, die 1918 durch den Zusammenbruch der scheinbar ewigen Struktur jener universellen Scheinhaftigkeit provoziert wurde, in die hinein er aufgewachsen war. Das habsburgische System des 19. Jahrhunderts war entstanden auf der Grundlage eines Versuchs, die Wirkungen der Geschichte aufzuheben; und seine konstitutionelle Struktur reklamierte göttliches Recht einfach zu dem Zweck, seine Verfahrensweisen dem Bereich moralistischer Beurteilung zu entziehen. Die korrespondierende Schwäche der »Staatsverdrossenen« lag darin, daß sie diese Ansprüche auf den sozialen *status quo* und die politische Autorität zu selbstverständlich hinnahmen.

Die moralischen Defekte der kleinstädtischen protestantischen Gesellschaft im Dänemark des frühen 19. Jahrhunderts hatten etwa nach Kierkegaards Auffassung nichts mit dem Faktum zu tun, daß diese Gesellschaft eine des 19. Jahrhunderts, oder, daß sie dänisch, kleinstädtisch oder protestantisch war. Nein, diese moralischen Defekte mußten eher unter einer kosmischen Perspektive als Folge der essentiellen Sündhaftigkeit des Menschen und seiner Beziehungen zu seinen Mitmenschen und zu Gott begriffen werden. Es bestand keine Hoffnung, gültige ethische Trennlinien *innerhalb* der Sphäre gesellschaftlichen Handelns oder zwischen rivalisierenden »moralischen Normsystemen« zu ziehen. Genauso hoffnungslos war es, das institutionalisierte Christentum von seiner un- oder sogar antichristlichen Prämisse ablösen zu wollen. Vielmehr mußten die Menschen zuerst zur Anerkennung der entscheidenden *ahistorischen* Wahrheit gebracht werden: daß die Erlösung ausschließlich aus dem Verhältnis des Einzelnen zu seinem Gott kommen konnte und davon abgesehen nichts mit den guten Werken zu tun hat.

Wittgensteins Einstellung gegenüber Problemen der Ethik und der Werte war im *Tractatus* auf die gleiche Weise ahistorisch. Seine eigene Unterscheidung zwischen der – darstellbaren – Sphäre der Tatsachen und der – allenfalls poetisch erfaßbaren – Sphäre der Werte war für eine historische Interpretation ebensowenig geeignet oder offen, wie Kierkegaards Anklage gegen die Kirche oder die Moralität »moralischer« Kodifikationen. Es war im Gegenteil sowohl für Wittgenstein als auch für Kierkegaard wichtig, den »transzendentalen« Status der Ethik auf eine *zeitlose* Grundlage zu stellen; von da aus konnte es keinen Zweifel, kein späteres Zurückgehen mehr geben. Das bedeutete natürlich zugleich, daß Wittgensteins Einstellung zur Ethik vollständig unpolitisch war. So deutlich uns rückschauend der Zusammenhang zwischen dem katastrophalen Ende des habsburgischen Reiches und Wittgensteins persönlicher Krise in den frühen zwanziger Jahren erscheinen könnte und mag, er selbst hätte hier wohl kaum eine Verbindung gesehen.

Im Gegensatz dazu war es bei Ernst Mach gerade das geschichtsbewußte Element (welches er mit seinem empiristischen Vorgänger David Hume teilte), das seine Philosophie zu einem so provozierenden Angriffsziel etwa für Lenin machte. Andererseits gab es für Marxisten wie für Machianer gleichermaßen keinen Grund zu bezweifeln, daß in dieser Welt wirklich Gutes und Schlechtes durch kollektives soziales Handeln getan werden konnte. Die Geschichte war ein legitimer Gegenstand moralischer Bewertung und zugleich ein Raum für konkrete moralische Entscheidungen. Bisher mochte die Macht überlebter dynastischer Regimes einer praktischen Verwirklichung solcher Ambitionen im Weg gestanden haben; aber es gab nichts essentiell Amoralisches, geschweige denn Antimoralisches, an der »Welt der Tatsachen«, die unser gemeinsames Eigentum und Anliegen ist. Der frühe Ludwig Wittgenstein stand solchem Historizismus fern. Für ihn hatten geschichtliche Vielfalt und geschichtlicher Wandel nicht mehr philosophische Bedeutung als etwa für Plato, Descartes oder für den von ihm hochverehrten Frege. In einem der erhaltenen Tagebücher, die der Entstehung des *Tractatus* vorausgehen, finden wir die seltsame Bemerkung: »Was geht mich die Geschichte an? Meine Welt ist die erste und einzige!«[3] Diese Eintragung war für ihn ganz offenbar verbunden mit dem Problem des Solipsismus; jedenfalls ist sie nicht die Bemerkung eines geschichtsbewußten und historisch urteilenden Denkers.

In diesem Zusammenhang erscheint es durchaus interessant, die ganze philosophische Debatte über die Zusammenhänge zwischen Tatsachen und Werten – von Kant über Schopenhauer und Kierkegaard bis zu Tolstoi und Wittgenstein – als eine Episode in der Geschichte der *politischen* Ideen zu betrachten. Als Philosoph des späten 18. Jahrhunderts hatte Kant kaum ernsthafte moralische Erwartungen an die Geschichte; aber sein um jeden Preis »gemäßigter« politischer Liberalismus trug Sorge darum, solche Hoffnungen nicht prinzipiell auszuschließen, und so gab es bei ihm sogar eine Neigung, die Französische Revolution als Triumph der rationalen Moral anzuerkennen, als einen gleichsam eschatologischen Durchbruch der noumenalen Welt der Werte in den phänomenalen Bereich der politischen Fakten[4]. Auf dem Weg über Schopenhauer zu Wittgenstein können wir die

Metamorphose dieser toleranten, aber hoffnungsleeren politischen Haltung zum Pessimismus und schließlich zur radikalen Verzweiflung verfolgen. Kollektive Moral ist eine Illusion. Die einzige Hoffnung für das Individuum liegt im Finden und in der Rettung seiner eigenen Seele; und auch das kann es nur durch Vermeiden weltlicher Verstrickungen erreichen. Einer der wenigen »moralischen« Ratschläge, die man von Wittgenstein in seinen späten Jahren gehört hat, ist die Maxime: »Man muß mit leichtem Gepäck reisen.«[5]

Hat Wittgenstein diesen Antihistorismus von Gottlob Frege übernommen? War das Vorbild dieser Ansicht Freges Attacke auf die »psychologischen« und »genealogischen« Fehlschlüsse und seine Forderung, begriffliche Analysen in rein formalen, logischen, zeitabstrakten Termini durchzuführen? Möglich wäre das. Bedenkt man jedoch die Unbeirrbarkeit von Wittgensteins moralischer Haltung, so scheint die Annahme näherliegend, diese spezielle Sichtweise habe schon vor seiner Bekanntschaft mit Frege bestanden und ihn, zusammen mit anderen bereits vorhandenen moralischen und intellektuellen Neigungen, dazu gebracht, Freges Logizismus kongenial zu finden. Auch hier stehen Wittgensteins Perspektiven in klarem Gegensatz zu denen Mauthners, die er ablehnte. Mauthners Gefühl für historische und kulturelle Mannigfaltigkeit mag ihn zum extremen Relativismus getrieben haben, aber es hielt jedenfalls seinen Sinn für die Relevanz des Geschichtlichen lebendig. Noch nachdem Wittgenstein später seinen früheren Russellschen Glauben an eine universale Struktur der wirklichen logischen Formen aufgegeben und sich einer – Fritz Mauthner durchaus näher verwandten – Analyse der Sprache als einer eher funktionalen Widerspiegelung von Lebensformen zugewandt hatte, verfolgte er die historischen Implikationen seiner neuen Betrachtungsweise kaum. Der ihm (und Karl Kraus) auf seine, nämlich musikalische, Weise geistesverwandte Arnold Schönberg hatte ausdrücklich gelehrt, daß sich ein richtiges Verhältnis für Komposition nur durch ein genaues Studium der Logik musikalischer Ideen, wie sie sich von Bach über Beethoven, Brahms und Wagner bis zur neuen Zwölftonmusik entwickelt hatten, formen könne. Der Wittgenstein lange nahestehende Friedrich Waismann schrieb eine *Einführung in das mathematische Denken,* die in ähnlicher Weise die interne Komplexität des Zahlbegriffs mit einer historisch-kritischen Genauigkeit darlegt, die an Mach erinnert[6]. Aber während Wittgensteins spätere philosophische Lehren eine klare, beinahe anthropologische, Anerkennung kultureller Mannigfaltigkeit und der Relativität von Lebensformen und in ihnen funktionierenden Sprachspielen vorführt, zeigte er kein Gefühl für die Frage, ob die Entwicklung der menschlichen Geschichte in irgendeinem wichtigen Sinn einen Vernunftfortschritt erkennen lasse – sei es in unseren Lebensformen selbst, sei es in den sprachlichen Verfahrensweisen, die sich als Reaktion auf die Anforderungen jener herausgebildet haben[7].

Wenn Wittgenstein schon in den Jahren vor 1914 zu einem extremen Kierkegaardschen Individualismus neigte, so beseitigten seine Erfahrungen in den darauffolgenden Jahren diese Entfremdung nicht. Die Kameradschaft des Kriegsdienstes an der Ostfront mochte sein menschliches Mitfühlen mit den Soldaten, an deren Seite er kämpfte, wecken; aber das allein überwand nicht die sozialen und geistigen Schranken, die ihn vom allgemeinen Lebensgefühl dieser einfachen österreichischen Bauern und Handwerker trennten. So spiegelte sich Wittgensteins Überzeugung von der vollständigen Trennung der Tatsachen von der Wertsphäre in gewissem Sinn in seiner eigenen Persönlichkeit wider: in einer klaren Scheidung seines reflektierenden geistigen und musischen Lebens, in dem er genial war, vom affektiven Leben emotionaler Wärme und Heiterkeit, mit dem er oft sehr schwer zurechtkam. Und dieser psychologische Zwiespalt hatte, so darf man jetzt feststellen, soziale, um nicht zu sagen soziologische Wurzeln im Österreich von Wittgensteins Jugend, also vor allem im Wien vor 1914.

Für die pragmatisch gesinnten Männer um 1920 war andererseits der absolute moralische Individualismus, der jenen ungeschriebenen »Sinn« des *Tractatus* repräsentierte, ganz einfach nutzlos. Für ihre Zwecke erschienen allenfalls die Teile des Buches wichtig, welche konstruktiv verwendet werden konnten – seine formalen Techniken, das Theoriemodell der Sprache als eines Systems von Bildern, die Methode der logischen Wahrheitstafeln. Die mitteleuropäischen Dynastien waren hinweggefegt worden und ließen die Aufgabe zurück, eine neue Welt aufzubauen – auf wissenschaftlicher und kultureller wie auf sozialer und politischer Ebene. Der Positivismus, so könnte man sagen, ist der Utilitarismus des philosophischen Rationalisten – die metaphysische oder dogmatisch antimetaphysische Rechtfertigung eines empirischen Pragmatismus, den andere Menschen »instinktiv« akzeptieren. So erlebten Österreich und (in eingeschränktem Maße) Deutschland in den zwanziger Jahren eine Art natürlicher Hinwendung zum Positivismus und zu Problemen von Technik und Methode. Alle Bereiche des Lebens, des Denkens und der Kunst verlangten nach Erneuerung. Wichtig war es, die neuesten und wirkungsvollsten wissenschaftlichen Techniken in den Dienst der großen Aufgabe von Konstruktion und Reform zu stellen. Und hier, im Zentrum des intellektuellen Lebens und der theoretischen Entwicklung, übte Wittgensteins *Tractatus* jenen Einfluß als die »Bibel des logischen Positivismus« aus, der seinem wirklichen Geist so wenig angemessen war. Denn in dem Buch, so schien es, war das gedankliche Fundament geschaffen worden, auf dem man ein einziges integriertes, ehernes Gebäude aus Logik, Mathematik, Naturwissenschaft und allen Formen des positiven Wissens errichten zu können hoffte.

Das war also die Zeit des Aufbaus. Aber es war auch eine Zeit der Selbstbestimmung: der Aufteilung einer früher zentralisierten Herrschaft in eine Anzahl neuerdings unabhängiger, sich selbst regierender Volksgruppen und Staaten. Dies betraf am offenkundigsten die schon bislang eigensinnigsten Nationalitäten. Die Tschechen hatten unter Thomas Masaryk tatkräftig und klug agiert, um die Unterstützung der siegreichen Alliierten für einen autonomen, souveränen tschechischen Staat zu gewinnen. Als der Friedensvertrag schließlich das politische Gefüge des österreichisch-ungarischen Kaiserreiches aufgelöst hatte, verfügte die Mehrzahl seiner Völkerschaften, wenn auch nicht alle, entweder (wie die Ungarn) über einen eigenen souveränen Staat oder waren wenigstens (wie die Bosnier und die Slowaken) als neue und ethnisch homogenere Gruppen auf eigenen Territorien zusammengefaßt. Die Schöpfer des Friedensvertrages hätten freilich niemals alle die konfliktträchtigen nationalistischen Forderungen befriedigen können, die z. B. in dem ethnischen Kaleidoskop des Balkan laut geworden waren. Nicht nur in Mazedonien, sondern in ganz Südosteuropa waren damals wie heute Sprachen, Kulturen und nationale Loyalitäten auf eine unentwirrbare Weise miteinander vermischt. Dennoch legte man bei den Friedensvereinbarungen von 1919-20 auf das Prinzip der Selbstbestimmung und der sich daraus ergebenden Aufteilung zentraler Machtblöcke großen Wert. (Wenn sich die dadurch geschaffene Situation bald als instabil erwies, dann vor allem deshalb, weil sie sofort wieder anfällig für neue Berufungen auf dasselbe alte Prinzip war, etwa seitens der deutschen Minderheiten in der Tschechoslowakei und in Polen, oder der Ungarn in Rumänien.) Für den Augenblick jedenfalls eröffnete das Nachkriegsabkommen die Perspektive einer Periode konstruktiver Entwicklung, nicht nur durch die Errichtung der neuen österreichischen Republik, sondern auch all der anderen souveränen Staaten, die auf der Basis des neuen »Nationalitätenprinzips« ins Leben gerufen worden waren.

Das Recht auf Autonomie, Unabhängigkeit und Selbstverwaltung erstreckte sich jedoch nicht nur auf die politischen Angelegenheiten in den Nachfolgestaaten der Monarchie, sondern auch auf den geistigen und kulturellen Bereich. Unter den Habsburgern war das kulturelle und künstlerische Leben um ein differenziertes System von Mäzenatentum herum organisiert gewesen. Zur Zeit der Klassik unterhielt fast jedes Adelshaus oder jeder Kirchenfürst einen Organisten, einen Komponisten oder sogar ein ganzes Orchester, die einen Teil ihrer Tätigkeit der Familienkapelle oder der Kirche zu widmen hatten, dabei aber hinreichend Spielraum für ihreeigene Originalität und schöpferische Arbeit behielten. (Ähnlich war, bis zu einem gewissen Grad, die Situation bei Malern, Bildhauern, Architekten und Schriftstellern.) Natürlich leistete das kaiserliche Haus selbst einen bedeutenden Beitrag, der sich im wesentlichen in den kaiserlichen Akademien konkretisierte, und die daraus resultierende gesellschaftliche Stellung dieser Institutionen verlieh ihren akademischen Maßstäben und Urteilen zusätzliches Gewicht. Auch viele Angehörige des aufstrebenden Bürgertums machten sich, wie wir gesehen haben, zu Mäzenen der Musik und der Künste, sei es privat und individuell oder in eigens dafür gegründeten Vereinen wie dem der »Musikfreunde«. Der Aufstieg des Ästhetizismus im letzten Jahrzehnt des 19. Jahrhunderts spiegelte sich wider in der Gründung von Kaffeehauszirkeln wie dem der *Jung-Wiener*; jedoch gab es vor 1914 noch kaum Anzeichen, die auf jene, uns heute selbstverständlichen, Berufsorganisationen hingedeutet hätten, welche von den Künstlern für sich selbst als Interessenvertretungen und als Hüter ihrer künstlerischen Ideale, Maßstäbe und Produktionsmöglichkeiten geschaffen wurden.

Nach dem Zerfall des dynastischen Systems und seit der Entstehung einer neuen, demokratischen Gesellschaft mußte auch das kulturelle Leben sich in neuen Richtungen entwickeln. Die Loslösung von früheren Moden und Konventionen in den zwanziger Jahren stimulierte einen Durchbruch technischer Neuerungen in den Künsten, den Naturwissenschaften und in anderen Bereichen des geistigen Lebens. Überall, wo die alten Autokratien ihre Macht verloren hatten, in Deutschland und Rußland genauso wie im früheren habsburgischen Herrschaftsbereich, gerieten Dichtung und Literatur, Malerei und Film, Musik und Architektur und natürlich auch die Philosophie in eine Phase intensiven Experimentierens mit neuen Methoden, wobei die Künstler und Schriftsteller ein größeres Maß an Freiheit genossen als je zuvor oder (vor allem im Fall Rußlands) auch danach. In allen Gebieten der Kunst herrschte die Stimmung eines neuen Anfangs. Die kritischen Zweifel der Vorkriegsjahre, ob Dichtung, Musik und Malerei des wirklichen Ausdrucks oder echter Darstellung fähig wären, waren vergessen. Eine positivistische Geisteshaltung brütete geradezu fieberhaft vorwärtsdrängende Aktionen aus: laßt hundert Stilarten blühen, und laßt die beteiligten Künstler selbst entscheiden, welches ihrer Experimente sich gelohnt hat und welches nicht!

Von dieser Zeit an sollte das ästhetische Urteil nicht mehr

Vorrecht eines einzelnen Mäzens, sei er Bischof oder Erzherzog, noch der großen bürgerlichen Öffentlichkeit sein. Statt dessen sollten die Künstler Gelegenheit zur Organisation ihrer eigenen Angelegenheiten auf einer berufsständischen Grundlage haben sowie die Möglichkeit, verantwortlich und kompetent über die Leistungen ihrer Kollegen zu urteilen. Die Verteilung kultureller Autorität folgte so einem ähnlichen Muster wie die der gesellschaftlichen und politischen Macht. Während einer Übergangszeit fanden allerdings gleichgesinnte Künstler, Philosophen oder andere Intellektuelle mangels formal organisierter beruflicher Institutionen auch weiterhin in exklusiven Zirkeln zusammen, die eine starke Atmosphäre von Mäzenatentum hatten.

Der Kreis der Psychoanalytiker um Freud und der philosophische *Wiener Kreis* sind die bekanntesten Beispiele eines umfassenderen kulturellen Phänomens. Die neuen Kunstrichtungen der zwanziger Jahre entwickelten bald ihre eigenen charakteristischen Institutionen. In einigen Fällen, wie etwa dem des Bauhauses in der Architektur, wurde die Lehre als Primärfunktion definiert, in anderen Fällen blieb es bei einer modifizierten Form von Patenschaft und Mäzenatentum, wie bei der »Internationalen Gesellschaft für zeitgenössische Musik«. In jedem Fall ging diese Entwicklung einher mit einer deutlich stärkeren Professionalisierung der Künste, mit einer Tendenz bei Malern, Architekten, Musikern und Schriftstellern, ihre eigenen Verbände zu gründen.

Die Konsequenzen dieser Verteilung der kulturellen Autorität entsprachen so wenig den Erwartungen derer, welche die frühere Tyrannei des individuellen Gönnertums und des konventionellen »guten Geschmacks« angegriffen hatten, wie sie sich mit den Hoffnungen von Männern wie Karl Kraus deckten. Bis zu einem gewissen Grad förderte der revolutionäre Wandel in den gesellschaftlichen Organisationsformen der Kultur natürlich auch eine Befreiung der schöpferischen Phantasie in der Art, wie sie Kraus vorschwebte, und half einige hartnäckige Hindernisse auf dem Weg der künstlerischen Fortentwicklung zu beseitigen. Dieser Befreiung verdanken wir – neben ungezügelten Kraftakten und gelegentlich rabiater Häßlichkeit – vieles von dem

Reichtum und der Mannigfaltigkeit neuer Entwicklungen der Zwischenkriegsliteratur und -kunst. Schon bald begannen jedoch wohlbekannte soziale Mechanismen zu wirken. Das Autoritätsvakuum, das die Entfernung der außenstehenden Gönner hinterlassen hatte, begann sich aus den Innenstrukturen der neu entstandenen professionalisierten Organisationen selbst wieder aufzufüllen.

Mit einem Wort: die Kultur hatte sich »balkanisiert« und in dieser Entwicklung zugleich bürokratisiert. Die alten, konventionellen Orthodoxien waren verschwunden. Aber anstatt einer kulturellen Vielfalt »authentischer« Künstler im Sinne des Krausschen Paradigmas, mit einer unbeschnittenen Entfaltungsmöglichkeit freier, phantasievoller Energie, Raum zu geben, führte die Professionalisierung der Künste nur zu oft zur bloßen Ersetzung der alten orthodoxen Dogmen durch neue. Dem Zeitgeist gemäß wurden diese neuen professionellen Orthodoxien meist in Kategorien neuer *technischer Verfahren* definiert. Das professionelle Ziel war jetzt die Virtuosität in einem speziellen Stil oder einer neuen Methode, etwa in der Komposition von Streichquartetten auf der Basis von »Tonreihen« nach dem Konstruktionsprinzip der Zwölftonmusik. So wurde, in ganz anderen Formen und auf einer ganz anderen erkenntnistheoretischen Grundlage als damals, der Ästhetizismus der neunziger Jahre drei Jahrzehnte später zu einem auch soziologisch faßbaren Faktum: als berufsständische Organisation der Kunst. Die Chancen waren geringer geworden für das Auftauchen eines vielseitigen autodidaktischen Genies von der Art Arnold Schönbergs.

Vor diesem Hintergrund liegt die Frage nahe, was nach 1920 aus all den revolutionären künstlerischen Entwicklungen der Vorkriegszeit wurde, die sich in Wien mit der umfassenden Kritik von Ausdrucks- und Kommunikationsformen in allen wesentlichen Sphären des Denkens und der Kunst befaßt hatten. Der Schritt von dieser zur nachfolgenden Generation zeigt uns in den verschiedenen Bereichen ein jeweils ähnliches Bild. Die Männer der ersten Generation, auch die großen kritischen Erneuerer, erscheinen in der Retrospektive als geradezu höchst widerwillige Revolutionäre. (Die 1968 erschienene Studie Willi Reichs über Arnold Schönberg nennt diesen schon im Buchtitel ausdrücklich »der konservative Revolutionär«[8].) Wie wir bereits sahen, lehnte Schönberg die Bezeichnung »atonal« für seine Musik ab, und er legte großen Wert auf den Unterschied, ein Lehrer der »Zwölfton-*Komposition*« und nicht etwa der »*Zwölfton*-Komposition« zu sein. Natürlich war er überzeugt davon, daß das Zwölfton-System den Komponisten des 20. Jahrhunderts viel reichere Möglichkeiten der Entwicklung musikalischer Gedanken aus ihrer eigenen inneren Logik bot, als es die romantische Vermischung der tonalen Gegensätze vermocht hatte. Aber die Vorzüge des neuen Systems waren in seinen Augen weder unmittelbar evident, noch waren sie ausschließlich sich selbst verpflichtet oder genügend. Wirklich verstehen konnte man sie nur, wenn man die Zwölftonmusik als eine logische Erweiterung der klassischen Siebenton-Skala, und das heißt: als deren legitime Erbin ansah. Ein Vorwurf, die neue musikalische Technik zum Fetisch gemacht zu haben, könnte Schönberg nicht treffen. Für ihn war sie nie mehr als ein großartiges Mittel, den immerwährenden künstlerischen Auftrag einer Erweiterung und Fortentwicklung der musikalischen Komposition für die Gegenwart zu erfüllen; sie war ihm nicht ein Selbstzweck, das Produkt einer ästhetischen Ideologie, wie sie es wohl für ihren Erfinder Josef Matthias Hauer gewesen ist.

Schönbergs eigene Musiktheorie mag vielleicht mit einigem Recht kritisiert werden können; ein halbes Jahrhundert nach ihrer Entstehung klingt die Behauptung, daß es ästhetisch völlig bedeutungslos sei, »wie die Musik klingt«, und daß es nur auf die innere Logik ihrer Entfaltung ankomme (die vom Auge des Kenners ja aus dem Studium der Partitur alleine gewürdigt werden könnte), wie eine als Antithese radikal übertreibende Behauptung. Gewiß hatten die Spätromantiker ihre Suche nach »musikalischen Effekten« unangemessen ausgedehnt. Aber Schönberg selbst gab unumwunden zu verstehen, daß Komponisten wie der von ihm hochverehrte Gustav Mahler noch neue Wege des musikalischen Ausdrucks zu finden gewußt hatten, die wohl vom älteren klassischen System abwichen, ohne jedoch völlig mit ihm zu brechen. Und dieser neue post-romantische Stil schuf Ausdrucksformen, die für das Ohr des Kenners sehr wohl »richtig und schön klangen«, ohne doch dem populären bürgerlichen Publikumsgeschmack irgendwelche Konzessionen zu machen. (Bezeichnenderweise wird Mahler in jener schon erwähnten Buchreihe über moderne Komponisten »Zeitgenosse der Zukunft« genannt[9].)

Erst in der nächsten Generation wurde die Tendenz sichtbar, die Werke und Methoden der vorangegangenen künstlerischen Revolution zu bürokratisieren und zur Grundlage einer neuen Orthodoxie zu machen. Die Musiktheorie fand ihre positivistische Ideologie in einer Doktrin der Annäherung an die »Gebrauchsmusik«. Wie die »physikalistische« Form des philosophischen Positivismus, in die Machs Programm der logischen Konstruktion eingegangen war, während seine Theorie der Empfindungen zugunsten einer realistischeren Auffassung der Basisdaten der Wissenschaft aufgegeben wurde, nahm die Theorie der Gebrauchsmusik einen nüchternen und praktischen Standpunkt in Fragen der musikalischen Komposition ein. Komponieren war demnach nur ein Produktionsprozeß wie viele andere, die auf die Befriedigung externer Ansprüche zielten. Der Komponist sollte hochtrabende Forderungen nach »Selbstverwirklichung« im musikalischen Ausdruck aufgeben – warum sollte sich eigentlich der Hörer für die subjektive Gefühlswelt des Komponisten interessieren? – und sich statt dessen als ehrlichen Handwerker verstehen, der einen Markt belieferte. Schließlich waren selbst Bach, Haydn und der junge Mozart nicht zu stolz gewesen, Tafelmusik, Kirchenkantaten oder Auftragsmusik für Theaterstücke zu schreiben. Warum sollten die Komponisten des 20. Jahrhunderts eine höhere Funktion beanspruchen? Welche Techniken der Komponist in seinem Werk bevorzugte, war natürlich seine Sache; eine angemessene berufliche Selbstachtung verlangte Autonomie in technischer Hinsicht. Und obwohl etwa Hindemith die Theorien und Techniken der Zwölftonmusik scharf ablehnte, konzedierte er die Möglichkeit einer Entscheidung für diese Methode, solange die Komponisten nur die Ergebnisse ihrer Arbeit am Bedarf der Öffentlichkeit orientierten.

Von Paul Hindemith und den Befürwortern der Gebrauchsmusik abgesehen gab es freilich auch unter Schönbergs Anhängern einige, die den konservativen, der Tradition verpflichteten Zug seines Schaffens ignorierten und die technischen Regeln der »seriellen Musik« zum alleinigen Prinzip erhoben. Jedenfalls entstand unter den Funktionären dieser zweiten Generation ein musikalischer Dogmatismus, der bald ein ähnliches normatives Prokrustesbett darstellte wie jenes frühere, das die Neuerer der revolutionären Generation hinter sich gelassen hatten. So gab es in einer Zeit, in der Professionelle unter dem Regeldiktat künstlerischer Bürokraten arbeiteten, wenig Entfaltungsmöglichkeiten für einige unabhängige Einzelgänger, deren Phantasie nach freien, in und mit dem Wandel der Zeiten entwicklungsfähigen Ausdrucksformen verlangte. Die Restriktionen dieser Neo-Orthodoxie wurden erst in den letzten Jahrzehnten als unerträglich zurückgewiesen, als eine neue Komponistengeneration sich eher auf ihre Rolle als die Generation jener »Zukunft« besann, deren künstlerischer »Zeitgenosse« Gustav Mahler schon gewesen war.

Im Hinblick auf die Lage vor 1914 erscheinen die damaligen kritisch-revolutionären Veränderungen in der Musik und auf anderen Gebieten plausibel und von hoher geistiger Brillanz. Als aber später die damals entwickelten neuen Techniken zu normativen Fetischen gemacht wurden – als die Musiker begannen, sich (anders als Schönberg) eher für »Zwölfton-Komponisten« als für »Zwölfton-*Komponisten*« zu halten –, erstarrten die Entwicklungsmöglichkeiten. Arnold Schönberg war klüger als die meisten seiner Anhänger und Nachfolger: er erkannte, daß die Rechtfertigung seiner technischen Neuerungen aus der ganzen Musiktradition seit Monteverdi und Bach kommen mußte, als deren legitimen Erben er sich sah.

Auf anderen Gebieten der Kultur gab es ähnliche Entwicklungen. Im Fall der Architektur ist das noch weit auffälliger, da sich die »funktionalistischen« Ideen in den zwanziger und dreißiger Jahren rapide ausbreiteten (wenn auch häufig ohne den geistigen Hintergrund ihrer Schöpfer), während die Zwölftonmusik in dieser Zeit im wesentlichen auf

Schönbergs persönliche Schüler und Anhänger beschränkt blieb. Die Architektur der Moderne hatte ihren alttestamentarischen Propheten in Adolf Loos; und Loos lehnte wie Schönberg den Titel eines »Revolutionärs« ab. 1910 schrieb er in einer Zuschrift an die *Neue Freie Presse* über sein heftig umstrittenes Haus am Michaelerplatz: »Jedes Wort, das zum Preise unserer alten Stadt, zur Rettung unseres verlorengehenden Stadtbildes zu lesen ist, findet sicher bei mir stärkeren Widerhall als bei manchem anderen . . . Ich war bisher immer in den Wahn befangen, dies (sc.: meine Aufgabe) im Sinne unserer alten Wiener Meister gelöst zu haben.«[10] In den Jahren 1912 und 1913 wies er immer wieder darauf hin, daß er bereits in seinen frühesten Kaffeehaus-Einrichtungen, noch vor 1900, weniger etwas Neues erfinden, als vielmehr an die Tradition des alten Wiener Biedermeier-Kaffeehauses anknüpfen wollte[11]. Vor allem waren die von Loos gelehrten Prinzipien vollständig offen für zukünftige Entwicklungen. Der Architekt konnte nicht im voraus die künftigen Lebens- oder Kulturformen verordnen; deren Wandlungen würden immer wieder neue schöpferische Reaktionen des Architekten notwendig machen. Und in diesem Sinn zielte die Auffassung von architektonischer Gestaltung, die Loos lehrte – und in seinen Bauwerken demonstrierte –, auf eine wahrhaft *funktionale* Architektur. (»Willst Du die Bedeutung, sagen wir, des Wasserleitungssystems in einem Haus verstehen, dann sieh Dir an, wie das System verwendet wird. In der Verwendung liegt seine Bedeutung.«) Loos' Konzentration auf die »funktionalen Notwendigkeiten« führte bei seinen Bauten zur Elimination der sinnlosen Dekorationsornamentik, die ein Kennzeichen sowohl der konventionellen bürgerlichen Architektur in Wien als auch ihrer Nachfolgerin, der *Art Nouveau*, gewesen ist. Stilistisch prägten Loos' Prinzipien seinen Entwürfen den Charakter einer radikalen Vereinfachung auf, die alles Überflüssige vermied. In seiner Praxis wie in seiner Theorie blieb der Stil des Architekten stets im Dienst des intendierten Gebrauchs. (Gerade darin unterschied sich im Sinne jener »schöpferischen Separation«, die Loos wie Karl Kraus verfocht, die Architektur von der Kunst, welche sich keiner Gebrauchsfunktion zu unterwerfen hatte.) Erst die Generation, die auf Loos folgte, schuf den eigentlichen modernen Architekturstil, indem sie nämlich die Ergebnisse von Loos' funktionaler Vereinfachung übernahm und auf eine Weise stilisierte, die jene bekannten Beton- und Glaskästen hervorbrachte, mit denen der Name »moderne Architektur« seit den späten zwanziger Jahren assoziiert ist. Hier war der Einfluß Gropius' und des Bauhauses beherrschend. Während die jüngere Bauhaus-Generation ihre Parolen auf die Loosschen Prinzipien zurückführte und ihren eigenen Architekturstil als höchst funktional interpretierte, veränderte sie in Wahrheit Loos' Auffassungen ganz erheblich. Da den Bauhausleuten offenbar die ausgeprägte Sensibilität fehlte, mit der Loos jeden seiner Entwürfe dem jeweils intendierten Gebrauch des entworfenen Gegenstandes anzupassen wußte, waren die Entwürfe eher gekennzeichnet von einer generalisierten Vielzweckstruktur, die für beliebig viele und wechselnde Funktionen brauchbar war.

Das Ergebnis dieser Entwicklung war ironischerweise eine stilisierende Entwurfsmentalität, deren Verfahrensprinzipien nahezu ausschließlich *strukturell* und nicht funktional orientiert waren. Ein typisches Bauhaus-Gebäude zeigte weniger die Unterordnung jedes Planungsdetails unter den beabsichtigten Gebrauch, als vielmehr eine Art »baulogischen Raumes«, bestehend aus einer Reihe architektonischer Möglichkeiten, aus denen jeweils bestimmte einzelne erst nachträglich durch die Inbetriebnahme des Gebäudes konkretisiert wurden. Nichts weniger als »funktional« im Loosschen Sinn kamen diese Strukturen, so könnte man sagen, vielmehr der Verkörperung eines rein geometrischen, cartesischen Koordinatensystems nahe. Der Architekt bestimmt gewissermaßen nur den strukturellen Bezugsrahmen, innerhalb dessen dem späteren Verwender eine praktisch unbegrenzte Skala verschiedener Gebrauchsmöglichkeiten zur Verfügung steht. In der Perspektive eines richtig verstandenen Funktionalismus waren diese Bauwerke so anonym wie es charakterlose Bauten eh und je gewesen sind: statt die Gebrauchsbestimmung der Gebäude in ihrer Gestaltung unmittelbar zum Ausdruck kommen zu lassen, hat sie der »cartesische« Stil vielmehr verschleiert. Analog der Art, wie sich einige der selbstbewußten Zwölfton-Komponisten nach Schönberg von diesem entfernten, kehrte jener Wandel in der Architektur die Prinzipien von Loos um und ersetzte den geschichtsbewußten, sensiblen Funktionalismus, den er propagiert hatte, durch einen geschichtslosen, abstrakt-stilisierenden Strukturalismus.

Es waren zweifellos ökonomische Gründe, die diesem »cartesischen« Stil seinen kommerziellen Erfolg sicherten: flexibel verwendbare Vielzweckgebäude, wie sie entlang der Park Avenue in New York City stehen, versprachen einen höheren Miet- und Verkaufswert als die streng und eindeutig funktionalen Bauten, die Loos selbst entworfen haben würde. Erst um 1950 verlor der anonym-strukturalistische Stil seinen dominanten Einfluß, und es entstanden moderne Großbauten, die man »funktional« im Loosschen Sinn nennen kann. Ero Saarinens Trans World Airlines-Terminal im John F. Kennedy-Flughafen wäre beispielsweise zu nennen, ein Gebäude, bei dem man auf das ältere, rechteckige Gehäuse vollständig verzichtete und für das eine Anzahl neuer innerer und äußerer Formen entwickelt wurde, deren Determinante ausschließlich der tatsächliche Verwendungszweck des Bauwerks war: als eines Instruments, die Passagiere vom Flugzeug zum Straßenverkehr außerhalb des Flughafens und umgekehrt zu lotsen. (Das so konzipierte Gebäude hat formal mehr mit einer organischen Zelle als mit einer Schuhschachtel gemeinsam: es ist vor allem bemerkenswert, weil es als erstes jene seither häufig verwendeten Teleskoprampen einführte, die es direkt mit den Eingangstüren des Flugzeugs verbinden.) Es ist interessant zu beobachten, wie gleichzeitig der Name »Adolf Loos« in den siebziger Jahren wieder stärker ins öffentliche Bewußtsein drang, als der eines Mannes, dessen Einzigartigkeit wir jetzt erst vollständig zu erfassen beginnen.

In der Architektur wie in der Musik wurden die methodischen Neuerungen der »kritischen« Generation Schönbergs und Loos' in den zwanziger und dreißiger Jahren formalistisch standardisiert und so zum Fetisch eines antidekorativen Stils, der auf seine Weise so zwanghafte und konventionelle Züge annahm, wie der Dekorationsstil, den er verdrängt hatte. Und solche Parallelen ließen sich weiter verfolgen – in Dichtung und Literatur, Malerei und Bildhauerei, sogar in Physik und mathematischer Theorie. In all diesen Fällen dienten neue Techniken der Axiomatisierung, der Akzentverschiebung im Rhythmus, des Operationalismus oder der abstrakten Kunst anfangs der Bewältigung künstlerischer oder geistiger Probleme, die das späte 19. Jahrhundert ungelöst hinterlassen hatte; so hatten sie zunächst den Status interessanter und legitimer neuer *Mittel*, wurden aber nach einigen Jahren zu *Zwecken* ihrer selbst, als Kennmarken neuer, professionalisierter Schulen, sei es moderner Dichtung, abstrakter Kunst oder philosophischer Analyse. Die Professionalisierung der Kultur brütete so eine neue Funktionärklasse aus, Protagonisten einer neuen Orthodoxie auf der Basis einer Vergötzung neuer abstrakter Techniken und Strukturen anstelle der diskreditierten Normenkanons des bürgerlichen Geschmacks und des Akademismus aus dem 19. Jahrhundert. Dabei wurden die tieferen menschlichen Belange, denen diese neuen Techniken ursprünglich dienen sollten, zu oft ignoriert oder sogar vergessen. Poetische Techniken und Formen wurden wichtiger als der dichterische Ausdruck, die Konstruktion quasi-mathematischer Systeme der induktiven Logik wichtiger als die Rationalität der tatsächlichen wissenschaftlichen Verfahrensweisen, oder allgemein: Form und Stil wichtiger als Funktion und Gebrauch. Die daraus sich entwickelnde Akademisierung der neuen professionellen Techniken wäre auf ihre Art Männern wie Karl Kraus natürlich genauso zuwider gewesen, wie die Dinge, gegen die sie und die Vorkämpfer der Moderne theoretisch und praktisch rebelliert hatten. Denn selbstauferlegte Zwänge können im Zusammenwirken mit den akademischen Konventionen eines künstlerischen oder sonst geistigen Berufs genauso hinderlich und schädlich für die individuelle Phantasie sein wie externe Zwänge von der Art, wie sie etwa das alte Mäzenatensystem mit sich brachte.

Mit einer bemerkenswerten Einmütigkeit wurde die Unfruchtbarkeit dieses professionell oktroyierten Scholastizismus in den sechziger Jahren auf zahlreichen Gebieten schöpferischer Tätigkeit eingestanden. Wir haben in den letzten

Jahren gesehen, wie Fäden, die nach 1918 offenbar abgerissen waren, wiederaufgenommen wurden, nicht nur in Architektur und Musik. Und es gab so etwas wie eine umfassende Wiederentdeckung der späthabsburgischen kulturellen Entwicklungen und Leistungen, die von den dazwischenliegenden Generationen entweder übersehen oder rundweg abgelehnt worden waren. Wir haben wiederentdeckt, wieweit künstlerische und geistige Aufgaben, die zwischen 1900 und 1920 unerledigt geblieben waren, noch die unsrigen sind.

Wir wollen uns vor diesem allgemeinen Hintergrund noch einmal Wittgensteins philosophischen Intentionen zuwenden. Die Zweideutigkeit, die das Verständnis seiner Ansichten und Methoden von den zwanziger Jahren bis in die Mitte der sechziger Jahre umgab, hatte einen spezifisch fachlichen wie einen allgemein geistigen Aspekt. Nach 1920 wurden die philosophischen Methoden des *Tractatus* von den Wiener logischen Positivisten und den analytischen Philosophen in Cambridge aufgenommen. Diese Methoden nahmen einen zentralen Rang in dem Spektrum technischer Möglichkeiten und Lehren ein, auf dessen Grundlage die neuen und spezialisierten akademischen Unternehmungen der »professionellen Philosophie« sich entwickelten.

An dieser Stelle muß betont werden, wie neu diese professionalisierte Konzeption der Philosophie tatsächlich war. Natürlich hatte die Philosophie schon seit dem Mittelalter stets einen bedeutenden Platz in Lehre und Forschung der Universitäten eingenommen; aber ihr sachlicher Bereich wurde im allgemeinen als teilweise deckungsgleich mit dem der Natur- und dem der Geisteswissenschaften angesehen, so daß Philosophie zusammen und in Verbindung mit diesen anderen Fächern studiert wurde. Selbst heute ist die Idee eines Systems philosophisch-technischer Verfahrensweisen, die die Bildung einer Gruppe eng verbundener, unabhängiger Berufsphilosophen legitimiert (vergleichbar den wissenschaftlichen Organisationen etwa der Topologen, Mikrobiologen oder Romanisten), nur wenig älter als fünfzig Jahre. Wittgensteins Einstellung zu diesem Begriff von Philosophie stand zu der seiner philosophischen Nachfolger – sogar solcher, die sich als seine Anhänger verstanden – in ebenso scharfem Gegensatz wie die Auffassungen Schönbergs und Loos' zu denen ihrer jeweiligen Nachfolger.

Fragen wir uns: was glaubte Wittgenstein selbst im *Tractatus* erreicht zu haben? Führte er neue philosophische Methoden mit dem Vorsatz ein, die älteren zu verdrängen? Oder war es nicht vielmehr seine Absicht, die Menschen von der Subordination unter die Konventionen *jeder* Art von technizistischer Auffassung der Philosophie zu befreien? Die Antwort erscheint klar. Für Wittgenstein war – genauso wie etwa für Karl Kraus – die innerste Absicht seiner polemischen Kritik die einer geistigen Befreiung. Natürlich sahen sich auch die Philosophen des Wiener Kreises in einer solchen emanzipatorischen Rolle, aber ihre Befreiungsabsicht bekam schließlich den Charakter jenes »progressiven« Denkens, das in der Politik und auch anderswo zu finden ist und dessen Kennzeichen eher der Kampf gegen alte Dogmen unter dem Signum neuer ist, als eine Emanzipation von Dogmen schlechthin. Die Wiener Positivisten waren gewiß antimetaphysisch; aber ihr Widerstand gegen die Metaphysik gründete – ähnlich wie der David Humes – auf allgemeinen philosophischen Prinzipien, die kaum weniger willkürlich waren als die ihrer Gegner. Wittgensteins Antimetaphysik war dagen in ihrem Kern undoktrinär. Wieviel er auch sonst in seinen Methoden des Philosophierens nach 1918 änderte, sein propädeutisches Fundament blieb unverändert:

... nichts zu sagen, als was sich sagen läßt ... und dann immer, wenn ein anderer etwas Metaphysisches sagen wollte, ihm nachzuweisen, daß er gewissen Zeichen in seinen Sätzen keine Bedeutung gegeben hat (TLP 6.53).

In seiner späteren Philosophie hatte Wittgenstein gewiß ganz andere Vorstellungen davon, was es hieß nachzuweisen, daß einem sprachlichen Ausdruck »keine Bedeutung gegeben« wurde; aber die zugrundeliegende philosophische Aufgabe, die *Grenzen der Sprache* an jenen Stellen im Auge zu behalten, an denen die Menschen leicht in sinnlose Konfusionen geraten, blieb die gleiche. Auch der Grund, warum die Respektierung dieser Grenze wichtig war, bestand unverändert fort: der Wunsch nach Abwehr von nutzlosen geistigen Krämpfen, Hinternissen für klare Gedanken und authentisches Fühlen in den Bereichen, in denen es gerade auf diese ankommt, nämlich in der Sphäre des wahrhaftigen Ausdrucks menschlicher Emotionen und der freien Entfaltung schöpferischer Phantasie. In dieser Hinsicht war die geistige Befreiung, zu der die Philosophie führen kann, tatsächlich Voraussetzung für ein angemessenes Verständnis jenes »Lebens der Phantasie« im Krausschen Sinn. Wittgenstein sagte einmal nach der Lektüre dessen, was ein Cambridger Kollege über William Blake geschrieben hatte: »Wie kann Herr Soundso meinen, er verstehe Blake? Er versteht ja nicht einmal Philosophie!«[12]

Wenn Wittgenstein bei den ersten Treffen mit den Philosophen des Wiener Kreises darauf bestand, Dichtungen von Tagore vorzulesen, dann war das eine Aktion mit einem deutlich polemischen Hintersinn. Denn es lief auf eine Art Erklärung hinaus, daß philosophische Methoden bestenfalls Mittel zu wichtigeren Zwecken sein konnten, nämlich zur Befreiung des menschlichen Geistes, damit er die wirklich tiefen und bedeutsamen Probleme wahrnehmen könne, die Schriftsteller wie Tolstoi oder Tagore bewegten. Auf diese Weise distanzierte sich Wittgenstein ganz offen von jener »technischen« oder »professionellen« Konzeption der Philosophie, welche die Neuerungen des *Tractatus* als die Grundlage einer autonomen, selbstbewußten akademischen Disziplin schätzte[13].

Auf dem Hintergrund seiner Ausbildung als Ingenieur war Wittgenstein natürlich keineswegs ein Gegner mathematischer Kalkülisierung an den dafür geeigneten Stellen. Aber angewandte Mathematik mußte eine sinnvolle Funktion haben; es mußte nicht nur gezeigt werden, daß die jeweiligen Berechnungen formal korrekt waren, sondern auch, daß sie über ihre formale Ausarbeitung hinaus etwas leisteten. Zu oft entwickelte der modernistische Stil des Wiener Philosophierens extrem ausdifferenzierte Formalismen quasi um ihrer selbst willen, ohne Berücksichtigung der Erfordernisse externer Relevanz und Anwendbarkeit. So etwas wirkte wie ein leerlaufendes Rad, das ohne mechanische Funktion einem Getriebe beigegeben wird, oder wie eine Papierkrone, die man der Dame im Schachspiel aufsetzt, ohne die Regeln, nach denen mit ihr gezogen werden kann, zu beeinflussen.

Auch mit der analytischen Philosophie, die G. E. Moore und seine Kollegen in Cambridge in den dreißiger Jahren entwickelten, oder mit der »linguistischen« Philosophie, die vor allem in Oxford nach dem Zweiten Weltkrieg kultiviert wurde, konnte Wittgenstein nichts anfangen. Er schätzte Moore als Menschen hoch, sowohl um dessen persönlicher Klarheit und Einfachheit willen, als auch wegen der Aufrichtigkeit seines geistigen Suchens. Ein gewichtiger Anteil an der wachsenden Subtilität und Differenziertheit von Wittgensteins Schriften aus seinen letzten Cambridger Jahren kann mit guten Gründen dem Einfluß der langen Gespräche zugeschrieben werden, die er mit Moore führte [14]. Aber es wäre ganz falsch zu meinen, daß Wittgenstein die Auffassungen der analytischen Philosophen über philosophische Probleme und Methoden teilte. In ihrer Sicht betrachteten die Analytiker eine klar identifizierbare Anzahl technischer Probleme und Fragen als gewissermaßen die »Grundphänomene« der Philosophie. Und sie sahen es als ihre Aufgabe an, zu zeigen, wie man mit verbesserten Methoden konstruktivere und umfassendere Lösungen oder Theorien für diese Probleme erarbeiten konnte. (Wittgenstein bemerkte einmal über C. D. Broad, seinen Kollegen am Trinity College in Cambridge: »Der arme Broad glaubt, Philosophie sei die Physik des Abstrakten.« [15])

Diese ganze Entwicklung immer ausgefeilterer »Theorien« über (beispielsweise) »other minds«, über wissenschaftliche Entitäten oder über die logische Konstruktion materieller Objekte aus Sinnesdaten bedeutete für Wittgenstein eine fehlgeleitete Sammlung von Pseudotechniken, bei der einmal mehr die Mittel der Philosophie mit deren Zwecken verwechselt wurden. Der Unterschied in den Prioritäten, der Wittgenstein von so vielen seiner Philosophiekollegen in England nach 1945 trennte, ist in einer Bemerkung des Oxforder analytischen Philosophen J. L. Austin gut erfaßt. Im Zuge einer Abwehr des Vorwurfs, seine eigenen aufwendigen Erklärungen des sprachlichen Handelns seien trivial, sagte Austin, er sei nie davon überzeugt gewesen, daß die

Frage, ob eine philosophische Frage wichtig sei, selbst eine wichtige Frage sei[16]. Wie jeder reine Wissenschaftler sollte der Fachphilosoph einfach damit beginnen, Probleme, die für eine Lösung reif waren, in Angriff zu nehmen, ohne sich um deren äußere Wichtigkeit oder Unwichtigkeit zu kümmern. Die reine Philosophie sollte Vorrang haben; es würde später Zeit genug geben, sich um die Anwendbarkeit ihrer Resultate auf praktische Probleme zu kümmern. Wenn man Ende der vierziger Jahre von Wittgensteins Cambridge zu den linguistischen Analytikern nach Oxford ging, hatte man das Gefühl, daß die Philosophie irgendwie ihren inspirierenden Genius verloren hatte. Jeder, der Wittgenstein persönlich gehört hatte, war sich bewußt, den Kampf eines tief philosophischen Denkers gegen die geistigen Hindernisse auf dem Weg zur freien Entfaltung des Denkens zu erleben. In Oxford wurden unterdessen ähnlich aussehende Techniken mit dem größten Geschick angewandt, aber ohne tiefere oder fraglos philosophische Ziele. Es war, als ob man eine richtige Uhr gegen eine Kinderspieluhr austauschte, deren Zifferblatt auf den ersten Blick genauso aussieht, aber die Zeit nicht anzeigt.

Vor allem in einer Hinsicht unterschied sich Wittgenstein von der modernen Bewegung der philosophischen Analytik. Während der fünfziger Jahre wurde in Oxford viel vom *revolutionären* Charakter der britischen Philosophie des 20. Jahrhunderts geredet. Eine bekannte und sehr erfolgreiche Sammlung gemeinverständlicher Vorträge über das Thema hatte den Titel *Die Revolution in der Philosophie*[17]. Sieht man sich diese Sammlung heute an, so wird deutlich, wieweit die darin proklamierte »Revolution« eher ein soziologisches als ein geistiges Phänomen war, indem sie nämlich den erhobenen Rechtsanspruch der akademischen Philosophen bekräftigte, als ein autonomer Fachberuf zu gelten, der mit einem spezialisierten System von Problemen, Methoden und Techniken umging. Dank Frege, Moore, Russell und Wittgenstein – so die Meinung der Autoren – sind wir nun sozusagen echte »Professionals« und können uns neben den Wissenschaftlern ruhig sehen lassen; und nachdem wir die ältere Art des Philosophierens zugunsten der Sprachanalyse diskreditiert haben, befinden wir uns jetzt in einer respektablen akademischen Berufsposition, die wir mit Selbstvertrauen und Energie ausfüllen können. Wittgenstein hingegen sah sich selbst ebensowenig als Revolutionär an wie es Arnold Schönberg tat. Genau wie Schönberg lediglich behauptete, daß seine *Harmonielehre* und das neue Zwölfton-System die wirkungsvollste Möglichkeit lieferten, die Erforschung der »musikalischen Logik«, die sich von Bach über Beethoven und die anderen Klassiker der Musik entwickelt hatte, fortzusetzen, so bestand auch Wittgenstein nur darauf, daß seine Methoden des Philosophierens das legitime Erbe dessen waren, was man früher unter Philosophie verstanden hatte. Und trotz seiner vergleichsweise geringen Belesenheit in der klassischen philosophischen Literatur, bezog sich Wittgenstein auf Männer wie Augustinus, Schopenhauer und Kierkegaard voller Bewunderung und Achtung, zu einer Zeit, als selbstbewußtere revolutionäre Analytiker noch die Neigung hatten, die gesamte Philosophiegeschichte als eine unerhörte Folge intellektueller Mißgriffe zu ignorieren[18].

Wenn Wittgenstein sich von der analytischen Philosophie im Nachkriegsengland distanzierte, so tat er das noch deutlicher vom »logischen Empirismus«, der in den vierziger und fünfziger Jahren einen so großen Bereich der akademischen Philosophie in Amerika beherrschte. Er hatte schließlich nie Interesse für eine wirkliche Erkenntnistheorie gezeigt, ob sie nun von Mach und Schlick oder von Moore und Russell kam; in dieser Hinsicht war er einfach immer zu sehr Transzendentalphilosoph gewesen. In seinen Augen waren die Argumente von Männern wie Carl Hempel und Ernest Nagel eine Übernahme und Fortsetzung der formalistisch-technischen Philosophie des Wiener Kreises (genauso wie man die Schuhschachtel-Büroblocks der Park Avenue nach dem Krieg mit dem konventionellen Strukturalismus von Gropius und dem Bauhaus im Zusammenhang sehen kann). Ein leerer Symbolismus und ein pseudotechnischer Jargon wurden zum Vorwand für die Verdrängung der wirklichen philosophischen Probleme, die unsere eigenen Erfahrungen berühren und die wir in unseren Nerven spüren, durch ein

System abstrakt-formaler Denkfiguren, die nicht im wirklichen Leben wurzelten. Wittgenstein pflegte zu sagen, daß es in der Philosophie wichtig sei, nicht *immer* gescheit zu sein [19]. Denn der »gescheite« Philosoph riskiert, den Kontakt mit den handfesten Grundproblemen zu verlieren, auf die seine Gedanken Licht werfen sollen, und sich in sekundären Problemen zu verlieren, die bloß die eigenen sind. Nur der gelegentliche Anflug ehrlicher Dummheit wird uns helfen zu erkennen, wo die Argumente der akademischen Berufsphilosophie gegenüber unseren wahren geistigen Bedürfnissen versagen. In den *Vermischten Bemerkungen* steht ein Satz aus dem Jahre 1949:

In den Tälern der Dummheit wächst für den Philosophen noch immer mehr Gras, als auf den kahlen Hügeln der Gescheitheit. [20]

Das heißt natürlich nicht, daß Wittgensteins eigener philosophischer Standpunkt etwa abschließend oder definitiv wäre, so wenig wie der Schönbergs in der Musik. Schönbergs musikalische Innovationen und Theorien können heute aus einem gewissen Abstand sozusagen perspektivisch gesehen werden; und in mancher Hinsicht scheint er seine Schüler vielleicht doch in eine Sackgasse gewiesen zu haben. Zu seiner Zeit war seine kritische Ablehnung der traditionellen Tonalität freilich eine ganz außerordentliche Neuerung. Aber man geriete mit Schönbergs eigenem geschichtlichen Sinn gar nicht in Konflikt, wollte man heute erörtern, ob diese Neuerung sich im darauffolgenden halben Jahrhundert nicht erschöpft habe.

Auf dem Hintergrund der philosophischen Diskussion im Wien der Jahrhundertwende waren die philosophischen Schritte, die Wittgenstein in seinem ersten und auch die, die er später in seinem zweiten Hauptwerk unternahm, ganz gewiß legitim, plausibel und vemutlich sogar unvermeidbar. Wir müssen jedoch sein Werk nicht bloß als einen *terminus ad quem*, sondern auch als einen möglichen *terminus a quo* betrachten. In mehr als einer Hinsicht hat Wittgensteins Werk Gedankengänge und Fragen, welche die gesamte nachkantische Tradition der Transzendentalphilosophie länger als ein Jahrhundert beherrschten, definitiv zu einem Abschluß gebracht. So hat sein Werk etwa klargemacht, daß die »regulativen Prinzipien« und die »synthetischen Wahrheiten a priori« des Kantschen Schematismus nicht mehr als eine tautologische »Notwendigkeit« beanspruchen können, und nur die Lebensformen, aus denen sie ihre Bedeutung erhalten, sie *funktional* unentbehrlich, also in *diesem* Sinne »notwendig« machen. Und wir sind jetzt in der Lage, die funktionalen Erwägungen, die sich mit den grundlegenden historischen Entwicklungen unserer rationalen Methoden und Denkweisen auf verschiedenen Lebens- und Forschungsgebieten befassen, weiterzutreiben, als es Wittgenstein selbst je tat. Dabei können wir etwa in einem Mann wie Ernst Cassirer, der Wittgensteins Hochachtung für das Werk von Hertz teilte und dieses zu einem seiner Ausgangspunkte für die *Philosophie der symbolischen Formen* machte, durchaus einen Denker sehen, dessen eher konservativ erscheinende Argumente vielleicht ebensoviele Anhaltspunkte für eine Weiterentwicklung der Philosophie liefern können wie die Schriften und Lehren von Wittgenstein selbst[21].

In Anbetracht der Wiener Situation zwischen 1900 und 1914, mit ihrer systematischen Korruption, ihren Verzerrungen und Verfälschungen des politischen, kulturellen und intellektuellen Lebens, die von Kraus und den ihm geistig Nahestehenden angegriffen worden waren, ist es wahrscheinlich richtig, daß der *einzige* wirksame Weg nach vorwärts von der Polemik gewiesen wurde. Auf jeden Fall zwang ein künstlerisches Schaffen wie etwa das Arnold Schönbergs zu einer ernsthaften Auseinandersetzung mit den geistigen Problemen, die mit der Entwicklung neuer Wege des musikalischen Ausdrucks und der »Logik« musikalischer Gedanken verbunden waren. An diesem Punkt der Kulturgeschichte bestand wohl in der Tat die unumgängliche Antwort auf eine allgemeine ästhetische Gefühlsduselei und intellektuelle Schlampigkeit in einem geistigen und künstlerischen Puritanismus, der für die schöpferischen Aufgaben jene geistige Konzentration und Reinheit wiederherstellte, welche die Menschen beinahe verloren hatten.

Aber polemischer Puritanismus ist seinerseits immer in Gefahr, zu übertreiben und dann zu einer Variante des Fanatismus zu werden. Es mag daher die Besinnung darauf, wann die puritanische Gegenbewegung ihre notwendigen Aufgaben erfüllt hat, ebenso wichtig werden, wie vordem ihre Entstehung gewesen ist. Wenn diese Zeit kommt, werden wir merken, daß die Ideen, Methoden und Verfahrensweisen, die in dieser »puritanischen Periode« zu Recht Gewicht und Autorität hatten, auch nur ein Ausgangspunkt gewesen sind, den die Menschen in ihrer Auseinandersetzung mit neuen Anforderungen der geschichtlichen Entwicklung hinter sich lassen mußten. Auch die Ideen eines Schönberg, eines Loos, eines Wittgenstein sind auf dem Hintergrund der historischen Situation zu sehen, der sie entstammten. Das sollte dazu beitragen, uns mit einem Gedanken vertraut zu machen, der auf längere Sicht unvermeidlich ist: daß nämlich einmal neue Formen der Musik, der Architektur und der Philosophie genauso die legitimen Erben jener großen geistigen Leistungen sein werden, wie diese einst die Erben der Fin-de-siècle-Tradition waren, gegen die sie sich erhoben hatten.

Anmerkungen

Kapitel 1

1 Ludwig Wittgenstein, Tractatus logico-philosophicus, Schriften, Bd. 1, 4. Aufl., Frankfurt/M. 1980;

2 ebda., Vorwort;

3 vgl. Stuart Hughes, Consciousness and Society: The Reorientation of European Social Thought 1890-1930, New York 1958, S. 399;

4 vgl. Stephen Toulmin, Titelaufsatz in H. H. Rhys, Seventeenth Century Science and the Arts, Princeton 1961;

5 diesen Titel gab Karl Kraus seinem Drama über den Ersten Weltkrieg. Vgl. auch Frank Field, The Last Days of Mankind, London – New York 1967;

6 selbst Norman Malcolms »Erinnerungsbuch« über Wittgenstein (München/Wien 1960) läßt, bei all seinen großen Verdiensten, die Verbindungen zwischen der Person Wittgenstein und dem Philosophen Wittgenstein eher im dunkeln;

7 wie ich während einer Reise durch Kosovo-Metohija und Mazedonien 1968 feststellte, sprechen dort, mehr als 20 Jahre nach dem Zweiten Weltkrieg, selbst junge Leute zwischen 15 und 30 fließend türkisch (S. E. T.);

8 Bruno Walter, Thema und Variationen – Erinnerungen und Gedanken, Frankfurt/M. 1960, S. 115 f.;

9 zu Arnold Schönberg und Karl Kraus siehe Kapitel 4 dieses Buches, »Kultur und Kritik«;

10 der Ausdruck stammt von Karl Kraus, vgl. Die Fackel, Reprint, Frankfurt/M. 1968-76, Nr. 400-403, S. 2;

11 zu der Darstellung dieses Kreises und seiner Bestrebungen vgl. John Maynard Keynes' Aufsatz: »My Early Beliefs«, in: Two Memoirs, London 1949;

12 vgl. B. Russell, Autobiographie, Bd. I und II, Frankfurt/M. 1972/73, sowie die Briefe, die in diesen Erinnerungen abgedruckt

sind; vgl. außerdem den sehr interessanten Briefwechsel Russells und Wittgensteins, in: Ludwig Wittgenstein, Briefe, hrsg. von B. F. McGuinness und G. H. von Wright, Frankfurt/M. 1980;

13 ich erinnere mich insbesondere an Russells Bemerkungen über Wittgensteins Spätphilosophie bei Gesprächen im Moral Sciences Club, Cambridge University, in den Jahren 1946/47 und später während einer Diskussion an der Oxford University, Anfang der fünfziger Jahre (S. E. T.);

14 persönliche Mitteilung von Richard Braithwaite; der Wortlaut mag nicht exakt sein, da Moores Gutachten vertraulich war, er ist aber jedenfalls sinngemäß richtig (S. E. T.);

15 persönliche Erinnerungen aus der Zeit zwischen Januar 1946 und Juni 1947; danach gab Wittgenstein seine Professur auf und lebte völlig zurückgezogen (S. E. T.);

16 Wittgenstein, Tractatus, a. a. O., Vorwort;

17 dies trifft für die Hauptkommentare zu Wittgensteins Tractatus zu, besonders für diejenigen, die die sogenannte anerkannte Interpretation ausgearbeitet haben, z. B. die von Max Black und Elizabeth Anscombe;

18 Gespräche in Wien im Winter und Frühjahr 1969 (A. S. J.), siehe dazu auch Ludwig Haensel, Begegnungen und Auseinandersetzungen mit Denkern und Dichtern der Neuzeit, Wien 1957, S. 315 ff., v. a. S. 323;

19 Paul Engelmann, Ludwig Wittgenstein, Briefe und Begegnungen, München – Wien 1970, und G. H. v. Wright, Ludwig Wittgenstein, Biographische Betrachtung, in: Schriften, Beiheft 1, 2. Aufl., Frankfurt/M. 1972, S. 82-99;

20 Paul Engelmann, ebda., S. 27 und 28;

21 G. E. Anscombe, An Introduction To Wittgenstein's Tractatus, London 1959, S. 12;

22 Paul Engelmann, a. a. O., S. 101-110;

23 vgl. M. O'C. Drury, A Symposium, in: K. T. Fann (Hrsg.), Ludwig Wittgenstein: The Man and His Philosophy, New York 1967, S. 70;

24 vgl. G. E. Anscombe, a. a. O., S. 12;

25 vgl. Patrick Gardiner, Schopenhauer, Baltimore 1963, S. 275-282, und G. E. Anscombe, ebda., S. 11 f. und 168 f., sowie A. Janik, Schopenhauer and the Early Wittgenstein, in: Philosophical Studies, Bd. 15, 1966, S. 76-95;

26 Erich Heller, Ludwig Wittgenstein: Unphilosophische Betrachtungen, in: Schriften, Beiheft 1, S. 48-67, sowie Werner Kraft, Ludwig Wittgenstein und Karl Kraus, Neue Deutsche Rundschau, Bd. 72, Nr. 4, 1961, S. 812-844;

27 Erik Stenius, Wittgensteins Tractatus: Eine kritische Darlegung seiner Hauptgedanken, Frankfurt/M. 1969, S. 279-296; Morris Engel, Wittgenstein's Doctrine of the Tyranny of Language, The Hague 1971;

28 vgl. Stephen Toulmin, From Logical Analysis to Conceptual History, in: The Legacy of Logical Positivism, hrsg. v. Peter Achinstein und S. F. Barker, Baltimore 1969;

29 D. F. Pears, Wittgenstein, London 1969;

30 Wittgenstein, Tractatus, a. a. O., Vorwort;

31 persönliche Gespräche von S. E. Toulmin und A. S. Janik, unabhängig voneinander, mit Professor von Wright. Mag die Bemerkung auch außerhalb ihres Zusammenhangs zitiert sein, so ist sie dem Sinn nach für unsere Beweisführung hier unbedingt anwendbar;

32 Heinrich Hertz, Die Prinzipien der Mechanik, Gesammelte Werke III, Leipzig 1894; vgl. auch die engl. Ausgabe: Heinrich Hertz, The Principles of Mechanics Presented in a New Form, Introduction by R. S. Cohen, New York 1956;

33 vgl. Josef Rufer, Das Werk Arnold Schönbergs, Kassel – Basel – London – New York 1959; S. 189.

Kapitel 2

1 Arthur May, Vienna in the Age of Franz Joseph, Norman/Oklahoma 1966, S. 74 f.;

2 Henry Schnitzler, Gay Vienna – Myth and Reality, in: Journal of the History of Ideas, 1954, Bd. 15, S. 115;

3 zitiert von Henry Schnitzler, ebda., aus Heinrich Laube, Reisenovellen, Bd. III, S. 36-39 und 41;

4 A. May, a. a. O., S. 23;

5 vgl. Bruno Walter, Gustav Mahler, 2. Aufl., Berlin – Frankfurt/M. 1957, S. 36-49;

6 vgl. Henry Pleasants Vorwort zu Eduard Hanslick, Music Criticisms 1846-1899; gekürzte Ausgabe: Vienna's Golden Years 1850-1900, New York 1950;

7 A. May, a. a. O., S. 56;

8 ebda., S. 54;

9 Robert Musil, Der Mann ohne Eigenschaften, hrsg. v. Adolf Frisé, Gesammelte Werke in 9 Bdn., 2. verbess. Aufl., Hamburg 1981, Bd. 1, S. 33 f.;

10 C. A. Macartney, The Habsburg Empire 1790-1918, London 1968, S. 190;

11 ebda., S. 151;

12 vgl. Oscar Jászi, The Dissolution of the Habsburg Monarchy, Chicago – London 1961, S. 81 und passim;

13 Macartney, a. a. O., S. 211, Anm.;

14 A. May, The Habsburg Monarchy 1867-1914, New York 1968, S. 22;

15 ebda.;

16 Jászi, a. a. O., S. 92;

17 A. May, Habsburg Monarchy, S. 358;

18 Macartney, a. a. O., S. 667;

19 Jászi, a. a. O., S. 70 f.;

20 ebda., S. 61 f. und Macartney, a. a. O., S. 104;

21 Macartney, a. a. O., S. 661 f. und A. J. P. Taylor, The Habsburg Monarchy 1809-1918, A History of the Austrian Empire and Austria-Hungary, Harmondsworth 1948, S. 184 f.;

22 A. J. P. Taylor, a. a. O., S. 184;

23 Jászi, a. a. O., S. 33 f. und passim;

24 Musil, a. a. O., S. 33;

25 Macartney, a. a. O., S. 603 und passim;

26 Musil, a. a. O., S. 83;

27 ebda., S. 86;

28 A. May, Vienna . . ., S. 79 f.;

29 A. May, Habsburg Monarchy, S. 145;

30 Ernest Jones, The Life and Works of Sigmund Freud, 3 Bde., New York 1953-57, Bd. 1, S. 25;

31 Karl Marx/Friedrich Engels, Manifest der Kommunistischen Partei, in: Marx/Engels, Werke, Berlin (DDR), Bd. 4, S. 463;

32 Stefan Zweig, Die Welt von Gestern, Erinnerungen eines Europäers, Frankfurt/M. 1970, S. 10;

33 Musil, a. a. O., S. 278;

34 Carl E. Schorske, Wien – Geist und Gesellschaft im Fin de Siècle, Frankfurt/M. 1982, S. 288;

35 vgl. Zweig, a. a. O., S. 23;

36 ebda., S. 81;

37 Schorske, a. a. O., S. 8 f.;

38 Zweig, a. a. O., S. 33-38;

39 ebda., S. 63 f.;

40 ebda., S. 62 f.;

41 ebda., S. 67;

42 ebda., S. 70;

43 Schorske, a. a. O., S. 5;

44 Macartney, a. a. O., S. 519 f.;

45 A. J. P. Taylor, a. a. O., S. 27;

46 A. May, Habsburg Monarchy, S. 3 f.;

47 ebda., S. 204;

48 Schorske, a. a. O., S. 120;

49 vgl. Charles O. Hardy, The Housing Program of the City of Vienna, Washington 1934, zur Vorkriegssituation in Wien, Kap. 1;

50 Macartney, a. a. O., S. 178;

51 vgl. May, Vienna . . ., S. 40-45;

52 vgl. William Jenks, Vienna and the Young Hitler, New York 1960, Kap. 7, und Albert Fuchs, Geistige Strömungen in Österreich 1867-1918, Wien 1949, S. 85-129;

53 May, Vienna . . ., S. 59 f., und A. Fuchs, a. a. O., S. 25-30;

54 zu Lueger vgl. P. G. Pulzer, The Rise of Political Antisemitism in Germany and Austria, New Dimensions in History, Essays in Comparative History, New York – London – Sydney 1964, S. 167-170 und W. Jenks, a. a. O., Kap. 4, sowie A. Fuchs, a. a. O., S. 58-63, und Schorske, a. a. O., S. 126-138;

55 Fuchs, a. a. O., S. 51;

56 H. v. Poschinger, zitiert von Hans Rosenberg, in: Political and Social Consequences of the Great Depression of 1873-1896, Economic History Review, Bd. 13, S. 63, Anm. 2;

57 zit. in: Sigmund Mayer, Die Wiener Juden: Kommerz, Kultur, Politik 1700-1900, Wien – Berlin 1917, S. 475;

58 zu G. v. Schönerer siehe P. G. Pulzer, a. a. O., S. 162-170, und W. Jenks, a. a. O., Kap. 5, sowie A. Fuchs, a. a. O., S. 177-186, und Schorske, a. a. O., S. 115-126;

59 Pulzer, a. a. O., S. 152;

60 ebda., S. 153, vgl. auch S. 151;

61 ebda., S. 151;

62 Schorske, a. a. O., S. 125-126;

63 Andrew Gladding Whiteside, Austrian National Socialism Before 1918, The Hague 1962;

64 zit. bei Pulzer, a. a. O., S. 269;

65 zu Theodor Herzl siehe Schorske, a. a. O., S. 138-164, sowie Alex Bein, Theodor Herzl, eine Biographie, Wien 1974, und Solomon Liptzin, Germany's Stepchildren, Philadelphia 1944, S. 113-123;

66 siehe Alex Bein, a. a. O., S. 62;

67 ebda., S. 144 f.;

68 zit. von Schorske, a. a. O., S. 154;

69 S. Zweig, a. a. O., S. 31;

70 zur Rekonstruktion der Karriere Redls siehe Robert B. Asprey, The Panther's Feast, New York 1969. John Osbornes Schauspiel A Patriot for Me, New York 1970, basiert auf Aspreys Bericht über die Affäre Redl;

71 S. Zweig, a. a. O., S. 153 ff.;

72 zu Arthur Schnitzlers Biographie siehe Solomon Liptzin, Arthur Schnitzler, New York 1932;

73 vgl. Schorske, a. a. O., bes. S. 10-20; wir verdanken einen Großteil dieses Abschnitts Schorskes scharfsichtiger Analyse und Robert A. Kanns hervorragendem Artikel, The Image of the Austrian in the Writings of Arthur Schnitzler, in: Studies in Arthur Schnitzler, Chapel Hill/N.-Carolina 1963, S. 45-70;

74 Musil, a. a. O., Bd. 3, S. 826;

75 Emile Durkheim, Der Selbstmord, Frankfurt/M. 1983, S. 346;

76 Musil, a. a. O., S. 865.

Kapitel 3

1 Karl Kraus, Die Fackel, Reprint, Frankfurt/M. 1976, Nr. 400, S. 2;

2 Adolf Hitler, Mein Kampf, München 1937, S. 137;

3 Karl Kraus, Werke XIV, Dramen, München 1967, S. 115;

4 Arthur May, Vienna in the Age of Franz Joseph, Oklahoma 1966, S. 114;

5 Biographische Angaben über Karl Kraus s.: Frank Field, The Last Days of Mankind, London – New York 1967, S. 1-31; Wilma Abeles Iggers, Karl Kraus, A Viennese Critic of the Twentieth Century, The Hague 1967, S. 1-20; Paul Schick, Karl Kraus in Selbstzeugnissen und Bilddokumenten, Reinbek 1981;

6 Fackel 5, S. 11;

7 Karl Kraus, Werke XII, Die Chinesische Mauer, München 1974, S. 268 ff.,

8 Fackel 9, S. 27;

9 Theodor Haecker, Søren Kierkegaard und die Philosophie der Innerlichkeit, Innsbruck 1913, S. 57;

10 vgl. z. B. Karl Kraus, »Bunte Begebenheiten«, in: Worte in Versen VII, Wien – Leipzig 1923, S. 50, 3. Strophe;

11 Fackel 601-607, S. 1 ff.,

12 Fackel 263, S. 7;

13 Karl Kraus, Werke III, Beim Wort genommen, 2. unveränderte Aufl., München 1965, S. 44;

14 ebda., S. 45;

15 ebda., S. 13;

16 ebda., S. 272;

17 vgl. zur Biographie Otto Weiningers: David Abrahamsen, The Mind and Death of a Genius, New York 1946;

18 Otto Weininger, Geschlecht und Charakter, Neudruck nach der 1. Aufl. 1903, München 1980, S. VIII;

19 ebda., S. 7-13 und 62-66;

20 ebda., S. 31-36;

21 ebda., S. 409-420;

22 Theodor Lessing, Der Jüdische Selbsthaß, Berlin 1930;

23 Carl Dallago, Otto Weininger und sein Werk, Innsbruck 1912, S. 3;

24 ebda., S. 9 f.,

25 ebda., S. 20;

26 ebda., S. 22;

27 ebda., S. 22 f.,

28 ebda., S. 31;

29 vgl. zu Kraus' Ansichten über die Frau: Karl Kraus, Werke III, S. 13-56; Iggers, a. a. O., S. 155-170;

30 Karl Kraus, ebda., S. 283;

31 ebda., S. 351;

32 zur Korrektur dieser Auffassung s. Edwin Hartl, Karl Kraus und die Psychoanalyse, Versuch einer Klarstellung, in: Merkur 31, 1977, S. 144 ff.;

33 Fritz Wittels, Die Fackel-Neurose, in: Protokolle der Wiener Psychoanalytischen Vereinigung II, 1908-1910, Frankfurt/M. 1976, S. 346 ff.;

34 Karl Kraus, Werke III, S. 55;

35 ebda., S. 348;

36 ebda., S. 82;

37 Fackel 1, S. 2;

38 Karl Kraus, Werke VIII, Untergang der Welt durch Schwarze Magie, München 1960, S. 44 f.;

39 Fackel 1, S. 4;

40 May, a. a. O., S. 48 f., und Field, a. a. O., S. 44;

41 vgl. zu Kraus' satirischer Reaktion auf diese Legende z. B.: Karl Kraus, Werke V, Die letzten Tage der Menschheit, München 1957, V. Akt, 26. Szene, S. 615;

42 Fackel 47, S. 13;

43 Fackel 54, S. 17;

44 Field, a. a. O., S. 58;

45 Fackel 890-905, S. 234;

46 Carl E. Schorske, Wien – Geist und Gesellschaft im Fin de Siècle, Frankfurt/M., S. 288;

47 Karl Kraus, Die Sprache, Werke II, vierte Aufl., München 1962, S. 341 f.,

48 Kraus, Werke III, S. 332;

49 Paul Schick, a. a. O., S. 29;

50 vgl. etwa H. Bahr, »Die Überwindung des Naturalismus«, wiederabgedruckt in: Die Wiener Moderne, hrsg. von Gotthart Wunberg, Stuttgart 1981;

51 vgl. zum Vorwurf der »Unechtheit« gegen die »Jung-Wiener«: »Das Leben wird die Krücke der Affectation zerbrechen«, Kraus, Die demolierte Literatur, in: Frühe Schriften, Bd. II, München 1979, S. 297;

52 vgl. P. Altenberg, »Wie ich mir Karl Kraus gewann«, in: P. A., Auswahl aus seinen Schriften von Karl Kraus, Wien 1932, S. 418 ff.;

53 Kraus, Werke III, S. 332;

54 P. Altenberg in: Rundfrage über Karl Kraus, Der Brenner, Innsbruck 1912/13, S. 840;

55 Fackel 601-607, S. 1 ff., S. 6;

56 Kraus, Werke III, S. 103;

57 Kraus, Werke III, S. 333;

58 Barbara Tuchman, The Proud Tower, New York 1967, S. 390;

59 Kraus, Worte in Versen VII, S. 50 ff.,

60 Fackel 270-271, S. 1 ff., S. 6 f.,

61 Fackel 757-758, S. 38-48, S. 45;

62 ebda., S. 43;

63 Fackel 270-271, S. 11, 14;

64 Kraus, Worte in Versen III, S. 77 ff.;

65 Fackel 270-271, S. 10;

66 Fackel 811-819, S. 92 f.;

67 Fackel 757-758, S. 43;

68 Kraus, Werke III, S. 338;

69 Kraus, Werke VIII, a. a. O., S. 348;

70 Ernst Krenek, »Karl Kraus und Offenbach«, abgedruckt in: Fackel 806-809, S. 63;

71 Field, a. a. O., S. 10;

72 Fackel 349-350, S. 1 ff.;

73 Kraus, Werke VIII, S. 228;

74 ebda., S. 233;

75 Franz H. Mautner, Nestroy, Frankfurt/M. 1978, S. 63;

76 ebda., S. 115;

77 E. Friedell, Kulturgeschichte der Neuzeit, Sonderausgabe München 1979, S. 1104;

78 Fackel 345-346, S. 40;

79 Friedell, a. a. O., S. 1104;

80 F. H. Mautner, a. a. O., S. 117;

81 Kraus, Werke VIII, S. 237, S. 239;

82 Paul Engelmann, Ludwig Wittgenstein, Briefe und Begegnungen, hrsg. von B. F. McGuinness, München – Wien 1970, S. 109;

83 Kraus, Werke III, S. 326;

84 Fackel 329-330, S. 33; Werke VIII, S. 213;

85 Fackel 329-330, S. 3 f., Werke VIII, S. 216 f.,

86 Kraus, Werke III, S. 212;

87 ebda., S. 241;

88 Werner Kraft, Karl Kraus, Beiträge zum Verständnis seines Werkes, Salzburg 1956, S. 163;

89 Kraus, Werke III, S. 341;

90 Erich Heller, in: Ludwig Wittgenstein, Schriften, Beiheft 1, Frankfurt/M. 1960, S. 53; Werner Kraft, Rebellen des Geistes, Stuttgart 1968, S. 124;

91 Kraus, Die dritte Walpurgisnacht, Werke I, S. 211;

92 Georg Christoph Lichtenberg, Sudelbücher II, K 220, 2. Aufl., München 1975, S. 439;

93 Kraus, Werke VIII, S. 72;

94 Kraus, Die letzten Tage der Menschheit, Vorwort, Werke V, S. 9;

95 Fackel 194, S. 11.

Kapitel 4

1. Engelbert Broda, Ludwig Boltzmann: Mensch, Physiker, Philosoph, Wien 1955, S. 15;

2 Ernest Jones, The Life and Work of Sigmund Freud, Bd. II, S. 80;

3 ebda., S. 56;

4 A. J. May, The Habsburg Monarchy 1867-1914, New York 1968, S. 183 f.;

5 A. Fuchs, Geistige Strömungen in Österreich 1867-1918, Wien 1949, S. 99;

6 Paul Schick, Karl Kraus in Selbstzeugnissen und Bilddokumenten, Reinbek 1981, S. 30;

7 Oskar Kokoschka zum 85. Geburtstag, Ausstellungskatalog Wien 1971, zit. nach Burckhardt Rukschcio/Roland Schachel, Adolf Loos, Leben und Werk, Salzburg – Wien 1982, S. 192;

8 Adolf Loos, »Ornament und Verbrechen«, in: A. Loos, Trotzdem, Neudruck der Erstausgabe von 1931, Wien 1982, S. 79 (Loos verwendet im Originaltext die für ihn charakteristische Kleinschreibung);

9 Loos, Trotzdem, S. 96;

10 Arnold Schönberg, in: Festschrift für Adolf Loos zum 60. Geburtstag, zit. nach: A. Loos, Ins Leere gesprochen, Neudruck der Erstausgabe von 1921, Wien 1981, Vorwort, S. 15;

11 Peter Selz, German Expressionist Painting, Berkeley – Los Angeles 1957, S. 149;

12 May, The Habsburg Monarchy, S. 321;

13 Ludwig Hevesi, Hans Makart und die Sezession, zit. nach: Experiment Weltuntergang, Wien um 1900, München 1981, S. 10;

14 Selz, a. a. O., S. 60;

15 vgl. etwa seinen Artikel »Ornament und Erziehung«, in: Trotzdem, S. 173 ff.;

16 Selz, a. a. O., S. 150;

17 vgl. Rukschcio/Schachel, Adolf Loos, a. a. O., S. 38;

18 Egon Friedell, Kulturgeschichte der Neuzeit, Sonderausgabe München 1979, S. 1301;

19 ebda., S. 1302;

20 Rukschcio/Schachel, Adolf Loos, S. 178;

21 Loos, »Ornament und Verbrechen«, in: Trotzdem, S. 88;

22 ebda., S. 78;

23 ebda., S. 78;

24 ebda., S. 82, 83;

25 zit. nach: Adolf Loos, Katalog zur Ausstellung in München 1982, S. 10;

26 A. Loos, Trotzdem, S. 84;

27 Fackel 279-280, S. 8;

28 zit. in: Paul Engelmann, Bei der Lampe, unveröffentlichtes Manuskript;

29 Loos, Trotzdem, S. 154 f.;

30 ebda., S. 101;

31 Rukschcio/Schachel, Adolf Loos, S. 149;

32 Fackel 317-318, S. 18;

33 Engelmann, Ludwig Wittgenstein, Wien – München 1970;

34 O. Kokoschka zum 85. Geburtstag, Ausstellungskatalog, zit. nach: Rukschcio/Schachel, Adolf Loos, S. 140;

35 ebda., S. 142;

36 zit. bei Leopold Zahn, Oskar Kokoschka, in: Das Kunstwerk 2. Jg. 1948, S. 29;

37 Rukschcio/Schachel, Adolf Loos, S. 208;

38 Fackel 315-316, S. 33;

39 Fackel 300, S. 25;

40 wieder abgedruckt in: Adolf Loos, die Potemkinsche Stadt, Wien 1983, S. 230;

41 O. Kokoschka, Mein Leben, München 1971, S. 29;

42 zit. bei Paul Schick, Karl Kraus, S. 151;

43 vgl. Eberhard Freitag, Arnold Schönberg in Selbstzeugnissen und Bilddokumenten, Reinbek 1981, S. 24;

44 Arnold Schönberg, Harmonielehre, 4. Aufl., Wien – Zürich – London 1922, S. 7;

45 vgl. Willi Reich, Arnold Schönberg oder: Der konservative Revolutionär, Wien – Frankfurt – Zürich, S. 63;

46 Wassili Kandinsky, »Die Bilder«, in: Arnold Schönberg, Faksimiledruck der Ausgabe von 1912, München 1980, S. 59-64;

47 E. Freitag, Arnold Schönberg, S. 66;

48 Eduard Hanslick, Vom Musikalisch-Schönen, 13.-15. Aufl., Leipzig 1922, Kap. II »Die Darstellung von Gefühlen ist nicht Inhalt der Musik«, S. 20-58, v. a. S. 51 ff.;

49 vgl. Henry Pleasants Aufsatz »Eduard Hanslick« in der englischen Ausgabe von Hanslicks Schriften »Music Criticisms 1846-1899«, New York 1950;

50 ebda., S. 17;

51 ebda., S. 206;

52 ebda., S. 121;

53 Hanslick, Vom Musikalisch-Schönen, a. a. O., S. 11;

54 ebda., S. 34;

55 ebda., S. 33;

56 ebda., S. 169, 170;

57 ebda., S. 63 f.;

58 ebda., S. 64;

59 ebda., S. 62;

60 Arnold Schönberg, Stil und Gedanke. Aufsätze zur Musik, Gesammelte Schriften Bd. 1 (deutsche Ausgabe von »Style and Idea«), 1976, Frankfurt/M., S. 21;

61 ebda., S. 96 (»Komposition mit zwölf Tönen«);

62 ebda., S. 96;

63 zit. bei H. H. Stuckenschmidt, Schönberg: Leben, Umwelt, Werk, Zürich 1974, S. 108;

64 Schönberg an Edgar Prinzhorn, zit. bei Josef Rufer, Das Werk Arnold Schönbergs, Basel – London – New York 1959, S. 129;

65 Schönberg, Stil und Gedanke, S. 167 f.;

66 J. Rufer, a. a. O., S. 129;

67 Schönberg, Harmonielehre, a. a. O., S. 493;

68 Schönberg, Stil und Gedanke, S. 72, 73, 75;

69 ebda., S. 122;

70 zu Hauer vgl. W. Reich, a. a. O., S. 180 ff.;

71 Rufer, a. a. O., S. 131;

72 ebda., S. 143;

73 Schönberg, Harmonielehre, zit. nach Reich, a. a. O., S. 66 (in der zitierten 4. Aufl. der Harmonielehre ist nur noch der erste Satz der ursprünglichen Mahler-Widmung enthalten);

74 Franz Schmidt, zit. in: Wolfgang Schreiber, Gustav Mahler in Selbstzeugnissen und Bilddokumenten, Reinbek 1983, S. 84;

75 Schönberg, Stil und Gedanke, S. 19 (»Mahler«);

76 zit. nach Schreiber, a. a. O., S. 95;

77 Schönberg, Stil und Gedanke, S. 11;

78 Bruno Walter, Mahler, 2. Aufl., Frankfurt/M. 1957, S. 98;

79 Alma Mahler-Werfel/Gustav Mahler, Erinnerungen an Gustav Mahler, Briefe an Alma Mahler, Berlin, 1978, S. 137;

80 zit. in: Kurt Blaukopf, Gustav Mahler oder Der Zeitgenosse der Zukunft, Wien – München – Zürich 1969, S. 47;

81 Bruno Walter, Mahler, a. a. O., S. 97;

82 Schönberg, Stil und Gedanke, S. 165 (»Probleme des Kunstunterrichts«);

83 ebda., S. 76 (»Komposition mit zwölf Tönen«);

84 ebda., S. 32 (»Neue Musik, veraltete Musik, Stil und Gedanke«);

85 ebda., S. 73;

86 Rufer, a. a. O., S. 133;

87 Schönberg, Harmonielehre, a. a. O., S. 393;

88 Schönberg, Stil und Gedanke, Widmung, S. XIX;

89 Arthur Schnitzler, Tagebuch 1879-1931, hrsg. von Österr. Akad. d. Wiss., Wien, 1981;

90 Werner Volk, Hugo von Hofmannsthal in Selbstzeugnissen und Bilddokumenten, Reinbek 1980, S. 17;

91 Hugo von Hofmannsthal, »Der Tor und der Tod«, in: H. v. H., Gedichte und lyrische Dramen, Gesammelte Werke in Einzelausgaben, hrsg. von Herbert Steiner, Frankfurt/M., 1970, S. 203;

92 H. v. H., Aufzeichnungen, in: Ges. Werke i. E., Frankfurt/M. 1959, S. 121;

93 Ernst Mach, Die Analyse der Empfindungen und das Verhältnis des Physischen zum Psychischen, Jena 1900, S. 10;

94 Hofmannsthal, »Der Dichter und diese Zeit«, in: Ges. Werke i. E., Prosa II, Frankfurt/M. 1951, S. 281 f.;

95 H. v. H., Aufzeichnungen, a. a. O., S. 107;

96 H. v. H., »Der Dichter und diese Zeit«, a. a. O., S. 279;

97 H. v. H., Aufzeichnungen, S. 106;

98 H. v. H., Ad Me Ipsum, in: Aufzeichnungen, S. 240 f.;

99 H. v. H., »Ein Brief«, in: Prosa II, S. 12;

100 ebda., S. 18 f.;

101 Gerhard Masur, Prophets of Yesterday, Studies in European Culture 1890-1914, New York 1961, S. 132;

102 H. v. H., Briefe 1900-1909, Wien 1937, S. 127;

103 H. v. H., Briefwechsel mit Anton Wildgans, Heidelberg 1971, S. 31;

104 H. v. H., »Buch der Freunde«, in: Aufzeichnungen, S. 71;

105 ebda., S. 65;

106 ebda., S. 101;

107 H. v. H., Brief an R. A. Schröder, in: Briefe 1900-1909, S. 67;

108 H. v. H., Prosa IV, Ges. Werke i. E., Frankfurt/M. 1955, S. 40;

109 Fackel 64, S. 14;

110 Karl Kraus, Werke VI, Literatur und Lüge, München 1958, S. 69;

111 Kraus, Werke VIII, Untergang der Welt durch Schwarze Magie, München 1960, S. 228 f.;

112 Robert Musil, »Die Verwirrungen des Zöglings Törleß, Ges. Werke in 9 Bdn., hrsg. von A. Frisé, 2. Aufl., Reinbek bei Hamburg 1978, S. 7;

113 ebda., S. 18;

114 ebda., S. 25;

115 ebda., S. 138.

Kapitel 5

1 Zitiert nach Joachim Kühn, Gescheiterte Sprachkritik, Fritz Mauthners Leben und Werk, Berlin – New York 1975, S. 229 f. (Von großer Hilfe für das Verständnis Mauthners waren mir Gespräche, die ich 1968 mit Professor R. H. Popkin führte. – A. S. J.);

2 Fritz Mauthner, Die Herkunft des sprachkritischen Gedankens, in: Die Zukunft 47 (1904), S. 10 ff.; wiederabgedruckt in: Fritz Mauthner, Prager Jugendjahre, Erinnerungen, Frankfurt/M. 1969, S. 202;

3 ebda., S. 199;

4 Joachim Thiel, Zur Kritik der Sprache. Briefe Fritz Mauthners an Ernst Mach, in: Muttersprache, 76. Jg., 1966, S. 80;

5 F. Mauthner, Beiträge zu einer Kritik der Sprache, unveränderter Neudruck der 2. Aufl. von 1906, Frankfurt/M., Berlin; Wien 1982, Bd. III, S. 256 ff.; vgl. auch F. Mauthner, Wörterbuch der Philosophie, unveränderter Neudruck der 1. Aufl. von 1910/11, Zürich 1980, Bd. I, S. XII;

6 F. Mauthner, Beiträge, Bd. I, S. 507; vgl. auch Bd. III, S. 261 und passim;

7 F. Mauthner, Beiträge, Bd. III, S. 273; vgl. auch Bd. I, S. 221 und Bd. II, S. 77;

8 F. Mauthner, Wörterbuch, Bd. I, S. XI;

9 F. Mauthner, Beiträge, Bd. III, S. X;

10 ebda., S. 327;

11 ebda., Bd. I, S. 614;

12 F. Mauthner, Wörterbuch, Bd. I, S. XCII;

13 ebda., Bd. II, S. 354 f.;

14 ebda., Bd. II, S. 355;

15 ebda., Bd II, S. 354;

16 Arthur Schopenhauer, Über die vierfache Wurzel des Satzes vom zureichenden Grund, nach der 2., vermehrten Aufl. von 1847, in: Sämtliche Werke, hrsg. von Paul Deussen, München 1912, S. 218;

17 F. Mauthner, Wörterbuch, Bd. II, S. 386;

18 ebda., Bd. II, S. 365, 366;

19 ebda., Bd. II, S. 367;

20 ebda., Bd. II, S. 367;

21 ebda., Bd. II, S. 374;

22 F. Mauthner, Beiträge, Bd. I, S. 327 ff.;

23 ebda., Bd. I, S. 235;

24 ebda., Bd. I, S. 321;

25 ebda., Bd. I, S. 192 ff., 199;

26 ebda., Bd. I, S. 516 f.;

27 ebda., Bd. I, S. 25;

28 ebda., Bd. I, S. 517;

29 ebda., Bd. I, S. 18 f.;

30 ebda., Bd. III, S. 637;

31 F. Mauthner, Die Sprache, hrsg. von Martin Buber, Frankfurt/M. 1906, S. 109;

32 F. Mauthner, Beiträge, Bd. I, S. 91-97;

33 ebda., Bd. I, S. 97;

34 ebda., Bd. I, S. 35;

35 ebda., Bd. III, S. 353, 354;

36 ebda., Bd. III, S. 354;

37 J. Thiele, Briefe Mauthners an Ernst Mach, a. a. O., S. 81;

38 Mauthner, Beiträge, Bd. III, S. 459;

39 ebda., Bd. III, S. 561 ff.;

40 ebda., Bd. III, S. 565;

41 ebda., Bd. III, S. 579;

42 ebda., Bd. III, S. 359;

43 ebda., Bd. I, S. 170;

44 ebda., Bd. III, S. 389;

45 ebda., Bd. II, S. 64;

46 ebda., Bd. I, S. 697;

47 ebda., Bd. I, S. 706;

48 F. Mauthner, Die Sprache, S. 120;

49 F. Mauthner, Beiträge, Bd. I, S. 118;

50 F. Mauthner, Wörterbuch, Bd. I, S. XI;

51 Werner Volke, Hugo von Hofmannsthal in Selbstzeugnissen und Bilddokumenten, Reinbek 1983, S. 52;

52 F. Field, Last Days of Mankind, S. 245, Anm. 43;

53 Robert S. Cohen, »Ernst Mach: Physics, Perception and the Philosophy of Science«, in: Synthese, Bd. 18, Nr. 2/3, S. 162. Field, a. a. O., berichtet, daß Friedrich Adler, der Sohn des Gründers der österreichischen Sozialdemokratie, während seiner Gefängnisstrafe wegen der Ermordung des Grafen Stürgkh an einem Buch über Mach arbeitete;

54 Cohen, »Ernst Mach«, S. 168, Anm. 42;

55 Albert Einstein, »Autobiographisches«, in: P. A. Schilpp, Albert Einstein als Philosoph und Naturforscher, Stuttgart, o. J., S. 8;

56 Gerald Holton, Thematische Analyse der Wissenschaft, Frankfurt/M. 1981, S. 208 ff.;

57 ebda., S. 240;

58 Ernst Mach, Erkenntnis und Irrtum, 5. Aufl., Leipzig 1926, S. 88 ff.;

59 ebda., S. 6 f.;

60 E. Mach, Die Geschichte und die Wurzel des Satzes von der Erhaltung der Arbeit, Prag 1872, S. 57 f.;

61 E. Mach, Die Analyse der Empfindungen und das Verhältnis des Physischen zum Psychischen, 6. Aufl., Jena 1911, S. 38;

62 John Passmore, A Hundred Years of Philosophy, 2. Aufl., London 1966, S. 213;

63 Wendell D. Bush, Avenarius and the Standpoint of Pure Experience, in: Archives of Philosophy, Psychologie and Scientific Method, Vol. 2 (1905), S. 26;

64 I. M. Bocheński, Europäische Philosophie der Gegenwart, 2. Aufl., Bern – München 1951, S. 148;

65 Bush, a. a. O., S. 26;

66 Richard Avenarius, Philosophie als Denken der Welt gemäß dem Prinzip des kleinsten Kraftmaßes: Prolegomena zu einer Kritik der reinen Erfahrung, 2. Aufl., Berlin 1903;

67 Ernst Mach, Erkenntnis und Irrtum, a. a. O., S. 164 ff.;

68 Ernst Mach, Die Mechanik historisch-kritisch dargestellt, unveränderter Nachdruck der 9. Aufl. von 1933, Darmstadt 1963, S. 457;

69 ebda., S. 217;

70 ebda., S. 433;

71 ebda., S. 251;

72 Cohen, »Ernst Mach«, S. 149;

73 E. Mach, Mechanik, S. 458;

74 Max Planck, »Die Einheit des physikalischen Weltbildes«, in: Physikalische Zeitschrift, 10. Jg. 1909, S. 62-65. Vgl. auch Machs Erwiderung, ebda., 11. Jg. 1910, S. 599 ff., und dagegen wieder Planck, ebda., S. 1186 ff. Robert Musils Dissertation: Beitrag zur Beurteilung der Lehren Machs, unveränderter Neudruck, Reinbek 1980, enthält ebenfalls eine tiefgreifende Kritik der Machschen Theorien;

75 Max Planck, »Zur Machschen Theorie der physikalischen Erkenntnis«, in: Physikalische Zeitschrift, 11. Jg. 1910, S. 1190;

76 Holton, Thematische Analyse, a. a. O., S. 219-225;

77 H. von Helmholtz, Vorwort zu Heinrich Hertz, Die Prinzipien der Mechanik, Gesammelte Werke III, Leipzig 1894, S. VII;

78 E. Mach, Die Analyse der Empfindungen. a. a. O., S. 299 f.;

79 E. Mach, The Science of Mechanics, S. 318, Anm. (Diese Stelle ist in der zitierten deutschen Ausgabe nicht enthalten. Mach kannte und billigte aber die englische Übersetzung);

80 R. B. Braithwaite, Scientific Explanation, Cambridge 1959, S. 90 f.;

81 Avenarius, a. a. O., S. 6;

82 Hertz, Die Prinzipien der Mechanik, a. a. O., S. 2 f.;

83 ebda., S. 47;

84 ebda., S. 45;

85 H. Hertz, Untersuchungen über die Ausbreitung der elektrischen Kraft, Ges. Werke II, Leipzig 1894, S. 23;

86 Ludwig Boltzmann, Populäre Schriften, 3. Aufl., Leipzig 1925, S. 330;

87 A. d'Abro, The Rise of the New Physics, Vol. I, New York 1952, S. 388-394;

88 M. Planck, »Die Einheit des physikalischen Weltbildes«, a. a. O., v. a. S. 74;

89 L. Wittgenstein, Tractatus, Sätze 1.13, 1.2, 1.21, 2.1, 2.201, 3.4, 3.411;

90 S. E. Toulmin, Physical Reality, New York 1970, Einleitung;

91 Ernst Cassirer, Das Erkenntnisproblem in der Philosophie und Wissenschaft der neueren Zeit, Bd. 4, Darmstadt 1973, S. 110 ff.;

92 Hertz, Prinzipien der Mechanik, a. a. O., S. 53, Vorbemerkung;

93 Immanuel Kant, Kritik der reinen Vernunft, Bd. I, A VII, zitiert nach: I. Kant, Werkausgabe in 12 Bänden, hrsg. von Wilhelm Weischedel, Frankfurt/M. 1968, Bd. III, S. 11;

94 I. Kant, Prolegomena zu einer jeden künftigen Metaphysik, die als Wissenschaft wird auftreten können, Werkausgabe Bd. V, S. 238;

95 ebda., S. 228;

96 ebda., S. 224;

97 ebda., S. 227;

98 ebda., S. 227;

99 I. Kant, Grundlegung zur Metaphysik der Sitten, Werkausgabe Bd. VII, S. 19;

100 ebda., S. 39 f.;

101 ebda., S. 101;

102 I. Kant, Kritik der reinen Vernunft, Werkausgabe Bd. III, B VIII, S. 21;

103 ebda., B. IX, S. 21;

104 Arthur Schopenhauer, Die Welt als Wille und Vorstellung, Bd. I, in: Sämtliche Werke, hrsg. von Paul Deussen, München 1911, Bd. 1, S. 493 (»Kritik der Kantischen Philosophie«);

105 ebda., S. 513;

106 A. Schopenhauer, Über die vierfache Wurzel des Satzes vom zureichenden Grund, nach der 2., vermehrten Aufl. von 1847, in: Werke Bd. 3, München 1912, S. 112;

107 ebda., S. 137 f.;

108 Schopenhauer, Die Welt als Wille und Vorstellung, a. a. O., S. 40;

109 ebda., S. 17;

110 ebda., S. 36;

111 ebda., S. 131;

112 Schopenhauer, Preisschrift über die Grundlage der Moral, in: Sämtliche Werke, hrsg. von P. Deussen, Bd. 3, München 1912, S. 593;

113 ebda., S. 674;

114 Schopenhauer, Die Welt als Wille und Vorstellung, a. a. O., S. 440;

115 ebda., S. 461;

116 Søren Kierkegaard, Tagebücher, 5. Bd., in: Gesammelte Werke, Düsseldorf – Köln, 1974, S. 195;

117 S. Kierkegaard, Der Gesichtspunkt für meine Wirksamkeit als Schriftsteller, in: Ges. Werke, a. a. O., 33. Abtlg., Schriften über sich selbst, S. 51;

118 S. Kierkegaard, Eine Literarische Anzeige, Ges. Werke, 17. Abtlg., S. 79;

119 ebda., S. 96;

120 ebda., S. 97;

121 Karl Kraus, Die Fackel 706-711, S. 1-28, S. 23;

122 S. Kierkegaard, Gesichtspunkt, a. a. O., S. 36;

123 S. Kierkegaard, Literarische Anzeige, S. 109;

124 S. Kierkegaard, Gesichtspunkt, S. 44;

125 ebda., S. 47;

126 S. Kierkegaard, Abschließende unwissenschaftliche Nachschrift zu den Philosophischen Brocken, Bd. 1, Werke, 16. Abtlg., S. 194;

127 ebda., S. 204;

128 ebda., S. 211;

129 Leo Tolstoi, My Confession, My Religion and the Gospel in Brief, The Complete Works of L. Tolstoi, New York 1889, S. 76;

130 Leo Tolstoi, »Meine Beichte«, in: Philosophische und sozialkritische Schriften, Gesammelte Werke Bd. 15, Berlin (DDR) 1974, S. 96;

131 Leo Tolstoi, Anna Karenina, 16. Aufl., München 1981, Teil VIII, Kap. 12, S. 948;

132 ebda., S. 949 f.;

133 die Erzählung »Die beiden Alten« zeigt dies gut; zu den Erzählungen Tolstois, die seine Auffassung vom Christentum am deutlichsten wiedergeben, gehören »Das Märchen von Iwan dem Narren und seinen zwei Brüdern« und »Wieviel Erde der Mensch braucht« in: Tolstoi, Volkserzählungen, München 1961;

134 Tolstoi, Ästhetische Schriften, Ges. Werke Bd. 14, Berlin (DDR) 1968, S. 96, S. 104;

135 vgl. S. E. Toulmin, »From Logical Analysis to Conceptual History«, in: The Legacy of Logical Positivism (Achinstein/Barker, Hrsg.), Baltimore 1969.

Kapitel 6

1 Brief an Ludwig von Ficker, Oktober oder November 1919, in: L. Wittgenstein, Briefe, Frankfurt/M. 1980, S. 96;

2 die Darstellung von Wittgensteins persönlichem Hintergrund und seiner Erziehung stützt sich vor allem auf Gespräche, die A. S. J. im Winter 1969/70 in Wien mit Thomas Stonborough und anderen Mitgliedern der Wittgenstein-Familie sowie mit Personen, die mit dem Milieu der Familie vertraut waren, führte. Zu einigen Punkten vergleiche man auch Paul Engelmanns Buch und die Schriften G. H. von Wrights über die Person Ludwig Wittgenstein. Näheres über Karl Wittgensteins spektakuläre Karriere als Indu-

strieller findet man in Hans Melzachers »Begegnungen auf meinem Lebensweg«. Auf dieses Buch wurde ich allerdings zu spät aufmerksam, um es in diesem Kapitel noch verwerten zu können (A. S. J.);

3 Karl Wittgenstein, Zeitungsartikel und Vorträge, Wien 1913;

4 vgl. Albert Einstein, »Autobiographisches«, in: P. A. Schilpp (Hrsg.), Albert Einstein als Philosoph und Naturforscher, Stuttgart o. J.;

5 vgl. z. B. Friedrich Waismann, Wittgenstein und der Wiener Kreis, in: Ludwig Wittgenstein, Schriften, Bd. 3, Frankfurt/M. 1967, v. a. S. 46, 130 ff., 165 und passim;

6 vgl. Georg Henrik von Wright, Biographische Betrachtung, in: L. Wittgenstein, Schriften, Beiheft 1, Frankfurt/M. 1960, S. 83;

7 vgl. z. B. Wittgenstein, Vorlesungen und Gespräche über Ästhetik, Psychologie und Religion, hrsg. von C. Barett, Göttingen 1968; Wittgenstein, Vermischte Bemerkungen, hrsg. von G. H. v. Wright, Frankfurt/M. 1977, passim;

8 persönliche Mitteilungen von Philip Rądcliffe, Timothy Moore und Mrs. G. E. Moore aus den Jahren 1946-48 (S. E. T.);

9 vgl. Machs Aufsatz »Die Leitgedanken meiner naturwissenschaftlichen Erkenntnislehre und ihre Aufnahme durch die Zeitgenossen, in: Physikalische Zeitschrift, 11. Jg. 1910, S. 599;

10 von Wright, a. a. O., S. 99;

11 Wittgensteins Gebrauch dieses Begriffes (wie auch der Lichtenbergs, W. H. Watsons, N. R. Hansons und anderer Sprachphilosophen und Wissenschaftstheoretiker) unterscheidet sich deutlich von dem, den T. S. Kuhn in seinem vieldiskutierten Buch »Die Struktur wissenschaftlicher Revolutionen« eingeführt hat; vgl. auch S. E. Toulmin, Voraussicht und Verstehen, Frankfurt/M. 1981, und besonders Toulmin, Kritik der kollektiven Vernunft, Frankfurt/M. 1978, Teil I, Abschn. 1.4;

12 vgl. John M. Keynes, »My Early Beliefs«, in: Two Memoirs, London 1949, S. 99; Bertrand Russell über seine Freundschaft mit D. H. Lawrence, in: Portraits from Memory, London 1956;

13 Theodor Haecker, Søren Kierkegaard und die Philosophie der Innerlichkeit, Innsbruck 1913, S. 29;

14 ebda., S. 57;

15 Robert S. Cohen, Einleitung zu Heinrich Hertz, The Principles of Mechanics, New York 1956;

16 Belegstellen aus dem Tractatus werden im folgenden unmittelbar im Anschluß an die Textstelle mit der Abkürzung »TLP« in Klammern zitiert;

17 wir legen hier die englische Ausgabe des Tractatus in der

Übersetzung von D. F. Pears und B. F. McGuinness, London – New York 1961, zugrunde; vgl. dort 2.1;

18 Wittgenstein, Tagebücher 1914-16, in: Schriften Bd. 1, Frankfurt/M. 1980, S. 123;

19 ebda., S. 102;

20 über »Phasenräume« in der statistischen Mechanik s. A. d'Abro, The Rise of the New Physics, Bd. I, New York 1952, S. 388-394; E. H. Kennard, The Kinetic Theory of Gases, New York 1938, S. 338-392;

21 wie bereits erwähnt wollte Wittgenstein 1906, in dem Jahr also, in dem Boltzmann Selbstmord beging, bei diesem mit dem Studium beginnen;

22 Gottlob Frege, »Über Sinn und Bedeutung«, in: Funktion, Begriff, Bedeutung, hrsg. von Günther Patzig, Göttingen 1975, S. 48 f.;

23 ebda., S. 46, Anm.;

24 vgl. z. B. Frege, »Einleitung in die Logik«, in: Nachgelassene Schriften Bd. I, hrsg. von H. Hermes, F. Kaulbach und F. Kambartel, 2. Aufl., Hamburg 1983, S. 201 f.; Wittgenstein hat diese Einsicht Freges ausdrücklich anerkannt, vgl. Philosophische Untersuchungen, Schriften Bd. 1, § 49 a. E., S. 315;

25 Wittgenstein, Briefe, Brief, a. a. O., S. 18;

26 zit. in: E. Anscombe, P. Geach, Three Philosophers, Oxford 1961, S. 130;

27 Waismann, Wittgenstein und der Wiener Kreis, a. a. O., S. 46;

28 Wittgenstein streifte dieses Problem bereits 1915 in den Tagebüchern, vgl. ebda., Schriften Bd. 1, S. 143;

29 er hätte allerdings darauf bestanden, daß es aus *logischen* Gründen so sein *müsse*, auch wenn man keine empirischen Belege dafür habe (eine Auffassung, die ihm später absurd erschien); vgl. hierzu die aufschlußreiche Stelle in Norman Malcolm, Ludwig Wittgenstein, ein Erinnerungsbuch, München – Wien o. J., S. 109;

30 das ist der Sinn von Wittgensteins berühmter »Leitermetapher« in TLP 6.54: die Leiter seiner Sätze müsse weggeworfen werden, wenn man auf ihr über sie hinausgestiegen sei;

31 P. Engelmann, Ludwig Wittgenstein, Briefe und Begegnungen, München 1970, S. 77;

32 W. Abeles Iggers, Karl Kraus, a. a. O. (vgl. Kap. 3), S. 114;

33 Ludwig Wittgenstein, Briefe an Ludwig von Ficker, hrsg. von G. H. von Wright, Brennerstudien Bd. 1, Salzburg 1969. Der Band enthält die Briefe und Karten Wittgensteins an Ficker, außerdem einen Aufsatz von W. Methlagl über die Beziehungen Wittgen-

steins zu Ficker und einen Bericht v. Wrights über die Publikations-
geschichte des Tractatus (Unser eigener Bericht über diese Geschichte stützt sich vor allem auf v. Wrights Aufsatz).;

34 ebda., S. 32; auch in: Wittgenstein, Briefe, a. a. O., S. 94;

35 Briefe an Ficker, S. 38; Briefe S. 102;

36 Briefe an Ficker, S. 35; Briefe S. 96 f.;

37 vgl. auch Tagebücher, a. a. O., S. 170;

38 Karl Kraus, Werke III, a. a. O., S. 338;

39 Waismann, a. a. O., S. 115;

40 ebda., S. 118; vgl. A. Schopenhauer, Motto vor der Preisschrift über die Grundlage der Moral;

41 ebda., S. 68;

42 Wittgenstein, Tagebücher, a. a. O., S. 169;

43 vgl. Tractatus, Einleitung, a. E.;

44 Engelmann, Ludwig Wittgenstein, S. 59-61;

45 ebda., S. 71-73;

46 Engelmann, »Über den Tractatus Logico Philosophicus von
Ludwig Wittgenstein«, in: Bei der Lampe, ungedrucktes Manuskript;

47 vgl. Tractatus 6.11; 6.121; 6.124, Satz 2; vgl. auch 4.461;

48 K. Kraus, Werke III, a. a. O., S. 161;

49 Wittgenstein, Briefe, a. a. O., S. 72 f.;

50 Kraus, Werke, S. 124.

Kapitel 7

1 s. John M. Keynes, Two Memoirs, London 1949; Bertrand
Russell, Portraits from Memory, London 1956, Kap. 6, Anm. 13;

2 Tolstoi, Anna Karenina, Teil VIII, Kap. 10-13;

3 ich schulde Hans Hess, University of Sussex, Dank für aufschlußreiche Gespräche über diesen Gegenstand (S. E. T.);

4 dieser Bericht stützt sich teilweise auf die Erinnerungen Engelmanns und die biographischen Ausführungen v. Wrights, teilweise
auf A. S. J.s Gespräche in Wien;

5 persönliche Mitteilung von Richard Braithwaite (S. E. T.);

6 es gab zunächst Zweifel, ob dieser Besuch wirklich stattgefunden hat; inzwischen existieren mehrere unabhängige Beweise dafür;

7 Erich Lucas, Tel Aviv, machte mich auf die Bedeutung Gor-
dons aufmerksam und erklärte mir die Zusammenhänge der Kibbuz-Bewegung mit Tolstois Gedanken (S. E. T.);

8 ich traf Dorothy Moore unmittelbar nach dieser Begegnung
und sie erzählte mir sehr belustigt davon (S. E. T.);

9 Drury und Watson waren nur zwei besonders bemerkenswerte Beispiele hervorragender junger Philosophen, denen Wittgenstein mit aller Macht abriet, dieses Fach als Beruf zu betreiben; auch mündlich brachte er von 1946 an immer wieder diese Einstellung zum Ausdruck;

10 s. Stanley Rosen, Nihilism: A Philosophical Essay, New Haven and London 1969, S. 5-8;

11 L. Wittgenstein, Zettel 458, in: Schriften Bd. 5, 2. Aufl., Frankfurt/M. 1982, S. 381; vgl. zur Wichtigkeit dieser Unterscheidung für den späten Wittgenstein auch: Philosophische Untersuchungen Teil II, in: Schriften Bd. 1, Frankfurt/M. 1980, S. 514, 517, 525 und passim;

12 s. etwa Waismann, Wittgenstein und der Wiener Kreis, L. Wittgenstein, Schriften Bd. 3, 3.-5. Tsd. 1980, S. 69;

13 eine Bemerkung, die ich seinerzeit im Studienjahr 1946/47 notiert habe (S. E. T.);

14 dies erzählte mir Rudolf Koder 1969 in Wien (A. S. J.);

15 über Loos vgl. Kap. 4;

16 Bernhard Leitner, »Wittgenstein's Architecture«, in: Artforum, New York 1970 (deutsch in: Die Zeit, Hamburg, 20. 2. 1970); der Aufsatz enthält auch eine Reihe interessanter Photographien des Hauses;

17 das Resultat dieser Umkehrung ist gut repräsentiert in Büchern wie Hans Reichenbachs The Rise of Scientific Philosophy, Berkeley 1951, oder Alfred J. Ayers Language. Truth and Logic (deutsch: Sprache, Wahrheit, Logik, Stuttgart 1970), 2. Aufl., New York 1946, mit ihrer Betonung der Notwendigkeit, die Philosophie »auf den sicheren Weg der Naturwissenschaften zu führen«;

18 Schillers sogenannte »Weihnachtsnummer« mit dem Titel »Mind!« machte sich vor allem kräftig über die verschiedenen Varianten der späten idealistischen Philosophie lustig;

19 vgl. G. E. Moores berühmten Aufsatz »The Refutation of Idealism« in: Mind, Jg. 12 (1903), S. 433-453, der nirgends die Thesen der Idealisten angreift, sondern einfach ihre Sätze buchstäblich wörtlich nimmt und dem, was sie dann zu sagen *scheinen*, widerspricht;

20 John Macfarland lenkte meine Aufmerksamkeit durch eine Seminararbeit an der Brandeis University 1967/68 auf diese Verwandtschaft (S. E. T.);

21 William Stockton zeigte (im gleichen Seminar) die Ähnlichkeit von Mc Taggarts und Moores ethischen Argumenten (S. E. T.);

22 Roy Harrod, The Life of John Maynard Keynes, New York 1951, S. 78;

23 John M. Keynes, »My Early Beliefs«, in: Two Memoirs, a. a. O.;

24 aus der umfangreichen und noch anwachsenden Literatur über diese Gruppe sind besonders die Bände von Leonard Woolfs Autobiographie zu empfehlen;

25 John Locke, An Essay Concerning Human Understanding, »Epistle to the Reader«, New York 1951;

26 wie sie etwa vertreten wird in Publikationen wie der International Encyclopedia of Unified Science, seit 1930 hrsg. von der University of Chicago Press;

27 diese Auffassung wird z. B. von Büchern wie C. K. Ogden and I. A. Richards, The Meaning of Meaning, New York 1946 (deutsch: Die Bedeutung der Bedeutung, Frankfurt/M. 1972) gut repräsentiert;

28 B. Russell, Our Knowledge of the External World as a Field for Scientific Method in Philosophy, London – New York 1914;

29 vgl. den Bericht in P. Engelmanns Buch; vgl. auch die Notizen über die Gespräche zwischen Schlick und Waismann, in: Waismann, a. a. O., Schriften Bd. 3;

30 Waismann, ebda., S. 14;

31 P. Engelmann, Ludwig Wittgenstein, S. 97;

32 Waismann, a. a. O., S. 89;

33 ebda., S. 87, S. 89;

34 vgl. Rudolf Carnap, Logical Foundations of Probability, Chicago 1950; Carl G. Hempel, Aspects of Scientific Explanation, New York 1965; E. Nagel, The Structure of Science, New York 1961;

35 vgl. dazu die Argumente Hempels über »das Dilemma des Theoretikers« in »Aspects«, a. a. O., mit denen D. S. Shaperes in: Achinstein/Barker (Hrsg.), The Legacy of Logical Positivism, Baltimore 1969;

36 vgl. etwa Stuart Hughes, Consciousness and Society: The Reorientation of European Social Thought 1890-1930, New York 1958, Kap. 10;

37 Brian Farell, »An Appraisal of Therapeutic Positivism«, in: Mind, Jg. 55 (1946), S. 25-48 und S. 133-150;

38 vgl. die Argumente von John Wisdom in seiner Aufsatzsammlung Philosophy and Psychoanalysis, Oxford 1953; der Terminus »Cerebrosen« ist allerdings eine Wortprägung von mir (S. E. T.); es ist interessant, daß einige orthodoxe freudianische Psychoanalytiker in England ihre Aufgabe der Therapie von Neurosen weitgehend als die Aufhellung solcher prinzipieller Begriffsverwirrungen interpretieren; das wurde in Gesprächen mit Roger Money-Kyrle und anderen in den frühen fünfziger Jahren deutlich;

371

39 P. Engelmann, Ludwig Wittgenstein, S. 77;

40 L. Wittgenstein, Das Blaue Buch, Schriften Bd. 5, Frankfurt/M. 1982, S. 95;

41 Waismann, a. a. O., S. 182-186;

42 ebda., S. 209 f. Nach einem früheren Aufsatz über Wittgenstein (in: Encounter, Januar 1969) bekam ich Schwierigkeiten in bezug auf die Frage, wie die genaue englische Wiedergabe des Ausdrucks »hinweisende Erklärung« in dieser Bemerkung zu lauten habe; mehrere Leser schrieben der Zeitschrift, daß meine Übersetzung »consequential clarification« durch »ostensive definition« ersetzt werden müsse. Es mag sein, daß Wittgensteins positivistische Anhänger den Ausdruck in diesem Sinn verstanden; aber Wittgenstein selbst betont, daß eine solche Erklärung keine Definition sei. Trotz der Argumente von Michael Lipton und anderen erscheint mir daher die Übersetzung »ostensive demonstration« diejenige zu sein, welche Wittgensteins Gedanken am nächsten kommt (S. E. T.);

43 Wittgenstein, Philosophische Untersuchungen, Schriften Bd. 1, § 415, S. 431;

44 ebda., § 23, S. 300 f.;

45 Heinrich Hertz, Die Prinzipien der Mechanik, Ges. Werke III, Leipzig 1894, S. 9;

46 vgl. z. B. die Darstellung bei Viktor Kraft, Der Wiener Kreis – Der Ursprung des Neopositivismus, 2. Aufl., Wien – New York 1968, S. 107 f.;

47 vgl. z. B. Philosophische Bemerkungen I, § 6, Schriften Bd. 2, S. 54; Philosophische Untersuchungen, § 27-34, S. 302-306;

48 Frank Ramsey machte einmal gegenüber Wittgenstein eine Bemerkung über die Doppelbödigkeit der Beweisführung zum »Unsagbaren« im Tractatus: »Wenn man es nicht sagen kann, dann kann man es nicht sagen, und pfeifen kann man's auch nicht«;

49 W. V. O. Quine, »Zwei Dogmen des Empirismus«, in: Von einem logischen Standpunkt, Frankfurt/M. – Berlin – Wien 1979, S. 27 ff., v. a. S. 42, S. 47;

50 mehrere solche Beispiele stehen in meinen unveröffentlichten Aufzeichnungen von Wittgensteins Vorlesungen in Cambridge 1946/47;

51 Wittgenstein, Philosophische Untersuchungen, § 109, S. 342;

52 zit. bei Engelmann, Ludwig Wittgenstein, S. 107;

53 B. Rukschcio/R. Schachel, Adolf Loos, a. a. O., S. 85;

54 Fackel 329-330, S. 4;

55 Otto Stoessl, Lebensform und Dichtungsform, München 1914;

56 H. v. Hofmannsthal, Ges. Werke in Einzelausgaben, Prosa III, Frankfurt/M. 1953, S. 66 ff.;

57 F. Mauthner, Beiträge zu einer Kritik der Sprache, a. a. O. (s. Kap. 5), Bd. I, S. 25;

58 ebda., S. 191; vgl. auch Mauthner Bd. III, S. 431 ff., v. a. S. 435;

59 vgl. v. a. Wittgensteins Lecture on Ethics, in: Philosophical Review 74 (1965), S. 3-12;

60 Waismann, a. a. O., S. 115;

61 ebda., S. 117;

62 vgl. Wittgenstein, Vorlesungen und Gespräche über Ästhetik, Psychologie und Religion, Göttingen 1968, S. 87-95;

63 vgl. Paul L. Holmer, »Indirect Communication«, in: Perkin's Journal, Spring 1971, S. 14-24;

64 Engelmann, Ludwig Wittgenstein, S. 31; auch in: Wittgenstein, Briefe, a. a. O., S. 117;

65 Engelmann, a.a. O., S. 38; Briefe, a. a. O., S. 146;

66 Engelmann, S. 40; Briefe S. 206;

67 Engelmann, S. 39; Briefe, S. 152.

Kapitel 8

1 W. W. Bartley III hat einige interessante Beiträge über diese Zeit geliefert; er hat den Anteil der Ideen Bühlers über »bildloses Denken« und »Regelbewußtsein« an den Bildungstheorien beleuchtet, die der Schulreform in Österreich nach 1919 zugrunde lagen. An den Lehrerfortbildungskursen, die im Zuge dieser Reform eingeführt wurden, sollen, wie Bartley behauptet, sowohl Karl Popper als auch Ludwig Wittgenstein teilgenommen haben; vgl. W. W. Bartley, Wittgenstein, Ein Leben, München 1983;

2 siehe Machs wissenschaftlich-autobiographischen Essay, Die Leitgedanken meiner naturwissenschaftlichen Erkenntnislehre und ihre Aufnahme durch die Zeitgenossen, in: Physikalische Zeitschrift, 11. Jg. 1910, S. 599-606;

3 Ludwig Wittgenstein, Tagebücher, in: Schriften Bd. 1, 4. Aufl., Frankfurt/M. 1980, S. 175;

4 Herr J. J. Shapiro hat meine Aufmerksamkeit auf einige entscheidende Stellen in Kants spätem Aufsatz über »Das Ende aller Dinge« gelenkt, der oft als senil abgetan wird, der jedoch bei sorgfältigem Lesen die historischen Implikationen von Kants liberalen Auffassungen deutlich werden läßt (S. E. T.);

5 dies teilte mir 1946/47 ein Kommilitone in Cambridge mit (S. E. T.);

6 Friedrich Waismann, Einführung in das mathematische Denken, Wien 1946;

7 ich habe selbst versucht, diese »historisch-rationale« Richtung in Human Understanding, Bd. I (deutsch: Kritik der kollektiven Vernunft, Bd. 1, Frankfurt/M. 1978), weiterzuverfolgen;

8 Willi Reich, Schönberg oder Der konservative Revolutionär, Wien – Frankfurt – Zürich 1968;

9 Kurt Blaukopf, Mahler oder Der Zeitgenosse der Zukunft, Wien – München – Zürich 1969;

10 Adolf Loos, Trotzdem, unveränd. Neudruck der Erstausgabe 1931, Wien 1982, S. 110 f.;

11 B. Rukschcio, R. Schachel, Adolf Loos, Salzburg 1982, S. 67;

12 1946/47, von S. E. Toulmin notiert;

13 als die Aristotelian Society und die Moral Association im Sommer 1946 ihre gemeinsame Tagung in Cambridge abhielten, verursachte Wittgenstein eine tiefgehende Verstimmung, indem er am Tag des Sitzungsbeginns die Stadt ostentativ verließ;

14 Wittgenstein führte gewöhnlich mindestens einmal wöchentlich 2- bis 3stündige Gespräche mit Moore in dessen Arbeitszimmer in der Chesterton Road 86. Dorothy Moore hatte strikte Anweisung, während dieser Zeit jede Störung von den beiden fernzuhalten (S. E. T.);

15 zitiert von John Wisdom 1946/47 im Gespräch mit S. E. T.;

16 aus persönlichen Gesprächen um 1953 (S. E. T.);

17 vgl. die Einleitung von G. Ryle zu A. J. Ayer et al., The Revolution in Philosophy;

18 zu Wittgensteins positiver Einschätzung solcher Schriftsteller wie Augustinus, Schopenhauer und Kierkegaard siehe die Ausführungen von Waismann, Drury, v. Wright, Malcolm u. a., die bereits erwähnt wurden;

19 über Ayer sagte Wittgenstein einmal: »Das Beunruhigende an Ayer ist, daß er *immer* gescheit ist«; 1946/47 notiert (S. E. T.);

20 Ludwig Wittgenstein, Vermischte Bemerkungen, 5.-7. Tsd., Frankfurt/M. 1978, S. 154;

21 Cassirer hatte natürlich beträchtlichen – und gesunden – Einfluß auf die kognitive Psychologie von Werner, Kaplan u. a.; neben Cassirer könnte man noch auf R. G. Collingwood hinweisen, ein Philosoph, der zu Lebzeiten »konservativer« als Wittgenstein zu sein schien, dessen stärkerer »historischer« Sinn seine Argumente jedoch für spätere Generationen interessanter macht.

Nachwort des Übersetzers
zur deutschen Neubearbeitung

Wittgenstein's Vienna erschien vor mehr als zehn Jahren. Es war der erste größere Versuch, den vielleicht bedeutendsten Philosophen unseres Jahrhunderts aus dem Zangengriff eines zweifachen philosophiegeschichtlichen Mißverständnisses zu befreien. »Von der Parteien Gunst und Haß verwirrt, schwankt sein Charakterbild in der Geschichte«, mochte man bis zum Beginn der siebziger Jahre mit Schillers *Wallenstein*-Prolog konstatieren, und das Problem bestand nicht darin, den Streit der »Parteien« zu entscheiden, sondern zu zeigen, daß sie beide unrecht hatten. In der englischen und amerikanischen Philosophie galt Wittgenstein (und gilt er manchmal noch heute) ausschließlich als der höchst verdienstvolle geistige Vater der beiden einflußreichsten philosophischen Richtungen dieses Jahrhunderts: des logischen Empirismus und der sprachanalytischen Philosophie[1]. Der deutschen Nachkriegsphilosophie dagegen, die bis in die sechziger Jahre eine unselige Neigung zeigte, die beiden genannten angelsächsischen Richtungen (und manches mehr) im Würgegriff eines unklaren »Positivismus«-Etiketts zusammenzufassen und zu verwerfen, erschien Wittgenstein als advocatus eben jenes diaboli positivistici, den man mit wollüstigem Schauder als den Feind oder, vornehmer, »die Negation der Philosophie«[2] identifizierte. Der Rückblick auf diese Rezeptionsgeschichte entbehrt nicht eines gewissen ironischen Reizes: die feindlichen Lager der englisch- und der deutschsprachigen Philosophie waren sich wenigstens in der Kennzeichnung Wittgensteins weitgehend einig. Und was dem einen sin Uhl, war einfach dem andern sin Nachtigall. Nur, unrecht hatten sie beide.

375

Vor diesem Hintergrund der perspektivischen Verzeichnungen mußte die Korrektur des geläufigen Wittgenstein-Bildes beginnen mit einer Rückbesinnung auf die kulturgeschichtlichen Grundlagen seines Lebens und Denkens im Wien der Jahrhundertwende. Diesen Anfang hatten – mit jeweils speziellen Reminiszenzen und Untersuchungen – Georg Henrik von Wright, Paul Engelmann und Werner Kraft gemacht[3]. Janiks und Toulmins Buch unternahm es, die vereinzelten Linien zu einem umfassenderen Bild der geistigen Gestalt Wittgensteins vor dem ideengeschichtlichen Horizont des untergehenden »Kakaniens« zusammen- und weiterzuführen. Es entwarf damit gewissermaßen die Basisskizze eines philosophiegeschichtlichen Forschungsprogramms, dessen Anregungen seither vielfach aufgegriffen wurden[4] und – vor allem in der Konvergenz mit neueren biographischen Veröffentlichungen über Wittgenstein[5] – zu einem noch nicht abgeschlossenen Wandel des Wittgenstein-Verständnisses in Europa und Amerika geführt haben. Die deutlichste und gewichtigste Bestätigung seiner Grundgedanken erfuhr dieses Buch, als 1977, vier Jahre nach seinem Erscheinen, aus Wittgensteins Nachlaß die *Vermischten Bemerkungen* veröffentlicht wurden, in denen es auf S. 43 heißt: »So haben mich Boltzmann, Hertz, Schopenhauer, Frege, Russell, Kraus, Loos, Weininger, Spengler, Sraffa beeinflußt.«

Diese Bemerkung zeigt zugleich die Schwierigkeiten an, mit denen sich die deutsche Übersetzung und Überarbeitung von *Wittgenstein's Vienna* mehr als zehn Jahre nach dessen Erscheinen zu befassen hatte. Die Namen seiner Inspiratoren, die Wittgenstein hier nennt, umgrenzen einen kulturgeschichtlichen Raum, der wichtigste geistige Grundlagen aus der europäischen Literatur-, Philosophie- und Wissenschaftsgeschichte des 20. Jahrhunderts zusammenfaßt. In allen diesen Bereichen haben spezielle Forschungen gerade in den letzten zehn Jahren eine Fülle neuer und tieferer Einsichten in jene Sphäre erbracht, die von Janiks und Toulmins Buch als Wittgensteins geistige Welt ausgemacht wird. Es spricht für die Stärke der gedanklichen Fundamente von *Wittgenstein's Vienna*, daß seine Grundüberlegungen von den

Ergebnissen dieser Forschungen ausnahmslos bestätigt wurden. Möglich geworden war jetzt allerdings eine umfassendere und genauere Ausführung jener Grundideen und ihrer Beweisbasis. Diese neuen Möglichkeiten einzulösen, hat die deutsche Bearbeitung im Maße der vorhandenen Kräfte und Mittel unternommen. Im einzelnen verdient wohl folgendes Erwähnung:

1. Am weitestgehenden überarbeitet wurde das 3. Kapitel über »Karl Kraus und die letzten Tage Wiens«. Mit dem Reprint der Krausschen *Fackel*[6], der diese 1977 erstmals einer großen Öffentlichkeit zugänglich machte, hat die Kraus-Forschung in den letzten Jahren bedeutend an Umfang zugenommen. Auf dieser Grundlage und auf jener der *Fackel* selbst, sowie in der Orientierung am unverändert maß- und richtunggebenden Standard der bahnbrechenden Arbeiten von Werner Kraft, Heinrich Fischer und Paul Schick wurden die Überlegungen des 3. Kapitels tiefer im Boden des Krausschen Denkens und Schaffens verankert, als es Janik und Toulmin vor 1973 möglich war.

2. Die Arbeit an Kapitel 4 profitierte vor allem von dem Neudruck der Adolf-Loos-Schriften *Ins Leere Gesprochen, Trotzdem* und *Die Potemkinsche Stadt*[7] sowie dem ausgezeichneten Werk B. Rukschcios und R. Schachels über Loos[8] und der erweiterten deutschen Version von Arnold Schönbergs Aufsatzsammlung *Style and Idea*, die 1976 als erster Band einer geplanten Schönberg-Ausgabe erschien.[9] Im Kapitel 5 konnten die Passagen über Fritz Mauthner mit Hilfe der Neudrucke seiner Hauptwerke *Beiträge zu einer Kritik der Sprache*[10] und *Wörterbuch der Philosophie*[11] sowie dem hervorragenden biographischen Werk Joachim Kühns über Mauthner[12] in mancher Hinsicht deutlicher und differenzierter ausgearbeitet werden. Die Kapitel 6 und 7 wurden an einigen Stellen um aufschlußreiche Informationen erweitert und – wie alle anderen – von sachlichen Unrichtigkeiten und Ungenauigkeiten befreit. Die Kapitel 1, 2 und 8 blieben, von kleineren Korrekturen abgesehen, praktisch unverändert.

3. Vermehrt und in mancher Hinsicht erweitert wurden

die Zitate aus der zum Beleg herangezogenen Literatur. Zitate aus englischsprachigen Ausgaben deutscher und österreichischer Werke wurden nach den jeweiligen Originaltexten zitiert. Das Netz der Argumentation und Beweisführung des Buches ist damit dichter und fester geworden.

Wittgenstein hat zeit seines Lebens befürchtet, sein Denken und Schaffen werde mißverstanden und sei in Gefahr, nicht viel mehr als das gedankenleere Echo eines Jargons zu hinterlassen. Im Herbst 1948 sagte er im Gespräch mit seinem Freund Maurice O'C. Drury: »Meine grundlegenden Gedanken sind sehr früh in meinem Leben entstanden.«[13] *Wittgensteins Wien* kann auch als der Versuch gelesen werden, mit der Wahrheit dieser Bemerkung zur Widerlegung jener Befürchtung beizutragen.

Anmerkungen

1 Damit sollen natürlich die hervorragenden Interpretationsleistungen dieser Literatur an Wittgensteins Schriften genausowenig geleugnet werden wie die Tatsache, daß zwischen Vertretern beider Richtungen hin und her gelegentlich die Berechtigung der jeweils anderen bestritten wurde, sich auf Wittgenstein zu berufen; vgl. exemplarisch E. Anscombe, An Introduction to Wittgenstein's »Tractatus«, London 1959, einerseits und G. Bergmann, The Glory and the Misery of Ludwig Wittgenstein, in: E. D. Klemke (Hrsg.), Essays on Wittgenstein, Chicago 1971, andererseits.

2 Walter Schulz, Wittgenstein. Die Negation der Philosophie, Stuttgart 1967.

3 G. H. von Wright, Biographische Betrachtung, in: Wittgenstein, Schriften, Beiheft 3, Frankfurt/M. 1979, S. 103-114; Paul Engelmann, L. W. – Briefe und Begegnungen, München – Wien 1970; Werner Kraft, Ludwig Wittgenstein und Karl Kraus, in: Rebellen des Geistes, Stuttgart 1968, S. 102-134.

4 Vgl. etwa Rudolf Haller, Studien zur österreichischen Philosophie, Amsterdam 1979, v. a. S. 123 ff.; vgl. auch meinen eigenen Aufsatz »Geistige Landschaft mit vereinzelter Figur im Vordergrund – Ludwig Wittgenstein« in: Merkur 1984, Heft 6.

5 Vor allem Rush Rhees (Hrsg.), Ludwig Wittgenstein, Personal Recollections, Oxford 1981.

6 Zweitausendeins Verlag, Frankfurt/M. 1977.

7 Georg Prachner Verlag, Wien 1981, 1982, 1983.

8 Residenz Verlag, Salzburg/Wien 1982.

9 S. Fischer Verlag, Frankfurt/M. 1976.

10 Ullstein Verlag, Frankfurt/M. – Berlin – Wien 1982.

11 Diogenes Verlag, Zürich 1980.

12 Joachim Kühn, Gescheiterte Sprachkritik. Fritz Mauthners Leben und Werk, Berlin – New York 1975.

13 Rhees (Hrsg.), L. W., Personal Recollections, a. a. O., S. 171.

Register

381

383

384

Biographien im
Carl Hanser Verlag

Robert Alter
Stendhal
Eine Biographie
1982. 420 Seiten. Mit 16 Seiten Abbildungen

Elias Bredsdorff
Hans Christian Andersen
Des Märchendichters Leben und Werk
1980. 496 Seiten. 32 Abbildungen

Leo Deuel
Heinrich Schliemann
Eine Biographie mit Selbstzeugnissen
und Bilddokumenten
1979. 556 Seiten. 36 Seiten Abbildungen

Dieter Hildebrandt
Lessing
Biographie einer Emanzipation
1979. 532 Seiten. 16 Abbildungen

Curt Paul Janz
Friedrich Nietzsche
Biographie in 3 Bänden
Band I: Kindheit, Jugend, Die Baseler Jahre
1978. 856 Seiten
Band II: Die zehn Jahre des freien Philosophen
1978. 672 Seiten
Band III: Die Jahre des Siechtums
1979. 464 Seiten. 32 Abbildungen

Wolfgang Kemp
John Ruskin
Leben und Werk 1819-1900
1983. 472 Seiten. 17 Abbildungen

Donald A. Prater
Stefan Zweig
Das Leben eines Ungeduldigen
1981. 552 Seiten. 16 Abbildungen

Denis Mack Smith
Mussolini
Eine Biographie
612 Seiten mit Abbildungen